Hoffmann

Leselehrer sein und werden

Eigene Lesesozialisation, Einstellungen zur Lesekompetenzförderung und die Entwicklung zum Leselehrer an beruflichen Schulen (Sekundarstufe II)

von

Anna Kretzschmar

Schneider Verlag Hohengehren GmbH

Umschlagidee:

Verlag

Titelbild:

entnommen bei www.istockphoto.com

Bei dem Werk handelt es sich um eine im Jahr 2015 an der Otto-Friedrich-Universität Bamberg zugelassene Dissertation.

Bibliografische Information der Deutschen Nationalbibliothek

Die Deutsche Nationalbibliothek verzeichnet diese Publikation in der Deutschen Nationalbibliografie; detaillierte bibliografische Daten sind im Internet über ›http://dnb.d-nb.de‹ abrufbar.

ISBN: 978-3-8340-1538-9

Schneider Verlag Hohengehren GmbH
Wilhelmstrasse 13
D-73666 Baltmannsweiler
Homepage: www.paedagogik.de

Alle Rechte, insbesondere das Recht der Vervielfältigung sowie der Übersetzung, vorbehalten. Kein Teil des Werkes darf in irgendeiner Form (durch Fotokopie, Mikrofilm oder ein anderes Verfahren) ohne schriftliche Genehmigung des Verlages reproduziert werden.
© Schneider Verlag Hohengehren, Baltmannsweiler 2015
  Printed in Germany. Esser, Bretten

Inhalt

Danksagung.. 1

1. Einführung: Erkenntnisinteresse und forschungsleitende Fragen 3
   1.1 Lesekompetenz als fächerübergreifende Aufgabe 5
   1.2 Erkenntnisinteresse und Aufbau der Arbeit 7

I. THEORETISCHER TEIL: TERMINOLOGISCHE GRUNDLAGEN, AKTUELLER FORSCHUNGSSTAND UND DEUTSCHUNTERRICHT AN BERUFLICHEN SCHULEN 12

2. Terminologische Grundlagen... 12
   2.1 Sozialisationsbegriff... 12
   2.2 Lesesozialisation und ihre Instanzen... 16
       2.2.1 Lesen in der Familie.. 21
       2.2.2 Lesen in der Schule... 30
       2.2.3 Lesen in der Peergroup 33
       2.2.4 Zusammenspiel der Instanzen... 35
   2.3 Lesekompetenz und ihre Förderung... 39
   2.4 Professionalität und Selbstverständnis 50
   2.5 Arbeitsdefinition des Leselehrers... 57
3. Das berufliche Schulsystem in Bayern 58
   3.1 Überblick über die berufliche Schullandschaft 60
   3.2 Allgemeine Besonderheiten der Schulformen................................... 67
   3.3 Aktuelle Zahlen der Schülerschaft 70
   3.4 Aktuelle Daten des Lehrpersonals.. 71
4. Deutschlehrer an beruflichen Schulen sein: Aufträge und Bedingungen des Faches.. 72
   4.1 Der Professionalisierungsgedanke und seine Umsetzung 73
       4.1.1 Standards für die Lehrerbildung der KMK 73
       4.1.2 Bildungsstandards 77
   4.2 Stichwort: Kompetenzorientierung 80
   4.3 Zum Stellenwert des Hybridfaches 86
   4.4 Schwierigkeiten des Faches – ein kurzer Überblick 90
   4.5 Ein analytischer Blick in die Lehrpläne 91
       4.5.1 Lernbereiche des Faches Deutsch.. 92
       4.5.2 Aufgaben des Faches und zu vermittelnde Kompetenzen 93
       4.5.3 Die Verankerung von Lesen und Lesekompetenz 103
   4.6 Anforderungsprofil der Lehrkräfte... 107

II. LESELEHRER SEIN: ZUM IST-STAND AN BERUFLICHEN SCHULEN 110

5. Methodisches Vorgehen 110
   5.1 Untersuchungsdesign 110
      5.1.1 Methode der Datenerhebung 110
      5.1.2 Vor- und Nachteile des Online-Fragebogens 113
   5.2 Datenakquise und Datenaufbereitung 117
   5.3 Umgang mit fehlenden Werten 119
6. Datengrundlage und Stichprobe 120
   6.1 Methode der Datenauswertung 121
   6.2 Rücklaufquote 121
   6.3 Stichprobenbeschreibung 123
7. Ergebnisse der Datenauswertung zur Lesesozialisation 130
   7.1 Familiäre Lesesozialisation 130
   7.2 Schulische Lesesozialisation 137
   7.3 Lesen in der Peergroup 138
   7.4 Der Lesehabitus unterschiedlicher Lebensphasen 140
   7.5 Empfindung des Lesens 142
   7.6 Stellenwert des Lesens 148
   7.7 Paraliterarische Gespräche 150
   7.8 Zusammenfassung der Ergebnisse 152
8. Förderung von Lesekompetenz 154
   8.1 Einstellung gegenüber der Lesekompetenzförderung 154
   8.2 Methoden zur Förderung von Lesekompetenz 158
   8.3 Identifikation mit der Rolle des Leselehrers 162
   8.4 Zusammenfassung der Ergebnisse 164
9. Ergebnisse der Datenauswertung der Deutschlehrkräfte 165
   9.1 Stichprobenbeschreibung der Deutschlehrer 165
   9.2 Facultas als Nebensache: Zur Besetzung des Faches 168
   9.3 Lesesozialisation der Lehrkräfte 168
   9.4 Einstellungen bezüglich der Lesekompetenzförderung 177
   9.5 Textsorteneinsatz 180
   9.6 Aufträge des Faches Deutsch aus Lehrersicht 182
   9.7 Lektüre im pädagogischen Freiraum und Lesefreude 185
   9.8 Kenntnis der Bildungsstandards 188
   9.9 Identifikation mit der Rolle des Leselehrers 190
   9.10 Zusammenfassung 193

III. LESELEHRER WERDEN: ENTWICKLUNG UND BERECHNUNG DES MODELLS DER EINFLUSSFAKTOREN AUF DEN LESELEHRER 195

10. Modell der Einflussfaktoren auf den Leselehrer 195
   10.1 Hypothesenbildung 195
      10.1.1 Dimension 1: Elterliche Faktoren............................ 196
      10.1.2 Dimension 2: Eigener Lesehabitus der Lehrkraft............... 197
      10.1.3 Dimension 3: Kenntnis der Bildungsstandards 198
      10.1.4 Dimension 4: Schulische Einflussfaktoren..................... 199
      10.1.5 Dimension 5: (Nicht-)Deutschlehrer 200
      10.1.6 Dimension 6: Textsorten- und Medieneinsatz 200
      10.1.7 Dimension 7: Rollenidentifikation mit Leselehrer 201
      10.1.8 Dimension 8: Geschlecht.. 202
      10.1.9 Dimension 9: Alter 202
   10.2 Zusammenfassung der Hypothesen 203
   10.3 Modell der Einflussfaktoren auf den Leselehrer 204
11. Operationalisierung der Variablen 205
   11.1 Messung der unabhängigen Variablen 205
   11.2 Messung der abhängigen Variable 210
12. Berechnung und Ergebnisse des empirischen Modells 211
   12.1 Ergebnisdatenblatt der OLS-Regressionsanalyse 212
   12.2 Hypothesentests 214
   12.3 Tabellarische Zusammenfassung der Modell-Ergebnisse 221
13. Ergebnisbetrachtung im Kontext der beruflichen Schulen 222
   13.1 Interpretation und Diskussion der Daten............................... 222
   13.2 Leselehrer werden – Zusammenfassung der Erkenntnisse 234
14. Kritische Würdigung von Fragebogen und Vorgehensweise................ 236
15. Schlusswort: Leselehrer werden – Implikationen für die Praxis........... 240

16. Literaturverzeichnis 246
17. Abbildungs- und Tabellenverzeichnis... 276
18. Abkürzungsverzeichnis 280
19. Anhang 281
   19.1 Anschreiben der Schulleitungen und Lehrkräfte 281
   19.2 Codeplan zum Online-Fragebogen 283
   19.3 Fragebogen 308

Danksagung

Diese Arbeit ist eine leicht überarbeitete Fassung meiner im Jahr 2015 an der Fakultät Geistes- und Kulturwissenschaften der Otto-Friedrich-Universität Bamberg angenommenen Dissertationsschrift. Zum Gelingen der Promotion trugen einige Personen und Institutionen besonders bei, die im Folgenden genannt werden sollen. Ihnen allen bin ich zutiefst zu Dank verpflichtet.
Zu allererst möchte ich mich bei meinem Doktorvater, Herrn Prof. Dr. Ulf Abraham, für die Möglichkeit bedanken, eine Arbeit zu diesem Thema zu verfassen sowie für seine fortwährende Unterstützung während der Promotion. Die Zeit am Lehrstuhl für Didaktik der deutschen Sprache und Literatur hat meine fachliche und persönliche Entwicklung stark vorangetrieben. Ich bin mir bewusst, dass solche Gelegenheiten und das große Vertrauen, das mir entgegengebracht wurde, nicht selbstverständlich sind. Herzlichen Dank für drei herausfordernde und wunderschöne Jahre.
Ebenfalls bedanke ich mich herzlich bei meinem Zweitbetreuer, Herrn Prof. Dr. Frithjof Grell, für seine Begleitung und aktive Unterstützung, die mich nicht nur fachlich, sondern vor allem menschlich stets inspirierte.
Zum Gelingen des empirischen Teils trug vor allem das Bayerische Staatsministerium für Unterricht und Kultus, Wissenschaft und Kunst bei, das mir eine Online-Umfrage an den beruflichen Schulen der Sekundarstufe II in Bayern ermöglichte. In diesem Zuge seien auch diejenigen 486 Lehrkräften genannt, die sich Zeit genommen haben, um an der Umfrage teilzunehmen. Vielen Dank für Ihr Interesse und Engagement!
Ebenfalls möchte ich mich bei Dr. Zoltán Juhász vom Bamberger Centrum für Empirische Studien (BACES) für die Beratung zur Konzeption des Fragebogens bedanken. Mein aufrichtiger Dank gebührt ebenso Iris Reus für ihre kompetente Beratung sowie Philipp Wallhäuser für die große Unterstützung bei der Datenauswertung und seine Geduld mit mir in statistischen Belangen.
Des Weiteren bedanke ich mich herzlich bei meinen Kolleginnen Dr. Claudia Kupfer-Schreiner für die zahlreichen Anregungen zu meinem Thema und Dr. Ina Brendel-Perpina für ihr kritisches Auge und die daraus entstandenen hilfreichen fachlichen Anmerkungen.
Das vorliegende Dissertationsprojekt wurde durch ein Begabtenstipendium der Hanns-Seidel-Stiftung e.V. aus Mitteln des Bundesministeriums für Bildung und Forschung gefördert. Ohne diese Unterstützung wäre mir die Promotion innerhalb von knapp drei Jahren niemals gelungen.
Der größte Dank gilt meiner Familie, die mich stets unterstützt und mich zu dem Menschen hat werden lassen, der ich heute bin. Ich hoffe, ihnen jeden Tag ein klein wenig von ihrem Glauben an mich zurückgeben zu können.

1. Einführung: Erkenntnisinteresse und forschungsleitende Fragen

„Lesekompetenz ist entscheidend für Beschäftigung und Einkommen"
(Pressemitteilung der Stiftung Lesen vom 9. September 2014)[1]

Die Pressemitteilung der Stiftung Lesen greift auf, was bereits in zahlreichen Studien belegt wurde: Lesekompetenz entscheidet über den schulischen wie auch beruflichen Werdegang einer Person. Kaum ein Begriff ist seit der Jahrtausendwende so häufig als Gegenstand der Forschung diskutiert und weiterentwickelt worden wie derjenige der Lesekompetenz.

Dabei ist der Begriff des Lesens an sich schon im alltäglich verwendeten Wortschatz stark präsent. Ursprünglich im Lateinischen (*legere*) sowie Griechischen (λέγειν – *legein*) die Bedeutung des Auflesens, Sammelns und Aufhebens repräsentierend, findet der Wortstamm (*legere*) in völlig unterschiedlichen Kontexten Verwendung. Denn wir *lesen* nicht nur ein Buch und hören uns eine *Lesung* an, sondern finden hier auch in der Semantik des Sammelns die Wein-, Holz- und Ähren*lese* wieder (vgl. Bluhme 2005: 348). Darüber hinaus existieren auch Begriffe wie die Blüten*lese* (lat. *florilegium*) oder auch die Knaben*lese* des antiken Griechenlands. Letztere war auch Voraussetzung zur Bildung von *Leg*ionen, die aus auserwählten Knaben beziehungsweise jungen Männern bestanden.

In unserer heutigen medialen Wissens- und Informationsgesellschaft ist der Zugang zu Informationen so leicht wie nie: So kann zur Füllung von Wissenslücken problemlos und nahezu jeder Zeit ein (Online-)*Lexikon* konsultiert werden.[2] Hier präsentiert sich *legere* also wieder in der Semantik des Gesammelten und Zusammengefassten. Daher leitet sich auch der Begriff des Gesetzes ab, der auf *legere* zurückführbar ist (*lex, legis* = Gesetz) und wörtlich eine zusammengefasste Ordnung darstellt. Dieser Rechtsbegriff legt zudem fest, was in der jeweiligen Gesellschaft *legal* und was *illegal* ist. Doch auch im Arbeitsalltag begegnen wir dem ursprünglichen Stamm des Lesens, zum Beispiel wenn wir auf unsere *Kollegen* (*collegere*), das heißt die vom Arbeitgeber Zusammengelesenen treffen. Ebenfalls entstammen dieser Wortschöpfung das *Kolleg*, die *Kollekte* und das *Kollektiv*. Sogar in der Modewelt werden wir

---
[1] Aufzurufen unter https://www.stiftunglesen.de/pdf.php?type=pressrelease&id=621 (23.04.2015).
[2] Es sei an dieser Stelle angemerkt, dass der Zugang zu Informationen noch nichts über deren Qualität und sachliche Richtigkeit aussagt.

dem Lesen konfrontiert in der *Kollektion* (*collegere – collectum*). Diese definiert zum Teil neu, was *elegant*, das heißt *auserlesen* ist. Auch führt dieses Auslesen (lat. *elegere*) schnell über die amerikanische *election* zur *selection*, und im Deutschen zur *Selektion*, die nichts Geringeres als eine (bildungssprachliche) *Auslese* darstellt.

Doch unter Berücksichtigung des übertragenen Sprachgebrauchs verwenden wir den Begriff heute nicht nur für das Lesen von Literatur jedweder Form, sondern auch mit expandierter Bedeutung, wenn wir beispielsweise in einem Gesicht *lesen* oder gar die Welt *lesen*, das heißt sie interpretieren können (vgl. Graf 2004: 8). GRAF spielt in diesem Kontext auf die Metapher der „Lesbarkeit der Welt"[3] an.

In unserer Lebenswelt ist Lesen omnipräsent, ob nun als präferierte Freizeitgestaltung, zur Weiterbildung in und durch (Sach-)Texte oder zur kulturellen und gesellschaftlichen Teilhabe. Die eingangs zitierte Pressemitteilung der Stiftung Lesen legitimiert insofern gängige Positionen aus der Deutschdidaktik und dem aktuellen bildungspolitischen Diskurs, die Lesekompetenz zur fächerübergreifenden Aufgabe erklären. Über die Legitimation dieser Auffassung hinaus wird jedoch noch etwas deutlich: Dass sich Pädagogen jedweder Art um Lesekompetenzförderung bemühen *müssen*, wenn diese derart Einfluss nehmen kann. Gerade weil „Lesekompetenz" ein Universalschlüssel ist, muss man einen solchen stets parat haben, um eine Tür zu öffnen. Gelingen wird dies nur dann, wenn kontinuierlich daran gearbeitet wird, Lesekompetenz aufzubauen. Aus diesem Grund darf diese Aufgabe keine sein, die nur die Primarstufe zu erfüllen hat. Denn hierzu müssen alle Jahrgangsstufen und auch alle Schulformen angehalten werden.

---

[3] Diese Metapher stammt von BLUMENBERG (1981) und meint eine Interpretation der Welt über subjektive Wahrnehmung, Erfahrung und Auslegung. Blumenberg wiederum greift hier eine Tradition auf, die bis ins Mittelalter zurückreicht: Die Natur als das Buch Gottes, in der Gottes Wille gelesen werden kann.

Einführung: Erkenntnisinteresse und forschungsleitende Fragen

1.1 Lesekompetenz als fächerübergreifende Aufgabe

> „Von den vielen Welten, die der Mensch nicht von der Natur geschenkt bekam, sondern sich aus eigenem Geist erschaffen hat, ist die Welt der Bücher die größte."
> (Hermann Hesse, in: Die Welt der Bücher)

Sachtexte begegnen Schülern in jeder Jahrgangsstufe als Unterrichtsgegenstand, unabhängig von der Schulart. Auch wenn Lesen ein Begriff ist, der unmittelbar mit Deutschunterricht in Verbindung gebracht wird, sind Sachtexte in *allen* Fächern präsent. Sie dienen der Vermittlung des Unterrichtsgegenstands, enthalten die unterrichtsrelevanten Informationen und unterstützen die Aneignung von Wissen. Sowohl den Sachtexten als auch der Leseförderung kommt insofern eine doppelte Bedeutung zu: Sie fördern das Lesen und das Lernen zugleich. Denn über das Lesen und die damit verbundene Fähigkeit, den Texten wertvolle Informationen entnehmen und diese für sich nutzbar machen zu können, stellt Lesekompetenz eine Fähigkeit des Lernens aus Texten dar. Lesekompetenzförderung ist damit zugleich auch Lernförderung, da Schüler zur selbstständigen Informationsentnahme aus Texten befähigt werden, sich also in Eigenregie Wissen aneignen können.

Dabei soll Leseförderung im Schulunterricht besonders denjenigen Schülern zu Gute kommen, die von zu Hause nur wenig oder keine Unterstützung in ihrer Entwicklung zum Leser erfahren. In Bezug auf die unterschiedlichen Voraussetzungen, die Schüler in den Unterricht mitbringen, wird hinsichtlich des Lesens häufig von einem Engels- oder Teufelskreis gesprochen und auf das Matthäus-Prinzip verwiesen: Wer bereits Kompetenzen bezüglich des Lesens aufgebaut hat, wird durch das Lesen in der Schule noch besser; wer jedoch nichts mitbringt, dem wird durch den Leseunterricht vielmehr alles genommen (vgl. Philipp 2011: 104ff.). PHILIPP kommt an dieser Stelle auf zwei Aspekte zurück: Zum einen darauf, dass sich Kinder, für die Lesen keine lustvolle Tätigkeit ist, durch eine Überdosis an schulischer Leseanimation gänzlich für das Medium Buch und für das Lesen im Allgemeinen verschließen. Zum anderen bezieht er sich auf den Aspekt, dass Kinder aus bildungsfernen Elternhäusern aufgrund einer bücherarmen Umwelt und fehlenden Lesevorbildern auch durch Leseanimation nicht buchaffiner würden. Diese These wird jedoch durch zwei Forschungserkenntnisse eingeschränkt: Erstens konnte kein kausaler Zusammenhang zwischen dem Leseabbruch und dem schulischen Lesen festgestellt werden (vgl. Köcher 1993: 218) und zweitens greifen auch benachteiligte Kinder bei einer intensiven Förderung seitens der Schule zum Buch. In ihrer Freizeit gehen sie dem Lesen ebenso gerne und häufig nach, wie dies bei Schülern der Fall ist, die bereits stark vom Elternhaus gefördert wurden (vgl. Hurrelmann et al. 1993). Letzteres bestätigt außerdem eine (mögliche) kompensatorische Wirkung von Schule, die dadurch jedoch noch lange nicht immer als gelingend betrachtet werden kann.

Im Kontext dieser Erkenntnisse untersuchte die Studie von HURRELMANN ET AL. im Jahr 1993 erstmalig in einer „Intensivbefragung die Lesebedingungen, vor allem in der Grundschule, und ihre Auswirkungen auf Schüler der verschiedenen Bildungsschichten" (Runge 1997: 26). Hier konnte aufgezeigt werden, dass sich eine gezielte Leseförderung in der Schule vielfältig auf das Lesen auszuwirken vermag (vgl. Hurrelmann, B. et al. 1993: 210ff.). So lesen intensiv geförderte Schüler „doppelt so häufig ein in der Schule angefangenes Buch weiter als wenig geförderte […]. Ihre Lesefertigkeit ist besser, ihre Auseinandersetzung mit Büchern wird vertieft und sie machen vielfältigere, intellektuelle und emotionale Erfahrungen beim Lesen." (Runge 1997: 26) Diese Ergebnisse beziehen sich jedoch einzig und allein auf die Schullektüre und solche Bücher, die in der Schule empfohlen oder rezipiert werden. „Die schulische Leseförderung wirkt sich allerdings nicht signifikant darauf aus, wie häufig in der Freizeit ein Buch gelesen wird. Nur leicht tendenziell zeigen stark geförderte Kinder eine ausgeprägtere Lesepraxis." (Ebenda: 26)

Doch nicht nur im Hinblick auf die eigene Lesekarriere und literarische Bildung kommt dem Lesen eine besondere Funktion zu, denn in unserer Wissens- und Informationsgesellschaft gelten Lesen und Schreiben als Schlüsselqualifikationen. Sie entscheiden wesentlich über die soziale, kulturelle und ökonomische Teilhabe eines Individuums. So ist spätestens seit der Veröffentlichung der ersten PISA-Ergebnisse im Jahr 2000 der Begriff der Lesekompetenz in aller Munde. Um langfristig Kompetenzsteigerungen bei den Schülern zu erreichen, braucht es vor allem Konsequenz und Kontinuität in der Förderung. Dies ist nur dadurch zu erreichen, dass alle Fächer eingebunden werden. So muss das Verstehen von Sachtexten[4] nicht nur gezielt, sondern vor allem auch fachübergreifend gefördert werden (vgl. u.a. Artelt et al. 2005; Hurrelmann/Elias 1998; Lenhard 2013; Spinner: 2006, 2010). Lesekompetenzförderung gilt daher aktuell als Aufgabe aller Fächer. Dieser Forderung schlossen sich auch das Bundesministerium für Bildung und Forschung (BMBF) und die Kultusministerkonferenz (KMK) in ihrer gemeinsamen Empfehlung an. Virulent bleibt hier jedoch die Frage, wie die Lehrkräfte selbst Lesekompetenzförderung gegenüberstehen.

---

[4] Sachtexte werden auch als pragmatische, expositorische, faktuale, nicht-fiktionale oder nicht-literarische Texte sowie als Gebrauchstexte bezeichnet (vgl. Jost 2005: 19). Im weiteren Verlauf der Arbeit werden diese Begriffe synonym verwendet.

Einführung: Erkenntnisinteresse und forschungsleitende Fragen

Die Förderung von Lesekompetenz ist ein primäres Anliegen der Primarstufe: Hier werden die Grundlagen des Lesens, der Lesefähigkeit, der Lesemotivation und des Textverständnisses gelegt. Wie verhält es sich aber bei Lehrkräften, die junge Erwachsene an beruflichen Schulen der Sekundarstufe II unterrichten? Wird hier (noch) Lesekompetenz gefördert? Und wie gehen die Lehrkräfte der betroffenen Schulformen mit dieser Aufgabe um? Diese Fragen führen bereits zum Kern der vorliegenden Arbeit, der im Folgenden thematisiert wird.

1.2 Erkenntnisinteresse und Aufbau der Arbeit

Die vorliegende Arbeit beschäftigt sich im weitesten Sinn mit Lesekompetenzförderung in der Sekundarstufe II der beruflichen Schulen. Das Erkenntnisinteresse bezieht sich auf zwei unterschiedliche Aspekte, die bereits im Titel des Dissertationsprojektes anklingen: *Leselehrer sein* und *Leselehrer werden*.

Die Forschung im Bereich *Leselehrer sein* nimmt den Ist-Zustand der beruflichen Schulen in Bayern in den Fokus. Thematisiert wird in diesem Kontext, welche Lesesozialisation die Lehrkräfte selbst durchlaufen haben und wie sie der Lesekompetenzförderung gegenüber eingestellt sind. Denn neben der ständig wiederkehrenden Forderung, Lesekompetenz als fächerübergreifendes Anliegen zu betrachten, bleibt in der Forschung die Frage virulent, wie sich die Lehrkräfte selbst positionieren. Sind sie beispielsweise der Meinung, dass Lesen eine fächerübergreifende Aufgabe ist? Sollte Lesekompetenz an beruflichen Schulen überhaupt (noch) gefördert werden oder ist es dafür bereits zu spät? Darüber hinaus wird die Frage geklärt, ob sich die Lehrkräfte überhaupt (fächerübergreifend) als Leselehrer sehen *wollen*. Wenn ja, übten sie diese Rolle gewiss auch im Unterricht aus, was sich am Einsatz unterschiedlicher Methoden zur Lesekompetenzförderung nachweisen ließe.

Auf der anderen Seite soll auch das *Leselehrer-Werden* betrachtet werden. Es wird aufgedeckt, welche Faktoren an den beruflichen Schulen die Entwicklung zum Leselehrer begünstigen oder auch hemmen. Zu diesem Zweck wurde ein theoretisches Modell entwickelt, das sich aus den im Rahmen des Dissertationsprojektes generierten Daten einer bayernweiten Online-Umfrage speist. Die genauen Berechnungen erfolgten anhand einer OLS-Regressionsanalyse, welche die Effekte einzelner Merkmale beziehungsweise unabhängiger Variablen (UVs) auf die Ausübung der Rolle des Leselehrers im Unterricht aufzeigt. So können anhand des Modells Aussagen zur Wirkung von

Einführung: Erkenntnisinteresse und forschungsleitende Fragen

Lesesozialisation und zum eigenen Lesehabitus der Lehrkräfte getroffen werden wie etwa: Lesen Lehrkräfte, die sich selbst als Leselehrer verstehen, mehr als andere Lehrkräfte? Waren deren Eltern häufig Vielleser?

Darüber hinaus setzt sich das Modell aus der Kenntnis der Bildungsstandards zusammen sowie aus schulischen Faktoren, die speziell für die beruflichen Schulen charakteristisch sind. Darunter fallen beispielsweise Merkmale wie der Schulträger (öffentlich oder privat) und die Konzeption des Unterrichts in Lernfeldern, die mit Ausnahme von FOS und BOS an den beruflichen Schulformen Gültigkeit haben. Überdies werden soziodemographische Merkmale wie der Bildungsabschluss der Eltern sowie unterrichtliche Faktoren aufgegriffen, wie zum Beispiel der Textsorten- und Medieneinsatz im Unterricht, bei dem sich die Frage stellt, ob sich die Verwendung vieler (unterschiedlicher) Textsorten oder Medien auf die Ausübung der Rolle des Leselehrers auswirkt. Der Zusammenhang zwischen der Identifikation mit dieser Rolle und ihrer Ausübung im Unterricht wird ebenfalls beleuchtet.

Das Sample der vorliegenden Arbeit bezieht sich zwar auf die Lehrkräfte aller Fächergruppen, das Interesse am Fach Deutsch steht jedoch im Vordergrund. Aus diesem Grund widmet sich Kapitel 9 speziell den Ergebnissen von Deutschlehrkräften. Der Fragebogen enthielt hierfür einen zusätzlichen Bereich, bei welchem die Kollegen anderer Fächer weitergeleitet wurden. Dieser bezog sich ausschließlich auf den Deutschunterricht und setzte sich zum Teil auch aus Wiederholungen vorausgegangener Fragenformate zusammen. Dies ermöglichte eine Vergleichbarkeit der Ergebnisse des Faches Deutsch mit denen anderer Fächer. Der angesprochene Bereich ist somit isoliert zu betrachten. Zwar interessieren hier ebenfalls die genannten Aspekte wie der Textsorten- und Medieneinsatz und die Einstellungen bezüglich der Förderung von Lesekompetenz, der Blick geht jedoch darüber hinaus, sodass eine Beantwortung der folgenden Fragen möglich wird:
- Wie sieht die Besetzung des Faches an den beruflichen Schulen aus?
- Wie viele Lehrkräfte unterrichten das Fach Deutsch ohne Facultas?
- Welche Aufträge kommen dem Fach Deutsch aus Sicht der Deutschlehrer zu?
- Kennen die Deutschlehrkräfte adäquate Methoden, um die Lesekompetenz ihrer Schüler zu fördern?
- Nutzen Lehrer die Möglichkeit der Lektüre im pädagogischen Freiraum?
- Sind die Deutschlehrkräfte selbst der Meinung, Lesefreude bei ihren Schülern wecken zu können?

Einführung: Erkenntnisinteresse und forschungsleitende Fragen

Zusammenfassend stellt sich die vorliegende Arbeit also zwei rahmenbildenden Herausforderungen: Zum einen die einer Abbildung des Ist-Zustands, enthalten im *Leselehrer sein*, und zum anderen der Frage nach Einflussfaktoren auf die Ausübung der Rolle des Leselehrers im Unterricht. Diese kommen in der Formulierung *Leselehrer werden* zum Ausdruck. Der bereits im Titel anklingende Grobaufbau der vorliegenden Studie wird in der nachfolgenden Grafik (Abbildung 1) noch einmal veranschaulicht.

```
                    ┌─────────────────┐
                    │   Leselehrer    │
                    │  sein und werden│
                    └─────────────────┘
                      ↙             ↘
```

Leselehrer sein
(Abbildung des Ist-Zustands)

- Ausübung der Rolle des Leselehrers im Unterricht
- Lesesozialisation und Lesehabitus der Lehrkräfte
- Einstellungen gegenüber Lesekompetenzförderung an beruflichen Schulen (Sek. II)
- Förderung von Lesekompetenz an den beruflichen Schulen (Sek. II)

→

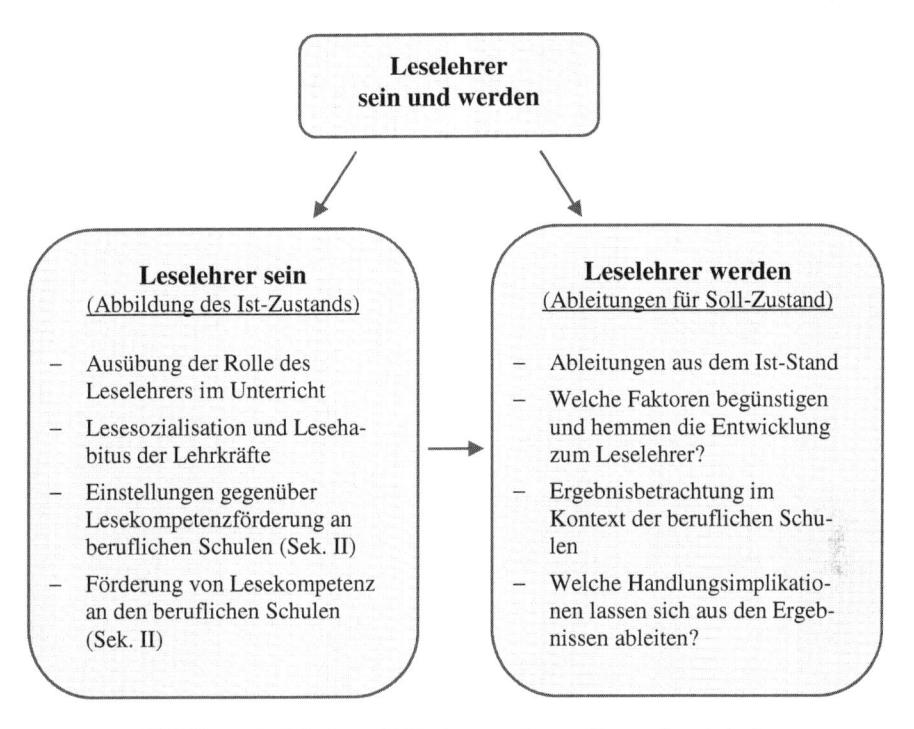

Leselehrer werden
(Ableitungen für Soll-Zustand)

- Ableitungen aus dem Ist-Stand
- Welche Faktoren begünstigen und hemmen die Entwicklung zum Leselehrer?
- Ergebnisbetrachtung im Kontext der beruflichen Schulen
- Welche Handlungsimplikationen lassen sich aus den Ergebnissen ableiten?

Abbildung 1: Inhalt und Gliederung der vorliegenden Arbeit

Im Verlauf der Arbeit wird bei Ausdrücken, die als Kollektivbezeichnung fungieren, auf die Angabe der weiblichen Form verzichtet. Dies dient der besseren Lesbarkeit des Textes. Es sind jedoch bei Ausdrücken wie Schulleiter, Lehrer, Kollegen, Schüler und Absolventen immer auch Schulleiterinnen, Lehrerinnen, Kolleginnen, Schülerinnen und Absolventinnen gemeint. Ebenso wurde bei dem zusammengesetzten Wort und feststehenden Begriff Lehrerbildung verfahren, der selbstverständlich auch die Bildung von Lehrerinnen miteinschließt.

Einführung: Erkenntnisinteresse und forschungsleitende Fragen

Der sich im Folgenden anschließende theoretische Teil erstreckt sich über Kapitel 2-4 und bildet das begriffliche wie auch wissenschaftliche Fundament der Studie. Zunächst werden im zweiten Kapitel terminologische Grundlagen geschaffen, die für das weitere Verständnis essentiell sind. So werden beispielsweise die Fachtermini *Sozialisation* und *Lesesozialisation* definiert und erläutert. Diesen Ausführungen schließt sich das primäre Sujet dieser Arbeit an: Lesekompetenz und ihre Förderung im Unterricht. An dieser Stelle dürfen kurze Einblicke in die bildungswissenschaftliche Professionalitätsdiskussion und den Begriff des Selbstverständnisses nicht fehlen. Ausführungen und Erläuterungen zum bislang noch undefinierten Begriff des „Leselehrers" runden das zweite Kapitel ab und münden in eine Arbeitsdefinition, die dem entwickelten Modell zugrunde liegt.

Da das Feld der beruflichen Schulen nicht nur umfangreich ist, sondern im Vergleich zu anderen Schularten zudem einige Besonderheiten aufweist, widmet sich das dritte Kapitel dem beruflichen Schulwesen im Bundesland Bayern, in welchem auch die Erhebung stattfand.

Das vierte Kapitel beschäftigt sich mit der Frage, was es bedeutet, Deutschlehrer an beruflichen Schulen zu sein. Hierbei wird zunächst auf den Professionalisierungsgedanken und seine Umsetzung eingegangen sowie auf das aktuelle Primat der Kompetenzorientierung. Zwei Unterkapitel widmen sich den Schwierigkeiten des Faches, die aufgrund der Rahmenbedingungen resultierenden, sowie seinem Stellenwert an beruflichen Schulen. Eine Analyse der relevanten Lehrpläne nimmt zudem die Verankerung von Lesen und Lesekompetenz intensiver in den Blick. Daraus ergibt sich als Synthese des vierten Kapitels ein Anforderungsprofil für Deutschlehrkräfte an beruflichen Schulen.

Dem theoretischen ersten schließt sich der zweite Teil der Arbeit an (Kapitel 5-9), der sich auf die eine Hälfte der Titelformulierung bezieht: *Leselehrer sein*. Er widmet sich der Abbildung des Ist-Zustands an beruflichen Schulen und enthält folglich die Datenauswertung der durchgeführten Studie. Zunächst liefert das fünfte Kapitel Informationen zur methodischen Vorgehensweise. Hier wird das Untersuchungsdesign diskutiert sowie über Akquise und Aufbereitung der Daten informiert. Dem Umgang mit Werten wird ein gesondertes Kapitel gewidmet, da es sich hierbei um ein brisantes Thema handelt. Erste Daten finden sich bereits in Kapitel 6, das die Absicht einer Beschreibung der Datengrundlage und der Stichprobe verfolgt. Nach einigen Informationen zur Methode der Datenauswertung wird die Rücklaufquote der Studie thematisiert und eine Beschreibung der Stichprobe vorgenommen.

Die sich anschließenden Kapitel 7 bis 9 enthalten statistische Auswertungen zum Ist-Stand an beruflichen Schulen, wobei das letztgenannte Kapitel ausschließlich die Daten der Deutschlehrer in den Blick nimmt.

Einführung: Erkenntnisinteresse und forschungsleitende Fragen

Darauf folgt der dritte Teil der Arbeit: *Leselehrer werden*. Hier entwarf die Verfasserin ein Modell, das förderliche und hemmende Faktoren der Entwicklung zum Leselehrer benennt und in Kapitel 10 mitsamt aller zu überprüfenden Thesen vorgestellt wird. Informationen zur Operationalisierung der unabhängigen Variablen (UVs) und der abhängigen Variable (AV) sind im sich anschließenden Kapitel 11 enthalten. Der Präsentation der Ergebnisse dient Kapitel 12. Neben dem aus der OLS-Regressionsanalyse resultierenden Datenblatt werden hier auch die ausstehenden Hypothesentests – zunächst in einer reinen Datenauswertung – vorgenommen. Anschließend werden diese Ergebnisse in Kapitel 13 interpretiert und kritisch diskutiert, wobei vor allem der Kontext der beruflichen Schulen Berücksichtigung findet.

Nach einer kritischen Würdigung von Fragebogen und Vorgehensweise in Kapitel 1 mündet die Arbeit in ein Schlusswort, das die Ergebnisse des Ist-Zustands mit den Erkenntnissen aus dem berechneten Modell kombiniert und Handlungsimplikationen für die Praxis ableitet. Es ergeben sich Ableitungen für einen Soll-Zustand mit normativer Komponente, und zwar für Lehrer, Lehrerausbilder und Verantwortliche der Schulverwaltung.

I. THEORETISCHER TEIL: TERMINOLOGISCHE GRUNDLAGEN, AKTUELLER FORSCHUNGSSTAND UND DEUTSCHUNTERRICHT AN BERUFLICHEN SCHULEN

2. Terminologische Grundlagen

Dieses Kapitel dient der Definition und Erläuterung zentraler Begrifflichkeiten, die dieser Arbeit zu Grunde liegen. Hierbei stehen vor allem die Termini *Lesesozialisation*, *Lesekompetenz* und *Lesekompetenzförderung* im Fokus. Da es sich bei *Lesesozialisation* um ein komplexes, multikollineares Konstrukt handelt, wird diesbezüglich zwischen einzelnen Instanzen differenziert, welche die Lesekarriere beeinflussen und Kapitel 2.2 entsprechend unterteilen. Im Anschluss daran dienen Überlegungen zu Rolle und Aufgaben des Leselehrers dazu, den neu eingeführten Begriff des *Leselehrers* präzise fassen und definieren zu können.

2.1 Sozialisationsbegriff

Aufgrund zahlreicher Diskussionen in Soziologie, Pädagogik und Psychologie stellt der Begriff der *Sozialisation* heutzutage keinesfalls mehr ein Fremdwort dar. Sein Ursprung lässt sich auf den Anfang der Soziologie als wissenschaftliche Disziplin terminieren. Die *Sozialisationsforschung* jedoch, für die allen voran DURKHEIM (1858-1917) von herausragender Bedeutung war, kam erst deutlich später auf als der Terminus selbst. So hielt dieser erst im Jahr 1828 erstmalig Einzug in das Oxford Dictionary of the English Language (vgl. Geulen 2005: 13) im Sinne von "to render social, to make fit for living in society" (Clausen 1968: 21).

Heutige Definitionen sind deutlich konkreter, dafür aber auch inhaltlich von größerer Komplexität geprägt. Die Basis für unser aktuelles Verständnis bildet der sogenannte pädagogische Realismus, der sowohl die genetischen Anlagen eines Menschen als auch die Einflüsse der Umwelt berücksichtigt, in der er sich entwickelt.[5] ROST beispielsweise bezeichnet *Sozialisation* als „den

---

[5] Diese Anschauung resultierte aus der Anlage-Umwelt-Diskussion. Hierbei konstatierte der englische Empirismus um Locke die ausschließliche Beeinflussung der menschlichen Entwicklung durch die Umwelt. Dem konkurrierenden Nativismus

Prozess der Entwicklung eines Menschen in Auseinandersetzung mit der sozialen und materiellen Umwelt („äußere Realität") und den natürlichen Anlagen und der körperlichen und psychischen Konstitution („innere Realität")." (Rost 2001: 669)
Dieser Ansatz erscheint bis heute plausibel, selbst wenn genau diese Wechselwirkung kritisch betrachtet werden kann, da allein der Begriff eine Äquivalenz von Person und Umwelt bei der Entstehung von Handeln und Bewusstsein impliziert (vgl. Wahler/Witzel 1985: 227). Sicherlich mögen Situationen existieren, in denen unser Handeln einmal stärker auf die Anlage zurückgeführt werden kann, während ein andermal Umwelteinflüsse dominieren. Als Fazit bleibt, dass Anlage und Umwelt gleichzeitig in einem nicht zu isolierenden Zusammenspiel wirken, welches das Individuum individuell und situativ, vor allem jedoch reziprok zu sozialisieren vermag. So stellen die „Gene [...] das Potenzial zur Verfügung; die Erfahrung legt die Art und Weise fest, in der das Potenzial verwirklicht wird." (Zimbardo/Gerrig 2004: 442)

Da *Sozialisation* ihren Beginn bereits in der frühen Kindheit hat, veranlasste dies BERGER/LUCKMANN zu einer Gliederung in zwei Phasen: Die *primäre Sozialisation*, in der das Kind zum Gesellschaftsmitglied wird, und die *sekundäre Sozialisation*, die sich auf jeden Vorgang des bereits sozialisierten Menschen in neue Bereiche bezieht (vgl. Berger/Luckmann 2013).

Primäre Sozialisation

In der Phase der Kindheit, der *primären Sozialisation*, kommt vor allem der Familie eine wichtige Rolle zu, denn „die Umwelt und die soziale Schicht einer Familie prägt die Sozialisationsmuster. Kinder nehmen typische Verhaltensweisen ihrer Eltern oder ihrer Umwelt" an (Giddens 2009: 147) und werden auf diese Weise „auf der sozialen Landkarte" verortet (Geulen 2007: 151). Dem Kind werden so von Anbeginn in seiner ersten Bezugsgruppe spezielle Werte und Normen vermittelt, die es sich aneignet und in Zukunft bei der Bewertung von Verhalten heranziehen wird (vgl. Geulen 2007: 150). Dies gilt auch für das Lesen und für Bücher, wenn Eltern beispielsweise als Lesevorbilder dienen.
In unserer heutigen Gesellschaft findet frühkindliche Sozialisation zwar überwiegend in der Kleinfamilie statt (vgl. z.B. Giddens 2009: 147), doch auch hier können Kinder wichtige Erfahrungen sammeln was Kooperation, Zusammenhalt, den Umgang mit Konflikten und vieles mehr betrifft. Erziehung

---

zufolge stand das Individuum dagegen jedoch einzig und allein unter dem Einfluss seiner genetischen Anlagen.

spielt insofern zwar eine wichtige Rolle, ist jedoch keinesfalls mit *Sozialisation* gleichzusetzen (vgl. Zimmermann 2000: 14). So kommt es, dass sich neben der Familie als primäre (Lese-)Sozialisationsinstanz noch folgende drei weitere Sozialisationsinstanzen auswirken: Die Peergroup, die Institution Schule sowie die Massenmedien.

In der Sozialisation durch Gleichaltrige, den sogenannten Peergroups, sammeln Kinder erste Erfahrungen mit gleichberechtigten Beziehungen (Geulen 2007: 151). THORNE zufolge haben Peergroups auch einen großen Einfluss auf die Sozialisation unserer Geschlechterrolle (Giddens 2009: 149). So gibt es auch hier geschlechtsspezifische Unterschiede bei der Auswahl der engen Freundschaften: Fühlen sich heranwachsende Jungen meist in einer Clique von jungen Männern wohl, so pflegen Mädchen dagegen häufig nur eine einzige Freundschaft, diese aber sehr intensiv (vgl. Geulen 2007: 152).

Ebenfalls von Bedeutung als Sozialisationsinstanz ist die Institution Schule. Laut der strukturfunktionalen Theorie nach PARSON erfüllt diese zwei zentrale Aufgaben für den Erhalt der Gesellschaft: Zum einen die Vermittlung kompetenten Rollenhandelns für die Heranwachsenden mit dem Ziel, dass diese nicht nur die Fähigkeit, sondern auch die Bereitschaft verinnerlichen, ihre spätere Erwachsenenrolle zu erfüllen (vgl. Parsons 1977: 161f.). Zum anderen kommt ihr auch die Funktion der Selektion zu (vgl. Zimmermann 2006: 117f.). Darüber hinaus erfüllt die Schule noch viel mehr Aufgaben, von denen nur einige wenige genannt werden sollen: Hier erlernen die Schüler das Einhalten von Regeln, müssen die Autorität von Lehrpersonen respektieren und sich zudem auch mit den Mitschülern arrangieren (vgl. Giddens 2009: 148). Darüber hinaus erwerben sie auch personale Kompetenzen und es findet soziales Lernen statt. „Tatsächlich und oft unterschwellig vermitteln das Leben an der Schule und der Unterricht auch darüber hinausgehende Werte und Einstellungen, die für das spätere Handeln in der Gesellschaft bedeutsam sind." (Geulen 2007: 154) Fähigkeiten wie zum Beispiel Teamwork und Teambildung werden vermittelt, aber auch kulturell bedeutsame Techniken (wie den Umgang miteinander). Die Schüler erwerben außerdem auch Präsentationstechniken, was in Verbindung mit den drei vorherigen Aspekten auch wirtschaftlich, das heißt beruflich bedeutsam ist und somit einen Beitrag zum gelungenen gesellschaftlichen Leben leistet.

Des Weiteren sei an dieser Stelle noch auf die Individualisierung durch Sozialisation verwiesen werden, bei welcher sich Schüler mit einer Gruppe identifizieren, dann Teil dieser werden und sich zugleich durch den Vergleich mit Mitschülern auch in ihrer eigenen Rolle erleben und dadurch von anderen abgrenzen können. Die Vielzahl der Aufgaben neben der Vermittlung von Bildung subsumierte JACKSON (1975) unter dem Begriff des „heimlichen Lehrplans" (hidden curriculum).

Abschließend sind die omnipräsenten Massenmedien zu nennen, mit welchen sich im Informationszeitalter aufwachsende junge Menschen kontinuierlich auseinandersetzen (müssen); allein schon aus dem Grund, weil die „Kommunikationen in der sozialisatorischen Interaktion [...] in allen Sozialisationsinstanzen in hohem Maß medial durchdrungen" sind (Vollbrecht/Wegener 2010: 9). Hier existieren nach wie vor große Kritikpunkte und die Befürchtungen, Massenmedien könnten sich negativ auf die sprachliche und kognitive Entwicklung des Kindes auswirken, bestehen noch immer. POSTMAN beispielsweise, seines Zeichens scharfer Kritiker der Neuen Medien[6], postulierte, durch „exzessives Fernsehen [...] könnten die Sprachentwicklung, insbesondere die damit verbundene begriffliche Strukturierung der Welt, und die Fähigkeit zur diskursiven Auseinandersetzung mit anderen verkümmern." (Geulen 2007: 153)

Nach einigen Studien sind die Auswirkungen des Fernsehkonsums auch nicht zu unterschätzen (vgl. z.B. Wollscheid 2008; Schreier 2004; Ennemoser et al. 2003; Reinsch 2002; Beentjes/Van der Voort 1988; Koolstra et al. 1997). Neben dem Kritikpunkt der Intensivierung von Klischees und Stereotypen können Fernsehsendungen mit Gewaltpotenzial auch als Prädiktor für aggressives Verhalten fungieren. Einen Erklärungsansatz liefert hierfür BANDURA, nach dem hier ein Lernen am Modell beziehungsweise an Vorbildern erfolgt. Im Fernsehen fungieren nicht mehr die Eltern als Vorbilder, sondern die Idole, Stars und Actionhelden der Kinder (vgl. Bandura 1976). Solche Fernsehsendungen sagen aggressives Verhalten des Kindes oder Jugendlichen sogar mit größerer Genauigkeit voraus als der sozioökonomische Hintergrund, familiäre Beziehungen und der IQ – dies wurde bereits 1975 im Rahmen einer Langzeitstudie von mit Teenagern bestätigt (vgl. Cater/Strickland 1975). Der Lernbegriff als solcher ist und bleibt jedoch neutral: „gelernt werden kann (und wird) grundsätzlich zum Guten wie zum Schlechten, und es ist Aufgabe von (Medien-)Erziehung hier [...] steuernd einzugreifen." (Vollbrecht/Wegener 2010: 10) Doch mit dem Abschluss der Schule ist unsere *Sozialisation* noch lange nicht beendet.

---

[6] Laut BROCKHAUS handelt es sich beim Begriff „Neue Medien" um „eine Sammelbezeichnung für durch Entwicklung neuer Technologien entstandene Kommunikationsmittel zur Individual- und Massenkommunikation." (Brockhaus Enzyklopädie 2006: 522)

Sekundäre Sozialisation

In der sekundären Phase vermag sich *Sozialisation* über die Schullaufbahn hinaus ebenfalls auf den beruflichen Bereich auszuwirken. Jeder Eintritt in eine Institution, einen neuen Beruf oder auch in einen neuen Status (in ein Unternehmen genauso wie in eine Ehe beispielsweise) erfordert eine weitere *Sozialisation* im entsprechenden Bereich. Dabei können einige „der neu zu erlernenden Werte und Normen [...] im Widerspruch zu denen stehen, die das Individuum früher verinnerlicht hat und die jetzt nicht mehr gelten [oder auch nicht mehr greifen; AK]" (Geulen 2007: 155). Dies trifft beispielsweise auch auf Literatur und Unterricht zu, wenn durch Lesen Werte und Normen vermittelt oder gar erschüttert werden.

Sozialisation bleibt folglich, wenn auch kein theoretisches, so doch ein wissenschaftliches Konstrukt, das sich während unserer gesamten Lebensspanne vollzieht und aufgrund dessen einen lebenslangen Prozess darstellt (vgl. Joas 2007: 142). Umso weniger verwunderlich ist es auch, dass wir in völlig unterschiedlichen Bereichen unseres Lebens sozialisiert werden, so auch hinsichtlich des Lesens, das im Fokus der vorliegenden Arbeit steht.

2.2 Lesesozialisation und ihre Instanzen

Einen derart komplexen Begriff wie den der *Lesesozialisation* zu definieren, bringt einige Hürden mit sich: Zum einen handelt es sich um einen Begriff, der sich auf einen *Prozess* oder auf *gesellschaftliche Rahmenbedingungen* beziehen kann, in denen sich ein Individuum bezüglich des Lesens positiv wie auch negativ entwickelt (vgl. Wollscheid 2008: 29). Zum anderen umfasst der Terminus ein weites Feld mit unterschiedlichen Einflussfaktoren und lebenslanger Entwicklung. Es stellt insofern mehr als nur eine Herausforderung dar, das Konstrukt in seiner Gänze zu erfassen. Der Anfangspunkt der *Lesesozialisation* nämlich ist bereits auf den Beginn des Spracherwerbs im (frühen) Kindesalter zu datieren, in welchem sich eine stimulierende sprachliche Umgebung nachweislich förderlich auf das Lesen auswirkt (vgl. Hurrelmann, B. 2004: 45). Jede nachfolgende Lektüre, jedes Lesen an sich trägt zu ihrer (Weiter-)Entwicklung bei.

Es nimmt somit nicht wunder, dass innerhalb der Annäherungen an den Begriff unterschiedliche Definitionen vorliegen. Sie unterscheiden sich vor allem in der Gewichtung des Aspekts der Medienvielfalt im 20. und 21. Jhd., aufgrund welcher die „Funktionen des Literarischen zunehmend auch von anderen Medien übernommen werden" (Schreier/Rupp 2002: 268). Denn zur *Lesesozialisation* zählt schon lange nicht mehr ausschließlich das Lesen oder Vorlesen von Geschriebenem. Im Gegensatz zu EGGERT/GARBE (2003), die unter dem Begriff lediglich den adäquaten Umgang mit allen Printmedien unter dem Aspekt der Lesefähigkeit und Lesegewohnheiten verstehen, verortet HURRELMANN den Begriff auch als einen bereichsspezifischen Ausschnitt innerhalb der Mediensozialisation. Dabei bezieht sie die Kompetenz zum Umgang mit Schriftlichkeit in allen Medienangeboten mit ein, zum Beispiel für Printmedien, audiovisuelle Medien und/oder Computermedien (vgl. Hurrelmann, B. 1999: 111f.), ohne dabei jedoch weitere involvierte und gestalterisch Einfluss nehmende Instanzen aus den Augen zu verlieren. *Lesesozialisation* ist HURRELMANN zufolge

> „ein langjähriger Prozess, an dem Kindergarten, Schule, Altersgruppe und die Medien selbst beteiligt sind. Die größte Bedeutung [...] kommt nach einhelliger Forschungsansicht aber der Familie zu. Familien nehmen teil an der gesamtgesellschaftlichen Kultur, ko-konstruieren jedoch von ihren kulturellen Ressourcen und auf die Kinder gerichteten Bildungsaspirationen her spezifische Sozialisationskontexte für den Kompetenzerwerb im Lesen" (Hurrelmann, B. 2004: S.45).

Die hier unterschiedenen Instanzen sind gleichsam für die *Lesesozialisation*, aber auch für die *literarische Sozialisation* bedeutsam, da sie das „kulturelle Bildungskapital" vermitteln, einen von BOURDIEU geprägten Begriff (vgl. Graf 2004: 25). Demzufolge ist das „inkorporierte kulturelle Kapital" die Grundlage des Habitus, zu dessen Transmission es in der Familie kommt (Bourdieu 1982: 186). Denn auch *Lesesozialisation* gilt als Teil der Bildungsbiografie eines Individuums.

An dieser Stelle sei darauf hingewiesen, dass die Abgrenzung der *Lesesozialisation* von der *literarischen Sozialisation* häufig diskutiert wurde. Diese bezieht sich ihres Zeichens jedoch primär auf die Sozialisation durch Literatur respektive durch deren Inhalte und kann als Voraussetzung für lebenslange literarische Bildungsprozesse betrachtet werden (vgl. Schilcher/Pissarek 2013: 34). Gemeinsam ist beiden der Beginn in der Familie, die Fortsetzung im Kindergarten und anschließend in der Schule. Dabei umfasst sie die „Entwicklung des literarischen Verstehens auf der Grundlage individueller, institutioneller und sozialer Bedingungen. Außerschulisch spielt dabei vor allem die Qualität familiärer paraliterarischer und literarischer Kommunikationssituationen (z.B. Vorlesen, Erzählen, Singen, Lesen) eine wichtige Rolle." (Gold 2007: 25) Das macht literarische Sozialisation zugleich zum prototypischen Kern der Lesesozialisation (Rosebrock 2003a; 2006).

Nur so lässt sich auch erklären, weshalb die im Verlauf dieses Kapitels genannten Sozialisationsinstanzen für beide Begriffe gleichsam von Bedeutung sind.

Zur lesebiografischen Forschung haben unter anderem die Ergebnisse ihrer bekannten Vertreter SCHÖN und GRAF beitragen. Sie werteten umfangreiche Lektüreautobiografien aus und versuchten auf diesem Wege, typische Muster und Verlaufsformen der Lesesozialisation zu ermitteln (siehe u.a. Garbe et al. 2009; Schulz 2010: 14). Auch bezüglich des Lesens durchlaufen wir anteilig Fremd- und Selbstsozialisation, indem wir mit äußeren Einflussfaktoren konfrontiert werden und zugleich inneren Dispositionen erliegen. Es sei jedoch kritisch angemerkt, dass sich das Datenmaterial der Untersuchungen überwiegend aus Lesern mit höherer Schulbildung generierte, es sich also um Menschen mit einem vergleichsweise positiven lesesozialisatorischen Verlauf handelte. Heutzutage untersucht die aktuellere *Lesesozialisationsforschung* primär, wie jemand zum Leser oder Nichtleser von gedruckten Medien wird und beschäftigt sich dahingehend mit der Frage, ob überhaupt noch gelesen wird und wie das Lesen als Kulturtechnik (normativ) gesichert werden kann (vgl. z.B. Groeben et al. 1999: 4; Wollscheid 2008: 29). Dabei werden nicht nur Kinder und Jugendliche, sondern auch Erwachsene in den Blick genommen.

Eine besondere Bedeutung kommt in diesem Kapitel dem Faktor Bildung zu, die auf diverse Phasen und Instanzen einzuwirken vermag. Seit mehr als zwei Jahrhunderten wird der in der Pädagogik fest verankerte Bildungsbegriff definiert als „die Kultivierung der verschiedenen Facetten von Menschlichkeit […], um an den in einer Gesellschaft üblichen Lebensformen teilhaben zu können." (Hurrelmann, K. 2002: 16) Es handelt sich demnach um Einstellungen, Werte, Wissen sowie Fertigkeiten, die dem Menschen vermittelt werden, um sich in die Gesellschaft integrieren zu können. Bildungsprozesse sind insofern stark „individuelle Prozesse und geschehen in der Zeit" (Zeiher 2005: 2). Es stellt sich nun die Frage, inwieweit sich Bildung auch auf die Lesesozialisation eines Menschen auswirkt. Der Bildungsfaktor liegt insofern jedem untergeordneten Kapitel zugrunde und taucht an unterschiedlichen Stellen wieder auf.
Ebenso verhält es sich mit paraliterarischen Gesprächen, die in allen Lesesozialisationsinstanzen von Bedeutung sind. Die „Fähigkeit […], literarische Einsichten und Erfahrungen mit anderen LeserInnen *auszutauschen* – in Gespräch und Diskussion, aber auch in Inszenierung und eigenem Entwurf" (Abraham 2008a: 21) erscheint für die Entwicklung einer stabilen Leserkarriere als unverzichtbar.

Des Weiteren ist der Faktor der Geschlechtsspezifik in allen Instanzen der Lesesozialisation ständig präsent und insofern auch bei allen bisherigen Ausführungen zur Lesesozialisation zu bedenken. Bereits die PISA-Ergebnisse zeigten recht deutlich, dass sich Jungen und Mädchen hinsichtlich ihrer Lesekompetenz unterscheiden. Bereits im Grundschulalter ließen sich eindeutige Unterschiede in Bezug auf das Leseverhalten und die Lesemotivation von Kindern erkennen – und das länderübergreifend (vgl. Richter/Plath 2005: 47ff.).[7] Dies deckt sich mit den veröffentlichten Ergebnissen der JIM-Studie 2014 mit zwölf- bis 19jährigen, in welchen sich die höhere Affinität der Mädchen zum Buch im Leseverhalten zeigt:

> „Jedes zweite Mädchen, aber nur gut jeder vierte Junge liest regelmäßig Bücher. 22 Prozent der Jugendlichen lesen täglich, während vier von fünf Jugendlichen zumindest selten lesen. Am anderen Ende der Skala stehen 19 Prozent Nichtleser, die nie Bücher lesen. Dieser Anteil ist bei den Jungen mit 26 Prozent mehr als doppelt so hoch wie bei den Mädchen (11 %)." (JIM-Studie 2014: 18)

Auch in der Lektürepräferenz liegen Differenzen vor: So zielen Lesebedürfnis und Leseinteressen der Jungen beispielsweise stark auf Abenteuer und Spannung ab (vgl. Plath 2011: 47). Daher interessieren sie im frühen Lesealter eher Comics, Abenteuerromane und Sachbücher. Generell sind sie „erheblich mehr als Mädchen an unbekanntem, räumlich oder zeitlich fernem Milieu interessiert" (Runge 1997: 32) und präferieren fantastische Literatur, die der Sciencefiction-Literatur zugeordnet werden kann. Sie zeigen insgesamt „mehr ein kognitiv-intellektuelles Interesse am Lesen" (ebd.: 33). Dazu passt ein Befund von SCHREIER/ODAG (2004), nach welchem Männer deutlich stärker zwischen Fiktion und Realität trennen als dies bei Frauen der Fall ist. Mädchen lesen häufiger fiktionale Genres, bevorzugen eher realistische Handlungen, die Darstellung sozialer Probleme sowie Mädchenbücher zu Freundschafts- und Identitätsfragen Problembücher und Lektürestoffe mit Bezug zur eigenen Lebenswelt stoßen auf deutlich mehr Interesse als bei Jungen (vgl. Garbe 2007: 66ff.). Des Weiteren sind die Leseerfahrungen der Mädchen schlichtweg anders: Sie machen „intensivere emotionale Leseerfahrungen" (Runge 1997: 33). Für sie ist auch die sozial-emotionale Dimension des Lesens von großer Bedeutung; das genießende und reflexive Lesen steht

---

[7] Die Mädchen schnitten „in allen Teilnehmerländern besser ab als die Jungen [...], wobei sich der Unterschied im OECD-Durchschnitt auf 39 Punkte beläuft; das entspricht über der Hälfte einer Kompetenzstufe oder einem Schuljahr." (OECD 2010: 24) Während der Abstand der Geschlechter unter den jeweils leistungsstärksten Schülern in den Naturwissenschaften nur gering ausfällt, ist er im Bereich Lesekompetenz (2,8 % der Mädchen und 0,5 % der Jungen) jedoch signifikant (vgl. ebd.: 7).

im Vordergrund (vgl. Garbe 2007: 66ff.). Stark kontrastiv dazu verhält es sich mit den Jungen, für die das „kognitiv-lernende Lesen" (Hurrelmann, B. et al. 1993: 162) eine Rolle spielt. Dies bleibt sogar durchschnittlich bis ins Alter erhalten, wenn sich Männer stark am zweckorientierten, Frauen dagegen stark am literarischen Lesen orientieren (vgl. Schön 1996: 11). Einen Erklärungsansatz hierfür liefert GARBE und konstatiert, dass Frauen aus historisch-gesellschaftlichen Gründen insgesamt mehr lesen (vgl. Garbe 1993: 13ff.). „Die geschlechtsspezifische Sozialisation legt Männer auf den Erfolg im Beruf fest, informatorisches Lesen ist für sie Mittel zum Zweck. Frauen sind familiär und sozial orientiert, sie lesen aus Empathie und Einfühlung." (Runge 1997: 33) Da geschlechtsspezifische Sozialisation immer in unserer Gesellschaft vorhanden ist, sich Frauen aber beruflich immer stärker etablieren, ist die Autorin der Ansicht, dass der Sinn und Zweck des Lesens sich auch bei Frauen sukzessive stärker auf den Bereich des informatorischen Lesens verlagert oder künftig verlagern wird. Aber selbstverständlich lesen auch Männer literarisch. Hierbei können nach ANDRINGA (2004) vier Formen der Identifikation eintreten: Die Wunschidentifikation, die Ähnlichkeitsidentifikation, die Empathie und letztlich die Unähnlichkeit. Interessant ist auch, dass in ANDRINGAs Sample die Frauen häufiger von Ähnlichkeitsidentifikation, Männer dagegen überwiegend von Unähnlichkeitsidentifikationen berichteten (vgl. Philipp 2011: 62).

Gewiss gibt es auch Gemeinsamkeiten im Leseverhalten. So nimmt zwischen sieben und elf Jahren beispielsweise das Interesse an „ulkigen Büchern" zu, also an Büchern, die reinen Lesespaß vermitteln (Müller 1982: 68f.). Das Interesse an fantastischen Abenteuern dagegen nimmt ab und verlagert sich zugunsten realistischer Abenteuergeschichten. Zunehmend bevorzugen sowohl Jungen als auch Mädchen eine „polarisierende Darstellung sozialer Zusammenhänge" (ebd.: 68f).
Es liegt auf der Hand, dass sich die geschlechtsspezifischen Unterschiede in Lektürepräferenz und Leseverhalten auch im generellen Medienverhalten fortsetzen. Die Unterschiede beginnen bereits beim Besitz von audiovisuellen und digitalen Medien: So besitzen Jungen heutzutage häufiger einen Fernseher, Computer und eine feste Spielekonsole als dies bei den Mädchen der Fall ist (vgl. JIM 2014: 6ff.).[8] Wohingegen im Fernsehverhalten nur geringfügige Unterschiede zu erkennen sind, dominieren die Jungen jedoch besonders bei Computer-, Konsolen- oder Onlinespielen: 70 % der täglich oder mehrmals

---

[8] Von den zwölf- bis 19jährigen Jugendlichen sind bei der Untersuchung im Jahr 2014 56 % der Jungen im Besitz einer Spielekonsole, Mädchen hingegen nur zu 34 %. 58 % der Jungen und 55 % der Mädchen haben ein eigenes Fernsehgerät. Über einen Computer verfügen den Daten gemäß 78 % der Jungen und 73 % der Mädchen.

wöchentlich Nutzenden sind Jungen (vgl. ebd.: 8). Handy oder Smartphone sowie Internetzugang besitzen nahezu alle Jugendlichen; hier können keine geschlechtsspezifischen Präferenzen festgestellt werden. Ebenfalls zeigt der Bildungshintergrund der Jugendlichen nur wenig Differenzen, da die Zugangschancen weitgehend gleich verteilt sind (vgl. ebd.: 8). Im Vergleich zur mittlerweile über 20 Jahre zurückliegenden Untersuchung von BONFADELLI/ FRITZ (1993) hat sich das Medienverhalten der Mädchen stark dem der Jungen angeglichen. Damals aufgezeigte Unterschiede haben sich mittlerweile fast vollständig nivelliert.

Da weder der Einfluss des Bildungsniveaus der Eltern noch der des Leseklimas in der Familie vollständig erklären können, warum Mädchen im Durchschnitt generell mehr lesen als Jungen, gelangt HURRELMANN zu der Schlussfolgerung: „Wenn man also vorhersagen will, ob ein Kind eher viel oder eher wenig liest, bleibt das Geschlecht einer der zuverlässigsten Prädiktoren." (Hurrelmann, B. et al. 1993: 53). Diese Erkenntnisse sind auch für die Sozialisationsinstanz Schule von Bedeutung. Die nachfolgende Einteilung des Kapitels ergibt sich aus den lesesozialisatorisch wirksamen Instanzen Familie, Schule und Peergroups sowie einer Betrachtung ihres Zusammenspiels.

2.2.1 Lesen in der Familie

> „Geteiltes Leid, sagt man, sei halbes Leid. Für Freude, Verstehen und Genuss
> gilt das Gegenteil: Solche Erfahrungen zu teilen, verdoppelt sie."
> (Abraham 2009: 7)

Die ersten Worte und zusammenhängenden Sätze, die wir wahrnehmen oder selbst artikulieren, finden in der Regel im Rahmen der Familie statt. So ist der Prozess der Lesesozialisation bereits mit der kindlichen Sprache verknüpft; der Spracherwerb ist dabei „ein Moment des humanspezifischen Sozialisationsprozesses, der durch den Austausch mit der belebten, personalen, sozialen Umwelt" (Klann-Delius 1999: 136) zustande kommt, wobei hier akzentuiert die Familie angesprochen wird. Denn Dimensionen der Lesesozialisation lassen sich vor allem an den Gewohnheiten der Familienmitglieder festmachen.
So werden im Folgenden das Elternvorbild, die Interaktionen in der Familie sowie der Fernsehkonsum in den Blick gerückt. Diese Faktoren werden in der Literatur, wenn auch teils in abweichender Terminologie, als zentrale Einflussgrößen der Lesesozialisation behandelt (vgl. Van Peer 1991: 539ff; Hurrelmann, B. 2004: 45ff.; Wollscheid 2008: 69). Es scheint logisch, dass

Terminologische Grundlagen

die Familie die früheste Instanz der Lesesozialisation ist, darüber hinaus gilt sie jedoch zudem als die wirksamste – „vermutlich weil ihre kulturellen Einflüsse permanent, unbeabsichtigt und unspezialisiert sind." (Hurrelmann, B. 2004: 45) Wir haben es demzufolge also mit einem konstanten Einfluss zu tun, der von Beginn an präsent ist und im Zuge dessen Rituale und Einstellungen internalisiert werden.[9] Je förderlicher dieser Einfluss ist, desto positivere Einstellungen resultieren. Doch hat man sich konkret unter einer stimulierenden sprachlichen Umgebung vorzustellen? HURRELMANN liefert eine Antwort auf diese Frage:

> „Günstige Bedingungen sind nicht nur dadurch gekennzeichnet, dass das Kind zum Sprechen angeregt wird und positive Reaktionen auf seine Äußerungen erhält, sondern auch dadurch, dass Sprache in elaborierter Form und in situationsabstraktem Gebrauch vorkommt." (ebd.: 45)

Dabei zielt sie speziell auf die in Literatur verwendete Sprache ab, mit der Kinder bereits in Vorlesesituationen konfrontiert werden. Zudem wird auch eine implizit vorhandene Bildungsabhängigkeit deutlich, da Sprache und Wortschatz relativ hoch mit der schulischen und/oder beruflichen Bildung korrelieren (vgl. für eine Zusammenfassung Scheerer-Neumann 2003). Diese wiederum korreliert bekanntlich stark mit der Bildung des Elternhauses (vgl. Runge 1997: 23).

Bildungsfaktor und Elternvorbild

Innerhalb der Lesesozialisationsforschung haben sich „klassische Indikatoren des sozioökonomischen Status, wie etwa die Bildung der Eltern, häufiger als valider erwiesen als mehrdimensionale Indikatoren, wie Lebensstil- oder Milieukonzepte." (Wollscheid 2008: 57) Am besten ließe sich eine gelingende Lesesozialisation, so GROEBEN, immer noch mit der Schulbildung der Eltern vorhersagen (vgl. Groeben 2004: 165). Denn es konnte nachgewiesen werden, dass „fast alle Wirkungsfaktoren, die das Leseklima in der Familie ausmachen, mehr oder weniger eng mit Bildung verknüpft" sind (Hurrelmann, B. et al. 1993: 69). WIELER demonstrierte, dass sich das bereits beim Vorlesen äußern kann: Während Mütter der bildungsfernen Schicht Kindern die passive Rolle des Zuhörers zuweisen, sind diejenigen aus bildungsnahen

---

[9] Die Bezeichnung „Einstellungen" bezieht sich in diesem Kontext nicht nur auf die Einstellung zu Büchern, sondern zum Lesen im Allgemeinen. Im Zeitalter der Medien und Massenmedien fließt hier auch mit ein, wie man seine Freizeit zu gestalten präferiert.

Schichten besser in der Lage, zwischen Kind und Buch einen Lesedialog zu initiieren (vgl. Wieler 1997).

Die qualitativen Studien von KÖCHER (1988) und SCHÖN (1990) trugen ebenfalls maßgeblich zur Implikation des Bewusstseins bei, dass die Weichenstellungen für eine erfolgreiche Lesekarriere bereits in der Familie erfolgen. In seinen Studien erfasste SCHÖN die individuelle Lesekarriere erstmals anhand narrativer Interviews. Als Risikofaktoren hinsichtlich einer gelungenen Weichenstellung bestimmte er aufgrund seiner Ergebnisse ein geringes Einkommen der Eltern sowie Migrationsstatus. Dieser Einfluss ist kaum verwunderlich, da die Wissenschaft doch bereits seit Jahrzehnten das Phänomen sozialer Reproduktion erforscht. Wenn bezüglich des beruflichen Status der Eltern etliche Daten vorliegen, die einen unmittelbaren Einfluss auf die berufliche Situation der Kinder nach sogar vierzig Jahren nachweisen (vgl. z.B. Dubow et al. 2006), liegt es nahe, dass auch dem Lesehabitus der Eltern eine prägende Wirkung zukommt. Additiv schlussfolgern diverse Studien (so z.B. Baumert et al. 2003; Bos et al. 2007; Ehmke/Jude 2010; Rolff et al. 2008): „Wer zu Hause viele Bücher vorfindet und wessen Eltern einer gehobenen Tätigkeit nachgehen, weist in aller Regel höhere Werte im Leseverstehen auf" (Philipp 2011: 96).

Selbst beim Geschichtenvorlesen geht es im Grunde mit Ausnahme des Decodierens bereits um alle Aspekte von Lesekompetenz: So zum Beispiel um Symbolverständnis, den Aufbau von Weltwissen und die Fähigkeit zum Rekurs auf dieses, um emotionale Involviertheit sowie Empathiefähigkeit, um Reflexion und Bewertung, Perspektivenübernahme sowie um das kooperative Aushandeln von Bedeutung in Begleit- und Anschlusskommunikationen (vgl. Groeben/Hurrelmann 2004: 17). Des Weiteren wirken sich auch Vorsingen, Geschichtenerzählen und Reimen, aber auch das gemeinsame Ansehen von erzählenden TV-Sendungen auf die early literacy[10] aus (vgl. Hurrelmann, B. 2004). SONNENSCHEIN/MUNSTERMAN (2002) stellten in ihren Untersuchungen Folgendes fest: Je positiver die Interaktionen beim Vorlesen im Alter von fünf Jahren waren, desto ausgeprägter war die Lesemotivation später in der ersten und zweiten Jahrgangsstufe.
In der Familie erfolgt jedoch nicht nur die erste Heranführung an das Lesen, sondern es können darüber hinaus auch entscheidende Weichen für die eigene Lesekarriere gestellt werden (vgl. Runge 1997: 23). Dabei ist neben

---

[10] Unter *early literacy* werden verschiedene Komponenten verstanden: die Entwicklung von Sprache, das Verständnis der Konventionen von Printmedien, das Sprachwissen und die phonologische Bewusstheit (Landry/Smith 2006).

dem Leseklima das Leseverhalten der Eltern als zweitwichtigster Faktor für Lesefreude und Lesefrequenz einzustufen (vgl. Hurrelmann, B. 2004: 49). Die Einstellung der Eltern zum Lesen im Allgemeinen wirkt sich folglich auch auf deren Kinder aus. Dabei ist es bei der ersten Betrachtung nicht von Belang, ob es sich hierbei um Bücher, Zeitungen, Zeitschriften oder gar Texte im Internet handelt. Eltern dienen ihrem Kind als Vorbild: Was die Eltern können, möchte ein Kind ebenfalls beherrschen. Unter anderem deshalb ist es für Vorschulkinder so erstrebenswert, ebenfalls zu den Lesern zu gehören. Man denke hier beispielsweise an spielerisches Nachahmen, wenn ein Kleinkind ein Buch in die Hand nimmt, und es fast so aussieht, als ob es lesen könnte. Forschungsüberblicke (z.B. Groeben/Hurrelmann 2004; Mullan 2010; Stiftung Lesen 2010) äußern sich übereinstimmend dahingehend, dass vielesende Heranwachsende sehr häufig aus Familien kommen, in denen die Eltern beobachtbar viel lesen (vgl. Philipp 2011: 93). Hier bringt es BUCHNER treffend auf den Punkt:

> „Kinder brauchen Vorbilder, am besten geliebte Vorbilder, denen sie nacheifern können. So prägt das häusliche Umfeld entscheidend die Einstellung des Kindes zum Lernen und zu geistigen Inhalten schlechthin. Ein Elternhaus, in dem keiner wirklich liest, in dem Vorlesen vielleicht gerade noch als lästige Pflicht von den Eltern praktiziert wird, in dem Bücher keinen Wert besitzen, solch ein Elternhaus bildet sicher nicht den Hintergrund für einen kleinen Leser, der sich zur begeisterten Leseratte entwickelt." (Buchner 2003: 20)

Den gleichen Effekt zwischen dem Lesehabitus der Eltern und ihrer Kinder ermittelte man auch in solchen Familien, die aufgrund ihres Einkommens und Migrationshintergrunds eher den ungünstigen Lesemilieus zugeordnet werden würden (vgl. Baker 2003; Bucher 2004; Klauda 2008; McElvany et al. 2009; Philipp 2011; Retelsdorf/Möller 2008). Wichtig ist hierbei, dass die Eltern ihre Vorbildfunktion erkennen und wahrnehmen, indem sie konsequent konform handeln. Denn es ist schlichtweg kontraproduktiv, wenn Eltern bezüglich des Lesens stets an ihr Kind appellieren, selbst jedoch (auch) nicht zum Buch greifen. Dabei kann die „Verführung zum Lesen [...] wesentlich wirksamer als jede internationale Leseerziehung" sein (Köcher 1988, zit. n. Schön 1990: 112). Diese Überlegungen greifen vor allem für die Jugendphase (von ca. 12-19 Jahren), die im Hinblick auf das Lesen gänzlich unterschiedlich verlaufen kann: Bei einem geringeren Anteil der Jugendlichen ist sie durch eine regelrechte Lesesucht gekennzeichnet, während der größere Teil die Lust am Lesen bis etwa zum 15. Lebensjahr verliert. So stellen ungefähr 70 % der Jugendlichen das Lesen in diesem Zeitraum sogar ganz ein, was als „literarische Pubertät" bezeichnet wird (vgl. Rosebrock

2003: 159). Gerade in diesem Fall kommt den Eltern eine tragende Funktion zu: Sie müssten ihre Kinder zu diesem Zeitpunkt regelrecht zum Lesen anstiften, um ihre Lesegewohnheiten stabil zu halten.

Im Sozialraum Familie entwickelt sich von Seiten des Kindes diesbezüglich nicht nur der (mehr, weniger oder eventuell auch gar nicht ausgeprägte) leseaffine, sondern auch der schulaffine Habitus und dieser ist unsagbar träge. Das bedeutet konkret, dass er seines Zeichens relativ stabil und daher weder schnell (innerhalb von Familien selbst) noch leicht zu ändern ist, zum Beispiel durch punktuelle Stimulation und Anstrengungen wie sie in der Schule erfolgen (vgl. Büchner/Krah 2006). Aufgrund des im Habitus enthaltenen kulturellen Kapitals werden dadurch besonders Familien mit geringerem sozioökonomischen Status vor große Probleme gestellt (vgl. Philipp 2011: 87).

Doch ein positives Buchklima im Elternhaus allein reicht nicht aus, um Kinder zu Viellesern und kompetenten Lesern zu machen. BONFADELLI/ FRITZ (1993) untersuchten die Auswirkungen des häuslichen Buchklimas auf den Lesehabitus der Kinder und kamen zum Ergebnis, dass „eine ‚lebendige Bücherwelt' zuhause nur zu 55 % zu habituellen Lesern [führt; AK], die mindestens einmal pro Woche lesen." (Runge 1997: 24) Werden jedoch insgesamt vielfältige kulturelle Anregungen im Elternhaus geboten, zählen 70 Prozent zu den habituellen Lesern. Denselben hohen Prozentsatz wiesen ebenfalls HURRELMANN ET AL. (1993) bei Kindern nach, deren Elternhaus von einem vielfältigen Umgang mit vielen unterschiedlichen Medien, darunter auch Bücher, gekennzeichnet wurde (vgl. Schön 1990: 111). Ein vielfältiges und routiniert verwendetes kulturelles und mediales Angebot ist folglich essentiell, damit sich Kinder mit hoher Wahrscheinlichkeit zu Viellesern entwickeln.

Diese Erkenntnisse besitzen nicht nur bei Kindern der Primarstufe Gültigkeit; es bestehen darüber hinaus auch „für ältere Kinder und [...] solche Zusammenhänge zwischen einer anregungsreichen familialen Leseumwelt mit gemeinsamen Leseaktivitäten, Anschlusskommunikationen sowie Buchtipps und der Lesefreude des Nachwuchses im Schulalter." (Philipp 2011: 90)

Familiäre Interaktionen

Werden sich Eltern ihrer Vorbildfunktion bewusst und ermöglichen ihren Kindern intensive, vor allem aber positive Erfahrungen mit Literatur, so können sich insbesondere soziale Interaktionen in der Familie förderlich auf das Leseklima auswirken. Es geht hierbei vor allem um die soziale und

Terminologische Grundlagen

interaktive Einbettung des Lesens. Dabei scheint der Aspekt der Spracherfahrung besonders wertvoll zu sein, denn für Kinder kann Sprecherziehung auch den Zugang zum Literarischen öffnen, besonders wenn Eltern sie in unterhaltender Form praktizieren. Die Sprecherziehung kann insofern als „Vorbereitung auf lyrische Genussfähigkeit" (Graf 2007: 20) betrachtet werden und meint damit die Freude am Klang der gesprochenen Sprache, das Reimen sowie das sinnliche Erleben von Sprechen und Hören.

In diesem Zusammenhang scheinen die Ergebnisse der Studie von HURRELMANN ET AL. (1993) zum ‚Leseklima' in Familien besonders nennenswert: Darin ergaben sich fünf voneinander relativ unabhängige Faktoren: (1) die soziale Einbindung des Lesens, (2) Gespräche sowie prä- und paraliterarische Kommunikation, (3) Leseverhalten der Eltern, (4) Familienklima und (5) Nutzung elektronischer Medien durch die Eltern (vgl. Hurrelmann, B. 2004: 48). Die Studie zeigt auf, dass die genannten Faktoren einen großen Einfluss auf die Bildungsabhängigkeit des Buchlesens bei Kindern ausüben. Ihren Ergebnissen zufolge gehen die „Unterschiede im Leseverhalten von Kindern aus unterschiedlichen Schichten [...] im Wesentlichen auf Merkmale des buchbezogenen, aber auch des allgemeinen Interaktions- und Kommunikationsverhaltens in den Familien" (ebd.: 48) zurück. So verkörpern paraliterarische Gespräche in der Familie sowie eine Integration der kommunikativen Literaturrezeption in den Alltag, essentielle Faktoren für die positive Leseentwicklung im Kindesalter.

> „Das wichtigste Ergebnis der Studie ist der Nachweis, dass die soziale Einbindung des Lesens in den Familienalltag die stärkste Einflussgröße sowohl in Bezug auf Lesefreude als auch Lesefrequenz der Kinder darstellt. Fast ein Drittel bzw. fast die Hälfte der erklärten Unterschiede in diesen beiden Dimensionen des kindlichen Lesens gehen auf diesen Faktor zurück. Auch auf die Lesedauer, die Leseerfahrungen und die Lesehemmungen der Kinder hat er einen signifikanten Einfluss. Er bestimmt also in erheblichem Maße, ob ein Kind Lesemotivation entwickelt und regelmäßig liest." (Hurrelmann, B. 2004: 49)

Als eine Form der kulturellen Sozialisation findet dementsprechend auch die *Lesesozialisation* in Interaktion mit anderen statt (vgl. Hurrelmann, B. 1990: 183). Welche Bedeutung das Lesen letztlich im Familienalltag einnimmt, ist unter anderem abhängig von der Art der familiären Interaktionen, die wiederum das Familienklima, die Rollenstrukturen und das Gesprächsverhalten tangieren (vgl. ebd.: 171). Der STIFTUNG LESEN zufolge ist die Situation der Lesesozialisation in den Familien derzeit vor allem von zwei Diskrepanzen geprägt: „Eltern nehmen auf das Leseverhalten ihrer Kinder nur selten aktiv

Einfluss, obwohl sie erstens dem kindlichen Lesen einhellig einen hohen Stellenwert beimessen und zweitens auf die Fernseh- und Computernutzung deutlich häufiger einwirken als auf ihr Leseverhalten." (Stiftung Lesen 2010: 11) Dies lässt sich damit erklären, dass auf die Gefahren des Internets und die vorkommende Gewalt in den Medien permanent hingewiesen wird. Eltern fühlen sich bemüßigt, hier verstärkt Einfluss zu nehmen, wohingegen Lesen als grundsätzlich ungefährlich eingestuft wird und somit auch keines korrigierenden Eingreifens bedarf. Es sei jedoch kritisch vermerkt, dass Literatur auch durchaus „ungeeignet" sein kann, beispielsweise aufgrund einer altersunangemessenen Thematik. Auch sind Internettexte nicht automatisch qualitativ hochwertig, nur weil sie im Netz verfügbar sind. So spielt gerade in der heutigen Zeit auch die ‚kompetente' Mediennutzung eine wichtige Rolle.

Mediennutzung mit Fokus auf den Fernsehkonsum

Nicht nur die familiären Strukturen haben sich in den letzten Jahrzehnten verändert: Die Kinder und Jugendlichen wachsen heutzutage in einem veränderten und immens gewachsenen medialen Umfeld auf, das wiederum stärkerer Bestandteil des familialen Lebens geworden ist (vgl. Stiftung Lesen 2010: 15). Die mediale Ausstattung beginnt bereits im schulfähigen Alter und wächst dann kontinuierlich und sukzessive an. Bereits 42 Prozent der sechs- bis 13-Jährigen hatten 2010 einen eigenen Fernseher im Zimmer; 15 Prozent dieser Altersgruppe stand ein eigener Computer zur Verfügung (vgl. ebd.: 15). Jedes zehnte Kind davon hatte in seinem Zimmer direkten Zugang zum Internet. Laut der STIFTUNG LESEN verfügt „jedes zweite Kind dieser Altersgruppe [...] über ein Mobiltelefon und einen CD-Player, noch mehr über eine Spielkonsole. [...] Bei zwölf- bis 19-Jährigen besteht in Bezug auf Mobiltelefon, Computer, Internet und Fernseher quasi eine Vollversorgung." (ebd.: 15) Diese Zahlen besitzen im Jahr 2015 immer noch Gültigkeit; es ist eher noch mit einem Wachstum zu rechnen. Angesichts dieser Veränderungen bedeutet *Lesesozialisation* eben nicht mehr nur die Erziehung und Bevollmächtigung zur sinnvollen Nutzung der klassischen Lesemedien, wie sie das Buch beispielsweise verkörpert. Stattdessen ist sie vielmehr Teil eines komplexen Mediensozialisationsgefüges.

In Bezug auf den Fernsehkonsum von Kindern und Jugendlichen liegen in der derzeitigen Forschung zwei konträre Standpunkte vor (vgl. Wollscheid 2008: 88): Zum einen gibt es die von WOLLSCHEID als „Förderungshypothesen" (ebd.: 88) bezeichneten Ansätze, die eine positive Beziehung zwischen Lesen und Fernsehen konstatieren. Zum anderen existieren sogenannte „Hinderungshypothesen", die von einer negativen Beziehung der beiden ausgehen. Für Letztere liegen die meisten empirischen Evidenzen vor, weshalb sie sich in der Forschung auch etabliert haben (vgl. z.B. Beentjes/Van der Voort 1988: 389ff.; Reinsch 2002: 32ff.; Schreier 2004: 403).

Für die Verdrängung des Lesens durch den Fernsehkonsum gibt es unterschiedliche Ansätze, die diese Entwicklung zu begründen versuchen. Der prominenteste unter ihnen stammt von HIMMELWEIT ET AL. (1958) und wird als „functional similarity" bezeichnet. Demzufolge werden funktional ähnliche Aktivitäten, das heißt solche, die weniger ‚effizient' dieselben Bedürfnisse stimulieren, durch das Fernsehen verdrängt (vgl. Himmelweit et al. 1958: 329). Geht man beispielsweise vom Bedürfnis der Unterhaltung aus, wie es unter anderem das Lesen von Comics erfüllen kann, so wird das Fernsehen diesen Platz einnehmen. Würde Fernsehen zur Anregung der Fantasie genutzt, würde dementsprechend das Lesen verdrängt werden, das gleichsam der Fantasieanregung dient (vgl. Reinsch 2002: 34). Es sei jedoch nicht außer Acht gelassen, dass Fernsehen ebenfalls der Wissensvermittlung und Anschaulichkeit zu dienen vermag. Man denke hier nur an die berühmte „Sendung mit der Maus", die Wissensinhalte für Kinder didaktisch und pädagogisch gut aufbereitet. Ferner deuten Befunde der Hirnforschung darauf hin, dass der Umgang mit Sprache, wie er während des Lesens erfolgt, die Vorstellungskraft und die Ausbildung von Fantasie in höherem Maß begünstigt als die Fernsehnutzung (vgl. Bonfadelli/Saxer 1986; Singer/Singer 1988; Hurrelmann, B. 1992).[11] Demzufolge bildet Lesen also *ein* Fundament für kreatives und fantasievolles Denken (vgl. z.B. Groeben 2004: 27; Garbe 2006: 5) – es stärkt den „Möglichkeitssinn".[12] Ausgegangen wird schließlich „von der Annahme, dass sich eine zurückhaltende Fernsehnutzung positiv auf die Ausbildung von Lesegewohnheiten auswirkt." (Wollscheid 2008: 88) Umgekehrt bedeutet das, dass Kinder mit hohem Fernsehkonsum weniger Zeit mit dem Buchlesen verbringen. Dies soll jedoch keinesfalls einem Medium wie dem Film das kreative und weiterführende Denken absprechen. Das Gegenteil ist der Fall: Oftmals lassen Filme auch so viel Spielraum für Interpretationen und etwas derart offen, dass wir persönlich gefragt sind und uns sinnvolle Überlegungen zu der „Leerstelle" machen können und auch müssen. Es wird das Bewusstsein für Zeichen sowie für Symbolik geschärft, die

---

[11] Vor allem von 2009 bis 2011 kursierte verstärkt der Slogan „Lesen ist Fernsehen im Kopf", der häufig für Buchprojekte an Schulen genutzt wurde. Auch in der Sekundarstufe II der beruflichen Schulen finden sich derartige Projekte, so beispielsweise an der FOS/BOS Würzburg im Schuljahr 2013/14.

[12] Dieser ist nach MUSIL als die Fähigkeit definiert, „alles, was ebensogut sein könnte, zu denken und das, was ist, nicht wichtiger zu nehmen als das, was nicht ist." (Musil 1952: 16)

wiederum „zu Äußerung, Gespräch, Diskussion, Deutung und Kritik" (Abraham 2009: 7) reizen; auch wenn es wahrscheinlich jedem von uns schon einmal so ergangen ist, dass wir einen bereits gelesenen Roman in einer Verfilmung erleben konnten und sich im Anschluss eine gewisse Enttäuschung in uns breit machte. Dies ist dadurch zu erklären, „dass sich Filmobjekte im Gegensatz zu Vorstellungen über eine bestimmte Romanfigur durch einen ‚höheren Bestimmtheitsgrad' beschreiben lassen." (Wollscheid 2008: 91) Nach Auffassung von ISER liegt genau in dieser Bestimmtheit die Enttäuschung begründet, welche oftmals als „Verarmung" empfunden wird (vgl. Iser 1990: 223). Unsere beim Lesen entstehenden Bilder sind derart gestaltet, dass sie uns als Individuum mit unserem persönlichen Vorwissen, Geschmack und Weltbild entsprechen. So kommt es dazu, dass man allein schon beim Erscheinen des Protagonisten auf der Kinoleinwand enttäuscht sein kann, weil der Held im Buch in der Fantasie so viel bewundernswerter und imposanter erscheint. Denn auch der Regisseur bringt ein persönliches Vorwissen und Weltbild, einen eigenen Geschmack sowie seine individuelle Art der Interpretation in die Darstellung des Helden ein.

Leider scheint es für viele Kinder die „bequemere" Variante zu sein, einen aufgrund seiner enormen Seitenanzahl abschreckenden Roman nicht zu lesen, sondern sich stattdessen einfach im Kino den Film anzusehen. Darauf muss der Betroffene zwar länger warten, es dauert jedoch nicht so lange wie das Lesen des Buches und ist zudem weniger anstrengend, da weniger kognitiv (heraus-)fordernd. Doch auch dieser Aspekt sei beidseitig beleuchtet: So sind Filme auch durchaus für leseaffine Rezipienten Gewinn bringend, zum Beispiel für solche, die mit dem Schreibstil eines Buches nur wenig anfangen und durch die Verfilmung eine gestraffte Zusammenfassung erleben können. Darüber hinaus kann anhand von AV-Medien laut ABRAHAM auf folgenden vier Dimensionen gelernt werden: Auf der medienpädagogischen und der medienästhetischen, der kommunikativen sowie der lesefördernden (vgl. Abraham 2009: 68ff.).[13]

Studien von WOLLSCHEID (2008) lieferten ebenfalls Erkenntnisse über das Lesen und Fernsehen innerhalb der Familie. Beide unterscheiden sich demnach in ihrer Einbettung in den Familienalltag voneinander: Häufiger wird mit anderen gemeinsam ferngesehen als im Beisein derjenigen gelesen. Fernsehen ist also stärker als Lesen in den Familienalltag integriert (vgl. Wollscheid 2008: 117). Dass auch im Rahmen dieser Forschung der

---

[13] Für weitere Ausführungen zum Gewinn bringenden Unterrichtseinsatz von Filmen empfiehlt sich ABRAHAM (2009).

Bildungsfaktor mit einfließt, bestätigte vorherige Erkenntnisse von HURREL-MANN ET AL. (2006). Diese konstatierten, dass insbesondere für Familien mit hohem Bildungsniveau „das Muster der ‚Verführung zum Lesen', verbunden mit der Minimierung des Fernsehens, […] charakteristisch" ist (Hurrelmann et al. 2006: 410).

Zusammenfassend wirkt sich „eine zurückhaltende Fernsehnutzung im Familienumfeld förderlich auf die Ausbildung von Lesegewohnheiten und damit auf die Lesesozialisation" aus, was folgenden Rückschluss zulässt: „[J]e weniger die Eltern fernsehen, desto mehr lesen die Kinder." (Wollscheid 2008: 91) Dies vermag sich vor allem auf die Schule auszuwirken, denn es wurde bereits bestätigt, dass gerade diejenigen Kinder ungünstigere Startbedingungen haben, die aus Familien kommen, deren Mediengebrauch sich entweder auf Video, Fernsehen und die Computermedien beschränkt oder generell nur sehr gering ausgeprägt ist (vgl. Schön 1990: 112; Hurrelmann et al. 1993: 34ff.). Obgleich diese Ergebnisse im Hinblick auf Kinder bildungsferner Familien als unbefriedigend betrachtet werden können, sind die Befunde keinesfalls statisch zu denken. Selbst sozial eher schwächer gestellte Eltern können die Lesefertigkeiten ihrer Kinder verbessern und den sozialen Faktor damit ausgleichen, *wenn* es ihnen gelingt, ihren Kindern mit Beginn der Einschulung die notwendigen Unterstützungsleistungen und Anregungen zukommen zu lassen (vgl. Jimerson et al. 1999, zit. n. Philipp 2011: 96). Zugleich ist die Schule bestrebt, mittels Leseförderung und Leseanimation alle Schüler zum Lesen zu motivieren und so eine unterstützende, vor allem aber eine kompensatorische Wirkung zu entfalten. Genau daran knüpft die vorliegende Arbeit an und erhebt die Einstellungen der Lehrkräfte zur Lesekompetenzförderung. Im Zentrum des Forschungsprojektes stehen die Einstellungen sowie die Identifikation mit der Rolle des Leselehrers im Klassenzimmer.

2.2.2 Lesen in der Schule

Eine der großen Herausforderungen, denen sich eine Lehrkraft an Grundschulen in den ersten Jahrgangsstufen stellt, ist die Berücksichtigung der unterschiedlichen Voraussetzungen, mit denen Schüler den Erstleseunterricht beginnen (vgl. Gold 2007: 29). Die Kinder wachsen zu Hause in unterschiedlichsten Bedingungen auf und bringen daher auch sprachlich unterschiedliche Voraussetzungen mit. Es ist Aufgabe und Ziel der Schule, die heterogenen Standorte der Schüler zu erkennen, diese aufzufangen und im Laufe der Zeit anzugleichen, wobei die individuell erreichbaren Lernfortschritte eines jeden

Schülers zu berücksichtigen sind. Dabei müssen durch Differenzierungsmaßnahmen sogenannte „gute", leistungsstarke Schüler genauso gefördert werden wie Kinder und Jugendliche, die noch größere Defizite aufweisen. Hierbei kommt dem Deutschunterricht eine bedeutende Rolle zu.

Schulische Lesesozialisation

Schule unterscheidet sich vor allem dadurch von der Lesekultur in einer Familie, dass sie die gegenstands- und zielgerichtete, methodisch geplante Vermittlung von Wissen, Fertigkeiten und kulturellen Orientierungen zur Aufgabe hat. Die ersten vier bis sechs Schuljahre gelten hierbei als entscheidende Phase (vgl. u.a. Garbe et al. 2010: 16). Dabei oszilliert Schule hinsichtlich ihres gesellschaftlichen Bildungsauftrags stets zwischen zwei Ambitionen: Zum einen soll sie den Charakter formen und die Schüler zu mündigen Persönlichkeiten erziehen, zum anderen hat sie mittels leistungsabhängiger Bewertungen auch zwischen Schülern zu differenzieren und diese auf unterschiedliche berufliche wie gesellschaftliche Positionen vorzubereiten (vgl. Philipp 2011: 104). Rückschlüsse auf die Auswirkung der Schule auf die Lesesozialisation wurden in den 1990ern anhand erhobener Lesedaten gezogen (vgl. Bonfadelli/Fritz 1993; Köcher 1993; Schön 1990).

Schüleraussagen zu der von ihnen erfahrenen Lesesozialisation in der Schule klingen jedoch (leider) selten positiv. Vielleser erwähnen den Deutschunterricht meist überhaupt nicht in Zusammenhang mit ihrer Entwicklung zum Leser; und wenn, so wird dieser im Nachhinein als eher negativ und verantwortlich für den Rückgang des kindlich-unbeschwerten Lesens sowie der Lesefreude betrachtet (vgl. Schön 1990: 346f.). Schullektüre ist meist mit Unlust und Zwang konnotiert und zwar hinsichtlich mehrerer Faktoren: In der Art des Lesens, der Lesegeschwindigkeit, der Behandlung des Lesestoffes an sich sowie in der Auswahl der Texte, die zumeist weder selbstbestimmt noch altersangemessen sind. „Schullektüre und Schüler-Privatlektüre stehen sich demnach [...] sehr dichotom gegenüber. Was (lesende) Schüler privat lesen, kommt in der Schule nicht vor; was in der Schule gelesen wird, findet keinen Eingang in die privaten Lektürepräferenzen der Jugendlichen." (Gattermaier 2004: 219). Der Optimalfall wäre eine Lehrkraft, die auf das individuelle Leseinteresse eines jeden Kindes in der Klasse eingeht und den Schülern Gesprächsmöglichkeiten auch für solche Bücher bietet, die in der Freizeit gelesen wurden. Dies ist jedoch in deutschen Schulen nahezu nicht umsetzbar. Gründe hierfür sind unter anderem der Zeitfaktor, die Größe der Klassen[14], der Umfang des Lehrplans und darüber hinaus auch eine natürliche Grenze der Differenzierung, die ebenfalls mit den eben genannten Faktoren konfligiert.

Die logische Konsequenz und Entwicklung des „Normalfalls", oder auch: des Ist-Stands, verdeutlicht auch eine Studie von RICHTER/PLATH (2005), die ein klares Absinken der Freude am Lesen im Laufe der Grundschulzeit belegt. MEYER erklärt sich diesen Effekt als Ursache einer „Behandlung von realistischen Erzählungen mit sozial-moralischer Botschaft" (Meyer 2009: 23). Man könnte jedoch auch damit argumentieren, dass während der Schulzeit bereits die Phase der Pubertät und Vorpubertät einsetzt (und dies ist laut Studien immer früher der Fall): Die sogenannte „literarische Pubertät" (s. Kapitel 2.2.1) ist um das zwölfte Lebensjahr herum zu datieren, später kommt man in eine absolute pubertäre „Lesekrise" (Eggert/Garbe, 1995; Rosebrock 2003; Gold 2007).

Wirklich begeisterte Leser lassen sich den Spaß am privaten Lesen jedoch nicht nehmen und nehmen bezüglich der Pflicht- und Privatlektüre eine scharfe Trennung vor.[15] In diesem Kontext berichtet überdies GRAF von einer Suche nach erwachsenen Mentoren neben den Eltern, die den jugendlichen Lesern neue Impulse und auch Anleitungen geben und sie zu neuen Lesarten motivieren können (vgl. Graf 2007: 83).

Einfluss des Geschlechts

Der geschlechtsspezifische Aspekt spielt gerade auch in der Schule eine Rolle. Hier lesen Mädchen anders und auch anderes und profitieren stärker bei der Leseförderung durch die Schule als Jungen. Studien zeigen beispielsweise, dass Jungen bereits im Grundschulalter weniger und auch weniger gern lesen als Mädchen (vgl. Plath 2011: 47). „Mädchen, die in der Schule viel Leseanregungen erhalten, lesen zu 75 % gern, bei den geförderten Jungen sind es dagegen noch nicht einmal die Hälfte." (Runge 1997: 31f.)

---

[14] Die Klassengröße ist derzeit jedoch stark unterschiedlich. Wo Grund- und Hauptschulen wieder kleinere Klassen aufweisen, vergrößern sich die Klassen an Gymnasien dagegen immer häufiger.

[15] Der geringe Einfluss von Lehrern auf die Auswahl der Freizeitlektüre konnte vor allem in der Untersuchung von BIRKEL ET AL. (1995) belegt werden. Sie untersuchten das Freizeitverhalten sowie Einstellungen von 1600 Schülern der 5. bis 10. Jahrgangsstufe in Schwaben. Von allen aufgeführten Personen und Institutionen wurden seitens der Schüler der einbezogenen Schularten (Hauptschule, Realschule, Gymnasium) die Lektüreempfehlungen von Lehrkräften am geringsten eingestuft.

Ebenso verhält es sich mit der Lesehäufigkeit, bei der Mädchen vom Lesen in der Schule profitieren und dadurch häufiger zu Vielleserinnen werden. Die Lesehäufigkeit von Jungen ist schwieriger anzuregen. HURRELMANN hält für denkbar, dass dies zum einen daran liegen könnte, dass bei der Lektüreauswahl weniger auf die Jungen und deren Interessen in der Grundschule eingegangen wird. Zum anderen ist ihres Erachtens vorstellbar, dass dies auf die vermittelte Leseweise zurückzuführen ist, da an Grundschulen überwiegend Lehrerinnen unterrichten (vgl. Hurrelmann, B. et al. 1993: 221).

Wird in der Schule lesepädagogisch allerdings nur wenig getan, wirkt sich dies auf beide Geschlechter so aus, dass jeweils weniger als 50 Prozent der Jungen und Mädchen Freude am Lesen haben (vgl. Hurrelmann, B. et al. 1993: 220). Insofern kommt dem Deutschunterricht eine essentielle Bedeutung zu – nicht nur, weil in ihm primär der Schriftspracherwerb sowie die motorische Komponente des Schreibens vermittelt oder auch Sprecherziehung gefördert wird. Denn darüber hinaus führt er Kinder und auch Jugendliche an Literatur und den Umgang mit Texten heran, befähigt sie zur Informationsentnahme, zur Konstruktion von Bedeutung, zur Interpretation und zum persönlichen Nutzbarmachen von Texten. Dadurch kommt ihm nicht nur die Funktion eines kompensatorisch wirkenden Faches zu, wenn er Schüler mit eher ungünstigen lesesozialisatorischen Bedingungen durch Anregungen und Förderungen zum Lesen zu motivieren versucht. Er befähigt seine Schüler darüber hinaus durch die Vermittlung basaler Kulturtechniken und sogenannter Schlüsselqualifikationen zur Teilhabe am kulturellen, sozialen und auch am beruflichen Leben.

2.2.3 Lesen in der Peergroup

Durch die Tatsache, dass „Lesen in soziale Beziehungen eingebettet" ist (Graf 2007: 45), sei an dieser Stelle die Bedeutung der Peergroup hervorgehoben, die das Leseverhalten zusätzlich beeinflusst. Dies bezieht sich vor allem auf die Zeit des Jugendalters, in welchem der Einfluss der Peergroup auf die generelle individuelle Entwicklung bereits von HAVIGHURST nachgewiesen wurde (vgl. Mietzel 2002: 361ff.). Im Jugendalter sind es meist die Gleichaltrigen aus der Peergroup, die bezüglich des Austauschs über Gelesenes an die Stelle der Eltern treten. Im Gegensatz zur Eltern-Beziehung, die als „komplementär reziprok oder hierarchisch bezeichnet werden kann" (Philipp 2011: 129), wird bei der Peergroup erstmalig eine symmetrisch-reziproke Beziehung erlebt, in der untereinander gleichberechtigte Partner agieren (vgl. Youronniss 1982). Insofern liegt es auf der Hand, dass die Peergroup auch das Freizeitverhalten mitbestimmt, unter welches auch das Lesen fällt. Genau dieser Einfluss ist „als ansteigende Verlaufslinie abzubilden, die gegen Ende der Kindheit zunächst die Waagerechte der öffentlichen Institutionen, dann die stark abfallende Kurve des Familieneinflusses nach oben durchbricht." (Graf 2007: 46)

Spezifika der Gruppe von Gleichaltrigen

Nicht immer, aber häufig, stammen die Mitglieder einer Peergroup auch weitestgehend aus der gleichen Schicht. Das heißt, ein Jugendlicher aus einem bildungsfernen Elternhaus wird sich mit großer Wahrscheinlichkeit in ein anderes soziales Netzwerk von Gleichaltrigen zu integrieren versuchen, als ein solcher mit bildungsnahen Eltern. Darüber hinaus werden auch qualitativ andere oder gar keine Lektüren gelesen. In diesem Zusammenhang konstatiert HURRELMANN:

> „Je nach Lern- und Familienmilieu dürften die Zugangsmöglichkeiten zu Peergroups und die Möglichkeiten kultureller Ko-Orientierungen qualitativ unterschiedlich sein – und damit vermutlich auch die Effekte der Sozialisationsinstanz der Altersgruppe auf die Ausbildung von Lesekompetenz ein Moment der Kumulation von Vorteilen bzw. Benachteiligungen je nach kultureller Ausgangslage enthalten." (Hurrelmann, B. 2004: 56)

Vereinfacht dargestellt, können sich Peergroups klassifizieren lassen in solche mit lesefördernden und solche mit lesehemmenden Bedingungen. Im Fall des Negativbeispiels, auch Teufelskreis genannt, gehört Lesen für die Gruppe zu einem Teil, der mit der schulischen Lernwelt (negativ) konnotiert ist, und von dem sie sich klar distanzieren wollen zugunsten anderer, vor allem audiovisueller und digitaler Medien. Das freiwillige Lesen wird sich unter diesen Bedingungen wohl kaum durchsetzen können. Im Engelskreis dagegen verkörpert Lesen etwas Positives, das Freude bringen kann. Insofern ist es wenig verwunderlich, dass sich Cliquen mit hoher Leseaffinität auch häufig hinsichtlich ihrer Leseleistung gut entwickeln, wobei die Wahl dieser Freundschaftsgruppen wiederum nicht unabhängig von schichtspezifischen Indikatoren vonstattengeht (vgl. Rosebrock 2004; Gold 2007: 31). Auch hier spielt der Bildungsfaktor eine Rolle. Für einen Überblick über Hypothesen und Befunde zu Peergroups und ihrer Lesemotivation, dem lesebezogenen Selbstkonzept sowie zum Leseverhalten und seiner Auswirkung auf die damit verbundene Lesekompetenz empfiehlt sich PHILIPP (2011).

Terminologische Grundlagen

Paraliterarische Gespräche

In der LISA-Studie von RETELSDORF/MÖLLER (2009) wurde unter anderem geprüft, inwieweit paraliterarische Gespräche innerhalb der Peergroup die generell regressive habituelle intrinsische Lesemotivation stabilisieren (können). In den Klassen der Jahrgangsstufen vier bis acht traf dies tatsächlich zu. Denn die „Peers bieten Leseanregungen und einen Rahmen für Anschlusskommunikationen, in denen das Textverstehen elaboriert werden kann. Insgesamt ist ein lesefreundliches Gruppenklima die Folge." (Philipp 2011: 130) Der in der Deutschdidaktik präsente Begriff der Anschlusskommunikation stammt von CHARLTON/SUTTER (1999) und betont, dass Lesen eine Voraussetzung für weiterführende Kommunikationsprozesse sein *kann*, die Gelesenes vertiefen und wiederum Motivation zum Lesen wecken. Untermauert wird dies auch von Querschnittstudien der Jahrgangsstufen vier bis acht: Sie belegen eine höhere intrinsische und habituelle Lesemotivation bei denjenigen Kindern, die viele lesende Freunde haben, mit denen sie sich auch über das Gelesene austauschen können (vgl. u.a. Klauda 2008; Münz 2008; Retelsdorf/Möller 2007, 2009). Zudem wird in der allgemeinen Sozialisationsforschung für die Beziehungen unter Gleichaltrigen konstatiert, dass ihr Einfluss weit über die Kindheit und Jugend hinausreicht, denn informelle Gruppen wirken sich normalerweise dauerhaft auf die Ansichten und das Verhalten der Individuen aus (vgl. hierzu Giddens et al. 2009: 149). Das lektürebezogene Anregungspotenzial der Peergroup insgesamt ist jedoch noch kaum erforscht (vgl. Rosebrock 2004: 250).

Komplexe Konstrukte sind stets aus einer Vielzahl von Faktoren konzipiert, die außerdem von hoher Reziprozität gekennzeichnet sind. Auch im Fall der *Lesesozialisation* liegt ein Zusammenspiel der bereits genannten Instanzen vor. Genau diesem Wirkungsprozess ist der nächste Abschnitt gewidmet und fungiert zugleich als Zusammenfassung von Kapitel 2.2.

2.2.4 Zusammenspiel der Instanzen

Es ist kaum verwunderlich, dass wir es – wie bei jeder Form von Sozialisation – auch bezüglich der des Lesens mit einem reziproken Verhältnis zu tun haben. Nicht nur, aber auch deswegen ist Lesesozialisation so schwer zu fassen, denn es ist eine „grundsätzliche Schwierigkeit [...], dass sie sich immer im Wechsel von Individuen und Gesellschaft beziehungsweise ihren Sozialisationsinstanzen Familie, Schule und Peers vollzieht" (Hurrelmann 2002; Geulen 2005). Eine einheitliche Theorie für einen gelingenden Verlauf zu finden, die das individuelle gegenwärtige Lesen als auch das sich im Lebenslauf verändernde Lesen erklären kann, ist daher sehr schwer und auch nur begrenzt möglich (vgl. Philipp 2011: 23; Gold 2007: 29). Es können jedoch Aussagen getroffen werden, die für das Zusammenspiel der Instanzen im Allgemeinen gelten.

Das Individuum wird von der Familie, den Peers sowie der Schule hinsichtlich des Lesens sozialisiert. Hierbei sind selbstverständlich auch das Geschlecht sowie die Schichtzugehörigkeit Aspekte mit Auswirkung, wobei in der Letztgenannten dem Faktor der Bildung eine besondere Rolle zukommt. Denn durch empirische Belege wissen wir, dass Kinder aus bildungsnahen Familien der Ober- und Mittelschicht einen anderen, positiveren Zugang zu Büchern und eine andere, positivere Beziehung zum Lesen haben als diejenigen aus der bildungsfernen Schicht. So ist die Familie auch Mitgestalter des Leseinteresses und es wirken Fragen auf das zukünftige Leseverhalten wie beispielsweise: Sind die Eltern in ihrer Vorbildfunktion Vielleser oder Nichtleser? Gibt es im Haushalt viele Bücher? Wird in der Freizeit schnell der Fernseher eingeschaltet, anstatt gemeinsam Freizeitaktivitäten nachzugehen oder einmal ein Buch lesen?

Hierbei kommt auch der sozialen Einbettung des Lesens, vor allem in Verbindung mit einer Anschlusskommunikation, eine große Bedeutung zu. Mit Blick auf das Eingangszitat dieses Kapitels wird die durchaus auch motivierende Funktion der geteilten Lektüreerfahrung deutlich. Diese Lektüreerfahrung ist jedoch nicht nur auf die Familie beschränkt, denn neben dem Einfluss der Familie ist auch derjenige der Peers bei der Ausbildung stabiler Lesegewohnheiten besonders groß. Daher ist es kaum verwunderlich, dass es starke Auswirkungen hat, wenn die maßgeblichen Identifikationsfiguren, ob es sich nun um die Eltern handelt oder um einen sehr guten Freund, nicht lesen. Denn nachdem ein Kind die Technik des Lesens beherrscht, „kommt der Ausbildung individueller Lesevorlieben und –interessen im Hinblick auf das spätere Gewohnheitslesen große Bedeutung bei." Hier greifen schulische und häusliche Anregungsbedingungen idealerweise ineinander." (Gold 2007: 30)

Auch der Institution Schule kommt eine große Bedeutung im Kontext zu, die sich um Leseförderung, das Wecken von Leseinteresse und –motivation seitens der Schüler sowie um Lesekompetenzförderung bemüht. Dabei berücksichtigt die Schule auch den Zusammenhang von Geschlecht und Leseverhalten: Mädchen lesen anders und interessieren sich für andere Lektüre als dies bei Jungen der Fall ist. Sie gehen dem Lesen als Freizeitbeschäftigung zudem häufiger und lieber nach. Treffen ein Junge oder ein Kind aus der bildungsfernen Schicht dann noch auf einen Lehrer, der selbst wenig Wert auf die Entwicklung von Lesefreude und –motivation legt, hemmt dies das Leseverhalten zusätzlich und wirkt sich folglich negativ auf die Lesesozialisation aus (vgl. ebd.: 40). PHILIPP (2011) hat dieses Zusammenspiel grafisch darzustellen versucht: Abbildung 2 fasst die Instanzen der individuellen Lesesozialisation noch einmal zusammen. Was hier jedoch nicht abgebildet ist, ist das lesebezogene Selbstkonzept, das sich bereits in der Phase der frühen Schulzeit zu entwickeln beginnt (vgl. Gold 2007: 41). Je nach Selbstkonzept[16] wird der Einfluss auf die Lesemotivation ausfallen – das heißt entweder motivierend zum Weiterlesen und/oder „Mehrlesen", oder aber demotivierend und lesehemmend. Das Selbstkonzept findet sich dagegen im Mehrebenenmodell des Lesens von ROSEBROCK/NIX (2008), das sich aus drei Ebenen konzipiert, die sich reziprok beeinflussen: Der sozialen Ebene, der Subjekt- sowie der Prozessebene.

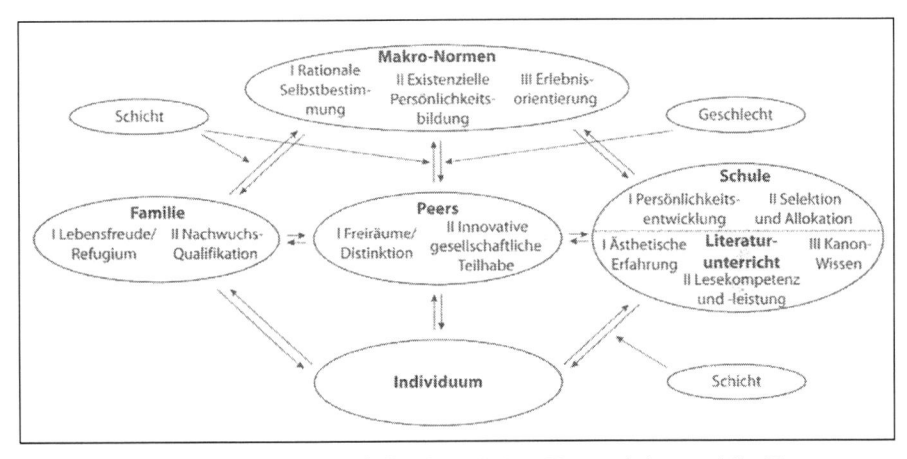

Abbildung 2: Ebenen der Lesesozialisation als Ko-Konstruktion und ihr Zusammenspiel ab der Primarstufe (Philipp 2011: 140)

Doch selbst eine durch und durch gelingende Lesesozialisation weist phasenweise kritische Züge auf. Ein Nachlassen der Leseaktivität mit Eintreten der Jugend beziehungsweise Pubertät stellt immerhin einen Regelfall dar. Im weiteren Verlauf unserer Biografie könnte es ferner beim Eintritt in den

---

[16] Ein positives lesebezogenes Selbstkonzept schreibt sich selbst zu „Ich kann gut lesen". Das negativ ausgeprägte Selbstkonzept dagegen „Ich kann nicht gut lesen" oder auch „Lesen ist nichts für mich."

Beruf oder mit der Elternschaft zu Phasen kommen, in denen dem Lesen temporär keine Priorität beigemessen wird. Die Gründe hierfür mögen vielfältig sein. Aufgrund der vorgestellten Auswirkungen wird deutlich, wie viel von einer möglichst gelingenden Lesesozialisation abhängen kann hinsichtlich der schulischen Laufbahn eines Individuums, hinsichtlich der Interessen, der Lesekompetenz etc. Dies ist auch der Grund hierfür, weshalb der Lesekompetenzförderung und dem Wecken von Lesefreude bereits, aber nicht nur, in der Grundschule eine so hohe Bedeutung zukommt.

GRAF kommt zu folgendem Schluss: Hinsichtlich der Lesegenese gilt, dass jegliche Impulse von außen nur dann sinnvoll sind und langfristig wirksam werden, wenn durch sie die literarische Eigeninitiative geweckt wird (vgl. Graf 2007: 85). Ferner sei betont, dass es an dieser Stelle Aufgabe der Schule ist und sein muss einzuwirken. Das lesebezogene Selbstkonzept nämlich kann unter anderem vom Lehrer und/oder Klassen-Leseklima verstärkt oder aufgeweicht werden. Eine ruhige Klasse, ein gelassener Lehrer mit Feingefühl, der Zeit gibt und Lesehilfen anbietet, Schüler freiwillig laut vorlesen lässt und zudem auch selbst einmal etwas vorliest, kann sukzessive Selbstvertrauen und zugleich Freude am Lesen aufbauen. Förderprogramme wie „Antolin" (für die Grundschule) beispielsweise sind hierbei genauso hilfreich wie das Angebot, Textpassagen auch einmal leise und für sich lesen zu dürfen.

So handelt es sich bei Leseförderung um *ein* Ziel von Schule, denn wer gerne und viel liest, wird auch stabile Lesegewohnheiten ausbilden und Literatur immer besser für sich nutzbar machen können. Im Falle eines jungen Viellesers wird ein Engelskreis mit diversen positiven Resultaten in Gang gesetzt, denn

> „[w]er mehr liest erwirbt mehr Wissen, was den Wortschatz vergrößert und damit das künftige Worterkennen erleichtert, liest zunehmend schneller und flüssiger, was das Arbeitsgedächtnis entlastet und somit Kapazitäten für den Einsatz von Lesestrategien schafft. Und er oder sie wird längerfristig ein positiveres lesebezogenes Selbstkonzept und günstigere Selbstwirksamkeitsüberzeugungen entwickeln." (Gold 2007: 44f.)

Insofern vermag es das habitualisierte Lesen durchaus, sich auch auf die Lesekompetenz auszuwirken. Selbst wenn dieser Prozess an Kompetenzzuwachs sicherlich nicht „beiläufig" und automatisch bei jeder Lektüre vonstattengeht. Lesesozialisation besitzt insofern einen Doppelcharakter und stellt sowohl einen Lern- als auch einen Enkulturationsprozess dar (vgl. Hurrelmann, B. 2004: 59).

2.3 Lesekompetenz und ihre Förderung

In unserer heutigen Informationsgesellschaft stellen das Lesen- und Schreibenkönnen *die* zentralen Kulturtechniken dar. Lesen besitzt dabei in vielen Kontexten Bedeutung: Einerseits immer noch stark mit dem schulischen Lernen in Verbindung gebracht, verkörpert es andererseits auch ein notwendiges und ständiges Mittel der Kultur unseres Alltags (vgl. Nold/Willenberg 2007: 23). Denn der Mensch liest nicht nur, wenn und weil er irgendwann einmal in der Schule dazu angehalten oder aufgefordert wird, sondern aus den verschiedensten Gründen: Zum purem Vergnügen, zur Unterhaltung oder Entspannung, zum Eintauchen in andere, alltagsferne Welten, zum reinen Sprachgenuss, aber auch, um sich weiterzubilden, zu informieren, zu lernen, wie etwas funktioniert, oder ebenso rein zweckorientiert, um etwas in Stand zu setzen, zu installieren, aufzubauen oder auch etwa aus dem Grund, um eine bevorstehende Prüfung erfolgreich zu meistern.

Der Stellenwert des Lesens damals und heute

Der Stellenwert des Alphabetentums „im Sinne der Beherrschung des Schriftsystems" (Eggert/Garbe 2003: 9) ist in unserer heutigen Gesellschaft immens hoch. Allerdings gibt es auch im 21. Jahrhundert immer noch Problemgruppen; selbst, wenn diejenigen, die nur über unzulängliche schriftsprachliche Fertigkeiten verfügen, die Minorität bilden. Der LEO-Studie zufolge sind 14,50 % der Bevölkerung in Deutschland von funktionalem (sekundärem) Analphabetismus betroffen (vgl. Bildung in Deutschland 2014: 42). Hierunter sind solche Erwachsene zu verstehen, die in ihrer Schulzeit zwar schriftsprachliche Kompetenzen erworben haben, diese aber entweder nicht hinreichend beherrschen oder im Lauf der Zeit wieder verlernt haben. Primäre Analphabeten gibt es demgegenüber in Deutschland kaum noch, was letztlich aus der allgemeinen Schulpflicht resultiert, die es jedem Kind ermöglicht, Lesen und Schreiben zu lernen und in der Weimarer Verfassung 1919 einheitlich für ganz Deutschland festgeschrieben wurde.

Auch wenn bis heute Kontroversen darüber bestehen, ab wann man als Literat gilt und wann nicht, das heißt welche Anforderungen exakt mit diesem Begriff verknüpft sind, gilt die Fähigkeit des Lesenkönnens als unabdingbar. Sie hat sich für unsere Gesellschaft zu weitaus mehr als einem Standard entwickelt, woraus zugleich eine Mindestanforderung resultiert: Jedes Individuum benötigt Lesefähigkeit als eine „unverzichtbare kulturelle Schlüsselkompetenz" (Graf 2004: 9). Hierbei geht es nicht nur um die Erreichung von schulischer und beruflicher Qualifikation, sondern auch um eine nötige

"Voraussetzung einer verständigen und verantwortungsvollen Teilnahme am gesellschaftlichen Leben" (Baumert et al. 2001: 20f.). So wird laut HURRELMANN (1992) die Integration eines Individuums in die Gesellschaft bei mangelnder Lesefähigkeit mindestens erschwert, wenn nicht sogar vermindert, was sich auf verschiedene Komponenten des öffentlichen Lebens auszuwirken vermag: Erstens ist Lesefähigkeit unerlässlich, wenn es darum geht, eine erfolgreiche Schul- und Berufsausbildung zu absolvieren. Aufgrund der daraus resultierenden beruflichen Positionierung wird hierdurch auch die soziale Position in der Gesellschaft mitbestimmt. Darüber hinaus macht Lesefähigkeit zweitens auch gesprächsfähig und schafft so eine essentielle Voraussetzung für die Teilnahme am demokratisch-politischen Diskurs. Hier sei jedoch angemerkt, dass wichtige Informationen des politischen Geschehens zwar aus dem Medium Zeitung entnommen werden können, jedoch auch durchaus andere Medien, wie beispielsweise das Radio, das Fernsehen usw. zur Verfügung stehen, die nicht auf die Prämisse des Lesenkönnens bauen. Als dritten Aspekt bringt GOLD einen interessanten Gedanken ein, der aus der Lesefähigkeit resultierende Auswirkungen auf die Gesellschaft als Ganzes hin postuliert: Demzufolge wollen Wissensökonomen bei einer um ein Prozent verbesserten Lesefähigkeit eine Steigerung der Arbeitsproduktivität unserer Volkswirtschaft um zweieinhalb Prozent berechnet haben (vgl. Gold 2007: 14). In ihrer Auflistung der Auswirkungen thematisiert HURRELMANN ferner, dass das Lesen als Schlüssel zur Medienkultur gesehen werden kann und muss. Daher ist ihm der Rang einer Basisqualifikation für eine verständige Rezeption sowie einen kompetenten Umgang mit anderen Medien anzuerkennen (vgl. Frey 2010: 17).

Zusammenfassend übersteigt die Bedeutung des Lesens Sinn und Zweck des reinen Informationsgewinns sowie ebenfalls den bloßen Zugang zu literarischer Kultur (vgl. Graf 2004: 9) bei Weitem. Es handelt sich um ein Medium zur Integration in die Gesellschaft mit all den damit verbundenen Strukturen und Anforderungen. Bei einer solch wichtigen Funktion muss auch die Frage geklärt werden, was genau ‚Lesen' eigentlich ist und welche Teilkomponenten und -kompetenzen der Begriff umfasst.

Der Prozess des Lesens

Unter *Lesen* versteht man eine „aktive kognitive Tätigkeit. Im Gegensatz zum Hören, Sehen oder Sprechen ist es ein Instrument, dessen man sich bewußt bedienen muß" (Runge 1997: 14). Voraussetzung hierfür ist die basale Kenntnis der Schrift beziehungsweise der Buchstaben, weshalb das *Lesen* auch erlernt werden muss (vgl. Graf 2004: 9). Lesen können meint jedoch weitaus mehr als ausschließlich das Dekodieren von Schriftzeichen und geht damit auch deutlich über die sogenannte „Lesefertigkeit" (Eggert/Garbe 2003: 9) hinaus. So beschreibt GRABE (1991) sechs Komponenten, die mit dem Lesen verbunden sind: (1) Die Fähigkeiten zur automatischen Dekodierung, (2) Wissen im Bereich Wortschatz und grammatische Strukturen, (3) Wissen im Bereich formaler Diskursstrukturen, (4) Hintergrundwissen zu Inhaltswörtern, (5) Fähigkeiten und Strategien zur Synthese und Evaluation sowie (6) Kontrollwissen zur Steuerung des Leseprozesses (vgl. Nold/Willenberg 2010: 25). Der Fokus liegt hier folglich auf den individuellen Voraussetzungen, über die jeder Leser verfügt. Auch unter Berücksichtigung leserabhängiger Variablen betont KÖSTER dagegen noch stärker den hierbei ablaufenden aktiven Konstruktionsprozess, der ihm zufolge aus vier geistigen Tätigkeiten konzipiert ist: Dem Identifizieren von Zeichen, dem klanglichen und bedeutungsmäßigen Erkennen von Wörtern, dem Ermitteln der Satzbedeutung sowie letztlich dem Ermitteln der Textbedeutung auf unterschiedlichen Ebenen mit unterschiedlichen Intentionen (vgl. Köster 2006: 129).

Diese Prozesse werden von der kognitionspsychologischen Leseforschung in hierarchieniedrige, automatisierte und hierarchiehöhere, zielbezogene Prozesse unterschieden. Hierbei werden die Wort- und Satzidentifikation sowie die Verknüpfung von Satzfolgen den hierarchieniedrigen Prozessen zugeordnet, während globale Kohärenzherstellung, Erkennen von Darstellungsstrategien sowie von Textintentionen zu den hierarchiehöheren Prozessen zählen (vgl. Christmann/Groeben 1999). Bei der aktiven Konstruktion des Textsinns lässt sich der Sprachbenutzer einerseits von den Zeichen leiten und andererseits von seinem Wissen, über welches er bereits zu Beginn des Textes verfügt (vgl. Perrin/Jakobs 2007: 182). Das heißt, er entnimmt den vorliegenden, zu dekodierenden Schriftzeichen Inhalte, die er aufgrund seines Vorwissens gleich mit bestehendem Wissen verknüpft oder anhand dessen er kritisch zu reflektieren und abzugleichen vermag. Dies alles erfordert eine gewisse Übung, um die erlernte Fähigkeit zu lesen auch effizient nutzen zu können. Auf der Grundlage einer empirischen Studie nehmen GUTHRIE ET AL. (1999) an, dass sich die Häufigkeit des Lesens positiv auf dessen Effektivität auswirkt. Ausdrücken kann sich dies zum Beispiel in einer erhöhten Lesegeschwindigkeit (vgl. Wollscheid 2008: 31).

Doch nicht jeder, der schnell lesen kann, liest auch flüssig. ROSEBROCK/NIX (2008) zufolge umfasst Leseflüssigkeit über die angemessen schnelle Lesegeschwindigkeit hinaus auch die exakte Dekodierfähigkeit von Wörtern, die Automatisierung der Dekodierprozesse sowie die Fähigkeit zur sinngemäßen Betonung des gelesenen Satzes, was einem ausdrucksstarken Vorlesen gleichkommt (vgl. Rosebrock/Nix 2008: 39). Im besten Fall resultiert für Vielleser daraus ein enormer Gewinn: "Students who spend a large amount of time reading will increase in fluency of using such cognitive strategies as applying prior knowledge, finding the main idea, inferencing, and building a causal model of the text." (Guthrie et al. 1999: 251) Mit Hilfe dieser Übung, die sich auf Lesestrategien und Textverständnis auszuwirken vermag, kann sich der kompetente Leser auch unterschiedliche Lesemodi (Graf 2004) aneignen und verfügbar machen, die zugleich das Ziel der Lese- und der literarischen Sozialisation sind (vgl. Brendel-Perpina/Stumpf 2013: 55). Dies leitet zum Kernbegriff der gesamten vorliegenden Arbeit über: der Lesekompetenz.

Lesekompetenz

Zunächst ist *Lesekompetenz*, die auch als reading literacy bezeichnet wird, als die Fähigkeit zu verstehen, „geschriebene Texte zu verstehen, zu nutzen und über sie zu reflektieren, um eigene Ziele zu erreichen, das eigene Wissen und Potenzial weiterzuentwickeln und am gesellschaftlichen Leben teilzunehmen" (Deutsches PISA-Konsortium 2001: 23).[17] Das verstehende Lesen bildet somit eine Grundvoraussetzung für den Erwerb von Bildung, auch wenn es sich hierbei um mehr als nur die bloße Dekodierung von Texten und die Informationsaufnahme daraus handelt. Dabei geht es um wesentlich mehr als das „Beherrschen der technischen Lesefähigkeit", denn das ist „nur *ein* [Hervorhebung im Original] Bestandteil der Entwicklung von Lesekompetenz." (Schoenbach et al. 2006: 20f.) Stets treten zum kognitiven Prozess der Informationsverarbeitung auch motivationale und emotionale Aspekte hinzu sowie eine interaktive Dimension (vgl. Hurrelmann, B. 2002: 14f.). Denn die Lektüre ist meist in einen sozialen Kontext und soziale Prozesse eingebunden (vgl. Nold/Willenberg 2010: 23; Gold 2007: 12), sodass auch hier wieder „der Funktion der Anschlusskommunikation in Folge des Gelesenen ein wichtiger Stellenwert zukommt." (Gold 2011: 12) Des Weiteren ermöglicht es der Begriff der *Lesekompetenz* auch, Abstufungen hinsichtlich des Geübtheitsgrades von Lesern vornehmen zu können (vgl. Artelt et al. 2004: 144f.). So besteht *Lesekompetenz* „in der Fähigkeit, größere ‚Textmengen' durch Strukturierung und abgestufte Verfahren (Lesestrategien) zu bewältigen und

---

[17] Die Lesekompetenz-Definition nach dem Deutschen PISA-Konsortium (2001) liegt den weiteren Ausführungen und auch dem folgenden theoretischen Modell zugrunde. Der Textbegriff dieser Definition ist jedoch nicht medial differenziert, so dass sie die Frage offen lässt, welchen Einfluss verschiedene Medien auf die Lesekompetenz haben könnten.

dabei das Textverständnis zu sichern bzw. zu verbessern entsprechend dem Anspruchsniveau der Texte und der Leseabsichten" (Eggert/Garbe 2003: 9f). Daraus geht hervor, dass *Lesekompetenz* unter anderem mit der Fähigkeit zum Einsatz unterschiedlicher (Lese)Strategien verknüpft ist (vgl. z.B. Gold 2007; Schaffner et al. 2004). Diese dienen primär dem Verstehen von Texten, können darüber hinaus jedoch auch Einfluss auf das Lernen aus Texten im Sinne des Behaltens wichtiger Informationen nehmen (vgl. Spinner 2010: 54). Gerade diese Fähigkeit wird fächerübergreifend und mit ansteigender Jahrgangsstufe immer wichtiger, denn auch im Mathematik- oder Geografieunterricht beispielsweise bedarf es eines hohen Textverständnisses, um Texte und Textaufgaben bewältigen zu können. Dabei sind die Auswirkungen der Anwendung kognitiver und metakognitiver Strategien höchst interessant, wozu ROSEBROCK/NIX (2006) einen Forschungsüberblick vorlegten: Den Ergebnissen zufolge lassen sich die hierarchiehöheren Prozesse nicht nur bei guten, sondern auch bei schwachen Lesern positiv beeinflussen (vgl. Gold 2007: 22). So kann der Einsatz von Lesestrategien explizit als Basis eines maximalen Textverständnisses betrachtet werden. Inwieweit in diesem Zusammenhang auch ein konkreter persönlicher und profitabler Nutzen für das lesende Individuum entsteht, macht ABRAHAM deutlich:

> „Lesekompetenz erwirbt man, wenn und weil man die Erfahrung macht, dass Texte beim Lösen von Problemen helfen [...]. Eine immer größere Bandbreite an Textsorten zielgerichtet und ökonomisch für eigene Erkenntnis- und Handlungsmotive nutzen zu wollen und im Regelfall auch zu können, ist die logische Konsequenz." (Abraham 2005: 17)

Durch diese Formulierung betont ABRAHAM die motivationale Seite des Lesers, Informationen auch fruchtbar verwenden zu *wollen*. Ist diese Basis nicht vorhanden, wird ein Text wohl kaum hochkonzentriert und aufmerksam gelesen. Das unter anderem unterscheidet, so SCHOENBACH et al. (2006), den kompetenten vom weniger kompetenten Leser, denn deren Auffassung nach sind kompetente Leser
- „geistig beteiligt,
- motiviert, zu lesen und zu lernen,
- bei Leseaufträgen in der Lerngruppe aktiv,
- strategisch bei der Überwachung der interaktiven Prozesse, die das Leseverständnis begleiten: Sie setzen sich Ziele, die den Leseprozess formen, sie überwachen ihr aufkommendes Verständnis eines Texts und sie koordinieren eine Reihe von Verständnisstrategien, um den Leseprozess zu kontrollieren." (ebd.: 35)

Es fällt auf, dass in allen Definitionen der Motivation eine entscheidende Rolle zugesprochen wird. Sie dient als Basis der Gewinn bringenden Rezeption eines Textes. Unter Motivation versteht man dabei „die aktivierende Ausrichtung des momentanen Lebensvollzugs auf einen positiv bewerteten Zielzustand." (Rheinberg 2002: 17) Weiterhin lässt sich Motivation auch beim Lesen in intrinsische und extrinsische differenzieren. MÖLLER/SCHIEFELE (2004) haben das Erwartungs-Wert-Modell, das ursprünglich in der Psychologie von RHEINBERG entwickelt wurde, modifiziert und auf die Lesemotivation übertragen (vgl. Abbildung 3).

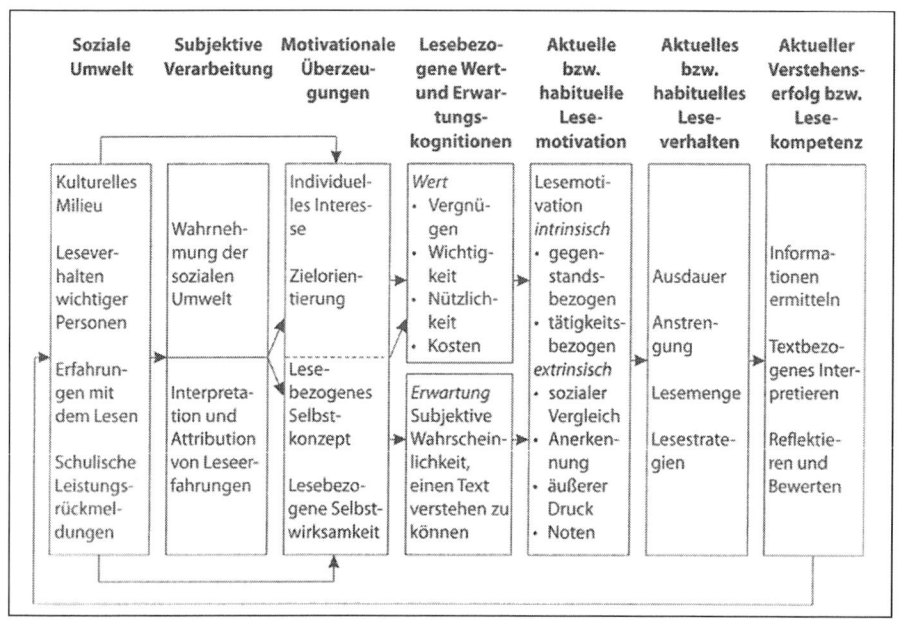

Soziale Umwelt	Subjektive Verarbeitung	Motivationale Überzeugungen	Lesebezogene Wert- und Erwartungskognitionen	Aktuelle bzw. habituelle Lesemotivation	Aktuelles bzw. habituelles Leseverhalten	Aktueller Verstehenserfolg bzw. Lesekompetenz
Kulturelles Milieu	Wahrnehmung der sozialen Umwelt	Individuelles Interesse	*Wert* • Vergnügen • Wichtigkeit • Nützlichkeit • Kosten	Lesemotivation *intrinsisch* • gegenstandsbezogen • tätigkeitsbezogen	Ausdauer	Informationen ermitteln
Leseverhalten wichtiger Personen		Zielorientierung			Anstrengung	Textbezogenes Interpretieren
Erfahrungen mit dem Lesen	Interpretation und Attribution von Leseerfahrungen	Lesebezogenes Selbstkonzept	*Erwartung* Subjektive Wahrscheinlichkeit, einen Text verstehen zu können	*extrinsisch* • sozialer Vergleich • Anerkennung • äußerer Druck • Noten	Lesemenge	
Schulische Leistungsrückmeldungen		Lesebezogene Selbstwirksamkeit			Lesestrategien	Reflektieren und Bewerten

Abbildung 3: Rekursives Erwartungs-x-Wert-Modell zum Lesen (Philipp 2011: 26; in Anlehnung an Möller/Schiefele 2004: 105)

Die motivationale Seite des Lesers und deren enorme Bedeutung ziehen sich daher in ständiger Präsenz durch die Lesekompetenzforschung. Ausgehend von dieser Basis heben EGGERT/GARBE drei Aspekte hervor: Erstens handelt es sich um die „Verschwisterung von Lese*strategien* mit stabilen Lese*motivationen* [Hervorhebungen im Original; AK]" (Eggert/Garbe 2003: 13). Diese sind nötig, damit Fragen, die bewusst an den Text herangetragen werden, auch erfolgreich beantwortet werden können. Dieser Zusammenhang ist auch im Modell augenfällig. Ein kompetenter Rezipient kann daher vom Einsatz der Lesestrategien ausschließlich profitieren.

Den zweiten Gesichtspunkt stellt das „Dominieren in der freiwilligen Lektüre von Kindern und solchen in der frühen Jugendphase von narrativen Texten" dar. Hierauf gründet der sogenannte „lange Leseatem" (ebd.: 13), der ebenfalls zur Steigerung der Lesekompetenz beiträgt.

Als dritter und letzter Aspekt sei das adaptive Lesen genannt, was die „Anpassung der Lesestrategien an situative und institutionelle Gegebenheiten" bedeutet. Es „eröffnen sich Spielräume für Formen des Textverstehens, die sich nach Graden der *emotionalen Verwickeltheit* der LeserInnen unterscheiden [Hervorhebung im Original; AK]" (ebd.: 13f.).

Dabei kann der Lesekompetenzbegriff an sich enger oder weiter gefasst sein. In der engeren Definition werden die beschriebenen Bereiche Fähigkeit, Motivation und Einstellungen analytisch voneinander getrennt und ihr Einfluss aufeinander wird beschrieben (vgl. Artelt/Dörfler 2010: 17). In der weiter gefassten Definition dagegen sind diese Bereiche untrennbar miteinander verwoben, was nicht nur dem gegenwärtigen Stand der Lesesozialisationsforschung entspricht, sondern auch den zugrunde liegenden Kerngedanken der vorliegenden Arbeit darstellt.

Bereits in den 1970er Jahren ermittelte BAMBERGER zehn unterschiedliche Formen des Lesens[18]. Nur derjenige Leser, der kompetent ist, vermag es, Zugang zu unterschiedlichen Formen des Lesens und Lesarten eines Textes zu erhalten. So kann er sich Literatur situativ und situationsadäquat zu Nutze machen. Dennoch darf die strenge Trennung in dieser Aufzählung „nicht zur Auffassung führen, daß es in der Praxis auch so bestellt sei. Alles fließt, vermischt sich, ist Kompromiß. Wir können nur sagen: bei diesem oder jenem Lesestoff, bei dieser oder jener Leseabsicht […] herrscht die eine oder andere Form vor." (Bamberger 1973: 138) Dabei handelt es sich um bewusste Vorgänge und Herangehensweisen. Liest man einen Text, den man als unwichtig erachtet und dem man nur wenige Informationen entnehmen will, so wird man eher dazu neigen, diesen überfliegend zu lesen als einen solchen, aus dem man sich die wichtigsten Inhalte für eine Prüfung herausarbeiten möchte. So kommt es, dass wir im Lauf unseres Lebens – ob freiwillig oder in Form der Pflichtlektüre – ganz unterschiedliche Literatur lesen und auch

---

[18] Demzufolge kann es sich um überfliegendes, informierendes, unterhaltendes, einprägendes, utilitaristisch auswählendes, studierendes beziehungsweise erarbeitendes, kritisches, distanzierendes, schöpferisches Lesen oder Korrekturlesen handeln (vgl. Bamberger 1973: 133).

verschiedenen Genres begegnen, die für uns einen individuell divergierenden Nutzen haben. Dadurch entwickeln wir uns kontinuierlich zu (mehr oder weniger) routinierten Lesern und werden letztlich hinsichtlich des Lesens und durch Lesen sozialisiert.

Literarische Kompetenz

Doch nicht jeder, der es vermag, Texte zu durchdringen, ihren Gehalt zu erfassen und sich stabile Lesestrategien zu eigen gemacht hat, erwirbt damit automatisch auch literarische Kompetenz – ein Begriff, der häufig mit Lesesozialisation in Verbindung gebracht und daher oftmals verwechselt wird. Tatsächlich ist *literarische Kompetenz* jedoch stark von der Lesekompetenz abzugrenzen, da es sich hierbei nicht um die Steigerung von Lesekompetenz handelt, sondern um etwas anderes (vgl. Abraham 2005: 17). ABRAHAM erklärt hierzu:

> „Lesekompetenz und literarische Kompetenz verhalten sich also nicht, wie man gelegentlich hört, nach einem Stufenmodell zueinander […]. Vielmehr ordnen sie sich, obwohl sie das Medium der Schriftsprachlichkeit gemeinsam haben, zwei sehr unterschiedlichen kulturellen Praxen zu." (ebd.: 18)

Des Weiteren dient der Differenzierung, dass sich *literarische Kompetenz*, als Buchkultur beschreiben lässt, egal in welcher medialen Form ein Text vorliegt, wohingegen *Lesekompetenz* der Schriftkultur zufällt (vgl. Rosebrock 1999: 61). Denn *literarische Kompetenz* meint lediglich „die Fähigkeit, Literatur gewissermaßen traditionsbewußt zu rezipieren, also einen ästhetisch konstituierten Text in welcher medialen Gestalt auch immer zu hören, zu sehen oder zu lesen und in seinem kulturellen Kontext zu verstehen." (ebd.: 58) Letztlich verfolgt literarische Bildung das Ziel, das Individuum zur Teilhabe an der literarischen Kultur zu befähigen.

Lesekompetenzförderung

Lesekompetenz ist trainierbar – deswegen ist es auch Aufgabe der Schule, den Schülern deklaratives und prozedurales Wissen zum effektiven Umgang mit schriftlichen Texten zu vermitteln (vgl. Müller/Richter 2014: 40). Um Schüler zu guten Lesern und *Vor*lesern zu machen, bedarf es eben mehr als nur des Trainings der Lesefähigkeiten und –fertigkeiten. Dass dies grundsätzlich möglich ist, belegen Ergebnisse einer vom National Reading Panel (NRP) im Jahr 2000 veröffentlichten Metaanalyse. Demnach lassen sich sowohl basale Leseprozesse der Worterkennung als auch lokale und globale Kohärenzbildungsprozesse effektiv fördern.

Wohingegen die Leseleistung direkt erkennbar ist und vor allem exakt messbar, ist es jedoch mit deutlich größerer Komplexität verbunden, die *Lesekompetenz* eines Schülers genau zu bestimmen (vgl. Bertschi-Kaufmann 2011: 14). So stellt es Lehrkräfte im alltäglichen Unterricht oftmals vor große Herausforderungen, den Stand eines jeden Schülers zu ermitteln, um so den individuellen Lernfortschritt und Entwicklungen genauso erkennen zu können wie auch Stagnationen. Der Lese- und Literaturdidaktik kommt in diesem Kontext eine besondere Rolle zu: Die Forschungserkenntnisse im Bereich des Lesens ermöglichen es, klare Konzepte zum Aufbau und zur Förderung von Lesekompetenz zu entwickeln.

Zur Förderung von *hierarchieniedrigen Prozessen* haben sich beispielsweise Trainings etabliert, die unter der Bezeichnung Lautiermethode zusammengefasst werden. Diese setzen bei der Stärkung von Phonem-Graphem-Assoziationen an und zielen auf Prozesse der phonologischen Rekodierung ab (vgl. Müller/Richter 2014: 40). Gleichzeitig wird hierdurch die visuelle Worterkennung trainiert (vgl. NRP 2000). In deutschsprachigen Programmen ist die Lautiermethode nur in Form von Bausteinen enthalten, so beispielsweise im „Kieler Leseaufbau" (Dummer-Smoch/Hackenthal 2001) oder im „Flüssig Lesen Lernen" (Tacke 2005).[19] Denn in Deutschland haben sich eher Trainingsmaßnahmen durchgesetzt, die auf die Förderung von Leseflüssigkeit abzielen. ROSEBROCK/NIX (2011) teilen diese in Viel- und Lautleseverfahren ein. Diese unterscheiden sich bereits per definitionem darin, dass Schüler bei Vielleseverfahren zu festen Lesezeiten Bücher ihrer Wahl leise, das heißt für sich lesen ohne jegliche Aufgabenstellung. Ausgangspunkt ist die Prämisse, dass Lesekompetenz auch durch die Lesemenge und diese wiederum durch Lesemotivation gesteigert werden kann. Diese These wird jedoch auch durch empirische Befunde zu den Vielleseverfahren nicht gestützt (vgl. NRP 2000). Dagegen konnte die Wirksamkeit von Lautleseverfahren in Untersuchungen bestätigt werden (vgl. ebd.). Hier werden die Schüler zum lauten Lesen von Texten angeleitet, wobei jeweils ein lesestarker und ein leseschwacher Schüler zusammenarbeiten. Diese Fördermaßnahme wurde in zahlreichen Verfahren umgesetzt, die sich lediglich im Hinblick auf den Medieneinsatz und die Betreuung unterschieden (für einen Überblick siehe Rosebrock/Nix 2006). KUHN/STAHL (2003) untersuchten 26 dieser Verfahren und kamen zu dem Fazit, dass sich sowohl die Lesegeschwindigkeit als auch die Lesegenauigkeit durch Lautleseverfahren signifikant steigerten.

---

[19] Für einen Überblick empfiehlt sich VON SUCHODOLETZ (2010).

Terminologische Grundlagen

Doch ebenso können und müssen *hierarchiehöhere Prozesse* des Lesens gefördert werden. Ziel des Trainings zum Leseverstehen ist dabei die Förderung des selbstregulierten Umgangs mit Texten, was dadurch ermöglicht wird, dass Schülern Handlungsstrategien und Selbstinstruktionstechniken an die Hand gegeben werden (vgl. von Suchodoletz 2010). Voraussetzung hierfür ist die „Beherrschung von Worterkennungsprozessen auf der orthographischen Stufe" (Müller/Richter 2014: 42). So können lokale und globale Kohärenzbildungsprozesse vor allem durch den erfolgreichen Einsatz von Lesestrategien gefördert und dadurch Lesekompetenz gesteigert werden.

Bei Sachtexten in allen Fächern haben sich zur Texterschließung folgende zehn Strategien bewährt (vgl. Leisen 2006: 12ff.):
1. Fragen zum Text beantworten
2. Fragen an den Text stellen
3. Textteile kategorisieren und Text sinnvoll strukturieren
4. Den Text mit dem Bild lesen
5. (Fach-)Begriffe farbig markieren
6. In eine andere Darstellungsform übertragen
7. Den Text expandieren
8. Verschiedene Texte zum Thema vergleichen
9. Schlüsselwörter suchen und den Text zusammenfassen
10. Das Fünf-Phasen-Schema anwenden.

Der letztgenannten Strategie ähnelt auch das von ROBINSON (1978) entwickelte SQ3R-Modell, das ebenfalls für die Erschließung jedweden Textes geeignet ist.[20] Die genannten Strategien unterscheiden sich hinsichtlich des Umfangs, Anspruchsniveaus und Unterstützungsgrades. Dabei empfiehlt es sich, je nach Art, Aufbau und Komplexität des Textes stets immer wieder erneut aus den verfügbaren Strategien auszuwählen, um mit einer möglichst adäquaten, das heißt effektiven Methode ans Ziel zu kommen. Die Strategien sind insofern durchaus als Werkzeug zu betrachten, mit dem der Leser aktiv umgehen kann und muss.

Um Schülern Lesestrategien *effektiv* zu vermitteln, hat sich das reziproke Lehren als eines der einflussreichsten Trainingsprogramme zur Förderung von Leseverstehen und metakognitiver Selbstüberwachung herausgestellt

---

[20] Die SQ3R-Methode beinhaltet die Teilschritte Survey = Überblick; Question = Fragenstellen; Read = Lesen; Recite = Wiedergeben; Review = Rekapitulieren. In dieser Strategie sind viel Eigeninitiative und Elaboration verankert, woraus eine intensive Beschäftigung mit dem Gelesenen resultiert (vgl. Christmann/Groeben 1999: 196).

(Palincsar/Brown 1984). Hier wird die zu vermittelnde Strategie zuerst von der Lehrkraft eingeführt und demonstriert und erst in einem zweiten Schritt selbstständig von den Schülern angewandt (vgl. Müller/ Richter 204: 43). Diese Methode orientiert sich am Lernen am Modell, das sich zunächst in Form der Kompetenz, also des Erkenntnis- beziehungsweise Wissenserwerbs, und anschließend in der Performanz manifestiert. Letzteres ist hier die Anwendung der vermittelten Lesestrategie seitens des Schülers, die sukzessive auch dessen Metakognition und kritische Reflexion des eigenen Textverständnisses stärken soll (vgl. Cain 2010).
Auch hier ist der Einfluss des motivationalen Faktors nicht zu unterschätzen, weshalb das reziproke Lehren im Programm „Wir werden Textdetektive" (Gold et al. 2013), das für den deutschsprachigen Raum entwickelt wurde, noch um das Element der Förderung von Lesemotivation ergänzt wurde (vgl. Müller/ Richter 2014: 43). Einen Überblick über experimentelle Untersuchungen zur Rolle der Motivation bei der Textverarbeitung liefern SCHAFFNER/SCHIEFELE (2007).

Wenn also erfolgreich Lesekompetenzförderung betrieben werden soll, gilt es, auch den Aspekt der Lesemotivation nicht aus den Augen zu verlieren. Es liegt eine bidirektionale Kausalbeziehung zugrunde: Eine hohe Lesemotivation wirkt sich über die gesteigerte Lesemenge positiv auf Lesekompetenz aus (vgl. Wigfield/Guthrie 1997) und möglicherweise auch auf den Umgang der elaborativen Verarbeitung (vgl. Müller/Richter 2014: 43). Umgekehrt hat das Lesen für gute Leser einen höheren Anreizcharakter, aufgrund dessen sie auch mehr lesen (vgl. McElvany et al. 2008). Professionelle Lesebegleiter müssen insofern neben literarischen Texten und Sachtexten als den zu behandelnden Unterrichtsgegenständen auch mit der betreffenden Kinder- und Jugendliteratur vertraut sein (vgl. Bertschi-Kaufmann 2011: 15). Zudem müssen sie sich selbst in der Aufgabe sehen, Lesekompetenz aufzubauen und zu fördern. Daher befassen sich die folgenden Ausführungen mit der Professionalität und dem damit einhergehenden Selbstverständnis von Lehrkräften.

2.4 Professionalität und Selbstverständnis

> „Alltagssprachlich haben Professionalität und professionelles Handeln nicht zwingend etwas mit dem Vorhandensein einer Profession zu tun."
> (Kurtz 2009: 45, in Anlehnung an Meuser 2005)

Mit dieser These führt KURTZ bereits unterschiedliche Begriffe ein, deren Explikation essentiell ist, wenn man sich der Frage stellt, was genau eigentlich unter *Professionalität* zu verstehen ist. Die Klärung dieses Terminus birgt jedoch einige Schwierigkeiten, da kein einheitliches theoretisches Konzept davon existiert, was unter Profession beziehungsweise Professionalisierung zu verstehen ist (vgl. u.a. Baumert/Kunter 2006; Heidenreich 1999; Helsper 2007; Merkens 2009: 547). Dennoch lassen sich einige grundlegende Aussagen, Bedingungen und Ansichten zu diesem Terminus festhalten, dies vor allem bezüglich seiner Bedeutung für den Bereich der *Lehrerprofessionalität* und seine Anwendung darin.

Eine Befragung des Online-Dudens nach einer genaueren Erläuterung des Begriffs liefert lediglich die unbefriedigende Antwort, es handele sich dabei um das „Professionellsein".[21] Bei der morphologischen Analyse enthält die Semantik des Begriffes implizit, dass man es mit dem Handeln eines Menschen zu tun haben muss, weshalb in der Literatur auch der synonym verwendete Begriff des ‚professionellen Handelns' existiert. Dies deutet bereits darauf hin, dass beide einen Bezugspunkt in ihrer Handlungstheorie haben (vgl. Schütz 2009: 84). Einen wichtigen Aspekt stellt folglich nicht nur die fachliche Kompetenz dar, sondern auch die dazugehörige Performanz.[22] Kurzum: Der Begriff *Professionalität* bezieht sich auf das konkrete Wirken und Handeln eines Menschen innerhalb seiner Berufsgruppe oder innerhalb eines bestimmten Bereiches. Doch welches Handeln kann im Allgemeinen als ‚professionell' bezeichnet werden? BLÖMEKE hat sich der Beantwortung der Frage angenommen und als Basisvoraussetzung für ‚professionelles Handeln' das spezifische Wissen angeführt, das von Professionellen in verschiedensten Situationen jeweils auf das Gegenüber reflektiert zu deuten und zu bearbeiten ist (vgl. Blömeke 2007: 10). Additiv sind sie dazu in der Lage, ihr Wissen und Können situationsabhängig, personenbezogen und kontextuell jedes Mal erneut abzurufen und unter Beweis stellen zu können. Sie verfügen

---

[21] Duden online: Eintrag bei „Professionalität". Aufzurufen unter http://www.duden.de/rechtschreibung/Professionalitaet (19.04.2015).
[22] In diesem Kontext werden „Kompetenz" und „Performanz" nicht als antagonistische Begriffe verstanden. Vielmehr stellen sie eine Einheit dar: Die Kompetenz findet in der Performanz Anwendung und wird dadurch nachweis- oder beweisbar.

folglich nicht nur über die Fähigkeit zu handeln, sondern auch über die Bereitschaft dazu (vgl. u.a. Connell et al. 2003; Klieme/Leutner 2006. Dies gilt nicht nur in regulären, sondern auch in Ausnahme- beziehungsweise Krisensituationen, in denen jemand Professionelles ebenso adäquat reagieren können muss (vgl. Oevermann 2002).

Dies ist selbstverständlich nichts, was sich bereits im Verlauf und mit dem Abschluss eines Studiums erwerben lässt. So stellt *Professionalität* unter anderem auch das Produkt eines (positiven) Entwicklungsprozesses dar und wird insofern als „eine Reifestufe im individuellen Prozess der Veruflichung erworben" (Nittel 2001: 16). Hier wird auch die individuelle Ebene von Professionalität deutlich, wenn ein Berufsanfänger sukzessive in Rolle und Status, vor allem aber in die Kompetenz eines Professionellen hineinwächst (vgl. Terhart 2011). *Professionalität* kann daher als die höchste Stufe der beruflichen Sozialisation betrachtet werden. Es gilt als Leitbild, wobei das höchste „Ziel" – wie so oft – nicht zwangsläufig, vor allem nicht automatisch von *allen* Anhängern einer bestimmten Berufsgruppe erreicht werden kann. Zugleich bedeutet der einmalige Erwerb keinen erfolgreichen Abschluss des Prozesses, denn *Professionalität* kann nach dem erfolgreichen Erwerb auch ebenso wieder verloren gehen, zum Beispiel aufgrund von fehlender Weiterbildung oder sich ändernden Rahmenbedingungen. So stellt sie letztlich einen „flüchtigen und fragilen Phänomenbereich dar" (Nittel/Schütz 2005: 55). Denkt man nun den hier angesprochenen Aspekt der Veränderung einen Schritt weiter, wird klar, dass sich auch *Professionalität* selbst verändern kann und dies auch muss, wenn berufliches Handeln doch stets Entwicklungen unterworfen ist (vgl. Mulder et al. 2009: 402). Somit ist professionelle Entwicklung mit ihrer Einbettung in den sozialen sowie wirtschaftlichen beziehungsweise beruflichen Kontext für die Dauer des Berufslebens ein Prozess und eine kontinuierlich neu zu bewältigende Aufgabe. So resultiert die Gewissheit, dass auch „*Professionals* [Hervorhebung im Original; AK] lernen müssen" (ebd.: 405).

Ein definitorisches Kapitel zur *Professionalität* ist ohne den Begriff der Profession nicht möglich, was nicht zuletzt mit der engen historischen Koppelung beider Termini zusammenhängt. Ursprünglich verstand man unter Professionen hochqualifizierte Dienstleistungsberufe (vgl. Ofenbach 2006: 43; Schach 1987: 64), die sich vor allem durch einen „hohen ethischen und freiheitliche[n] Anspruch und Autonomie" auszeichnen sowie durch daraus resultierende große gesellschaftliche „Bedeutung und Autorität" (Ofenbach 2006: 43). Als typisches Merkmal gilt ein Kompetenz- oder Machtgefälle zwischen Professionsangehörigen und ihren Klienten (vgl. Meuser 2005:

257f.), oftmals auch als „Machtungleichgewicht" betitelt (Schach 1987: 66). Aufgrund häufiger Dispute darüber, welche Berufe als „Profession" gelten und welche nicht, sollte anhand bekannter Identifizierungsmerkmale ein Kriterienkatalog für Professionen erschaffen werden, der das Ziel verfolgte, eine eindeutige Zuordnung zu ermöglichen.

Zu den ersten Katalogen zählten die Charakteristika akademische Ausbildung, wissenschaftliche Basis der Berufsausübung, Berufsethos, Standesorganisation und eine sehr weitreichende Autonomie (vgl. hierzu Ofenbach 2006: 35). Hierbei gilt allem voran das Berufsethos beziehungsweise die „Ethik der Profession" als Konstituente des Professionsbegriffs, die Professionalität und Moralität vereinigt. Das Ethos, was ursprünglich das „Ganze der moralischen Einstellung und des Verhaltens eines Menschen" (Reiner 1972, zit. n. Ofenbach 2006: 41) bezeichnete, gilt in diesem Kontext als moralische Komponente eines Berufes. Sie stellt nicht nur eine Orientierung bietende, sondern zugleich eine normativ wirksam werdende Basis für die „Ethik der Professionals" dar, welche die subjektive Umsetzung in praktisches Handeln und Denken verkörpert (vgl. Schach 1987: 64ff.). Viele Jahrzehnte traf dies – nicht zuletzt aufgrund des langen und als schwer eingestuften Studiums – überwiegend auf die Berufsgruppe der Juristen und Mediziner zu. Die Lehrtätigkeit dagegen wurde lange Zeit – wenn überhaupt – den ‚Semi-Professionen' zugeordnet, wie dies beispielsweise auch bei Krankenschwestern und Sozialarbeitern der Fall ist (vgl. z.B. Helsper et al. 2008; Schrittesser 2011; Seitz 2008; Wenzel 2008). Als ‚Semi-Professionen' werden in diesem Kontext Berufe verstanden, die strukturell zwar Professionen ähneln, jedoch auch so große Defizite erkennen lassen, dass eine reibungslose Kategorisierung nicht möglich ist. Dem Lehrberuf als solchem wurde zum Teil sogar jegliche Professionalität abgesprochen (vgl. Seitz 2008: 191).

Verantwortlich für die Zuordnung des Lehrerberufs waren und sind noch heute unterschiedliche Gründe: Häufig wird der Autonomiemangel der Lehrer als Unterscheidungsmerkmal genannt, der aus der *staatlich* organisierten Schule beziehungsweise ihrer bürokratischen Verwaltung resultiert (vgl. Merten/Olk 1997: 57). Dieses Argument geht auf PFADENHAUER (2003) zurück, die Professionen unter anderem anhand ihrer „weitreichende[n] Autonomie hinsichtlich der Gestaltung und Regelung ihrer berufseigenen Belange" (Pfadenhauer 2003: 30) ausmacht. Dieser Aspekt ist jedoch kritisch zu betrachten. Zwar sind Lehrkräfte an Lehrpläne gebunden, haben aber jegliche Freiheit und Gestaltungsmöglichkeit im Hinblick auf die Umsetzung der curricularen Vorgaben.[23] Ein weiteres Charakteristikum stellt für sie der Austausch beziehungsweise die Kooperation mit Professionsangehörigen dar (vgl. ebd.: 127). Da der Lehrer im Allgemeinen trotz pädagogischer, Jahrgangs- und Klassenkonferenzen häufig jedoch als Einzelkämpfer gilt, bleibt auch dies von Seiten des Lehrberufes unerfüllt. Ferner führte SEITZ Argumente einer fehlenden wissenschaftlichen Grundlage sowie eines mangelnden Expertentums an; darüber hinaus kritisierte er das Fehlen einer Fachsprache, den beschränkten Einfluss der Verbände sowie die zunehmende Feminisierung des Berufs (vgl. Seitz 2008: 192ff.).

Sind Lehrkräfte diesen Aussagen und Kriterien zufolge also *keine* Professionellen? An dieser Stelle sei noch einmal auf das Eingangszitat verwiesen: „Alltagssprachlich haben Professionalität und professionelles Handeln nicht zwingend etwas mit dem Vorhandensein einer Profession zu tun." (Kurtz 2009: 45) Denn man kann schließlich auch ‚professionell' handeln und in seiner Arbeit ‚professionell' sein, ohne per definitionem, hier: im Sinne des Professionsgedankens, zu einer Berufsgruppe zu gehören, die als ‚Profession' bezeichnet wird (vgl. Bauer 2000: 62; Reinisch 2009: 37). MEUSER bringt zu dieser Thematik den konstruktiven Vorschlag, „eine begriffliche Unterscheidung zwischen professionalem Handeln (= Handeln von Professionsangehörigen) und professionellem Handeln" (Meuser 2005: 261) vorzunehmen. In der vorliegenden Arbeit soll weder die Frage nach der Zuordnung des Lehrberufs zu den (Semi-)Professionen geklärt noch soll diese Thematik weiter diskutiert werden. Da jedoch die Lehrkräfte der beruflichen Schulen in den Blick genommen werden, ist BAUERS Definition der *pädagogischen* Professionalität an dieser Stelle unerlässlich:

> „Pädagogisch professionell handelt eine Person, die gezielt ein berufliches Selbst aufbaut, die sich an berufstypischen Werten orientiert, sich eines umfassenden pädagogischen Handlungsrepertoires zur Bewältigung von Arbeitsaufgaben sicher ist, sich mit sich und anderen Angehörigen der Berufsgruppe [...] in einer nicht-alltäglichen Berufssprache verständigt, ihre Handlungen unter Bezug auf eine Berufswissenschaft begründen kann und persönlich die Verantwortung für Handlungsfolgen in ihrem Einflussbereich übernimmt." (Bauer 2000: 32)

---

[23] Die Präsentation des Unterrichtsgegenstands, seine Aufbereitung und Abfrage in Lernzielkontrollen, Schulaufgaben etc. obliegt der Lehrkraft. Hinzu kommt das Argument, dass Lehrkräfte sogar über ihre Arbeitszeit außerhalb des Unterrichts selbst bestimmen und diese eigenmächtig einteilen können. So zum Beispiel wann sie etwas vorbereiten wollen und wie sie dies tun wollen.

BAUER thematisiert die mit dem pädagogisch professionellen Handeln einhergehende Verantwortung sowie die Routiniertheit im Umgang mit unterschiedlichen Arbeitsaufgaben. Darüber hinaus bringt er auch zwei weitere interessante Merkmale professionellen Handelns hervor: Das berufliche Selbst sowie die Abgrenzung von Nichtprofessionellen des Bereichs durch Sprache. Aus Gründen der Einfachheit wird zunächst auf die Explikation des Sprachaspekts eingegangen. Die Ausbildung einer nicht-alltäglichen Berufssprache, wie sie im vorausgehenden Zitat erwähnt wird, macht deutlich, dass es sich bei einem „professionellen" Pädagogen um jemanden handelt, der aufgrund seiner Ausbildung auf eine ganz spezielle Art und Weise beruflich sozialisiert ist und sich daher auch mit einer speziellen Wortwahl mit Kollegen über Dinge seines Berufsalltags austauschen kann. Wir befinden uns demnach wieder im Feld der beruflichen Sozialisation. Durch den berufsspezifischen Wortschatz liegt eine Abgrenzung zum Nicht-Pädagogen vor, die ihres Zeichens auch Identität stiftend wirksam wird.

Beziehen wir dies auf die Lehrertätigkeit, steht das Lehramtsstudium für eine solche fachliche Ausbildung, in welcher Studierende das ‚Handwerkszeug' für den späteren Beruf erwerben sollen. Denn die Basis des professionellen Handelns von Lehrkräften besteht in der „Transformation von Wissen in Können in der Praxissituation." (Schrittesser/Hofer 2012: 152) Und beide, „Wissen und Können – also deklaratives, prozedurales und strategisches Wissen – [stellen; AK] zentrale Komponenten der professionellen Kompetenz von Lehrkräften" dar (Kunter et al. 2011: 33). Noch genauer explizieren dies andere Artikel und unterscheiden bezüglich des Wissens meist zwischen allgemeinem pädagogischen Wissen, dem Fachwissen und wiederum dem fachdidaktischen Wissen, das man als Lehrkraft benötigt (vgl. Baumert et al. 2004; Borko 2004; Blömeke et al. 2008; Desimone 2009; Helmke 2009; Kunter et al. 2011; Lehmann-Grube/Nickolaus 2009; Liposwky 2006; Munby et al. 2001). Das Alltagsgeschäft mit seinem fachspezifischen Wissen und die Arbeit im pädagogischen Umfeld der Schule führen zu einem Wortschatz beziehungsweise zu einer Berufssprache, die unter Lehrpersonen selbstverständlich ist.[24]

Das zweite neue Merkmal war das ‚berufliche Selbst', das gezielt aufgebaut wird. Es fokussiert auf die Teile der Persönlichkeit, die beruflich relevant sind und in diesem Bereich unseres Lebens wirksam werden. Es wandelt sich durch Erfahrung und sorgt für die Verknüpfung von Zielen, Fähigkeiten,

---

[24] Man denke hierbei zum Beispiel an Begriffe wie Differenzierung, Rhythmisierung, Inklusion, Wochenplanarbeit, Individualisierung etc., die derzeit in aller Munde sind, und unter Pädagogen mit einem großen Maß an Selbstverständlichkeit gebraucht werden.

Handlungsrepertoires, Erfahrungen und Bewertungen zu einem großen Ganzen (Bauer 2008, zit. n. Schütz 2009: 85). *Im* Arbeitsalltag sowie *durch* ihn definiert und produziert sich das professionelle berufliche Selbst ständig erneut (vgl. Kraler/Schratz 2008: 89). Direkt damit verknüpft ist unser ‚berufliches Selbstbild' oder auch ‚Selbstverständnis' genannt. Dieses wird in der Schulforschung oftmals als subjektive Berufsauffassung (z.B. Esslinger 2002; Languth 2006), als berufliches Selbst- oder Rollenverständnis (z.B. Baumert/Leschinsky 1986; Forberg 1997; Winterhager-Schmid 1998; Wissinger 1996;) oder als berufliches Selbstkonzept (z.B. Werle 2001) bezeichnet. Die unterschiedlichen Begriffe werden in der Literatur überwiegend synonym verwendet (vgl. Warwas 2012: 108). Für den weiteren Verlauf der vorliegenden Arbeit wurde mit dem Begriff *Selbstverständnis* operiert. Rein wörtlich abgeleitet ist damit das Bild bezeichnet, das wir – bezogen auf den Beruf – von uns selbst haben. Im Verlauf unserer individuellen Berufsbiografie erwerben und verändern wir diese individuelle Sichtweise von uns selbst permanent, beispielsweise aufgrund von Erfahrung und/oder sich ändernden äußeren Faktoren. Umgekehrt vermag es jedoch genauso, neue Erfahrungen zu beeinflussen (vgl. Seitz 2008: 175).

Davon ausgehend, dass das *berufliche Selbstverständnis* das „Verständnis des Selbst" eines Menschen in seinem Beruf ist (Fremdling 2008: 23), wäre das professionelle Selbstverständnis hingegen sein Verständnis als Professioneller, das heißt es spielen konkrete Vorstellungen und Merkmale, gegebenenfalls auch Annahmen darüber mit hinein, was ein „Professional" innerhalb seiner Berufsgruppe können muss, um als solcher gelten zu können. Es muss also konkrete inhaltliche Vorstellungen dieser höchsten ‚Reife'- und ‚Entwicklungsstufe' innerhalb eines Berufes geben, damit sich ein *professionelles Selbstverständnis* ausbilden und existieren kann.

In Bezug auf das *professionelle Selbstverständnis* gehen wir nun von folgenden drei Grundannahmen aus, die zu einer besseren Strukturierung des Begriffes beitragen sollen (vgl. hierzu Fuchs-Rechlin 2010: 35): Erstens objektiviert sich das *professionelle Selbstverständnis* im Umgang von Pädagogen mit den Spannungsfeldern ihrer Arbeit (vgl. Schütze 1992). Das bedeutet, dass die im Lehrberuf zu bestreitenden Aufgaben und Anforderungen festlegen, was als allgemeines professionelles Selbstverständnis gilt. Zweitens ist das *professionelle Selbstverständnis* auch immer Bestandteil unseres beruflichen Habitus.[25] Und drittens bildet sich der berufliche Habitus im Verlauf unserer Biografie und unseres Sozialisationsprozesses nicht nur *durch*,

---

[25] Der Begriff geht auf Bourdieu zurück (vgl. Kapitel 2.1)

sondern auch *für* den Beruf aus (vgl. Heinz 1995: 50ff.). Es erweist sich jedoch als äußerst problematisch, dass das Selbstverständnis eines Lehrers „weder leicht feststellbar [ist; AK], noch [...] bei den verschiedenen Lehrerkategorien und Lehrergenerationen einheitlich zu sein" scheint (Scheuerl 1965, zit. n. Fremdling 2008: 22).

Für die Lehrkraft bedeutet dies konkret: Im Umgang mit den alltäglichen Anforderungen an den Beruf erwächst aus der individuellen Bewältigung aller Lehrkräfte eine normative Anforderung dessen, was als ‚professionelles Handeln' gilt und was nicht. Das *professionelle Selbstverständnis* der Lehrkräfte, das von diesen Normen beeinflusst ist, prägt unseren beruflichen Habitus mit, der sich während unserer gesamten Sozialisation, allem voran im beruflichen Bereich, ausgebildet hat. Gleichzeitig stehen Habitus und Selbstverständnis in einer reziproken Beziehung zueinander: Das Selbstverständnis einer Lehrkraft wirkt sich auf den beruflichen Habitus und ihr berufliches Handeln in Schule und Unterricht aus, wohingegen der berufliche Habitus das Selbstverständnis ebenfalls beeinflussen und gestalten kann.

Da unser Bildungswesen mit seiner Umsetzung in den Schulen stark von der guten und professionellen Arbeit unserer Lehrkräfte abhängt, muss der Blick auf zwei Aspekte gerichtet werden: Erstens müssen die Lehrer bestmöglich für die spätere verantwortungsvolle Aufgabe qualifiziert werden. Wenn wir die für den Lehrberuf basalen Bildungsprozesse auf Dauer optimieren möchten, um so Erfolg sicherzustellen, bleibt uns nichts anderes übrig als bei der Ausbildung der jungen, zukünftigen Lehrerschaft in der ersten und in der zweiten Phase anzusetzen. Dies schließt jedoch auch eine Etablierung von Fächern oder Kursen wie Rhetorik, Deeskalationstechniken und Konfliktbewältigungsstrategien für den Unterricht sowie Gesprächsführung etc. mit ein, die noch kein oder nur bedingt Teil der Lehrerausbildung sind.
Zweitens betreten die meisten Lehrkräfte die Schule zunächst sicherlich motiviert, doch was passiert mit dem beruflichen Selbstverständnis, wenn es Probleme mit Eltern gibt, die Lehrkraft nicht wertgeschätzt wird (von Schülern, Kollegen und Eltern) und enttäuscht bin über die Regelbeurteilung? Es muss auch Aufgabe der Schulen und Regierungen sein, das berufliche Selbstverständnis seiner Lehrer zu schützen. Denn auch die Arbeitsumgebung, die Akzeptanz von außen, die einer Lehrkraft entgegengebrachte Wertschätzung sowie das Vertrauen von außen und innen bestimmen ein mehr oder weniger professionelles Selbstverständnis.

2.5 Arbeitsdefinition des Leselehrers

Wenn Lesekompetenz nicht nur eine Aufgabe aller Fächer, sondern auch aller Schulformen ist, stellt sich die Frage: Welche Rolle nimmt diesbezüglich die Lehrkraft ein, wenn sie Lesekompetenz – im Sinne des Deutschen PISA-Konsortiums (2001) – erfolgreich vermitteln und fördern will? Da es ganz allgemein um das Lesen geht, müsste sich theoretisch jede Lehrkraft auch als eine Art *Leselehrer* sehen und diese Rolle im Unterricht einnehmen. Somit ist die Kategorie und Rolle des *Leselehrers* auch mit einigen Anforderungen an die Lehrkraft verbunden, die im Folgenden kurz erläutert werden.

Beginnend bei der Lesekompetenzförderung muss es dem *Leselehrer* ein besonderes Anliegen sein, die Lesekompetenz seiner Schüler zu fördern und zwar unabhängig von Alter und Jahrgangsstufe sowie von der jeweiligen Schulform. Da diese Absicht bewusst ist, liegt es auf der Hand, dass sich ein *Leselehrer* – neben vielen anderen – auch in dieser Rolle sieht. Doch die reine Rollenidentifikation reicht selbstverständlich noch lange nicht aus, da der *Leselehrer* per definitionem ja etwas lehrt. Insofern muss er auch einen gewissen Output im Hinblick auf seinen Unterricht aufweisen. Wenn er auf das Leselehren abzielt, ist diese Kondition an den Vorgang an sich gekoppelt: Ein *Leselehrer* legt folglich Wert darauf, mit seinen Schülern im Unterricht zu lesen. Auf diese Weise ermittelt er für sich, auf welchem Leseniveau die Klasse zu verorten ist und in welchen Bereichen Defizite vorliegen.

Doch wie gelingt es dem *Leselehrer*, gutes Lesen zu lehren? Vor allem dann, wenn die Schüler nicht mehr in der Primarstufe sind? Um die Leseleistung der Schüler zu verbessern, bedarf es zum einen der Kontinuität. Die Devise „Übung macht den Meister" vertritt auch BAMBERGER in seiner These, welcher zufolge man gutes Lesen durch Viellesen lernen könne (vgl. Bertschi-Kaufmann/Kappeler 2010: 293). Der quantitative Gedanke zur Leseförderung wurde in Bezug auf das stille Lesen zwar widerlegt, da keine Auswirkungen auf die Leseleistung und die Motivation im Vergleich zur Kontrollgruppe festgestellt werden konnten (vgl. ebd.: 294). Sehr wohl gilt diese Annahme aber für die sogenannten Lautleseverfahren, bei denen ein signifikanter Kompetenzzuwachs gemessen werden konnte (vgl. NRP 2000; Kuhn/Stahl 2003). Folglich kann als einer der ersten Schritte gelten, mit Schülern regelmäßig Texte jedweder Art zu lesen, um ihre Lesefähigkeiten und Lesefertigkeiten dadurch konsequent zu trainieren.

Ein Zuwachs bezüglich der Lesekompetenz wird der Definition von EGGERT/GARBE (2003) sowie GOLD (2007) zufolge durch die Strukturierung von Texten und den Einsatz von adäquaten Lesestrategien erlangt (vgl. Kapitel

2.3). Insofern sind der genannte Output des Unterrichts und das Ziel der Lesekompetenz vor allem durch den adäquaten Einsatz unterschiedlicher Fördermethoden zu bewerkstelligen. Ein Deutsch(lese)lehrer muss seinen Schülern hierfür sicherlich Lesestrategien an die Hand geben, doch auch für die Kollegen anderer Fächer ist es von essentieller Bedeutung, adäquate Methoden einzusetzen, um die Lesekompetenz der Schüler und damit auch deren „lesebezogenes Selbstkonzept" (Chapman/Tunmer 1995) zu verbessern. Welche Methoden in dieser Hinsicht als adäquat gelten, wurde bereits in Kapitel 2.3 deutlich. Die Erläuterungen ergeben zusammengefasst folgende Definition:

> Unter einem *Leselehrer* versteht man eine Lehrkraft, die es sich zur Aufgabe gemacht hat, die Lesekompetenz ihrer Schüler zu fördern – und zwar unabhängig von deren Alter und schulischer sowie auch beruflicher Ausbildung. Sie identifiziert sich mit der Rolle des Leselehrers und kennt adäquate Methoden zur Steigerung der Lesemotivation sowie auch zur Lesekompetenzförderung, die sie regelmäßig im Unterricht einsetzt.

Diese Definition spiegelt sich in der Zusammensetzung und der Operationalisierung der abhängigen Variablen (AV) wider (siehe Kapitel 11.2). Zudem ist die Definition des Leselehrers als Basis der vorliegenden Arbeit zu verstehen.

3. Das berufliche Schulsystem in Bayern

> „Dem bayerischen Schulsystem liegen vor allem zwei Leitgedanken zugrunde: Zum einen soll jede Schülerin und jeder Schüler nach Eignung und Befähigung gefördert und gefordert werden, dies begründet die Differenzierung des Schulsystems. Zum anderen sollen nach dem Leitgedanken der Durchlässigkeit Änderungen von Schulwahlentscheidungen durch spätere Schulartwechsel möglich sein und mit jedem erreichten Abschluss der Weg zum nächsthöheren schulischen Ziel offenstehen."
>
> (ISB 2012: 17)

Differenzierungsgedanke und Durchlässigkeit gelten als entscheidende Kennzeichen des bayerischen Schulsystems. Mit ihnen gelang es Bayern laut einer Studie der Bertelsmann Stiftung zur Durchlässigkeit der Schulsysteme der Länder auch im Jahr 2012, mehr Auf- als Absteiger hervorzubringen.[26] Jeder

---

[26] Siehe FAZ vom 30.10.2012. Aufzurufen unter http://www.faz.net/aktuell/politik/inland/durchlaessigkeit-der-schulsysteme-doppelt-so-viele-schulabsteiger-wie-schulaufsteiger-11943746.html (24.04.2015).

Schüler soll die Möglichkeit erhalten eine Schule zu besuchen, die seinen Fähigkeiten entspricht, und in dieser ein optimales Maß an Förderung und Forderung erhalten. Grundsätzlich eröffnet jeder erreichte Schulabschluss den Weg zu einem nächsthöheren schulischen Ziel.[27] Aufgrund der Durchlässigkeit des Systems erhalten (junge) Erwachsene auch über den zweiten Bildungsweg stets die Möglichkeit, den schulischen Abschluss zu verbessern und so eine bestmögliche Ausbildung zu erreichen. Hierbei ist auch das duale System zu erwähnen, das Ausbildung und Studium sowie Ausbildung und höheren Schulabschluss ermöglicht. Generell lassen sich die Schularten in Bayern im Sinne der äußeren Differenzierung in allgemeinbildende und berufliche Schulen einteilen sowie in Schulen des zweiten Bildungswegs.

Während zu den allgemeinbildenden Schularten Grundschule, Haupt- beziehungsweise Mittelschule, Realschule und Gymnasium zählen, fallen
- Wirtschaftsschule (WS),
- Berufsschule (BS),
- Berufsfachschule (BFS),
- Berufliche Oberschule, bestehend aus Fachoberschule (FOS) und Berufsoberschule (BOS),
- Fachakademien (FAK) sowie
- Fachschulen (FS)

unter die beruflichen Schularten (vgl. auch ISB 2012: 17).[28] Gerade hier kommt häufig das Kriterium der Transparenz zum Tragen, da viele Schüler auf dem zweiten Bildungsweg zu einem (höheren) Schulabschluss kommen. Alle nachfolgenden Informationen beziehen sich ausschließlich erstens auf die bayerische Schullandschaft und zweitens auf die unterschiedlichen beruflichen Schulformen, weshalb von allgemeinbildenden Schularten im weiteren Verlauf Abstand genommen wird.[29]

---

[27] Vgl. hierzu die Internetpräsenz des BayStMUKWK. Aufzurufen unter http://www.km.bayern.de/eltern/schularten.html (19.04.2015).
[28] Bezüglich der Förderschule finden sich in beiden Bereichen Angebote.
[29] An dieser Stelle sei darauf verwiesen, dass in den meisten Bundesländern zumeist Äquivalente existieren, die jedoch eine andere Bezeichnung aufweisen.

Das berufliche Schulsystem in Bayern

3.1 Überblick über die berufliche Schullandschaft

Obwohl nach Art. 130 Abs. 1 der Bayerischen Verfassung „das gesamte Schul- und Bildungswesen [...] unter der Aufsicht des Staates" steht (Bayerische Verfassung: 27), bedeutet dies nicht, dass der Staat der einzige Anbieter und Förderer von Schulen ist. Generell können Schulen in staatlicher, kommunaler oder in freier beziehungsweise privater Trägerschaft geführt werden (vgl. ISB 2012: 44). Dabei engagieren sich die Träger innerhalb einzelner Schularten unterschiedlich stark: Die meisten Schulen in Bayern werden mit Abstand vom Freistaat unterhalten. Die Mehrheit der Förderschulen und Berufsfachschulen dagegen wird von privaten Trägern betrieben. Die Kommunen bringen sich zumeist bei beruflichen Schularten ein (vgl. ebd.: 45). Insgesamt zählt die Sekundarstufe II der beruflichen Schulen im Schuljahr 2013 laut Kreisinformationssystem für bayerische Bildungsberichterstattung des Staatsinstituts für Schulqualität und Bildungsforschung München (ISB) folgende Anzahl an Schulen (vgl. Tabelle 1):

Tabelle 1: Schuldaten der Landkreise und kreisfreien Städte in Bayern (Kreisinformationssystem des ISB, Datentabelle 2014)

Schulart	zusammen	staatlich	kommunal	privat
Wirtschaftsschulen	84	33	15	36
Berufsschulen	179	119	58	2
Berufsschulen zur sonderpäd. Förderung	47	3	3	41
Fachoberschulen	106	64	6	36
Berufsoberschule	70	60	8	2
Berufsfachschulen[30]	782	163	128	491
Fachschule	232	108	53	71
Fachakademien	90	8	22	60
Gesamtzahl	1590	558	293	739

---

[30] Hier wurden die Berufsfachschulen und Berufsfachschulen des Gesundheitswesens zusammengefasst.

Insgesamt bietet die Landschaft der beruflichen Schulen sowohl berufsvorbereitende als auch berufsqualifizierende und „studienqualifizierende Bildungsgänge in Teilzeit- und Vollzeitform an." (Vollmer 2006: 105)

In der *Wirtschaftsschule* werden allgemein kaufmännische Nachwuchskräfte ausgebildet. Sie vermittelt nicht nur eine allgemeine Bildung, sondern auch eine kaufmännische Grundbildung in den Berufsfeldern Wirtschaft und Verwaltung (vgl. ISB 2012: 33). Absolventen erwerben hier nach Jahrgangsstufe 10 beziehungsweise 11 (je nach schulischer Vorbildung) den Wirtschaftsschulabschluss, der ein Äquivalent zum mittleren Schulabschluss darstellt.[31] Die Wirtschaftsschule ist zwei-, drei- oder vierstufig. Schüler der drei- und vierstufigen Wirtschaftsschule entscheiden sich zu Beginn für die Wahlpflichtfächergruppe (WPFG) H, die wirtschaftliche Hauptfächer enthält, oder WPFG M, die neben wirtschaftlichen Fächern auch einen Schwerpunkt auf Mathematik und Physik legt. Für Schüler der zweistufigen Wirtschaftsschule entfallen die WPFG.

Dagegen wird in den *Berufsschulen* (BS) und den *Berufsfachschulen* (BFS) eine berufliche Erstausbildung vermittelt. Im dualen Ausbildungssystem wird der Lehrling im Betrieb ausgebildet, muss jedoch zusätzlich ausbildungsbegleitend die BS besuchen. Daher ist es auch die vorrangige Aufgabe der BS, die Schüler ‚handlungskompetent' in der Ausübung des jeweiligen Berufs zu machen. Diese setzt sich neben Sozial- und Personalkompetenz auch aus fachlicher Kompetenz zusammen[32], weshalb hier auch die Anwendung fachtheoretischer Inhalte gefördert und trainiert werden soll. Daneben werden jedoch auch Fächer mit allgemeinbildender Funktion unterrichtet (vgl. ISB 2012: 36). Insgesamt können an der BS ungefähr 350 unterschiedliche Ausbildungsberufe im dualen System begonnen werden, die verschiedene Berufsfelder abdecken. Zu den wichtigsten Berufsfeldern zählen hierbei Metalltechnik, Elektrotechnik, Bautechnik, Holztechnik, Textiltechnik und Bekleidung, Chemie, Physik und Biologie, Drucktechnik, Farbtechnik und Raumgestaltung, Körperpflege, Wirtschaft und Verwaltung, Gesundheit, Ernährung und Hauswirtschaft, Agrarwirtschaft und Fahrzeugtechnik (siehe BayStMUK 2012: 8). Die Ausbildungsdauer beträgt, abhängig von Ausbildungsberuf und individuellen Vorkenntnissen des Auszubildenden, an BS mindestens zwei bis maximal dreieinhalb Jahre. Es kann im Falle des Bestehens der Prüfung nicht nur ein Berufsabschlusszeugnis erworben werden beziehungsweise ein Berufsfachschulzeugnis, sondern auch der Hauptschulabschluss sowie der

---

[31] Abhängig von der schulischen Vorbildung ist auch, ob der Besuch der Wirtschaftsschule zweistufig oder vier- und dreistufig ist.
[32] Vgl. Modell LISA von Halle/Müller/Seidel, in: Bader/Sloane 2000: 40.

mittlere Schulabschluss über den qualifizierten beruflichen Bildungsabschluss (Quabi). Zum Teil werden auch besondere Angebote für die Schüler geschaffen, wie beispielsweise das Berufsvorbereitungs- (BVJ) oder das Berufsgrundbildungsjahr (BGJ). Weiterhin reihen sich hier Klassen für Jugendliche ohne Ausbildungsplatz (JoA) ein, die Berufsschule plus (BS+) sowie die duale Berufsausbildung und Fachhochschulreife in besonderen doppelqualifizierenden Bildungsangeboten.

An der BFS absolvieren Schüler eine Berufsausbildung in Vollzeit, das heißt, es handelt sich hierbei um ein Angebot rein schulischer Berufsausbildung. Diese nimmt in der Regel zwei bis drei Jahre in Anspruch und führt zu einer staatlichen Abschlussprüfung. Der Unterricht umfasst neben den allgemeinbildenden auch berufsbezogene Fächer sowie die praktische Berufsausbildung in Form von Praxisfächern (vgl. ISB 2012: 36). Insgesamt bietet die BFS mehr als 80 Ausbildungsberufe an (BayStMUK: 8). Zu den wichtigsten Berufsfeldern zählen hier gewerbliche sowie kaufmännische BFS, BFS für Fremdsprachenberufe, für Musik sowie für Hauswirtschaft, Kinderpflege, Sozialpflege und Gastronomie, BFS für technische Assistenzberufe sowie BFS des Gesundheitswesens. Die BFS des Gesundheitswesens werden zum Teil extra gelistet. In ihrer Verwaltung sind sie zudem seit 2014 nicht mehr dem BayStBKWK zugehörig, sondern dem Gesundheitsministerium unterstellt. Die Ausbildung dauert in der Regel ein bis drei Jahre. Ferner existieren acht Berufsfachschulen zur sonderpädagogischen Förderung.

Die Schularten *Fachoberschule* (FOS) und *Berufsoberschule* (BOS) sind unter dem Dach der *Beruflichen Oberschule* vereinigt. Der größte Unterschied zwischen FOS und BOS besteht darin, dass die Klientel der FOS über einen mittleren Schulabschluss verfügt, wohingegen sich die BOS ausschließlich an Jugendliche und junge Erwachsene mit einer bereits abgeschlossenen Berufsausbildung richtet. Als Ausbildungsrichtungen kommen hier in beiden Schularten Wirtschaft und Verwaltung, Sozialwesen, Technik, Agrarwirtschaft, Bio- und Umwelttechnologie in Frage. Zudem ist in der FOS auch die Wahl des Zweiges Gestaltung möglich. Nach Jahrgangsstufe 12 wird die Fachhochschulreife erworben, nach Jahrgangsstufe 13 die fachgebundene Hochschulreife, die zum Studium spezieller Fächer und Fachkombinationen des Zweigs an einer Hochschule berechtigt. Kann man nach der dreizehnten Klasse zudem eine zweite Fremdsprache nachweisen, so wird die allgemeine Hochschulreife verliehen. Dies ist auch der Grund, weshalb beide Schularten in Organisationsstruktur und Lehrplan dem Gymnasium nicht unähnlich sind: Sie vermitteln „Allgemeinbildung, Fachtheorie und fachpraktische Bildung unter Einbeziehung berufspraktischer Erfahrungen", bereiten abr vor allem – und dies ist der ausschlaggebende Punkt – „auf ein Studium vor." (ISB 2012: 40) Je nach Abschluss und Fremdsprachennote sind die Schüler im Anschluss berechtigt, an einer Hochschule zu studieren.

Einen höheren Berufsabschluss (und einen Hochschulzugang) erwirbt man an der *Fachakademie* (FAK) und an der *Fachschule* (FS). Beide bereiten auf eine gehobene berufliche Laufbahn vor und führen beispielsweise zu den Berufstiteln Techniker, Meister, Dolmetscher oder Erzieher.
Die *Fachakademien* in Bayern setzen einen mittleren Schulabschluss voraus sowie eine einjährige berufliche Vorbildung in dem Bereich, den der jeweilige Schüler zu „studieren" wünscht.[33] Dies ist entweder durch eine entsprechende Ausbildung und/oder auch durch eine Berufstätigkeit gegeben. Ansonsten unterscheiden sich die FAK auch innerhalb der Fachrichtungen untereinander, was ihre Aufnahmekriterien betrifft. Das Studium an einer FAK kann für folgende Ausbildungsrichtungen aufgenommen werden:
- Augenoptik,
- Brauwesen und Getränketechnik,
- Darstellende Kunst,
- Fremdsprachenberufe,
- Gemeindepastoral (läuft aus),
- Hauswirtschaft,
- Heilpädagogik in Bayern,
- Holzgestaltung,
- Landwirtschaft,
- Medizintechnik,
- Musik,
- Restauratorenausbildung,
- Sozialpädagogik und
- Wirtschaft (siehe BaySTMUK 2012: 28).

---

[33] Der Begriff des Studierens ist an dieser Stelle bewusst gewählt, da die Lernenden an Fachakademien im Allgemeinen als Studierende bezeichnet werden.

Das berufliche Schulsystem in Bayern

Tabelle 2: Übersicht über die Landschaft der bayerischen Fachschulen

	Technikerschulen	Meisterschulen	Hauswirtschaftliche und sozialpflegerische FS	Kaufmännische FS
Fachrichtungen	- Bautechnik - Bekleidungstechnik - Biotechnik - Chemietechnik - Druck- und Medientechnik - Elektrotechnik - Farb- und Lacktechnik - Fleischereitechnik - Galvanotechnik - Glasbautechnik - Glashüttentechnik - Heizungs-, Lüftungs- und Klimatechnik - Holztechnik - Informatiktechnik - Keramiktechnik - Kunststofftechnik - Lebensmittelverarbeitungstechnik - Maschinenbautechnik - Metallbautechnik - Mode- und Schnitttechnik - Modellistik - Papiertechnik - Sanitärtechnik - Steintechnik - Textiltechnik - Umweltschutztechnik	- Bauhandwerker - Brauereitechnik - Buchbinder u. industrielle Buchbinderei - Elektrotechnik - Floristik - Friseure - Gas- und Wasserinstallateure - Geigenbau - Gold- u. Silberschmiede - Heizungs- u. Lüftungsbauer - Holzbildhauer - Industriemeister (Elektrotechnik, Metall) - Informationstechnik - Ingenieurassistenten - Keramik - Konditoren - Landmaschinenmechaniker - Maler- u. Lackiererhandwerk - Maschinenbauer - Metallbauer - Mode - Orthopädietechnik - Radio- u. Fernsehtechniker - Schreiner - Steinmetze u. Steinbildhauer - Straßenbau - Vergolder - Zahntechniker	- Familienpflege - Heilerziehungspflege - Heilerziehungspflegehilfe - Hotel- und Gaststättengewerbe	- Datenverarbeitung - Holzbetriebswirtschaft - Textilbetriebswirtschaft
Dauer	VZU: zwei Jahre, in TZU länger	In der Regel einjährig	VZU: zwei Jahre	VZU: bis zu zwei Jahre
Abschluss	Staatlich geprüfter Techniker	Staatliche Abschlussprüfung mit entsprechender Berufsbezeichnung		

Die *Fachschule* bietet eine vertiefte berufliche Fortbildung oder gegebenenfalls auch eine Umschulung an. Diese hat das Ziel, ihre Absolventen auf die unternehmerische Selbstständigkeit vorzubereiten oder aber sie für die Übernahme von Führungsaufgaben zu qualifizieren (vgl. BayStMUK 2012: 8). Eingangsvoraussetzung ist eine abgeschlossene Berufsausbildung in dem Bereich, den man vertiefen möchte, sowie eine einschlägige berufliche Tätigkeit im Anschluss. Je nach Ausbildungsrichtung dauert der Besuch einer FS bis zu zwei Jahre in der Vollzeitform an, in der berufsbegleitenden oder der Teilzeitform kann die Ausbildung auch bis zu vier Jahren dauern. Generell lassen sich die Schulen einteilen in folgende Ausbildungsrichtungen (siehe Tabelle 2). Über die Tabelle hinaus gibt es noch weitere FS für Blumenkunst, Glasgestaltung, Porzellan, industrielle Formgestaltung sowie FS für Werklehrer im sozialen Bereich. Land- und forstwirtschaftliche FS fallen in den Geschäftsbereich des Bayerischen Staatsministeriums für Ernährung, Landwirtschaft und Forsten (BayStELF).

Zusammenfassend stellen die beruflichen Schulen in Bayern ein breites Angebot der schulischen und beruflichen (Weiter-)Bildung dar. Aufgrund der unterschiedlichen Abschlüsse und ihrer Verbindung mit den unterschiedlichen Zielen der Schulen wie ihrer Schüler, liegt es nahe, dass die beruflichen Schulformen auch gewisse Besonderheiten aufweisen. Zur besseren Übersicht wird auf der nächsten Seite die Grafik des bayerischen Schulsystems vom BayStMBKWK angeführt (siehe Abbildung 4).

Das berufliche Schulsystem in Bayern

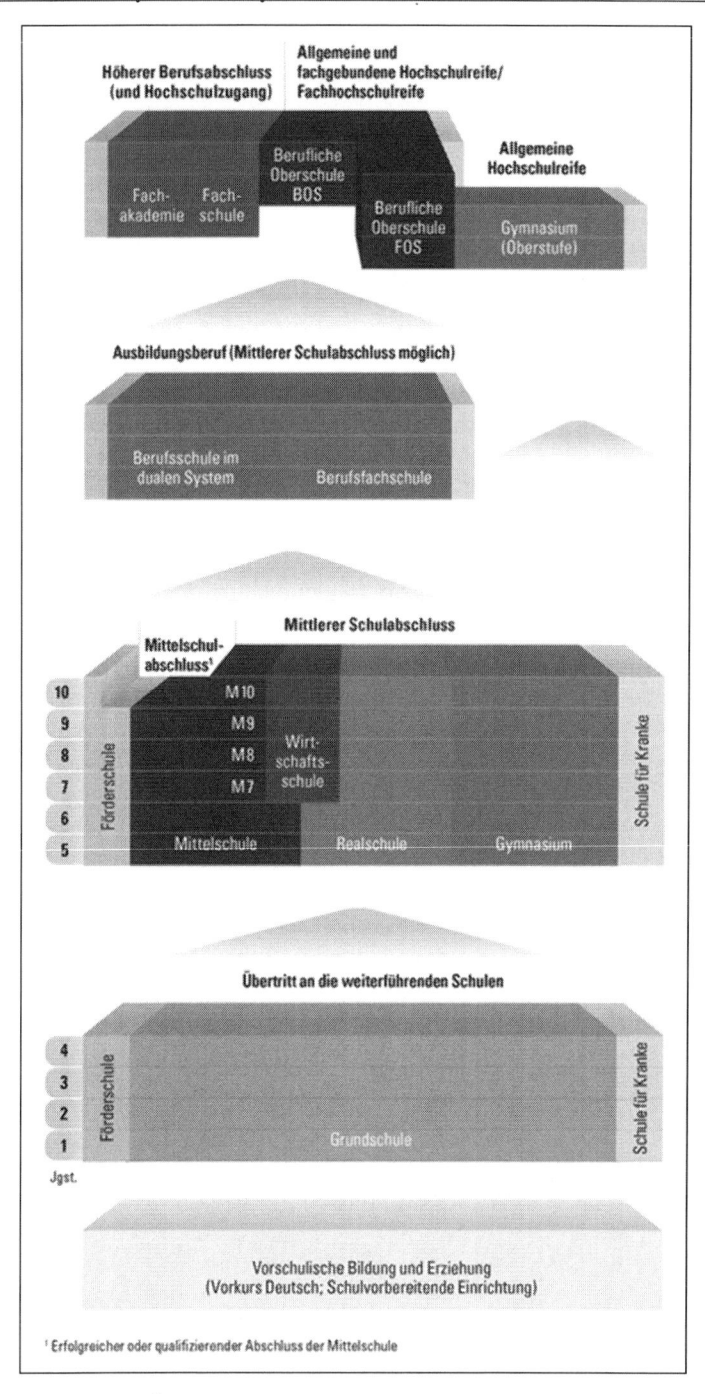

Abbildung 4: Übersicht über das berufliche Schulsystem in Bayern

3.2 Allgemeine Besonderheiten der Schulformen

Im Hinblick auf die durchgeführte quantitative Studie spielen einige interindividuelle Unterschiede der beruflichen Schulen eine Rolle. Dieses Unterkapitel widmet sich daher der Explikation relevanter schuleigener Aspekte. Im Folgenden wurde eine Einteilung in die Aspekte Schüler respektive Studierende, Abschlüsse und den Unterricht im Lernfeldkonzept vorgenommen. Weitere Besonderheiten, die sich speziell auf den Deutschunterricht an beruflichen Schulen beziehen, finden sich in Kapitel 4.

Schüler und Studierende

Im Unterschied zu Hauptschule oder Gymnasium verzeichnen die beruflichen Schulen häufig eine in höchstem Maße heterogene Schülerschaft. Dies rührt daher, dass sich auch viele „Quereinsteiger" zu einer höheren schulischen Ausbildung entschließen und diese oftmals über den zweiten Bildungsweg erlangen.

> „Daraus resultiert, dass das Spektrum der Vorbildung üblicherweise vom Hauptschulabschluss bis zum Abitur reicht. In einigen Berufen ist nicht einmal Hauptschulabschluss erforderlich, sondern dieser kann mit erfolgreicher Beendigung der Ausbildung verliehen werden." (Vollmer 2006: 110)

In der alltäglichen Unterrichtspraxis, gerade am Schuljahresanfang und in allen Fächern, erschwert dies, die Schüler auf ein ähnliches Arbeitslevel zu bringen. Es müssen hier vorhandene Kompetenzen und ihr Ausprägungsgrad beziehungsweise ihre Fähigkeitsstufe ausgelotet werden, um gezielt arbeiten zu können. Ziel ist schließlich, ein Niveau zu erreichen, das möglichst alle Lernenden fordert, aber nicht überfordert. Doch neben der schulischen und/oder beruflichen Vorbildung trägt auch das Alter der Schüler respektive Studierenden zur Heterogenität bei, das sich theoretisch von 16 bis zu 60 Jahren erstrecken kann. Sie ist ein charakteristisches Merkmal und stellt an die unterrichtenden Lehrkräfte die Forderung nach einer differenzierten Gestaltung des Unterrichts, die Alter, Erfahrung, individuelle Entwicklung und Reife der Schülerschaft zu berücksichtigen und fruchtbar zu nutzen weiß (vgl. Pahl 2004: 322; Vollmer 2006: 111). Diese Heterogenität ist jedoch mehr als für den Lehrer schwer zu berücksichtigen: Sie birgt zudem ein großes Potenzial, da der Unterricht fächerübergreifend von den Erfahrungen, Ausbildungen und dem Wissensstand der Schülerschaft profitiert.

Abschlüsse

Vom Hauptschulabschluss bis hin zur allgemeinen Hochschulreife können je nach Schulform und Prüfungsfächern ganz unterschiedliche schulische Abschlüsse erworben werden. Häufig finden sich in den sogenannten Schulzentren unterschiedliche Schulformen, wie zum Beispiel BFS, BS, FOS und BOS. Lehrkräfte, die an einem solchen Zentrum unterrichten, müssen hier die unterschiedlichen Lern- und Arbeitsniveaus sowie die vielfältigen Berufsbezüge nicht nur kennen, sondern auch berücksichtigen. „Unterricht erfordert hier […] jeweils eine spezifische Didaktik des beruflichen Lernens und Lehrens mit berufs- und schulformbezogenen Zielen, Inhalten, Methoden und Medien." (Vollmer 2006: 105) Das erfordert zum einen eine breite Kenntnis, ein gutes Gespür sowie Empathie seitens der Lehrenden, und zum anderen auch die nötige Flexibilität, um einen adäquaten und möglichst professionellen Umgang mit der Situation zu pflegen. Kurzum: Diese Flexibilität kann letztlich nur durch Ausbildung und die daraufolgende Unterrichtspraxis erworben werden.

Unterricht im Lernfeldkonzept

Ein weiteres, wichtiges Unterscheidungskriterium ist die Organisation des Unterrichts und der Fächer im Lernfeldkonzept. Dies gilt jedoch mit der Einschränkung auf Fachoberschule und Berufsoberschule. Die auf den Ausschuss „Berufliche Bildung" der Kultusministerkonferenz (KMK) im Jahr 1995 zurückgehende Entscheidung gilt seit dem daraufolgenden Jahr offiziell als bindende curriculare Strukturvorgabe. Es verkörpert eine Strukturierung der Rahmenlehrpläne für den berufsbezogenen Lernbereich der Berufsschule nach dem Lernfeldkonzept (vgl. Bader 2003: 210).

Nach einer Definition der KMK-Handreichung (2007) zeichnen sich Lernfelder wie folgt aus: Sie sind „durch Ziel, Inhalte und Zeitrichtwerte beschriebene thematische Einheiten, die an beruflichen Aufgabenstellungen und Handlungsfeldern orientiert sind und den Arbeits- und Geschäftsprozess reflektieren." Diesen Zusammenhang verdeutlicht Abbildung 5.

Das berufliche Schulsystem in Bayern

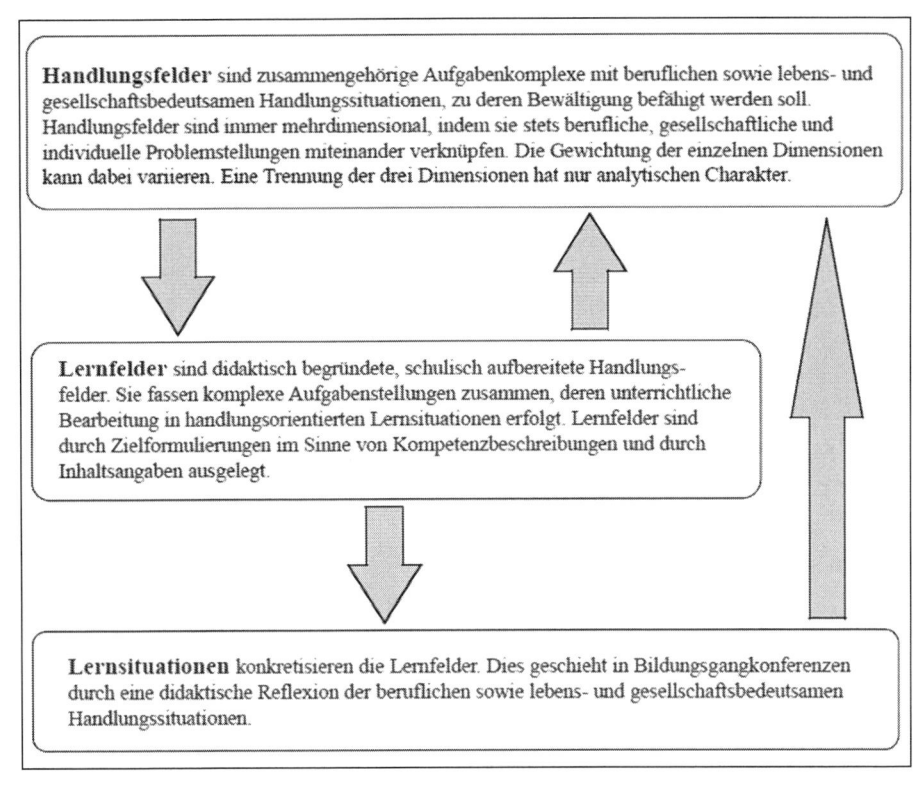

> **Handlungsfelder** sind zusammengehörige Aufgabenkomplexe mit beruflichen sowie lebens- und gesellschaftsbedeutsamen Handlungssituationen, zu deren Bewältigung befähigt werden soll. Handlungsfelder sind immer mehrdimensional, indem sie stets berufliche, gesellschaftliche und individuelle Problemstellungen miteinander verknüpfen. Die Gewichtung der einzelnen Dimensionen kann dabei variieren. Eine Trennung der drei Dimensionen hat nur analytischen Charakter.

> **Lernfelder** sind didaktisch begründete, schulisch aufbereitete Handlungsfelder. Sie fassen komplexe Aufgabenstellungen zusammen, deren unterrichtliche Bearbeitung in handlungsorientierten Lernsituationen erfolgt. Lernfelder sind durch Zielformulierungen im Sinne von Kompetenzbeschreibungen und durch Inhaltsangaben ausgelegt.

> **Lernsituationen** konkretisieren die Lernfelder. Dies geschieht in Bildungsgangkonferenzen durch eine didaktische Reflexion der beruflichen sowie lebens- und gesellschaftsbedeutsamen Handlungssituationen.

Abbildung 5: Zusammenhang zwischen Handlungsfeldern, Lernfeldern und Lernsituationen (Quelle: Bader 2003: 213)

Seit seiner Einführung wurde das Lernfeldkonzept immer wieder heftig diskutiert, analysiert, teils auch stark kritisiert. So konnte eine kritisch-konstruktive Weiterentwicklung erfolgen. Die wesentliche Veränderung, die sich hieraus ergab, bezog sich auf die curriculare Auflösung der Fächer im Hinblick auf ihre Trennung und Isolation voneinander. Idealvorstellung ist eine ausschließliche Organisation des Unterrichts in Lernfeldern, die sich nicht nur auf die Stundenpläne, sondern auch auf den Aufbau von Zeugnissen erstreckt. Inzwischen scheint sich an den Schulen eine konstruktiv-kritische Haltung dahingehend zu stabilisieren, dass die dem Lernfeldkonzept durchaus zugetrauten positiven Wirkungen auf Lehr-Lern-Prozesse unter höchst unterschiedlichen, teils äußerst schwierigen Rahmenbedingungen erkundet werden. Von dieser Haltung beziehungsweise Grundstimmung ausgehend, ist viel Kreativität und Engagement der Lehrer zu beobachten. Es scheint, dass der nicht unproblematische Impuls der KMK auf der Makroebene der didaktischen Planung, also die Verordnung des neuen curricularen Rezepts, nach einigen Turbulenzen nun vielfältige Bemühungen auf der Mesoebene auslöst. Diese erfolgen bei der didaktischen und curricularen Planung sowie der Organisation in den Schulen; noch deutlicher und vielfältiger wird dies jedoch bei der Ausgestaltung und Erprobung konkreter Lehr-Lern-Arrangements, folglich also auf der Mikroebene.

3.3 Aktuelle Zahlen der Schülerschaft

Laut Bayerischem Landesamt für Statistik und dem Kreisinformationssystem (KIS) des ISB München verzeichneten die beruflichen Schulen in Bayern im Schuljahr 2013/14 insgesamt über 424.133 Schüler. 228.910 davon sind dem männlichen Geschlecht zuzuordnen (53,97 %), 38.274 haben Migrationshintergrund (9,02 %). Weitere Angaben sind Tabelle 3 zu entnehmen.

Tabelle 3: Schüler der beruflichen Schulen in Bayern nach Schularten, Geschlecht und Migrationshintergrund (vgl. BayStMUKWK 2014 und Bayerisches Landesamt für Statistik 2014)

Schulart	zusammen	männlich	Migrationshintergr.
Berufsschulen	257.218	156.617	23.530
Berufsschulen zur sonderpädagogischen Förderung	13.394	8.638	2.171
Wirtschaftsschulen	21.489	10.666	2.425
Berufsfachschulen des Gesundheitswesens	29.048	5.954	2.610
Berufsfachschulen	21.376	5.531	2.348
Fachoberschulen	42.797	20.096	3.542
Berufsoberschulen	13.129	7.727	764
Fachschulen	14.168	10.750	380
Fachschulen im GB des StMELF	2.856	1.524	19
Fachakademien	8.658	1.407	485
Gesamtsumme	**424.133**	**228.910**	**38.274**

Im Jahr 2011 verzeichneten die beruflichen Schulen der Sekundarstufe II in Bayern 381.000 Schüler. Dieser Vergleich verdeutlicht, dass die beruflichen Schulen nach wie vor einen enormen Zuspruch erfahren, insofern auch noch immer ein Bedarf hervorgeht. Ein „kontinuierlicher Anstieg" der Schülerzahlen war bereits zwischen 1993 und 2003 zu verzeichnen (vgl. BMBF 2004, zit. n. Vollmer 2006: 105). Betrachtet man die Schülerzahlen unter dem Aspekt der prozentualen Verteilung männlicher und weiblicher Schüler, fallen einige eindeutig geschlechtsdominierte Schulformen innerhalb der beruflichen Schulen auf. So finden sich an den Berufsschulen und Fachschulen häufiger männliche Schüler. Dagegen sind Berufsfachschulen des Gesundheitswesens sowie Fachakademien von einem deutlich größeren Frauenanteil geprägt. Dies ist auf die jeweiligen beruflichen Optionen zurückzuführen, die mit den spezifischen beruflichen Schulformen einhergehen. Der Migrationshintergrund der Schülerschaft der beruflichen Schulen fällt mit 9,02 % erstaunlich gering aus.

3.4 Aktuelle Daten des Lehrpersonals

Tabelle 4: Voll- und teilzeitbeschäftigte bayerische Lehrkräfte nach Schulart und Geschlecht (vgl. Bayerisches Landesamt für Statistik 2014)

Schulart	zusammen	männlich
Berufsschulen	7.016	4.736
Berufsschulen zur sonderpädagogischen Förderung	1.132	648
Wirtschaftsschulen	1.614	748
Berufsfachschulen des Gesundheitswesens	2.216	537
Berufsfachschulen	1.972	591
Fachoberschulen	2.815	1.524
Berufsoberschulen	889	456
Fachschulen	995	644
Fachschulen im GB des StMELF	121	69
Fachakademien	1.005	294
Gesamtsumme	**19.775**	**10.247**

Laut Daten des Bayerischen Landesamts für Statistik und Datenverarbeitung unterrichteten im Herbst 2013 in Bayern insgesamt 19.775 Lehrkräfte an den beruflichen Schulen, 51,28 % davon sind Männer (vgl. Tabelle 4). Die mit Abstand meisten Lehrkräfte der beruflichen Schulen unterrichten den Daten zufolge an der Berufsschule. Am wenigsten Lehrkräfte sind in den Fachschulen im Geschäftsbereich des Bayerischen Staatsministeriums für Ernährung, Landwirtschaft und Forsten eingesetzt. Dieser Bereich wurde erst im Jahr 2014 vom BayStBKWK entkoppelt.

4. Deutschlehrer an beruflichen Schulen sein: Aufträge und Bedingungen des Faches

Unsere Gesellschaft ist gekennzeichnet durch Fortschritt und permanente Weiterentwicklung. Dies betrifft nicht nur technische Innovationen, sondern auch einen Wandel in gesellschaftlichen, wirtschaftlichen und sozialen Bedingungen und Ansprüchen. Die Institution Schule unterliegt diesen Veränderungen mittelbar und versucht, auf diese zu reagieren. International wird verstärkt daran gearbeitet, die Qualität von Schule zu verbessern, um den veränderten Ansprüchen und Realitäten gerecht werden zu können (vgl. Weyand et al. 2012: 14). Dabei ist die Schulqualität natürlich in starkem Maße abhängig von ihren Akteuren, den Lehrkräften, was HATTIE (2009) in einer umfangreichen Studie aufzeigte. Zur Professionalisierungsforschung im Lehrberuf reihen sich zahlreiche Studien aneinander, wie beispielsweise COACTIV, TEDS-M oder FaLKo, die mit Genauigkeit bestimmen und messen, was Lehrprofessionalität im jeweiligen Fach ausmacht und woraus sich diejenigen Kompetenzen zusammensetzen, die Lehrkräfte in den Unterricht mitbringen.[34] Die Forschungen zur Professionalität von Lehrkräften sind noch lange nicht abgeschlossen; einen Überblick liefern beispielsweise KÖNIG/HOFMANN (2010).

Der Blick dieses Kapitels richtet sich auf die Standards für die Lehrerbildung der KMK im Fach Deutsch, die aus dem Professionalisierungsgedanken hervorgehen. Ferner werden die Bildungsstandards für das Fach Deutsch näher beleuchtet und auch ihre Relevanz für die beruflichen Schulen thematisiert. Hierbei ist es unerlässlich, dem allgegenwärtigen Kompetenzbegriff einen

---

[34] TEDS-M misst die Kompetenz von Mathematiklehrkräften, COACTIV widmet sich den Teilkompetenzen von Deutschlehrkräften. Das FaLKo-Projekt an der Universität Regensburg forscht dagegen interdisziplinär.

Platz einzuräumen. Dies erfolgt hier auf kleinem Raum, um sich im Anschluss Lehrkompetenzen für den DU an beruflichen Schulen widmen zu können. Hierbei wird kurz auf den Stellenwert des Faches im Kontext der unterschiedlichen beruflichen Schulformen eingegangen sowie auf Schwierigkeiten, mit denen sich der DU an beruflichen Schulen konfrontiert sieht. Kapitel 4.5 unterzieht die Lehrpläne einem kritisch-analytischen Blick, der auf die unterschiedlichen Lerngebiete, die Aufgaben des Faches sowie insbesondere auf die Verankerung von Lesen und Lesekompetenz gerichtet ist.

4.1 Der Professionalisierungsgedanke und seine Umsetzung

> „Jeder weiß, dass es sie gibt. Jeder kennt einen.
> Jeder hatte schon mal einen. Einen schlechten Lehrer."
> (Terhart 2002: 91)

Jeder, der die Schulbank gedrückt hat, wird TERHARTs Zitat wohl zustimmen und dabei an eine ganz konkrete Person aus der eigenen Schülerbiografie denken. TERHARTs Äußerung ist jedoch mehr als nur eine kritische Reminiszenz an die eigene Schulzeit – sie stellt zugleich auch den ausschlaggebenden Grund für den Professionalisierungsgedanken und die dazugehörige Forschung dar. Hier wurden Instanzen und Instrumente etabliert, die auf guten Unterricht und auf eine Hervorbringung *professioneller* Lehrpersonen abzielen. Dafür bedarf es überprüfbarer, vor allem aber vermittelbarer Kompetenzen, um Qualitätssicherung betreiben zu können. Diese Standards sind ebenfalls für die Zusammenstellung eines „Katalogs" an Basisqualifikationen nötig. Dieser fasst zusammen, welche Fähigkeiten und Fertigkeiten, welches Handwerkszeug also ein Lehrer braucht, um im Arbeitsalltag erfolgreich zu sein. So verabschiedete die KMK im Jahr 2004 die sogenannten Standards für die Lehrerbildung und ist bis heute in der Formulierung und Etablierung sowohl von Bildungsstandards als auch von fachlichen Standards aktiv, die im vorliegenden Kapitel erläutert werden sollen.

4.1.1 Standards für die Lehrerbildung der KMK

Die Kultusministerkonferenz hat es sich zur zentralen Aufgabe gemacht, die Qualität schulischer Bildung zu sichern. Was sie im Jahr 2004 festlegen wollte, waren Standards mit möglichst allgemeiner Gültigkeit für alle Schularten, welche die Lehrkräfte im Gesamten tangieren sollten. Diese Standards sollten nicht nur eine Orientierung für die erste und zweite Lehrerbildungsphase bieten, sondern anhand der gewählten Zielformulierungen eine Sicherung und Weiterentwicklung der Kompetenzen und Kompetenzbereiche ermöglichen. Allem voran jedoch wird mit Standards „Zielklarheit und die Grundlage für eine systematische Überprüfung der Zielerreichung geschaffen." (KMK 2004: 1) Bei diesen Standards für die Lehrerbildung handelt es sich der KMK zufolge konkret um

> „Anforderungen an das Handeln von Lehrkräften. Sie beziehen sich auf Kompetenzen und somit auf Fähigkeiten, Fertigkeiten und Einstellungen, über die eine Lehrkraft zur Bewältigung der beruflichen Anforderungen verfügt. Aus den angestrebten Kompetenzen ergeben sich Anforderungen für die gesamte Ausbildung und die Berufspraxis." (KMK 2004: 4)

Zur Orientierung bezog man sich auf die Bildungs- und Erziehungsziele, die in den jeweiligen Schulgesetzen der Länder formuliert waren. Den dort beschriebenen Zielen von Schule entspricht auch das Berufsbild, das in der im Jahr 2000 verabschiedeten gemeinsamen Erklärung des Präsidenten der Kultusministerkonferenz und der Vorsitzenden der Lehrerverbände (Oktober 2000) beschrieben worden ist (vgl. ebd.: 3; Schratz 2011: 51). Dieses Berufsbild des Lehrers in seinen unterschiedlichen Funktionen spiegelt sich größtenteils auch in den Kompetenzbereichen des Unterrichts wider. Es handelt sich hierbei um fünf Funktionen beziehungsweise Aufgaben, die eine Lehrkraft erfüllen muss: So ist sie Fachkraft für das Lehren und Lernen (Lerncoach), Erzieher, Beurteiler und Berater sowie gleichzeitig auch reflexiv ein Sich-ständig-Weiterbildender und Innovator in Schule und Schulentwicklung (vgl. KMK 2000: 3).[35]

Mit den Standards für die Lehrerbildung definierte und formulierte die KMK zunächst einmal Anforderungen an die Lehrkräfte, zugleich aber auch an die Lehrerbildung an den Hochschulen. Durch die Zielformulierungen, was eine Lehrkraft können *soll* und können *muss*, werden die erste und zweite Lehrerbildungsphase im selben Maß tangiert, letztlich auch miteinander vernetzt. Explizit werden in einer Aufzählung zur Förderung der Entwicklung der Kompetenzen auch „die Erprobung und der Einsatz unterschiedlicher Arbeits- und Lernmethoden und Medien in Universität, Vorbereitungsdienst und Schule" sowie „die Kooperation und Abstimmung der Ausbilderinnen

---

[35] Bei diesem Berufsbild handelt es sich jedoch nicht wie anzunehmen um etwas Neues: Die Gedanken gehen auf bereits im Jahr 1970 vom Deutschen Bildungsrat veröffentliche Empfehlungen der Bildungskommission zurück (vgl. Deutscher Bildungsrat 1970: 217ff.).

und Ausbilder in der ersten und zweiten Phase" genannt (KMK 2004: 6). Das lässt mindestens einen Kooperations*appell* erkennen. Obwohl eine schriftliche Fixierung von Kompetenzen, die zum Unterrichten und zur Abwicklung schulischer Aufgaben benötigten werden, sinnvoll erscheint und auf diese Weise eine Art Richtlinie und Orientierungshilfe für die Lehrerausbildung geschaffen wurde, ist in der Vergangenheit auch heftig Kritik an den Standards geübt worden. So beispielsweise im Hinblick auf ihren Umfang und die Häufigkeit der verwendeten Kompetenz „Kennen" (vgl. Blömeke 2006).[36] MAYR dagegen kritisiert die „Kernaufgabe Unterricht"[37], da mit dieser alle weiteren Aufgaben, wie beispielsweise auch die Erziehungsfunktion, zu Nebentätigkeiten abgestuft würden (vgl. Mayr 2012: 43). Es ist jedoch durchaus sinnvoll, in einem Aufgabengefüge eine Hierarchisierung vorzunehmen, das wohl schneller mit der Thematisierung dessen abzuhandeln ist, was ein Lehrer *nicht* können muss. Bevor viele Aufgaben zwar parallel, aber dafür nur mäßig ausgeübt werden, stellt die Ausweisung einer Kernaufgabe einen wichtigen Schritt dar, um ebendiese zu sichern. Erst in einem zweiten Schritt kann und soll sich eine Lehrkraft dann den übrigen Aufgaben widmen.

Doch allgemeine Standards, die sich an alle Lehrkräfte richten, enthalten noch keine fachspezifischen Kompetenzen, was ihre Gültigkeit innerhalb eines Faches relativiert. So brachte die KMK im Jahr 2008 einen Beschluss heraus, der auch fachspezifische Kompetenzprofile enthielt. Für das Fach Deutsch wurde in diesem Kontext Folgendes notiert: „Die Studienabsolventinnen und –absolventen verfügen über die Kompetenzen in der Sprachwissenschaft, der Literaturwissenschaft und in der Fachdidaktik, die für eine berufliche Tätigkeit als Deutschlehrerin beziehungsweise Deutschlehrer erforderlich sind. Sie
- beherrschen grundlegendes, strukturiertes und ausbaufähiges Wissen in den genannten Fachdisziplinen und sind mit zentralen Fragestellungen des Faches sowie entsprechenden fachspezifischen Methoden und Arbeitstechniken vertraut,
- können für sie neue, unvertraute Aspekte des Faches selbstständig erarbeiten, indem sie literatur-, sprachwissenschaftliche und fachdidaktische Sachverhalte rezipieren und nutzen,

---

[36] BLÖMEKE meint hier die Zielformulierungen der KMK auf beiden Seiten, vor allem aber auf der Seite der theoretischen Ausbildungsabschnitte, die häufig mit der Formulierung „Die Absolventinnen und Absolventen […] kennen" (z.B. die Bedingungen für erfolgreiche Kooperation bei Kompetenz 11) einhergehen.
[37] Auf dieser Kernaufgabe gründet beispielsweise auch das Konzept der COACTIV-Studie (vgl. Baumert/Kunter 2006: 473).

- vernetzen Sachwissen über Sprache und Kommunikation, Literatur und Medien sowie deren Geschichte im Hinblick auf Kinder und Jugendliche,
- sind mit dem anschlussfähigen Orientierungswissen über Konzepte, Methoden und Ergebnisse der Entwicklung von sprachlichen und literarischen Kompetenzen von Lernenden in der jeweils gewählten Schulart vertraut,
- vermögen die gesellschaftliche und historische Bedeutung sprachlicher, literarischer und medialer Bildung gegenüber verschiedenen Personengruppen darzustellen und zu begründen,
- verfügen über erste reflektierte Erfahrungen in der kompetenzorientierten Planung, Realisierung und Auswertung von Deutschunterricht in der jeweils gewählten Schulart und beziehen die erreichten Lernergebnisse auf die jeweiligen Bezugswissenschaften,
- kennen die Grundlagen der Leistungsdiagnose und –beurteilung im Fach." (KMK 2015: 24)

Das Kompetenzprofil für das Fach Deutsch zielt folglich nicht nur auf Wissensbestände ab, sondern vor allem darauf, „trägem Wissen" entgegenzuwirken. So sollen Lehrkräfte ihr Wissen stets vernetzen und für ihre Schüler attraktiv machen können, gesellschaftliche Zusammenhänge im Hinblick auf Sprache, Literatur und Medien erkennen und auch ihr Wissen stets erweitern. Einige der hier genannten Qualifikationen werden vor allem in der ersten Lehrerbildungsphase erworben, andere wiederum vorwiegend im zweiten Ausbildungsabschnitt, da sie praxisbezogen sind. Dies betrifft alles, wofür Erfahrung benötigt wird oder was durch ebendiese ergänzt werden muss: Reflektierte Erfahrungen im Deutschunterricht, Entwicklung der Kompetenzen auf Seiten der Schüler in der jeweiligen Schulart sowie Grundlagen der Bewertung, die zwar bereits Inhalt des Studiums sind, jedoch in der Praxis erstmals konkret Gestalt annehmen.

So tangieren die fachspezifischen Standards nicht nur die Ausbildung an der Hochschule, sondern auch an den Schulen. Dies ist auch essentiell, wenn es darum geht, Veränderungen in der Lehrerbildung zu erzielen und vermittelbare Standards zu implementieren. Es wird deutlich, mit welch langwierigem und komplexem Prozess man es bei Professionalisierung zu tun hat. Komplex und langwierig deshalb, weil er bereits während der universitären Ausbildung beginnt (vgl. hierzu auch Blömeke 2001; Dirksa/Hansmann 2002), dabei die gesamte Person erfasst und folglich eine Aufgabe darstellt, welche die gesamte berufliche Laufbahn begleitet (vgl. Schrittesser/Hofer 2012: 147f.).

Diese Auffassung wird in Kapitel 4.6 erneut aufgegriffen und kommentiert. Doch diese Standards liegen nicht nur für die Lehrerbildung, die an den Universitäten und den Seminar- sowie Einsatzschulen stattfindet, sondern auch für Lehrkräfte und Schüler zugleich vor und zwar in Form der Bildungsstandards. Was die Schüler können sollen, müssen nicht nur die Lehrkräfte beherrschen. Sie müssen dies vor allem zu vermitteln wissen.

4.1.2 Bildungsstandards

Seit spätestens 2006 gelten die bundesweit von der Kultusministerkonferenz (KMK) veröffentlichten Bildungsstandards, welche zur Implementierung[38] und Anwendung verpflichten (vgl. ISB 2012: 187). Sie präsentieren „Bildungsziele und konkretisieren diese durch Kompetenzanforderungen, die beschreiben, was Schülerinnen und Schüler zu einem bestimmten Zeitpunkt ihrer Schullaufbahn können sollen." (ebd.: 187) Insofern sind Bildungsstandards als schülerorientiert, ergebnisorientiert und prozessorientiert zu betrachten (vgl. Ziener 2008: 31). Darüber hinaus dienen die für den Abschluss einer jeweiligen Stufe formulierten Regelstandards der Schul- und Unterrichtsentwicklung. Ihr besonderes Ziel ist es, schulische Bildung zu sichern, sie stellen folglich *ein* Mittel der Evaluation dar.

Bildungsstandards liegen für die Fächer Deutsch, Mathematik, die Fremdsprachen Englisch und Französisch, Biologie, Chemie und Physik vor. Dies gilt jedoch mit zwei Einschränkungen: Erstens existieren keine Bildungsstandards für berufliche Schulen. Zweitens liegen diese innerhalb des jeweiligen Schulabschlusses nicht immer für *alle* oben genannten Fächer vor (lediglich für den Mittleren Schulabschluss), was aus Tabelle 5 hervorgeht.
Seit über zehn Jahren wird darüber diskutiert, ob es nicht sinnvoll ist, Bildungsstandards auch für den allgemeinbildenden Bereich innerhalb der beruflichen Bildung zu entwickeln (vgl. z.B. Baethge et al. 2005; Dilger/Sloane 2005; Hensge et al. 2009; Zlatkin-Troitschanskaia et al. 2009). Dahinter steht vor allem die Intention, Qualitätssicherung beruflicher Handlungskompetenz zu betreiben, da diese als Leitziel der beruflichen Bildung gilt (vgl. Rebmann et al. 2011: 163).

---

[38] Die Implementierung der Bildungsstandards erfolgt beispielsweise in der Lehrplanarbeit der Länder, der Schulentwicklung sowie natürlich in der Lehrerausbildung und –fortbildung (vgl. KMK 2004: 19).

Tabelle 5: Einführung abschlussbezogener Bildungsstandards (Eigenproduktion in Anlehnung an den ISB - Bildungsbericht Bayern 2012)

	Primarstufe	Sekundarstufe I		Sekundarstufe II
	(Jgst. 4)	Hauptschulabschluss	Mittlerer Schulabschluss	Allg. Hochschulreife
Deutsch	2005/06	2005/06	2004/05	2012/13
Mathematik	2005/06	2005/06	2004/05	2012/13
Erste Fremdsprache	-	2005/06	2004/05	2012/13
Biologie	-	-	2005/06	-
Chemie	-	-	2005/06	-
Physik	-	-	2005/06	-

Die Vielzahl der Berufe und die unterschiedlichen zu erwerbenden Abschlüsse erschweren dies jedoch, und es verwundert vor diesem Hintergrund nicht, dass in Deutschland immer noch keine Bildungsstandards für berufliche Schulen vorliegen.[39] So stellt sich nach wie vor die Frage, welche Bildungsstandards nun einen Gültigkeitsanspruch für die Lehrpläne der hier untersuchten beruflichen Schulen der Sekundarstufe II verzeichnen. Im Lehrplan (LP) der BS und BFS wird explizit darauf hingewiesen, dass ein mittlerer Schulabschluss in Form der Berufsausbildung vermittelt wird, und der LP sich insofern an den Bildungsstandards für den Mittleren Schulabschluss orientiert (vgl. Lehrplan BFS/BS: 1). Deutlich wird dies auch in der Differenzierung in ein Förder-, ein Standard- sowie ein Aufbauprogramm, nach welchem Kompetenzen unterschiedlichen Niveaus vermittelt und erreicht werden können. Zudem kann der ausgewiesene kumulative Zuwachs durch ein Spiral-Curriculum als weitere Besonderheit dieses Lehrplans gelten.

---

[39] Anders verhält es sich dagegen in Österreich. Hier wurde bereits im Jahr 2004 die Initiative „Bildungsstandards in der Berufsbildung" vom BMUKK ins Leben gerufen. Im Dezember 2012 und März 2013 veröffentlichte die QIBB jeweils ein aktualisiertes Projekthandbuch, das die Etablierung von Bildungsstandards für die Berufsbildung weiter vorantreiben sollte. Aufzurufen ist beides unter http://www.bildungsstandards.berufsbildendeschulen.at/ (18.04.2015).

Im LP von FOS und BOS heißt es im Hinblick auf den Deutschunterricht jeweils: „Er knüpft am Deutschunterricht der zu einem mittleren Schulabschluss führenden Schulen an." (LP BOS: 7; LP FOS: 7) Die Bildungsstandards finden zwar keine explizite Nennung, werden hier jedoch indirekt tangiert. So knüpft der Unterricht an den Bildungsstandards für den mittleren Schulabschluss an, um Schüler darauf aufbauend zur Studierfähigkeit zu führen. Selbst wenn die Bildungsstandards nur implizit vorliegen, da sich selbst die Bildungsstandards für die Allgemeine Hochschulreife an der gymnasialen Oberstufe orientieren (vgl. KMK 2012: 14), so fließen sie dennoch in den Unterricht mit ein. Man kann also von einer indirekten Gültigkeit oder Bedeutung für den Deutschunterricht sprechen, da die Schüler beim Eintritt in die Berufliche Oberschule über die Kompetenzen der Bildungsstandards des Mittleren Schulabschlusses verfügen – zumindest im Optimalfall.

Auch im LP Deutsch der bayerischen FS und FAK findet sich ein Hinweis darauf, dass dieser auf den Bildungsstandards des Hauptschulabschlusses aufbaut, wenn es heißt: „Die in den Lehrplänen Deutsch der Hauptschule und der Berufsschule behandelten Inhalte und Zielsetzungen sind, abgesehen von bestimmten Bereichen der Grammatik und der Zeichensetzung, im vorliegenden Lehrplan nicht noch einmal aufgeführt." (LP FS/FAK: 5)

Somit erlangen für die Kompetenzbereiche im Fach Deutsch die Bildungsstandards der Sekundarstufe I sowie auch indirekt die der Allgemeinen Hochschulreife Gültigkeit. Sie beinhalten unterschiedliche Kompetenzbereiche, die wiederum stark an die geltenden fünf Lernbereiche des Faches Deutsch und der Deutschdidaktik angelehnt sind. Diese lauten: *Lesen und mit Literatur umgehen, Sprechen, Zuhören und Gespräche führen, Sprache untersuchen, Schreiben und Rechtschreiben* sowie der Umgang mit *Medien*. Bei den Bildungsstandards für den HSA und MSA ist lediglich eine Abweichung festzustellen: Der Bereich der Medien, der in der Deutschdidaktik als individueller Lernbereich betrachtet wird, tritt hier in Kombination mit Lesen auf (siehe Abbildung 6). Kompetenzbereichsübergreifend werden zusätzlich Methoden und Arbeitstechniken vermittelt, welche die Schüler zum selbstständigen und zielgerichteten Arbeiten befähigen sollen. Die Bildungsstandards im Fach Deutsch für die Allgemeine Hochschulreife unterscheiden sich jedoch hinsichtlich ihres Aufbaus: Seit 2012 sind diese in zwei domänenspezifische und drei prozessbezogene Kompetenzbereiche eingeteilt.

Kompetenzbereiche des Faches Deutsch

Sprache und Sprachgebrauch untersuchen
Sprache zur Verständigung gebrauchen, fachliche Kenntnisse erwerben, über Sprachverwendung nachdenken und sie als System verstehen

Lesen - mit Texten und Medien umgehen
Lesen, Texte und Medien verstehen und nutzen, Kenntnisse über Literatur erwerben

Methoden und Arbeitstechniken
werden mit den Inhalten des Kompetenzbereichs erworben

Sprechen und Zuhören
zu anderen, mit anderen, vor anderen sprechen, Hörverstehen entwickeln

Schreiben
reflektierend, kommunikativ und gestalterisch schreiben

Abbildung 6: Kompetenzbereiche des Faches Deutsch nach den Bildungsstandards der KMK (Sek I) (Eigenproduktion in Anlehnung an das iKSM des IQB 2014: 6)

Als domänenspezifische Kompetenzbereiche gelten „Sich mit Texten und Medien auseinandersetzen" und „Sprache und Sprachgebrauch reflektieren". In die prozessbezogenen Kompetenzbereiche fallen „Sprechen und Zuhören", „Schreiben" sowie „Lesen" (KMK 2012: 14).

Die entsprechenden Lehrkräfte müssen über deutlich mehr verfügen als über die in den Bildungsstandards und den jeweiligen Lehrplänen geforderten Kompetenzen, die sie an ihre Schüler vermitteln sollen. Es ist insofern von einer Kompetenzorientierung sowohl bei Schülern als auch bei Lehrern zu sprechen.

4.2 Stichwort: Kompetenzorientierung

Die herkömmliche Aufgabe, die der Schule attribuiert wird, ist die Erfüllung ihrer Integrations-, Qualifikations- und Selektionsfunktion (vgl. Schrittesser/ Hofer 2012: 146). Diese drei Funktionen zielen auf die Stabilisierung und zugleich auf die Weiterentwicklung der Gesellschaft ab (vgl. Fend 1980; Enzelberger 2001). Doch die darin unterrichtenden Lehrkräfte sind schon lange nicht mehr einfach *nur* Lehrer in der Institution Schule. BÖTTCHER geht sogar so weit zu konstatieren, dass derjenige, der „heutzutage ‚nur' unterrichten will, [...] ein politisch inkorrektes Lehrerbild" bedient (Böttcher 2008: 195). Denn neben dem Unterricht als Kerngeschäft fallen stets weitere Aufgaben an. Was ist nun unter einem kompetenten, „professionell" agierenden Lehrer zu verstehen?

Ganz allgemein wird unter professioneller Kompetenz von Lehrkräften zunächst einmal die Bewältigung von Anforderungen verstanden, die für den Lehrberuf konstitutiv sind (vgl. König/Seifert 2012: 10). Ausgangspunkt für diese Auffassung ist die Kompetenztheorie (Bromme 1992; Bromme/Haag 2004; Weinert 1999, 2001) mit unterschiedlichen Wissensdomänen.[40] Der allgemein akzeptierten Typologie von SHULMAN zufolge, müssen Lehrer bei der Bewältigung von berufsbezogenen Anforderungen über fachliches Wissen (content knowledge), fachdidaktisches Wissen (pedagogical content knowledge) und pädagogisches Wissen (general pedagogical knowledge) verfügen (vgl. Baumert/Kunter 2006, 2011; Bromme 1992, 1997; König/ Seifert 2012; Shulman 1986). Die Unterscheidung zwischen Fachwissen und fachdidaktischem Wissen rührt daher, dass die hohe Fachkompetenz einer Lehrkraft keinen ausreichenden Hinweis dafür liefert, dass diese ihr Wissen auch gut an Schüler weitergeben kann. Dies wurde bereits in einigen Studien nachgewiesen (vgl. u.a. Begle 1972; Eisenberg 1977; Grossmann et al. 1989; Monk 1994). Denn hierfür bedarf es fachdidaktischer Kompetenz, die sich auch an den Komponenten der Lehrerbildung orientiert (vgl. Blömeke et al. 2008: 67; Neuweg 2014: 591; Stancel-Piatak et al. 2013: 32). Unter fachdidaktischem Wissen versteht SHULMAN konkret "the ways of representing and formulating the subject that make it comprehensible to others" (Shulman 2004: 203). Es handelt sich demgemäß um „die Kompetenz zur verständlichen Lehrstoffdarbietung unter virtuoser Berücksichtigung der Schülerkognitionen" (Neuweg 2014: 590). Ergänzt wird zusätzlich, dass die Lehrkraft über eine Vielzahl an Alternativen verfügen muss, um unterschiedlichen Situationen gerecht zu werden. Gerade diese sind charakteristisch für den Lehrberuf: Pädagogisches Handeln muss in zum Teil sehr komplexen Situationen erfolgen, unterliegt zudem dem Zeitfaktor und der Multiparallelität, da oft mehrere Handlungsstränge gleichzeitig ablaufen müssen. Um dies erfolgreich bewerkstelligen zu können, ist eine berufliche Routine in Verbindung mit dem

---

[40] Direkte Tests zur Ermittlung von Lehrerwissen, das sich stark auf Schülerleistungen auszuwirken vermag, wurden beispielsweise bei COACTIV (Kunter et al. 2011), MT21 (Blömke/Kaiser/Lehmann 2008) und TEDS-M (Blömeke et al. 2010) und durch die Michigan-Forschergruppe (Hill et al. 2005) entwickelt.

Aufbau eines reichhaltigen Repertoires an Handlungsmustern unverzichtbar (vgl. insbesondere Bauer 2000; Frey 2004; Terhart 2007; Bosse 2012).
Der Schlüssel zur Kompetenz ist also in erster Linie das fachliche und fachdidaktische Wissen der Lehrkraft, das an der Hochschule erlernt und im Referendariat anzuwenden erprobt wird. Auch pädagogisches Wissen ist Teil dieser Ausbildung, wobei dieses erst im Beruf vertieft und anhand von Praxiserfahrungen reflektiert und modifiziert werden kann (vgl. Baumert/ Kunter 2006; Neuweg 2010; Mayr 2012). Professionell ist man jedoch nicht von Beginn an, sondern wird man durch Erfahrung, wenn Anfängerstatus und Unsicherheiten mit der Zeit der Rolle und Kompetenz des Professionellen weichen (vgl. Terhart 2011). Hierzu gehört selbstredend auch die Herausbildung einer beruflichen Routine. Gerade weil Kompetenzen als veränderbar und vermittelbar gelten, bedingen sie die Äquifinalität des Lehrberufs im Rahmen professioneller Entwicklungsprozesse. Daraus resultiert eine direkte Implikation der Sicherstellung von Professionalität bei Lehrkräften: Der Fokus liegt stärker auf dem Bereich der Aus- und Weiterbildung als bei der Eingangsselektion (vgl. Kunter et al. 2011: 47). Im Gegensatz dazu ist Finnland als Beispiel anzuführen, das schon seit einiger Zeit spezielle Auswahlverfahren an den Universitäten zur Akquise von geeigneten Lehrkräften einsetzt. In diesen wird vor allem auf sprachlich-kommunikative, selbstreflexive und kognitive Potenziale der Bewerber geachtet (vgl. Bosse 2012: 18). Diese Vorgehensweise verfolgt KOHONEN zufolge die Lehrerbildungsziele, reflektierte Praktiker und zugleich Professionelle hervorzubringen (vgl. Kohonen 2007).

Doch da der Lehrberuf heutzutage weitaus mehr umfasst als Unterricht, führt BÖTTCHER mit einer gewissen Schärfe an, dass sie „zusätzliche oder erweiterte pädagogische – zudem auch psychologische, therapeutische, sozialpsychologische oder manageriale – (Teil-)Kompetenzen inkorporieren" müssen (Böttcher 2008: 195). Wie in den meisten pädagogischen Berufen, beispielsweise auch bei ausgebildeten Erziehern, ist es leichter dejenigenn Bereich abzustecken, der nicht bedient und beherrscht werden muss. Die Forschung der letzten Jahre basiert auf unterschiedlichen Konzepten von professioneller Kompetenz (vgl. Blömeke et al. 2008; König 2010; Kunter et al. 2011; Schubarth/Pohlenz 2006; Schubarth/Speck/Seidel 2011). Diese Kompetenzmodelle finden jedoch fächerübergreifend Anwendung und sollen hier nicht weiter vertieft werden. Die vorliegende Arbeit widmet sich nun den Kompetenzen, die der DU der beruflichen Schulen vermittelt und von seinen Lehrkräften verlangt.

Laut GRABOWSKI (2014) fallen insgesamt folgende neun Kompetenzkonzepte in den Bereich von Sprache, Medien und Kultur, wobei diese Bereiche über den DU hinaus vermittelt werden können und auch sollen:
1) Lesekompetenz
2) Schreibkompetenz
3) Bildungssprachliche Kompetenz
4) Kommunikative Kompetenz
5) Soziale Kompetenz
6) Kulturelle Kompetenz
7) Interkulturelle Kompetenz
8) Symbolkompetenz
9) Medienkompetenz

Diese neun Kompetenzen finden sich zum Teil auch in der Analyse der Lehrpläne der beruflichen Schulen (Kapitel 4.5) wieder. *Lesekompetenz* als zentrales Thema dieser Arbeit wurde bereits intensiv erforscht (z.B. Groeben/ Hurrelmann 2009). In den Fokus der Öffentlichkeit geriet Lesekompetenz vor allem durch die Ergebnisse der ersten PISA-Studie im Jahr 2000 und wurde in verschiedenen Schulleistungsstudien (z.B. IGLU, DESI, PISA, PIRLS) erhoben (vgl. Grabowski 2014: 14).

Schreiben und *Schreibkompetenz* kann als stark produktives Pendant zu Lesen und Lesekompetenz betrachtet werden, doch genau da liegt auch die Komplexität: Texte lassen sich schwer beschreiben und noch schwerer analysieren. Aufgrund dessen wurde das Sprachverstehen auch häufiger untersucht als die Sprachproduktion (z.B. Hermann/Grabowski 1994; 2003), wobei sich inzwischen auch eine Schreibdidaktik herausgebildet hat, die stärker empirisch orientiert ist (vgl. VERA 3 und 8).

Die *bildungssprachliche Kompetenz* ist an den von GOGOLIN geprägten Terminus der Bildungssprache angelehnt (vgl. Gogolin 2013).[41] Sie wird benötigt, da in Bildungseinrichtungen wie der Schule ganz spezielle Sprachhandlungen und Diskursfunktionen benötigt werden, um sich Bildung anzueignen. Diese gehen zwar über die alltagssprachlichen Sprachverwendungsmuster hinaus, sind aber auch für die außerschulischen Sprachhandlungen eines Individuums von Bedeutung (vgl. Vollmer/Thürmann 2013).

---

[41] GOGOLINS Projekt FörMig („Förderung von Kindern und Jugendlichen mit Migrationshintergrund") startete 2004 und zielte darauf ab, diejenigen sprachlichen Fähigkeiten zu fördern, die ein Kind oder ein Jugendlicher zur Aneignung von Bildung benötigt (vgl. Gogolin 2013: 11).

Kommunikative Kompetenz ist eine der essentiellsten Schlüsselkompetenzen, insbesondere im Berufsleben, denn Kommunikation ist die Basis für eine gelungene Interaktion im Team oder mit Kunden. Um im Berufsleben zu bestehen, ist es notwendig zu erkennen, was sein Gegenüber möchte, um darauf verständlich reagieren zu können. Das ist es im Grunde, was mit der Kompetenz „Kommunikationsfähigkeit" gemeint ist: die Fähigkeit, nutzbringend, effektiv und bewusst zu kommunizieren. Dazu gehört auch die Bereitschaft, gut kommunizieren zu wollen, und zwar nicht nur, indem man sich selbst verständlich mitteilt, sondern auch, indem man zuhört und das Gehörte annimmt.

Dabei kommt es auch auf die *soziale Kompetenz* eines Subjekts an, obwohl es sich hierbei um ein sehr komplexes und vor allem nur unscharf definierbares Konstrukt der Sozialwissenschaften handelt (vgl. Grabowski 2014: 130). Der Terminus umfasst Aspekte der Selbsteinschätzung, der Teamfähigkeit, der Fähigkeit zur Integration in eine Gruppe und vieles mehr. Unbestritten ist dabei jedoch seine Bedeutung sowohl für den privaten als auch für den beruflichen Alltag. Für Letzteres belegen mehrere Studien einen signifikanten Zusammenhang zwischen sozialer Kompetenz (Selbsteinschätzung) und unterschiedlichen Aspekten beruflicher Leistung (vgl. z.B. Ferris et al. 2001; Witt/Ferris 2003).

In unserer stärker heterogen werdenden Gesellschaft darf der *kulturellen* sowie der *interkulturellen Kompetenz* keine Wirkung abgesprochen werden. Kulturelle Kompetenz benötigt das Individuum, um durch die Kenntnis kultureller, abruf- und umsetzbarer Schemata an einer Kultur teilhaben zu können (vgl. Kiel 2013: 141). Interkulturelle Kompetenz fungiert als Vermittler zwischen dem kulturell Vertrauten und Verschiedenen. Sie wird benötigt, um beispielsweise „in ausländischen Geschäftsbeziehungen erfolgreich zu sein, aber auch gegenüber der kulturellen Diversität etwa in den Bildungseinrichtungen" (Grabowski 2014: 16).

Hier kommt unter anderem auch *Symbolkompetenz* ins Spiel, die es dem Menschen als „animal symbolicum"[42] auch in fremden Kulturen ermöglicht, sich anhand von Zeichen beziehungsweise Symbolen zu orientieren (zum Beispiel Wegweiser an Flughäfen, Toilettenzeichen etc.).

---

[42] Der Begriff geht auf CASSIRER (1874-1945) zurück. Dieser betonte, dass charakteristische Merkmale des Menschen das symbolische Denken und Verhalten seien (vgl. Cassirer 1996: 52). Symbolkompetenz wurde auch von BÜHLER (1934) in sein bekanntes Organon-Modell aufgenommen.

Der Begriff der *Medienkompetenz* geht auf die medienpädagogische Arbeit von BAACKE (1973) zurück, der aus vier Fähigkeitsaspekten konzipiert ist: Mediennutzung, Medienkunde, Mediengestaltung und Medienkritik. Dieses Modell wurde später im Rahmen des Bielefelder Medienkompetenz-Modells (Treumann et al. 2004) weitergeführt. Hierbei gilt es nicht nur, Schüler zur Individual-, sondern auch zur Massenkommunikation zu befähigen.

Bei den bereits genannten Kompetenzen sind auch Teilkompetenzen eingeschlossen. So besteht beispielsweise kommunikative Kompetenz auch aus Gesprächs-, Rede- und Präsentationskompetenz. Hierauf wird an gegebener Stelle der Lehrplananalyse verwiesen. Darüber hinaus werden jedoch auch immer fächerübergreifende Kompetenzen vermittelt, die nicht nur schulisch, sondern vor allem auch lebensweltlich von Bedeutung sind. Hier sind beispielhaft unter anderem die Befähigung zu selbstständigem Lernen und Arbeiten zu nennen, das Erlernen von Lern-, Problemlösungs- und Konfliktlösungsstrategien, auch mediengestützte Präsentationsverfahren, Ziele setzen und diese verfolgen. Kritikfähigkeit spielt ebenfalls eine Rolle und verkörpert eine „zentrale Kompetenz", da sie „der Weiterentwicklung fachlicher Kompetenzen [dient; AK] und [...] damit wesentlich zur Studier- und Berufsfähigkeit von Schülerinnen und Schülern" (Schneider/Pfennig 2006: 10) beiträgt.

Bei aller Kompetenzorientierung dürfen hierbei jedoch keine Inhalte verdrängt werden; stattdessen soll vielmehr die Frage gestellt werden, „der Erwerb welcher Kompetenzen sich mit welchen Texten pädagogisch und didaktisch sinnvoll verbinden lässt." (Ziener 2008: 29) In Bezug auf kompetenzorientiert unterrichtende Deutschlehrer sind hierbei zwar Einzelkompetenzen auszumachen (vgl. Becker-Mrotzek 2012), es handelt sich bei diesen aber lediglich um externes Wissen. Zur Vermittlung von Kompetenzen bedarf es jedoch auch impliziten Wissens (vgl. Neuweg 2001: 15f.).
Die nachfolgende Analyse des Lehrplans wird viele der genannten Kompetenzen, die den Schülern der beruflichen Schulen vermittelt werden sollen, zu Tage bringen, und deren Zusammensetzung untersuchen. Zunächst wird jedoch auf die Bedeutung des Faches Deutsch in den beruflichen Schulen eingegangen, da diese sich doch stark von den allgemeinbildenden Schulen unterscheidet.

4.3 Zum Stellenwert des Hybridfaches

> „Der Deutschunterricht an berufsbildenden Schulen zeichnet sich dadurch aus, dass er wie kein anderes Fach an welcher Schulform auch immer umstritten ist."
> (Grundmann 2001: 13)

Eine Äußerung zum Stellenwert des Faches Deutsch an den beruflichen Schulen ist aus mehreren Gründen problematisch. Zum einen hat die Bildungslandschaft eine enorme Vielfalt an beruflichen Schulen zu verzeichnen und zum anderen kommt dem DU im Hinblick auf eine berufliche Ausbildung eine unterschiedliche Bedeutung zu. GRUNDMANNS Attribuierung des Umstrittenen ist durchaus gerechtfertigt, da der DU der beruflichen Schulen in den letzten Jahrzehnten vielfach für Diskussionen gesorgt hat. Seiner Meinung nach sind dafür hauptsächlich vier Gründe verantwortlich (vgl. Grundmann 2001: 13): Erstens die Debatte darüber, ob die Gegenstände und Inhalte des Unterrichts nur eine berufsbezogene oder auch eine allgemeinbildende Funktion haben sollen. Hieraus ergibt sich zweitens die Frage, ob die Förderung von Fähigkeiten und Kompetenzen eher am betrieblichen Prozess orientiert sein soll oder an der Persönlichkeitsentfaltung. In diesem Kontext nennt er Beispiele wie Ich-Stärke und soziale, aber auch sprachlich-reflexive und ästhetische Fähigkeiten. Drittens verweist GRUNDMANN auf die generelle Rolle des Faches Deutsch im Fächerkanon der berufsbildenden Schulen, die zwischen „Hilfsfach" beziehungsweise „Vehikel" und der Rolle eines eigenständigen Unterrichtsfachs pendelt. Hierauf baut auch der vierte und letzte Aspekt auf, der die allgemeine Sinnhaftigkeit der Vermittlung von sprachlichen Kompetenzen anzweifelt, da diese in der Ausübung der Berufsrolle nur bedingt von Nöten sind. Dieser Aspekt wird im Verlauf dieses Kapitels jedoch noch entkräftet.

Im Prinzip resultieren der zweite bis vierte Grund aus dem erstgenannten, um welchen auch die primäre Debatte des Faches Deutsch kreiste: Der Frage, ob dem Deutschunterricht an den beruflichen Schulen eine allgemeinbildende *oder* eine berufsbildende Funktion zukäme. Argumentiert wurde hier für einen allgemeinbildenden Deutschunterricht mit der Begründung, dass sich Schlüsselqualifikationen nicht direkt, sondern nur indirekt in Lernprozessen vermitteln ließen, welche auf Persönlichkeitsbildung abzielen; und ebendiese strukturellen Lernprozesse verortete GRUNDMANN maßgeblich im Deutschunterricht (vgl. Grundmann 2000b: 119). Auch HUMMELSBERGER hielt das Spannungsverhältnis der zwei Grundpositionen fest: „Deutschunterricht als allgemeine Bildungsaufgabe in Parallelität zum allgemeinbildenden Schulwesen einerseits und die Orientierung am Primat des Berufs andererseits."

(Hummelsberger 2002a: 69) Aus diesem Grund pochte die KMK im Jahr 1994 in ihrer Erklärung „Zu Fragen der Gleichwertigkeit von allgemeiner und beruflicher Bildung" auf eine Angleichung beider Bildungsbereiche bezüglich ihres öffentlichen Stellenwerts (vgl. KMK 1994: 3).

Beide Aufgaben, sowohl die allgemeinbildende als auch die berufsbezogene, schließen sich weder aus noch muss ein DU sich per se auf einen Aufgabenbereich festlegen, in welchem er mit Ausschließlichkeitscharakter agiert. So kann sein Anspruch doch allgemeinbildender *und* berufsbildender Natur zugleich sein. In einem Leseunterricht beispielsweise wird Lesekompetenz gefördert, die nicht nur zur Allgemeinbildung zählt, sondern darüber hinaus auch dazu befähigt, Texte aus dem beruflichen Alltag lesen und verstehen zu können. Darüber hinaus umfasst schließlich auch die Berufsrolle mehr als nur das berufsspezifische Wissen und Können, das in einer Berufsausbildung vermittelt wird. Stets kommen hier zudem personale Aspekte, Allgemeinbildung und eine Vielzahl von Kompetenzen zum Einsatz (vgl. Grundmann 2000b: 121). Doch ebenso liegt die umgekehrte Wirkungsrichtung – von der beruflichen Bildung zur Allgemeinbildung hin – vor, sodass hier unbedingt von einer Reziprozität ausgegangen werden muss. SPRANGER konstatierte schon im Jahr 1929, dass der „Weg zu der höheren Allgemeinbildung [...] über den Beruf und nur über den Beruf" führe (Spranger 1929: 162).[43] Hier werden zusätzliche Kompetenzen erworben, welche die Allgemeinbildung stützen, erweitern, vielleicht sogar vervollkommnen.

Eine solche zusätzliche Kompetenz verkörpern beispielsweise kommunikative Fähigkeiten, die ebenfalls im Beruf bedeutsam sind. Da berufliche Handlungssituationen stets sprachliche Tätigkeiten beinhalten, sollten diese auch immer in den Lernfeldcurricula Berücksichtigung finden (vgl. Bocksrocker 2011: 9). Dies geschieht aufgrund der Tatsache, dass Sprachkompetenzen essentiell sind. Mit ihrer Beherrschung wird das Individuum in die Lage versetzt, erworbenes Wissen zu rekapitulieren, um so in Kompetenz und schließlich in Performanz zu münden, was immer als ein personaler beziehungsweise individueller Kompetenzzuwachs gewertet werden kann. Das sprachlich-reflexive Rekapitulieren von Wissen ist insofern für seine Anwendung und seinen Nutzen sowohl Bedingung als auch Schlüssel; wir haben es letztendlich auch bei beruflicher Ausbildung und Sprachförderung mit einem Synergieeffekt zu tun (vgl. Grundmann 2007: 93).

---

[43] Sprangers Berufsbildungskonzept zeichnete sich dadurch aus, dass es die gekennzeichnete Antinomie von allgemeiner und berufsbezogener Bildung zu überwinden versuchte.

Deutschlehrer an beruflichen Schulen sein: Aufträge und Bedingungen des Faches

Die Inhalte des „doppelte[n] Erziehungsauftrag[s]" (Grundmann 2000b: 122), von dem in den beruflichen Schulen lange Zeit die Rede war, gehen demnach sogar fließend ineinander über: Wenn ein Schüler eine Vorgangsbeschreibung oder ein betriebliches Anschreiben formulieren kann, wird ihm das auch in persönlichen Bereichen Nutzen bringen (Lesebrief, Beschwerdebrief, Protokoll, Bewerbungsanschreiben, Reklamationen etc.). Forschungsergebnisse bestätigen überdies Zusammenhänge zwischen Erfolg in der beruflichen Ausbildung und der Entwicklung von Lesekompetenz (vgl. u.a. Grundmann 2007: 76). Gerade das Fach Deutsch vermag aufgrund seiner hohen Sprachorientierung beides zu fördern und zu vermitteln: allgemeine Bildung und berufliche Qualifikationen (vgl. Grundmann 2001: 14). Die Förderung von Sprachkompetenzen, die sowohl beruflich als auch persönlich von Relevanz sind, ist demnach keine fächerspezifische, sondern eine grundlegende didaktische Herausforderung, da sie „fachliche, soziale und personale Kompetenzentwicklungen der Lernenden (überhaupt)" ermöglicht (Kimmelmann 2013: 2). Obwohl die Förderung von Sprachkompetenz nicht auf den Deutschunterricht reduziert werden darf, ist das Fach aufgrund seiner zentralen Lernbereiche Sprache und Literatur jedoch prädestiniert dazu, sowohl berufliche als auch persönlichkeitsbildende Inhalte zu vermitteln. In dieser Hinsicht kann es als *Hybridfach* betrachtet werden.

Der Stellenwert dieses Hybridfaches an den beruflichen Schulen dennoch ein anderer als in den allgemeinbildenden Schulen wie beispielsweise dem Gymnasium, an dem Deutsch als Leitfach für die Vermittlung wichtiger Kompetenzen fungiert, die in anderen Fächern vertieft werden. An den beruflichen Schulen wurde Deutsch „oft als unattraktiv gleichermaßen für Lehrkräfte und Schüler" (Hummelsberger 2002a: 65) eingestuft, was eine geringe Wertschätzung des Faches beinhaltete. Dies mag daraus resultieren, dass Sprache und Literatur in den beruflichen Schulen eine unterschiedliche Bedeutung im Rahmen der Ausbildung haben. Ein Auszubildender des Fachbereiches Elektrik, dessen Interessen vermehrt an einem Eintritt ins Berufsleben orientiert sind, wird den Deutschunterricht anders und mit einer anderen persönlichen Wertigkeit erleben als ein Auszubildender im Bereich Bürokommunikation, für den die Beherrschung der Sprache sowie die korrekte Ausführung des Schriftverkehrs zum täglichen Handwerkszeug gehören und damit grundlegend sind. Dass der DU während der gesamten schulischen wie beruflichen Ausbildung jedoch unabdingbar ist, sei außer Frage gestellt. Mit den 2002 veröffentlichten Ergebnissen seiner empirischen Umfrage revidierte HUMMELSBERGER die lange kursierende Einschätzung, dass das Fach Deutsch als unbeliebt bei den Schülern eingestuft würde.

Dies mag vielleicht auch damit zusammenhängen, dass wir mittlerweile wissen, wie eng Lese- und Sprachkompetenz mit beruflichem Erfolg verknüpft sind (vgl. OECD 2010: 6; Willenberg 1999: 2) und die Bedeutung des Faches damit einen gewissen Grad der Klarheit erreicht hat. Die Bildungspolitik und die Lehrerausbildung, das heißt die Hochschulen und Schulen, haben auf diese Einsichten reagiert: Kaum ein Lehramtsstudent, egal welcher Fächerkombination, kann sich dem Schlagwort „Lesekompetenz" entziehen, kein Lehramtsstudent des Faches Deutsch beschließt das Studium ohne Kenntnisse darüber, mit welchen Strategien und Methoden er die Lesekompetenz seiner Schüler fördern kann.

Umso verwunderlicher ist es, dass die Lehrpläne der beruflichen Schulen im Fach Deutsch zum Teil stark überarbeitungsbedürftig sind. Die Lehrpläne von FOS und BOS zum Beispiel gelten seit 1998 und enthalten weder kompetenzbezogene Formulierungen noch reagieren sie auf Befunde wie PISA (2000) oder neue Erkenntnisse der Lernforschung. Die Lehrpläne für BS und BFS hingegen sind neu aufgelegt und wurden im Juli 2009 veröffentlicht. Sie enthalten durchwegs kompetenzorientierte Formulierungen und weisen zudem auf die Bedeutung von Lesekompetenz – auch oder gerade bei jungen Erwachsenen und ihrem Eintritt ins Berufsleben – hin.

Einen weiteren Rückschluss auf die Bedeutung des Faches Deutsch an den beruflichen Schulen in Bayern lässt ein Blick auf die personale Besetzung zu: Vielfach werden „fachfremde" Lehrkräfte eingesetzt, die kein grundständiges Fachstudium aufweisen (vgl. Hummelsberger 2002a: 65f.). Denn einer Facultas bedarf es lediglich an der Beruflichen Oberschule. Es ist fragwürdig, wie anspruchsvoll ein solcher DU von Lehrkräften und Schülern wahrgenommen wird, wenn ihn scheinbar prinzipiell jeder, fernab jeglicher fachdidaktischen Ausbildung, unterrichten kann. Dabei sei angemerkt, dass das Niveau des DU in der BS und BFS beispielsweise nicht von hohem fachlichen germanistischen Wissens abhängig ist. Ebenso wenig soll denjenigen Lehrkräften, die das Fach Deutsch auch ohne Facultas unterrichten, abgesprochen werden, dass diese einen engagierten, schülerorientierten, fachlich sowie methodisch korrekten Unterricht halten.

Grundsätzlich gilt jedoch, dass der DU der beruflichen Schulen ganz speziellen Bedingungen unterworfen ist, die ein zielgerichtetes und effektives Unterrichten mitunter erschweren. Mit welchen Schwierigkeiten das Fach konfrontiert ist, soll im Folgenden kurz skizziert werden.

4.4 Schwierigkeiten des Faches – ein kurzer Überblick

Jugendliche beziehungsweise junge Erwachsene unterscheiden sich stets hinsichtlich ihrer Lernvoraussetzungen, sprachlichen Fähigkeiten, Interessen, Stärken und Schwächen, kulturellen Hintergründe, ihrer (schulischen) Vorbildung und ihrer biografischen Erfahrungen (vgl. Trautmann/Wischer 2011: 7; Buholzer/Joller-Graf 2012: 26). Warum man jedoch genau in Bezug auf den Deutschunterricht der beruflichen Schulen häufig mit Worten konfrontiert ist, die auf Schwierigkeiten und Probleme hindeuten, soll in aller Kürze thematisiert werden, sodass an dieser Stelle lediglich ein schlagwortartiger Einblick bestehen bleibt (vgl. Bohland 2005).

Die spezifischen Schwierigkeiten des Deutschunterrichts an beruflichen Schulen sind zum einen auf institutioneller, zum anderen auf pädagogischer Ebene zu sehen. Es sei mit den Schülern dieser Schulformen begonnen. Die heterogene Altersstruktur der Klassen – mit einer Spanne von 15 bis hin zu weit über 40 Jahren – ist als *erste* pädagogische Herausforderung zu nennen (vgl. Hummelsberger 2002a: 59). Das bedeutet für die Lehrkraft nicht nur, dass sie eine Klasse mit völlig unterschiedlichen Entwicklungsständen vor sich hat – in Bezug auf die geistige Reife und die Ernsthaftigkeit der Bedeutung der Ausbildung zum Beispiel – sondern auch, dass eine unterschiedliche (Vor-)Bildung schulischer wie beruflicher Art mit in den Unterricht gebracht wird und Interessen noch stärker als in homogenen Klassen divergieren können. Diese unterschiedlichen Eingangsvoraussetzungen bei Eintritt in die beruflichen Schulen stellen die *zweite* pädagogische Herausforderung dar. Doch nicht minder anspruchsvoll sind *drittens* die unterschiedlichen sprachlichen Kenntnisse, zum Teil auch die Mehrsprachigkeit der Schüler. So stellt insbesondere die Qualität des Zugangs zu Sprache und Literatur seitens des Elternhauses ein Differenzierungsmerkmal dar (vgl. Hölscher 2009: 114), der mögliche Migrationshintergrund ein weiteres. So hatten 9,02 % der Schüler der beruflichen Schulen im Jahr 2013 laut Bayerischem Landesamt für Statistik und Datenverarbeitung einen Migrationshintergrund (vgl. Kapitel 3.3). Vor allem an Berufsschulen sind diese Zahlen mit Abstand am höchsten, was damit zusammenhängt, dass die meisten Schüler mit Migrationshintergrund einen Hauptschulabschluss erreichen und sich damit für den Arbeitsmarkt qualifizieren wollen. Der Weg in die Berufsausbildung mündet häufig in der Berufsschule, auch wenn der Unterricht nur block-, tageweise oder als Berufsgrundschul- beziehungsweise Berufsvorbereitungsjahr stattfindet.

Doch auch auf institutioneller Ebene hat der Deutschunterricht mit Schwierigkeiten zu kämpfen, die überwiegend auf die Berufsschule und die Berufsfachschule zutreffen (FOS, BOS, FS und FAK sind hier auszunehmen). Als erster schwieriger Aspekt sei hier die bereits ausgeführte mangelnde personelle Ausstattung zu nennen (siehe 4.3). Gerade das Prestige der BS ist für viele Lehrkräfte, die sich für berufliche Schulen qualifiziert haben, abschreckend und letztlich nicht erstrebenswert. Insofern nimmt es nicht wunder, dass es häufig an Berufsschullehrern fehlt, die neben dem berufsbildenden Fach noch ein allgemeinbildendes Fach unterrichten dürfen (vgl. Bohland 2005: 7). Dies lastet selbstredend auf den Schultern der sowieso bereits betroffenen Lehrkräfte, die aufgrund dessen nicht selten das Fach Deutsch unterrichten *müssen*. Ein anderer Bewältigungsmechanismus sind überfüllte Klassen, die wiederum weder von Lehrer- noch von Schülerseite als positiv empfunden werden (vgl. ebd.: 7).

Darüber hinaus war es nicht förderlich, dass der Legitimationsdruck gegenüber dem dualen Partner kontinuierlich wuchs, was den zweiten institutionellen Aspekt darstellt. Lange Zeit sahen die Ausbildungsbetriebe keine Notwendigkeit im Deutschunterricht. HUMMELSBERGER schildert dies wie folgt: „Ausbildungsbetriebe und ihre Interessensvertretungen verlangen (mitunter erfolgreich) eine drastische Reduzierung allgemein bildender Anteile, sie fordern die Berücksichtigung von Partikularinteressen" (Hummelsberger 2002b: 114). Hinzu kam, dass die Betriebe dem allgemeinbildenden Unterricht generell ablehnend gegenüberstanden, weil sie konstatierten, diese Kompetenzen kämen nicht „der aktuellen beruflichen Beschäftigungsfähigkeit der Auszubildenden und damit dem […] Ausbildungsbetrieb" (Grundmann 1998: 7) zugute.

Aus ebendieser dualen Ausbildungsform resultieren das dritte und vierte institutionelle Problem: die dysfunktionale Unterrichtsorganisation aufgrund der praktischen beruflichen Ausbildung, die zum größten Teil im Betrieb erfolgt, sowie der damit einhergehende Zeitfaktor, der häufig nur Zeit für eine Stunde DU pro Woche lässt.

4.5 Ein analytischer Blick in die Lehrpläne

Mehrere Schulformen im beruflichen Schulsystem mit jeweils verschiedenen Bildungs- und Ausbildungszielen führen in logischer Konsequenz zu differenzierten Lehrplänen. Dennoch zeigt ein analytischer Blick auf die im Rahmen dieser Studie relevanten LPs, dass die Aufgaben des Deutschunterrichts, konkreter: die im Deutschunterricht zu vermittelnden Kompetenzen, weitestgehend deckungsgleich sind.[44] Dem DU kommen, bedingt durch die Vielzahl unterschiedlicher Ausbildungen sowie beruflicher und schulischer Qualifizierungen, im Vergleich zu allgemeinbildenden Schulen zwar ein unterschiedlicher Stellenwert, jedoch im Großen und Ganzen dieselben Aufgaben zu, welche im Verlauf des Kapitels erläutert werden.

Um näher auf das Fach Deutsch an beruflichen Schulen eingehen zu können, bedarf es zunächst eines kurzen Einblicks in seine primären Ziele und Inhalte. So werden zunächst die Lernbereiche des Faches Deutsch und die im DU zu vermittelnden Kompetenzen näher betrachtet und dabei besonderes Augenmerk auf die Lesekompetenzförderung und ihre Verankerung in den LPs gelegt. Die Ergebnisse werden am Ende von Kapitel 4.5.3 stichpunktartig in einer Tabelle zusammengefasst.

4.5.1 Lernbereiche des Faches Deutsch

In der Deutschdidaktik gelten die Felder 1) *Lesen und mit Literatur umgehen*, 2) *Sprechen, Zuhören und Gespräche führen*, 3) *Sprache untersuchen und Rechtschreiben*, 4) *Schreiben* sowie 5) *Medien* als die fünf Lernbereiche des Faches Deutsch. Diese sind ebenfalls in den Lerngebieten der Deutsch-Lehrpläne der beruflichen Schulen enthalten, wenn auch zum Teil in abweichender Formulierung.

So differenziert der für BS und BFS geltende Lehrplan, der den offiziellen Lernbereichen des Faches Deutsch noch am stärksten gleicht, in 1) *Sprechen und Zuhören*, 2) *Schreiben*, 3) *Lesen – mit Texten und Medien umgehen*, 4) *Sprache und Sprachgebrauch untersuchen* sowie 5) *Methoden- und Arbeitstechniken*. Letztere wirken jedoch in jedem der vier vorausgehenden Lernbereiche und vermitteln den Schülern folglich adäquate Methoden- und Arbeitstechniken für alle zu erwerbende Fähigkeiten und Fertigkeiten. Es fällt auf, dass die in Kapitel 4.1.2 vorgestellten Kompetenzbereiche der Sekundarstufe I für den grundlegenden Aufbau des Lehrplans beibehalten werden. Somit wird eine Orientierung an den Bildungsstandards für den Hauptschulabschluss deutlich.

---

[44] Grundlage dieses Unterkapitels sind die entsprechenden Lehrpläne von BS/BFS, FOS, BOS sowie FS/FAK, die beim ISB München abzurufen sind unter https://www.isb.bayern.de/berufsschule/lehrplan/berufsschule/ (19.04.2015).

In FOS und BOS gliedert sich das Fach Deutsch in jeweils vier Kompetenzbereiche mit gleicher Formulierung. Hier finden sich 1) *Arbeitstechniken und Mediennutzung*, 2) *mündlicher Sprachgebrauch*, 3) *schriftlicher Sprachgebrauch* und 4) *Literatur*. Es fällt auf, dass der Fokus im sprachlichen Bereich vor allem auf dem pragmatischen Aspekt liegt, nämlich der Anwendung von Sprache, was sich bereits in der Formulierung Sprach*gebrauch* manifestiert. Der Kompetenzbereich *Lesen und mit Literatur umgehen* wurde auf die Formulierung *Literatur* reduziert. Zuletzt sei der Blick auf den Lehrplan der FS und FAK gerichtet. Dieser enthält die gleichen vier Lerngebiete wie FOS und BOS, wird jedoch um einen fünften Kompetenzbereich erweitert, der sich ausdrücklich der Grammatik der deutschen Sprache sowie ihrer Orthografie widmet. Dieser wird als 5) *Grammatik, Rechtschreibung, Zeichensetzung* betitelt.

Somit wird deutlich, dass die allgemein gültigen Lernbereiche des Faches Deutsch auch in den beruflichen Schulen ihren Platz einnehmen. Die unterschiedlichen Inhalte und Leistungsniveaus innerhalb der Lerngebiete ergeben sich – wie bereits ausreichend erläutert – selbstredend aus den divergierenden Ausbildungszielen (erfolgreiche Berufsausbildung vs. Ziel der Studierfähigkeit), den heterogenen Bildungsbiografien der Schüler (Hauptschulabschluss bis hin zur mindestens mittleren Reife) und dem Stellenwert des Faches Deutsch, der an FOS und BOS sicherlich ein anderer ist als an BS (siehe Kapitel 4.3 und 4.4). Im Folgenden sollen vor allem zwei Fragen erörtert werden: Welche Kompetenzen fallen im Allgemeinen in die jeweiligen Lernbereiche? Mit welchen Aufgaben sieht sich der Deutschunterricht in der Sekundarstufe II konfrontiert?

4.5.2 Aufgaben des Faches und zu vermittelnde Kompetenzen

Wie komplex die Aufträge des Faches Deutsch an den beruflichen Schulen in Wirklichkeit sind, brachte HUMMELSBERGER mit seiner Zusammenfassung bereits entwickelter Ansätze zur Aufgabenbestimmung hervor. Ihm zufolge ist der DU an beruflichen Schulen zu betrachten als:
1) „berufliche Sozialisation",
2) explizit weiterführende Allgemeinbildung,
3) Integration von beruflicher und allgemeiner Bildung,
4) konkret emanzipatorischer Bildungsauftrag,
5) berufspragmatisches Anwendungskönnen sowie als
6) Beitrag zur Entwicklungsfähigkeit, als „Lebenshilfe" im modernen Sinn (vgl. Hummelsberger 2002b: 115ff.).

Deutschlehrer an beruflichen Schulen sein: Aufträge und Bedingungen des Faches

Die Lehrpläne der untersuchten beruflichen Schulen sind mit Ausnahme derjenigen für FOS und BOS kompetenzorientiert formuliert und aufgebaut. Die Leitgedanken zur Unterrichtsgestaltung umfassen stets fächerübergreifende Aspekte, den abwechslungsreichen Einsatz vielfältiger Unterrichts- und Lernmethoden und den Vorzug von Handlungs- und Produktionsorientierung. Es gilt schulartübergreifend, die Schüler zum selbstständigen oder selbstorganisierten Lernen zu befähigen. Eine große Rolle spielt ferner der Berufsbezug: Er räumt den Inhalten nicht nur eine Sinnhaftigkeit und Daseinsberechtigung ein, sondern schafft zudem Schnittstellen zwischen Theorie und Praxis. Der DU vermittelt beruflich essentielle Kompetenzen, wie beispielsweise Sprach- und Schreibkompetenz, die im Umgang mit Kunden unverzichtbar sind. Diese funktionalen Kompetenzen haben zugleich eine persönlichkeitsbildende Wirkung und lösen somit das Humboldt'sche Gedankengut ein, dass berufliche Bildung auch allgemeine Bildung im Sinne von Persönlichkeitsbildung sein soll (vgl. Grundmann 2002a: 18).

Die fünf großen Lernbereiche des Faches Deutsch umfassen zahlreiche Kompetenzen, die sich nicht selten wiederum aus Teilkompetenzen zusammensetzen und häufig nicht isoliert voneinander betrachtet werden können. Neben den beruflich relevanten sollen hier vor allem die fachlichen Inhalte beleuchtet werden. Hierzu wurden die Lehrpläne der beruflichen Schulen (Sekundarstufe II) des Faches Deutsch analysiert und mit den allgemeinen Aufträgen des Faches Deutsch verglichen. Da die vorliegende Arbeit der Lesekompetenz einen besonderen Stellenwert einräumt, wird diese Aufgabe in 4.5.3 gesondert betrachtet.

Arbeitstechniken und Mediennutzung oder Methoden und Arbeitstechniken[45]

Bereits bei der Formulierung dieses Lerngebietes wird deutlich, dass die hier vermittelten Inhalte auf selbstständiges Arbeiten der Schüler abzielen. Insofern geht es hier zum einen um den Gewinn, die Verarbeitung und Bewertung von Informationen, sei es aus Printmedien oder computergestützten Informationssystemen (vgl. LP BS/BFS: 10, 12, 14; FOS: 8; BOS: 8f., 16; FS/FAK: 6f.). Zum anderen sollen die Schüler zunehmend geeignete Lernstrategien entwickeln und damit zu lebenslangem Lernen befähigt werden (vgl. LP FOS: 9). Diese Fähigkeiten können die Schüler der FOS und BOS bei einem Fachreferat nach dem ersten Schuljahr ebenso unter Beweis stellen (vgl. LP

---

[45] Die Formulierung „Arbeitstechniken und Mediennutzung" findet sich in allen Lehrplänen außer BS und BFS, in welchem dieser Lernbereich den Titel „Methoden und Arbeitstechniken" trägt (vgl. Überschrift).

FOS: 15f.; BOS: 8) wie bei der Anfertigung ihrer Facharbeit (vgl. LP BOS: 16). Zudem wird speziell im LP von BS und BFS der Umgang mit Textverarbeitungsprogrammen genannt, die eine formale, aber auch eine inhaltliche und sprachliche Überarbeitung von Texten ermöglichen (vgl. LP BS/BFS: 10, 18).

Bereits hier kommt der Einsatz von Medien ins Spiel, wobei Medien im Fall der BS und BFS mit Lesen gekoppelt sind (Lesen – mit Literatur und Medien umgehen). Denn es „gehört [...] zu den Aufgaben der Schule, dabei mitzuwirken, die Kinder und Jugendlichen auf die Anforderungen der Mediengesellschaft vorzubereiten." (Barth 1999: 12) Medienkompetenz ist das allgemein angestrebte Ziel und setzt sich nach FREDERKING ET AL. (2012) aus den Teilkompetenzen der Nutzungskompetenz, Kritikkompetenz und ästhetischen Kompetenz zusammen. Die Lehrpläne sehen mit Ausnahme von FS und FAK eine reflektierte Nutzung der Medien für ihre Schüler vor (vgl. LP BS/BFS: 22; LP FOS: 9, 16; LP BOS: 9, 17). Das schließt eine Bewertung unterschiedlicher Medien unter expliziter Berücksichtigung ihrer Chancen und Nutzungsrisiken mit ein – Kritikkompetenz wird angebahnt. So heißt es im LP der FOS treffend: „Die Schülerinnen und Schüler sollen sich der Chancen und Probleme der Mediennutzung bewusst werden, die Bereitschaft entwickeln, aus dem Angebot der Medien kritisch auszuwählen, es planvoll für die eigene Weiterbildung einzusetzen und damit Medienkompetenz zu erwerben." (LP FOS: 9)

An der BOS sind überdies auch expressis verbis „Gegebenheiten und Bedingungen des Medienmarktes" aufgenommen (LP BOS: 17). Hier werden Aspekte wie Vertriebsformen von Buch und Film, Vermarktung und Werbung, Literatur- und Filmpreise, die Rolle der Publikumsbedürfnisse und vieles mehr thematisiert (vgl. LP BOS: 17). Die Schüler sollen die Bedingungen des Marktes kritisch beurteilen können und dieses Wissen auch bei der Nutzung von Medien berücksichtigen. Auf diese Weise sollen sie für das eigene Medien- und Konsumverhalten sensibilisiert werden.

Mündlicher Sprachgebrauch oder Sprechen und Zuhören oder Sprache und Sprachgebrauch[46]

Dass der mündlichen Kommunikation gerade auch im Berufsleben ein hoher Stellenwert zukommt, wurde bereits an verschiedenen Stellen deutlich und erklärt überdies, weshalb stets an der mündlichen Ausdrucksfähigkeit der Schüler gearbeitet werden sollte. Schon JOSTING/PEYER waren sich sicher, dass „kommunikative Kompetenz eine Schlüsselqualifikation darstellt, an deren Vermittlung Deutschlehrer [...] einen maßgeblichen Anteil haben werden." (Josting/Peyer 2002: 2) Jeder untersuchte Lehrplan nimmt sich daher der Förderung von kommunikativer Kompetenz an, indem – teils in leicht abgewandelter Form – stets betont wird, dass das Fach Deutsch vor allem der Schulung der sprachlichen Ausdrucksfähigkeit dienen solle (vgl. LP BS/BFS: 1; FOS: 7; BOS: 7; FS/FAK: 5).

Kommunikative Kompetenz als primäres Ziel des Lernbereiches setzt sich dabei aus unterschiedlichen Teilkompetenzen zusammen. So fallen in diesen Bereich zum Beispiel auch Gesprächs- und Redekompetenz. Zur Förderung der Gesprächskompetenz sollen teilweise auch Kommunikationsmodelle vermittelt werden, die auf erfolgreiches situationsadäquates Kommunizieren abzielen (vgl. LP BS/BFS: 13, 21; FS/FAK: 7f.). Hier wird mündliche Sprachkompetenz tangiert, wenn sowohl die angemessene Ausdrucksweise als auch die Wirkung von Worten in den Fokus gerückt werden. Zudem werden die Schüler zum aktiven Zuhören, schlüssigen Argumentieren und Diskutieren angehalten. In FOS und BOS sollen sie darüber hinaus auch lernen, in Diskussionen und Streitgesprächen die Meinung des anderen zu tolerieren, aber darüber hinaus auch ihren eigenen Standpunkt wirkungsvoll vertreten zu können (vgl. z.B. LP FOS: 17; BOS: 10f.).

Redekompetenz soll unter anderem durch die Übernahme von Referaten gefördert werden (vgl. LP BS/BFS: 16; FOS: 17; FS/FAK: 9). Hierbei spielt vor allem auch Präsentationskompetenz eine Rolle, da zum vorbereiteten oder spontanen Referieren auch immer ganzheitliches Sprechen, das heißt Körpersprache, essentiell ist. Hierfür schreibt der LP von BS und BFS auch den Einsatz spezieller Präsentationstechniken vor (vgl. LP BS/BFS: 26). An der Präsentationskompetenz kann auch gut in Rollenspielen gearbeitet werden, in welchen wiederum Spielkompetenz, Empathie und Perspektivenübernahme und abschließend die Reflexion des eigenen oder fremden Verhaltens

---

[46] Die Formulierung „Mündlicher Sprachgebrauch" findet sich in allen Lehrplänen außer denjenigen von BS und BFS, in welchen dieser Lernbereich in „Sprechen und Zuhören" und „Sprache und Sprachgebrauch" unterteilt wurde (vgl. Überschrift).

zum Einsatz kommen (vgl. LP BS/BFS: 8, 16, 24; FOS: 17; BOS: 10, 18; FS/FAK: 8). Letztendlich sind Präsentationen sowohl in inhaltlicher als auch in methodischer Hinsicht als anspruchsvoller Abschluss eines komplexen, möglichst eigenständig gestalteten Lernprozesses zu verstehen (vgl. PD 2005/Nr. 190; Berkemaier 2009).
Kommunikative Kompetenz dient damit nicht zuletzt auch der Erweiterung der Sozialkompetenz. Diesen Zusammenhang nimmt der LP der FS/FAK ebenfalls auf, wenn es heißt: „Sie [die Schüler; AK] üben sich darin, bei Gesprächen gezielt auf den Verlauf der Kommunikation zu achten, und erweitern dadurch ihre Sozialkompetenz." (LP FS/FAK: 7) Hier erwerben die Schüler auch wertvolle Schlüsselqualifikationen, wie beispielsweise Konfliktfähigkeit (vgl. insbesondere LP FS/ FAK: 8).

Schriftlicher Sprachgebrauch oder Schreiben oder Grammatik, Rechtschreibung, Zeichensetzung oder Sprache und Sprache untersuchen[47]

Schreibkompetenz nimmt in den beruflichen Schulen unter anderem deshalb ihren Platz ein, weil schriftliche Kommunikation im beruflichen Alltag relevant und wichtig ist. Nach LEISEN ist Schreibkompetenz die „grundsätzliche und zielgerichtete Fähigkeit, Texte unterschiedlicher Art in ihren Absichten, ihren Adressaten und ihrer formalen Struktur situationsangemessen und erfolgreich herzustellen und dabei die eigene Schreibhandlung kognitiv und reflexiv zielgerichtet zu steuern und zu bewerten." (Leisen 2010: 156) Hierbei ist es wichtig zu wissen, dass Schreibkompetenz auch nach Abschluss der Mittelstufe und sogar am Ende der Oberstufe noch ausbaufähig ist (vgl. Augst/Faigel 1986; Antos 1988), weil hierfür notwendige Fähigkeiten bei Schülern im Alter zwischen 17 und 19 Jahren noch in der Entwicklung stecken und insofern für eine stetige Steigerung offen sind (vgl. Augst/Faigel 1986: 187).

Der Teilbereich Orthografie klingt bereits in der Formulierung des ausgegliederten Lerngebiets „Grammatik, Rechtschreibung, Zeichensetzung" an. Dieses ist laut Lehrplanangabe „jedoch nicht isoliert zu vermitteln, sondern in Verbindung mit den übrigen Lerngebieten" (LP FS/FAK: 14, 15). Insofern sei der Blick zunächst auf Orthografie, Grammatik und Interpunktion gerichtet. Die Schüler sollen in diesem Bereich „Rechtschreibung und Zeichensetzung weitgehend sicher beherrschen" (LP BS/BFS: 25). Außerdem sollen sie sich „allgemeinverständlich in Wort und Schrift ausdrücken" können (LP

---

[47] Die Formulierung „Schriftlicher Sprachgebrauch" findet sich in allen Lehrplänen außer BS und BFS. Hier trägt der Lernbereich den Titel „Schreiben".

FS/FAK: 14f.). In allen Lehrplänen ist (mehr oder weniger) auf einen strategieorientierten Rechtschreibunterricht hingewiesen, der sich eher an Regelhaftigkeiten als an Ausnahmen orientiert und selbstorganisiertes Lernen unterstützt. An der FOS geht es vor allem um die selbstreflexive Ebene, die auf selbstständiges Denken und Arbeiten abzielt. Hier heißt es, die Schüler „sollen […] zunehmend in die Lage versetzt werden, eigene sprachliche Unsicherheiten wahrzunehmen und – unter Anleitung – Maßnahmen zu ihrer Behebung zu ergreifen." (LP FOS: 12) Der Lehrplan der BOS setzt die orthografische Sicherheit der Schüler beim Schreiben voraus, denn die Rechtschreibkompetenz wird hier weder explizit noch implizit mehr aufgegriffen. Darüber hinaus werden Kenntnisse im Bereich Syntax vermittelt (vgl. LP BS/BFS: 13f.), die eine sichere Unterscheidung von Haupt- und Nebensätzen gewährleisten sollen.

Doch der schriftliche Sprachgebrauch besteht noch aus viel mehr als nur dem Rechtschreiben und einem grammatikalisch richtigen Satzbau. So werden auch die Planung, das Entwerfen, Verfassen und Überarbeiten von Texten tangiert. Gefördert werden muss hier u.a. die Formulierungskompetenz der Schüler. Des Weiteren sollen sie selbstständig Strategien zur Organisation ihres Wissens und seiner Gliederung entwickeln. Auch produktive und kreative Schreibformen finden explizit Eingang in die Lehrpläne (vgl. LP BS/BFS: 10; FOS: 13, 20; BOS: 13).

Ein besonderer Augenmerk liegt in BS und BFS sowie in FS und FAK auf der Unterscheidung zwischen beruflicher Korrespondenz und der Kommunikation mit Personen aus dem privaten Umfeld (vgl. LP BS/BFS: 9; LP FS/FAK: 10) sowie der sich daraus ergebenden sprachlichen Angemessenheit in Sprache und Stil (vgl. LP BS/BFS: 10). WYSS-KOLB jedoch konstatiert, dass die meisten Jugendliche gut zwischen beiden Bereichen trennen können und so „sowohl salopp formulierte bzw. in Mundart gehaltene als auch in korrekter Standardsprache abgefasste Texte schreiben" (Wyss-Kolb 2002: 81). Des Weiteren spielen Textsortenwissen und -können eine Rolle, da Textsorten „als globale sprachliche Muster zur Bewältigung von spezifischen kommunikativen Aufgaben in bestimmten Situationen" zu verstehen sind (Heinemann/Viehweger 1991: 170). Diese Muster stellen gute Orientierungs- und auch Schreibhilfen beim Verfassen von Texten dar wie beispielsweise einem Arbeitsbericht oder Protokoll (vgl. LP BS/BFS: 10).
Im Lehrplan von FS und FAK ist der Bereich insgesamt in folgende schriftliche Tätigkeiten und Fähigkeiten gegliedert: Die Schüler sollen Texte erstellen, komplexe Sachverhalte und Zusammenhänge darstellen, einfache Texte analysieren und Sachverhalte erörtern können. Analysen sollen insbesondere

an Texten zu aktuellen Themen durchgeführt werden, die für den angestrebten Beruf oder die Lebenswelt der Schüler relevant sind. Hierbei werden auch die Wirkungen von Texten und gegebenenfalls verwendete Manipulationsstrategien reflektiert.

Die Lehrpläne von FOS und BOS beinhalten noch weitere Ziele höherer Anspruchsgrade. So heißt es beispielsweise „Die Schülerinnen und Schüler entwickeln ihre Fähigkeit, in einem möglichst lebensnahen, durch Informationen erschlossenen Rahmen kürzere argumentative Texte abzufassen." Sie sollen hier zum Beispiel eine begründete Handlungsempfehlung erarbeiten und in der Ausführung Vor- und Nachteile verschiedener Handlungsmöglichkeiten berücksichtigen (vgl. LP BOS: 12). Ferner wird den Schülern stets eine höhere Transferleistung abverlangt, was sich im „Schreiben von Paralleltexten in anderen Textsorten" oder der „Umgestaltung historischer literarischer Vorlagen auf die Gegebenheiten der Gegenwart" manifestiert (beides jeweils in LP FOS: 20f.; BOS: 14). Des Weiteren unterscheiden sie sich hinsichtlich des Reflexionsniveaus von den übrigen beruflichen Schulen. Denn die Schüler sollen sich hier über die unterschiedliche Wirkung von Texten sowie darin enthaltene Manipulationsstrategien im Klaren sein, den Informationsgehalt von Texten anhand weiterer Publikationsorgane und Autoren beurteilen können (LP FOS: 11f.) und ihre eigenen rhetorischen Fähigkeiten beim Schreiben weiterausbilden.

Literatur oder Lesen – mit Texten und Medien umgehen[48]

Da sich der Bedeutung des Lesens ein eigener Bereich widmet (siehe Kapitel 4.5.3), werden die Ausführungen und Analysen der LP-Inhalte auf den Umgang mit Literatur im Allgemeinen beschränkt. Im Folgenden wird vor allem das Ziel der literarischen Bildung näher beleuchtet.

Der LP von BS und BFS unterliegt im Hinblick auf Literatur einer groben Unterscheidung zwischen Sach- und Informationstexten einerseits und literarischen Texten andererseits (vgl. LP BS/BFS: 11f.). Bei Ersteren ist das primäre Ziel des Förderprogramms, den Sinngehalt einfacher pragmatischer Texte wiedergeben zu können. Darüber hinaus sollen grundlegende Fachbegriffe (fächerübergreifend oder aus dem Berufsfeld) mit Erläuterungen gesammelt werden, um so zum Aufbau des Wortschatzes und einer sicheren Verwendung beizutragen (vgl. LP BS/BFS: 11, 20). Im Standardprogramm

---

[48] Der Literaturrezeption ist an den beruflichen Schulen das Lerngebiet *Literatur* gewidmet, das nur an der BS und BFS unter *Lesen – mit Texten und Medien umgehen* fällt.

sollen die Schüler dazu befähigt werden, sich fachlich angemessen auch über Absichten eines Textes auszutauschen und eine Bewertung des Informationsgehalts anhand von Textsortenwissen vorzunehmen (vgl. LP BS/BFS: 11). Das Sammeln, Auswerten und Verfügbarmachen von Fachtexten sowie das Vergleichen von linearen und nichtlinearen Texten bezüglich ihres Informationsgehalts schließen sich aufbauend an. Speziell im zweiten Schuljahr stehen appellierende und ironische Texte auf dem Programm (vgl. LP BS/BFS: 19). Hier wird auch der Thematisierung von Zusammenhängen zwischen Leseerwartung, Textabsicht, Textmerkmalen und –wirkung Platz eingeräumt. Der Vergleich eines Lexikonartikels mit einem aus weiteren Hyperlinks bestehenden Wikipedia-Eintrag wird hier als Beispiel angeführt (vgl. LP BS/BFS: 11). Darüber hinaus sollen die Schüler Informationsquellen von der Bibliothek über das Lexikon bis zum Internet kennen und für ihre Zwecke zu nutzen wissen (vgl. LP BS/BFS: 12).

Bei literarischen Texten ist das Ziel des Förderprogramms, erst einmal einfache Texte zu lesen, hier Bezüge zur Lebenswelt der Schüler herzustellen, die Einstellungen der Charaktere zu beschreiben sowie die enthaltenen Motive zu erkennen, zu hinterfragen und eine Bewertung vorzunehmen (vgl. LP BS/BFS: 12). An dieser Stelle sei jedoch erneut auf die Studie von HUMMELSBERGER hingewiesen, in welcher er zu dem Ergebnis kommt, dass Berufsschüler literarischen Texten mit Berufsbezug kein gesteigertes Interesse entgegenbringen (vgl. Hummelsberger 2002a). Stattdessen sollte sich die Lektüreauswahl eher an der privaten Lebenswelt der Schüler orientieren. Allgemein unterstützt die Auseinandersetzung mit Literatur nicht nur die Rezeptionskompetenz, sondern auch die Individuation, das heißt dass die Texte Schülern ein „Probehandeln" (Ludwigsen 1981: 421) durch Vorstellungsbildung ermöglichen und sie beim Aufbau einer stabilen Ich-Identität unterstützen können.[49] Die hierfür benötigte Empathie und Fähigkeit zur Perspektivenübernahme fließen wiederum in die Förderung von sozialer Kompetenz ein. Im zweiten Schuljahr sollen Inszenierungen von Literatur verstanden und Informationen zu Autor und Entstehungszeit erworben werden (vgl. LP BS/BFS: 20).[50]

---

[49] „Literatur als sanktionsfreier Raum möglichen Probehandelns bietet hier die Chance, im Wechsel von Identifikation und Reflexion, von Genuss und Anstrengung, angstfrei zu lernen. Darin liegt ihr Bezug auf extrafunktionale Qualifikation als Berufsrollenelemente, darin liegt der Berufsbezug des Literaturunterrichts im Deutschunterricht." (Ludwigsen 1981: 421)

[50] Obgleich das historische Lernen nicht zu den vordergründigen Aufgaben des DU zählt, stellt es zum Verständnis vieler literarischer Texte eine Voraussetzung dar, und wird im Umkehrschluss auch durch die Lektüre angeregt (vgl. von Brand 2013: 147).

Bei den literarischen Texten des Standardprogramms spielen „Kleinformen oder Textausschnitte alters- und entwicklungsgemäßer literarischer Texte" eine Rolle (LP BS/BFS: 12). Als Beispiele werden Kurzgeschichten und Erzählungen genannt, aber auch Ausschnitte aus aktueller Jugendliteratur. Die Schüler sollen außerdem mit medial adaptierten Texten, wie Hörspielen und Hörbüchern, vertraut gemacht werden und darüber hinaus auch Literaturverfilmungen erleben (vgl. LP BS/BFS: 12). Das Aufbauprogramm zielt sodann auf höhere literarische Bildung ab: Die Schüler lernen grundlegende Fachbegriffe zur Erschließung insbesondere erzählender Literatur kennen und anwenden. Hier werden Erzählperspektive, Monolog und Dialog sowie sprachliche Bilder thematisiert und analysiert, um nur einige Beispiele aus dem LP aufzugreifen (vgl. LP BS/BFS: 12, 20). Zudem sollen die Lernenden die drei literarischen Gattungen Epik, Lyrik und Dramatik kennen, unterscheiden und Texte dementsprechend richtig einordnen können. Auch zu in literarischen Texten aufgeworfenen Themen, wie beispielsweise Autoritäts- oder Generationenkonflikt, Toleranz, Individualität, Liebe etc., sollen die Schüler in die Lage versetzt werden, Stellung zu nehmen (vgl. LP BS/BFS: 20). Darüber hinaus wird die Förderung der subjektiven Rezeptionskompetenz anvisiert, wenn Schüler eigene Deutungen eines Textes vornehmen sollen und dies zum Anlass für Gespräche über Literatur nehmen (vgl. LP BS/BFS: 20). HUMMELSBERGER ist dementsprechend also vollumfänglich zuzustimmen, wenn er schreibt, dass der

> „Literaturunterricht an der Berufsschule [...] nach heutigem Verständnis insbesondere die jugendspezifischen Entwicklungsaufgaben unterstützen, die beginnende Enkulturation in das Erwerbssystem begleiten, personale Kompetenzen fördern, Räume für „Probehandeln" (Hebel) eröffnen und zur Teilhabe am kulturellen System befähigen" (Hummelsberger 2002b: 114f.)

soll. Dabei ist – wie bereits ausgeführt – das Leistungsniveau an BS und BFS offiziell geringer als an den übrigen beruflichen Schulen, da der LP auf den Bildungsstandards für den Hauptschulabschluss aufbaut. Ein Blick in die übrigen Lehrpläne zeigt ein höheres angestrebtes Niveau literarischer Bildung. So lernen die Schüler der FOS „typische Beispiele literarischer Formen aus verschiedenen Epochen kennen. Sie lernen, grundlegende literarische Fachbegriffe bei der Interpretation von Texten anzuwenden." (LP FOS: 14) Als literarische Formen sollen hier Drama, Roman, Novelle, moderne Kurzprosa und Lyrik vor allem des 20. Jahrhunderts betrachtet werden. Im zweiten Schuljahr liegt der Fokus auf der „Beschäftigung mit Formen und Motiven der Literatur der Moderne" (ebd.: 21) und zielt auf eine Betrachtung der Texte unter Berücksichtigung ihres historischen und sozialen Kontextes ab.

Hierbei können auch Neuerscheinungen besprochen oder von den Schülern vorgestellt werden sowie Rezensionen bearbeitet (vgl. ebd.: 21). Die gemeinsame Lektüre findet in Verbindung mit häuslicher Vorbereitung seitens der Schüler statt. Zudem werden sprachliche Elemente, die Struktur und Gestaltung von Texten analysiert und reflektiert (vgl. ebd.: 14). Im zweiten Schuljahr werden auch anspruchsvolle Teilaspekte wie inhaltliche Motive, Raum- und Zeitstruktur, Spannungserzeugung und Perspektivität untersucht (vgl. LP FOS: 21, BOS: 14f.). Darüber hinaus soll die Lehrkraft auch Theaterbesuche und/oder Literaturlesungen mit ihren Schülern wahrnehmen.

Da die Lehrpläne der Beruflichen Oberschule weitestgehend deckungsgleich sind, der LP der BOS lediglich die Inhalte des zweiten FOS-Schuljahres aufnimmt, werden nur weiterführende Inhalte der BOS angeführt. Im zweiten Schuljahr ist hier explizit das Lesen einer Ganzschrift verankert (vgl. LP BOS: 22), das anhand von Leitfragen zur Vorbereitung gesteuert wird. Hier heißt das Lernziel konkret: „Die Schülerinnen und Schüler erwerben die Fähigkeit, literarische Werke selbstständig zu analysieren, zu interpretieren und zu bewerten." (ebd.: 22) Im Gegensatz zum FOS-Lehrplan soll der Fokus nicht nur auf Werken des 20. Jahrhunderts liegen, sondern zudem Literatur des 19. und der zweiten Hälfte des 18. Jahrhunderts behandelt werden. Im Idealfall können auch diese Werke mit Verfilmungen verglichen und als Theaterinszenierung erlebt werden (vgl. ebd.: 22). PAEFGEN zufolge besteht das Ziel eines derartigen Literaturunterrichts in der Sekundarstufe II „dann im Aufbau einer sprachlich-ästhetischen Kompetenz, die den Schülern [...] die Arbeit an (länger) tradierten Texten ermöglicht, auf deren Basis in die geschichtlich-literaturgeschichtlichen Ereignisse eingeführt werden kann." (Paefgen 2010: 81) Denn genau diese Ereignisse sind im Lehrplan ebenfalls berücksichtigt.

Beim Lernbereich *Literatur* fasst sich der LP von FS und FAK deutlich kürzer. So lauten die primären Lernziele: „Die Schüler und Schülerinnen lernen ausgewählte Beispiele aus verschiedenen Epochen kennen. Sie sind fähig, grundlegende literarische Fachbegriffe bei der Interpretation von Texten anzuwenden." (LP FS/FAK: 14) Auch hier soll jedoch vor allem zeitgenössische Literatur Eingang in den Unterricht finden, bei welcher sie zur selbstständigen Erschließung von Sprache und Inhalt angeleitet werden. Auch an FS und FAK wird darauf hingewiesen, literarische Werke nicht nur als Printmedium, sondern auch als Verfilmung zu analysieren und zu reflektieren (vgl. ebd.: 14).

Stets wird in allen Lehrplänen immer auf die Sinnhaftigkeit des Gelernten verwiesen und anhand von Beispielen mit konkretem Berufsbezug begründet, weshalb die jeweilige Tätigkeit auch beruflich relevant ist oder – je nach angestrebtem Beruf – zumindest sein kann.

4.5.3 Die Verankerung von Lesen und Lesekompetenz

In den Lehrplänen der FOS sowie der FS und FAK sollen die Schüler explizit die Bereitschaft entwickeln, „sich auf die Begegnung mit Literatur einzulassen." (LP FOS: 14; FS/FAK: 14) Es geht hier also konkret um das Lesen von Texten und auch intensiver um Leseförderung. Gut lesen zu können ist nicht nur von großer Relevanz, weil Lesen eine der wichtigsten Schlüsselkompetenzen in unserer Gesellschaft ist und seines Zeichens eine hohe Alltagsfunktionalität aufweist (vgl. Deutsches PISA-Konsortium 2001: 83ff.). Denn gerade in der Schule basiert die „Darstellung und Verarbeitung von Wissen [...] direkt oder indirekt [...] auf Texten" (Portmann-Tselikas 2013: 272), was bereits ausführlich dargelegt wurde. Die Bedeutung des Lesens und der Sprache in der Schule kann folglich gar nicht hoch genug eingeschätzt werden. Selbst die sich anschließende „Verständigung über Wissensbestände ist weitgehend sprachbasiert, und das macht den Deutschunterricht zum Leitfach des Lesens, auch der Lektüre sach- und problemorientierter ‚Gebrauchstexte' aller Art." (Abraham/Kepser 2009: 180). Da die Wortsprache das Fundament zur Erschließung der Welt verkörpert, kann jedes Fach einen entscheidenden Beitrag zur Sprachkompetenzförderung leisten, insbesondere natürlich im Hinblick auf die Lese- und Mitteilungskompetenz der Schüler im Fach (vgl. Hallet 2012: 80; KMK 2005: 11). Aber ist Lesekompetenzförderung denn auch in den Lehrplänen der beruflichen Schulen verankert? Ein analytischer Blick auf die Lehrpläne soll darüber Aufschluss geben, welche Inhalte auf eine Förderung des Lesens und der Lesekompetenz abzielen. Dabei werden Formulierungen expliziter und impliziter Natur berücksichtigt.

Das Lerngebiet *Lesen – mit Texten und Medien umgehen* im Lehrplan der BS und BFS beinhaltet bereits den Schlüsselbegriff des Lesens. In seinem Förderprogramm soll die Lesefähigkeit der Schüler verbessert werden, sodass sich die Schüler (z.B. mithilfe von Leit- oder W-Fragen) einen Text erschließen können (vgl. LP BS/BFS: 11). Das Standardprogramm beinhaltet die Vermittlung verschiedener Lesetechniken und Lesestrategien (vgl. ebd.: 11). Hier werden exemplarisch das Markieren von Textpassagen, das Stellen von Verständnisfragen an den Text, die Suche nach Teilüberschriften und die 5-Schritt-Lesemethode genannt, die auch als SQ3R-Methode bekannt ist.

Zudem sollen Schüler ihre Leseerfahrungen austauschen. Das Aufbauprogramm beinhaltet noch das deutlich artikulierte Vorlesen, die Leserolle, die Lesesituation sowie die essentielle Berücksichtigung des Inhalts (vgl. LP BS/BFS: 11). Im zweiten Schuljahr sollen die bestehenden Lesetechniken noch verbessert werden und die Schüler individuelle Lesestrategien auf einfache (Förderprogramm) bis anspruchsvolle (Standardprogramm) berufliche Texte anwenden (vgl. ebd.: 19). Auf Basis ihres Textverständnisses sollen sie Texte aus der betrieblichen Praxis erklären und veranschaulichen sowie ihre Leseerfahrungen darstellen können. Letzteres kann anhand von Buchvorstellungen oder auch durch ein Lesetagebuch bewerkstelligt werden (vgl. ebd.: 19). Das Aufbauprogramm zeichnet sich dadurch aus, dass Bedingungen erfolgreicher und misslingender Kommunikation in Texten erkannt und reflektiert werden. Auch auf das Vorlesen als kommunikative Praxis wird noch einmal Bezug genommen, wobei hier auch Rollenspiele durchzuführen sind (vgl. ebd.: 19).

Doch auch an anderen Stellen fungiert Lesekompetenz als Basis, so zum Beispiel beim „Exzerpieren, Zusammenfassen von Texten und Notieren wesentlicher Inhalte" (ebd.: 10), oder wenn es darum geht, „Fachtexte und Fachbegriffe aus dem Berufsfeld allgemein verständlich um[zu]formulieren" (ebd.: 21) sowie der gesamten Analyse von Texten, unabhängig von ihrer beruflichen oder allgemeinen Art.

Dagegen findet Lesekompetenz in den Lehrplänen von FOS und BOS nicht expressis verbis Erwähnung, ist zumindest aber implizit aufgeführt. Obwohl es im Fachprofil heißt, dass der Deutschunterricht „die Schülerinnen und Schüler zu eigenständigem Lesen an[regt] und [...] die Beherrschung dieser Schlüsselqualifikation zur Aneignung von Kultur und Wissen" vertieft (LP FOS: 7; LP BOS: 7), findet das Schlagwort *Lesekompetenz* selbst keinen Eingang in den Lehrplan. Implizit ist die Aufgabe der Lesekompetenzförderung jedoch sehr wohl enthalten und zwar in den beiden Lernbereichen *Schriftlicher Sprachgebrauch* sowie *Arbeitstechniken und Mediennutzung*. So bringt der Lernbereich *Schriftlicher Sprachgebrauch* dieses Anliegen auf den Punkt, wenn dieser auf eine „Wiederholung von Techniken der Inhaltserschließung" (LP FOS: 18; BOS: 11) pocht.
Hierunter fällt per definitionem die (erneute) Vermittlung von Lesestrategien, was das Ziel des verstehenden und inhaltssichernden Lesens verfolgt. Unterstützt wird die Anleitung von Lesestrategien durch die ausdrückliche Forderung nach einer „Wiederholung von Methoden der Textverkürzung und –strukturierung" (LP FOS: 18; BOS: 11f.), welche erneut auf Lesestrategien hinweisen und hier auf ordnende und elaborierende Strategien rekurrieren.

Dies ist beispielsweise der Fall, wenn den Schülern „Techniken der Erschließung, Verarbeitung und Bewertung von Informationen" (LP FOS: 8; LP BOS: 11) vermittelt werden. Auch bei *Arbeitstechniken und Mediennutzung* heißt es, dass die Schüler befähigt werden sollen, „Materialien [...] Informationen zu entnehmen, diese zu ordnen und aufgabengerecht zu verwerten" (LP FOS: 15; BOS: 8f.). Hierbei spielt Lesekompetenz gleich in zweifacher Hinsicht eine Rolle: Zum einen, wenn es darum geht, dem Text Inhalt zu entnehmen, und zum anderen bei der aufgabengerechten Verwertung, die wiederum das Verständnis des Arbeitsauftrags als Bedingung voraussetzt.

Die anhand des Lehrplans belegte weitergehende Förderung von Lesekompetenz ist auch essentiell, da diese (stillschweigend) zur erfolgreichen Bearbeitung einer Vielzahl weiterer Aufgaben vorausgesetzt wird. Dies ist beispielsweise bei folgenden Formulierungen der Fall:

- „Die Schülerinnen und Schüler sollen lernen, Inhalt und Struktur von Sachtexten zu analysieren und in geraffter Form wiederzugeben. Sie sollen Intentionen der Texte erkennen und die wesentlichen Mittel, mit denen diese ihre Wirkung erzielen, erfassen und beschreiben können." (LP FOS: 18; BOS: 11f.)
- „Wiedergabe des Textaufbaus in Verbindung mit der Wiedergabe grundlegender Aussagen („strukturierte Textwiedergabe") (LP FOS: 18; BOS: 11f.)
- „Ausgehend von einem Schreibanlass (Text, vorgegebene Situation), lernen die Schülerinnen und Schüler, Standpunkte zu analysieren und zu bewerten, sowie einen eigenen Standpunkt zu entwickeln [sic!] und diesen sachlich und differenziert zu vertreten." (LP FOS: 19; BOS: 12)
- Anleitung „zum selbstständigen Erschließen von Sprache und Inhalt" (LP FOS: 20; BOS: 14)
- „Die Schülerinnen und Schüler sind zunehmend in der Lage, verschiedenartige Informationsmittel angemessen zu nutzen, Informationen zielgerecht zu suchen und zu verarbeiten." (BOS: 16)
- „Die Schülerinnen und Schüler lernen, Texte zu Literatur und Medien zu untersuchen, auszuwerten und im Hinblick auf Qualität und Wirkung zu beurteilen." (BOS: 20)
- „Die Schülerinnen und Schüler erwerben die Fähigkeit, literarische Werke selbstständig zu analysieren, zu interpretieren und zu bewerten." (ebd.: 22) und
- „Gemeinsames Lesen wichtiger Textstellen" (ebd: 22).

Auch im Lehrplan der FS und FAK wird Lesekompetenz zwar nicht genannt, an vielen Stellen jedoch ganz deutlich angesprochen: So zum Beispiel, wenn von „Techniken zur eigenständigen und rationellen Informationsgewinnung aus Buch, Zeitschrift, CD-ROM, Internet" (LP FS/FAK: 6) die Rede ist. Angesiedelt im Bereich Arbeitstechniken und Mediennutzung sollen die „Schüler und Schülerinnen lernen, Informationen planvoll zu suchen und im Hinblick auf die jeweilige Aufgabenstellung zu verarbeiten und zu bewerten." (ebd.: 6) Eine Verarbeitung im Hinblick auf die Aufgabenstellung setzt wiederum erstens ein Verstehen der Anweisung voraus, welches auf Lesekompetenz gründet, und zweitens das verstehende Lesen, wenn die Information lokalisiert wurde. Als Techniken der Erschließung, Verarbeitung und Bewertung von Informationen werden hier konkret u.a. „Sondieren des Angebots", „orientierendes Lesen" sowie „Textmarkierung" und „Textkürzung" (ebd.: 6) genannt. Alle erwähnten Techniken bauen auf dem Fundament der Lesekompetenz auf und erstrecken sich auch auf den Bereich des mündlichen Sprachgebrauchs, denn selbst bei der Planung und Entwicklung des geforderten Fachreferats fallen „Informationsverarbeitung", „Informationsverwertung" und die „Gliederung […] des Themas" an (ebd.: 9). Ebenso verhält es sich mit der Kompetenzbeschreibung „Die Schüler und Schülerinnen sind fähig, einfache Texte inhaltlich und sprachlich zu analysieren" (ebd.: 12), die dem schriftlichen Sprachgebrauch angehört.

Zusammenfassend betreiben laut Lehrplan alle untersuchten beruflichen Schularten Lesekompetenzförderung, selbst wenn dieser Begriff nur im Lehrplan der BS und BFS fällt. Lesekompetenz und Lesemotivation der Schüler sollen hier bewusst gefördert werden (vgl. LP BS/BFS: 1). Der Unterricht zielt insofern auch auf Leseförderung ab. Da die Schüler im Regelfall aus der Hauptschule kommen, müssen ihnen zur Förderung ihrer Lesekompetenz intensiv Strategien an die Hand gegeben werden, mit denen sie Texte für sich begreifbar und auch „bewältigbar" machen können.
Die Schüler der FOS und BOS streben im weitesten Sinne eine Hochschulzugangsberechtigung an. Die Lehrpläne setzen Lesekompetenz scheinbar voraus, wenn sie das Schlagwort schon nicht explizit nennen. Dennoch sollen die Deutschlehrer weiterhin am Textverständnis ihrer Schüler arbeiten und diese durch Kontinuität im Einsatz von Lesetechniken und -strategien sowie im Einsatz von Texten die Fähigkeit der zielgerichteten und sachrichtigen Informationsentnahme unterstützen. Auffallend ist, dass der Lehrplan des ersten Schuljahres an der BOS demjenigen des zweiten FOS-Schuljahres ähnelt. Scheinbar wird hier aufgrund der bereits abgeschlossenen Berufsausbildung angenommen, dass die BOS-Schüler weiterentwickelt, lesekompetenter oder vielleicht einfach nur selbstständiger im Lernen seien.

Auch im Lehrplan der FAK sind grobe Züge enthalten, die auf Lesekompetenz schließen lassen, was sich überwiegend in den „Techniken der Erschließung, Verarbeitung und Bewertung von Informationen" manifestiert. Es bleibt hier jedoch neben der expliziten Nennung des Schlagwortes auch der Hinweis auf Lesestrategien oder Lesetechniken aus.

Zusammenfassend liefern alle Lehrpläne die Erkenntnis, dass nicht nur der Prozess des Schreibenlernens in den beruflichen Schulen noch lange nicht abgeschlossen ist, „sondern dass auch das Lesen noch gelehrt und gelernt werden kann." (Paefgen 2010: 94) Insofern werden die Lehrkräfte der beruflichen Schulen bei der Lesekompetenzförderung mit erschwerten Bedingungen konfrontiert: Ihre Schüler sind zum Teil erstens etwas älter als der ‚heutige Regelschüler' (zwischen sechs und achtzehn Jahren) und lernen damit nicht mehr so schnell (um) wie jüngere. Zweitens haben sich die Rezeptionsmodi und Medienvorlieben älterer Schüler schon stärker gefestigt als bei jüngeren der Primarstufe, sodass Leseförderung sehr umsichtig zu betreiben und zu dosieren ist. Drittens bringen sie aber noch immer die gleichen heterogenen Lernvoraussetzungen mit wie jüngere Schüler, nur dass diese zusätzlich durch unterschiedliche Bildungs- und Lebenserfahrungen, Interessen und eine divergierende schulischen Vorbildung auseinanderdriften.

4.6 Anforderungsprofil der Lehrkräfte

Was sollen nun Lehrkräfte leisten, die das Fach Deutsch an beruflichen Schulen unterrichten? Freilich werden viele Befähigungen eines Deutschlehrers erwartet, die generell mit dem Fachprofil einhergehen und daher einen schulartübergreifenden Gültigkeitsanspruch besitzen. SPINNER beispielsweise stellte auf dem SDD in Siegen im Jahr 1998 fünf Grundfähigkeiten heraus, über die Deutschlehrer verfügen müssen. Hierunter subsumierte er personale Bildung, produktive und interpretative Fähigkeiten, Metakognition sowie Vernetzung beziehungsweise interdisziplinäres Denken (vgl. Kämper-van den Boogart 2010: 128).

Es ist logisch, dass der Deutschlehrer stets über mehr verfügen muss als reines Fachwissen, das er seinen Schülern vermitteln will. Darüber hinaus ist Fachkompetenz im Lehrberuf kein Garant für eine erfolgreiche Wissensvermittlung (vgl. Kemna 2012: 23). Hierfür sei ein Beispiel angeführt: Wenn ein Deutschlehrer Lesekompetenzförderung betreiben soll – oder im Optimalfall: will –, so muss er nicht nur selbst über Lesekompetenz verfügen, sondern auch per definitionem wissen, *wie* er Lesekompetenz fördern kann und mit welchen Texten. Für Letzteres benötigt er zudem die Kenntnis geeigneter Lesestoffe für das jeweilige Alter beziehungsweise für die jeweilige Kompetenzstufe. Hierzu wiederum ist Wissen über die einzelnen hierarchieniedrigen und hierarchiehöheren Prozesse des Lesens notwendig, gepaart mit der diagnostischen Fähigkeit zu erkennen, woran die Schüler scheitern oder was dem einzelnen Schüler Probleme bereiten könnte. Es bedarf also stets einer Metakognition seitens der Lehrkraft, wie sie die zu vermittelnden Fähigkeiten auch „erwerbbar" machen kann.

Grundsätzlich ist SPINNERs oben genannter Aufzählung zuzustimmen; es stellt sich jedoch darüber hinaus die Frage, wo bei dieser Aufzählung unter anderem die bedeutsame Aufgabe der Medienerziehung verbleibt. Fällt die Medienkompetenz einer Lehrkraft unter personale Bildung? Eines jedenfalls ist sicher: Lehrkräfte bringen unzählige eigene Kompetenzen mit in den Unterricht ein, die nicht im Studium oder im Referendariat vermittelt werden können. Insofern können SPINNERs fünf Aspekte tatsächlich auch nur *Grund*fähigkeiten sein, die um einige zusätzliche (personale) Qualifikationen erweitert werden müssen. Anhand der Lehrplananalyse wurde deutlich, dass die großen Aufgabenbereiche des Deutschunterrichts auch noch in der Sekundarstufe II der beruflichen Schulen präsent sind: Lesen, Schreiben, Gespräche führen, Medien und Sprache untersuchen. Der Unterrichtende muss also – wie jeder Deutschlehrer an allen anderen Schulformen auch – Experte in den fünf Lerngebieten sein und hierfür auch über didaktisches und metakognitives Wissen verfügen, das er im Unterricht Gewinn bringend einsetzen kann.

Doch neben den typischen Kompetenzen, die besonders im DU vermittelt werden, sollen die Lehrkräfte des Weiteren die Persönlichkeitsentwicklung ihrer Schüler fördern und ihnen Schlüsselkompetenzen mit auf den Weg geben. So sollen die Schüler der beruflichen Schulen auch im Fach Deutsch zum selbstständigen Arbeiten, Denken und Handeln befähigt werden. Im Unterricht sollen sie darüber hinaus auch Kooperations-, Team- und Konfliktfähigkeit erwerben und lernen, vernetzt zu denken. Von diesen Schlüsselkompetenzen profitieren die Schüler gerade auch in der Berufswelt, weshalb die Inhalte des Deutschunterrichts gleichsam durchaus auch als „mental coaching" verstanden werden können und müssen.

Wie bereits erläutert, bedarf es zum Unterrichten des Hybridfaches Deutsch an allen beruflichen Schulen (außer der Beruflichen Oberschule) keiner Facultas. Um die Schüler im Fach Deutsch personell adäquat zu begleiten, ist es nach Meinung der Verfasserin unerlässlich, auch tatsächlich *Deutschlehrer* einzusetzen. Das heißt solche, die bereits Wissen über komplexe Konstrukte (wie Lesesozialisation) oder Fördermethoden für Lese- und Schreibkompetenz in den Unterricht mitbringen. Denn auf diesem Wissen aufbauen zu können, um eine Nutzbarkeit und Anwendbarkeit in der Praxis auf hohem Effektivitätsniveau zu erreichen, verkörpert auch für Lehrkräfte *mit* abgeschlossenem Germanistikstudium ein durchaus anspruchsvolles Ziel. „Professionelles Handeln [...] erfordert also Biographizität", konstatierten KRAUL ET AL. (Kraul et al. 2002: 9). Diese Möglichkeit der (Weiter-)Entwicklung, der Ausbildung einer gewissen Routine mit jederzeit verfügbaren Handlungsmustern ist jedoch nur dann gegeben, wenn eine Lehrkraft das Fach Deutsch regelmäßig unterrichtet.

Unter Berücksichtigung der erschwerten Bedingungen für das Fach, mit denen es speziell an der BS und BFS konfrontiert ist (vgl. 4.4), wird deutlich, dass sich das Fach Deutsch und auch das Anforderungsprofil an seine Lehrkräfte stark von den allgemeinbildenden Schulen unterscheidet. Unabhängig von der fachlichen Qualifikation liegt es demzufolge auf der Hand, dass gerade bei dieser Aufgabenvielfalt Fortbildungen eine große Bedeutung zukommt (und zukommen *sollte*). Wenn das Fach schon mit fachfremd unterrichtenden Lehrern besetzt werden muss, so sollten diese wenigstens durch Schulungen die Möglichkeit erhalten, ihr Wissen zu erweitern, um so die Unterschiede zwischen Lehrkräften mit und ohne Facultas – zumindest ein Stück weit – zu verringern.

Für das Hybridfach Deutsch, das allgemein- und berufsbildende Inhalte umfasst, bedarf es in logischer Konsequenz auch bestenfalls eines Hybridlehrers. Denn in Rückbezug auf Kapitel 4.1.1 wird deutlich, dass der optimale Deutschlehrer an beruflichen Schulen ein ‚Allrounder par excellence' sein muss: So ist er weit mehr als nur Deutschlehrer und Experte seines Faches, sondern auch Kommunikationspsychologe und Schreibbegleiter, Grammatikfachmann und Literaturexperte, Bildungs- und Motivationscoach, Methodenkönner, Medienfachmann, Lernbegleiter und Schreibprofi, Didaktik-Ass, Planungsmeister und Diagnostikspezialist. Im Besonderen zeichnet er sich neben diesen Fähigkeiten jedoch auch noch dadurch aus, dass er die an seine Schüler zu vermittelnden Inhalte stets mit einer intrinsisch motivierenden Sinnhaftigkeit für den Beruf ausstatten kann, indem er zusätzlich noch den Bogen zur Praxis schlägt.

II. LESELEHRER SEIN: ZUM IST-STAND AN BERUFLICHEN SCHULEN

5. Methodisches Vorgehen

Diesem Teil schließen sich zunächst genaue Angaben zum Untersuchungsdesign an (Kapitel 5.1). Es wird die Methode der Datenerhebung vorgestellt, um im nächsten Schritt der Diskussion von Vor- und Nachteilen des in der vorliegenden Studie verwendeten standardisierten Online-Fragebogens Platz einzuräumen. Auf dieser Grundlage stellt Kapitel 5.2 sowohl einige Aspekte der Datenakquise als auch die Aufbereitung der erhobenen Daten vor und begründet diese. In diesem Kontext soll ebenfalls dem essentiellen Problem des Umgangs mit fehlenden statistischen Werten (Non-Response) Rechnung getragen werden, dem Kapitel 5.3 gewidmet ist.

5.1 Untersuchungsdesign

Weder zum Begriff des Leselehrers noch zur Ausübung dieser Rolle im Unterricht wurden bislang Daten erhoben. Die vorliegende Arbeit ist somit durchaus als Einzelfallstudie mit Pilotcharakter zu verstehen. Innovativ ist hierbei nicht nur die Frage nach der Rolle des Leselehrers, sondern auch die Erhebung von Faktoren, die diese Rolle beeinflussen können. Zunächst werden die unterschiedlichen Optionen der primärstatistischen Methode differenziert und die konkrete Auswahl im Kontext des vorliegenden Forschungsvorhabens begründet. Anschließend werden die Vor- und Nachteile der ausgewählten Methode kritisch reflektiert.

5.1.1 Methode der Datenerhebung

Ganz allgemein zielt die Primärdatenerhebung auf eine (Neu-)Gewinnung von Daten ab. Dabei ist es unerheblich, ob sie sich hierfür Techniken wie der Inhaltsanalyse, der Beobachtung, der Gruppendiskussion, der Befragung oder des Experiments bedient. Die vorliegende Studie nimmt Lehrkräfte der beruflichen Schulen (Sekundarstufe II) in Bayern in den Blick und ist daher an einer möglichst breiten Abbildung der Realität interessiert. Daher erschien eine umfassende Befragung der Lehrkräfte als geeignet, was zur Verwerfung anderer Techniken der Primärdatenerhebung führte. Nach wie vor gilt diese als „das Standardinstrument empirischer Sozialforschung bei der Ermittlung von Fakten, Wissen, Meinungen, Einstellungen oder Bewertungen im sozialwissenschaftlichen Anwendungsbereich" (Schnell et al. 2008: 321).

Generell können Befragungen in qualitativer oder quantitativer Ausprägung erfolgen. Wohingegen sich beide Forschungsmethoden früher gegenüberstanden, muss mittlerweile von dieser Konkurrenzauffassung jedoch Abstand genommen werden. Beide Methoden haben innerhalb der empirischen Forschung zu gleichen Anteilen ihre Berechtigung. In der vorliegenden Arbeit wird vor allem die abhängige Variable (AV) „Ausübung der Rolle des Leselehrers im Unterricht" untersucht, darüber hinaus werden Konstrukte wie Lesesozialisation, Einstellungen und Rollenidentifikation behandelt, die den Kern der Studie bilden.

Eine breite Abbildung des Ist-Stands innerhalb der beruflichen Schullandschaft ist am besten durch eine quantitative Vorgehensweise zu bewerkstelligen. Diese dient im Allgemeinen der objektiven Messung und der Quantifizierung von Sachverhalten, dem Testen von Hypothesen sowie der Überprüfung statistischer Zusammenhänge. Um die größtmögliche Anzahl an Lehrkräften zu erreichen, musste die Befragung schriftlich erfolgen. Dies sollte den Lehrkräften im Vergleich zur mündlichen Befragung eine zeitlich und örtlich flexible Teilnahme ermöglichen. So wurde der Fragebogen standardisiert, um eine vom Forscher unabhängige Situation zu gewährleisten und somit der Forderung nach Objektivität sowie Reliabilität Rechnung zu tragen, die in einer Interviewbefragung durch den Einfluss der Fragen stellenden Person gefährdet worden wäre.

Im Rahmen dieser Studie kam die Online-Datenerhebung zum Einsatz, deren Vor- und Nachteile in Kapitel 5.1.2 diskutiert werden. Hierfür wurde mit der Software EFS Survey ein vollstandardisierter Online-Fragebogen erstellt. Als Plattform und Speicherpunkt für den generierten Fragebogen fungierte eine eigens eingerichtete Homepage. Auf dieser konnte der Fragebogen innerhalb des Erhebungszeitraumes zeit- und ortsunabhängig beantwortet werden, so beispielsweise auch von zu Hause aus. Der Aufwand sollte sich für die Teilnehmer so gering wie möglich halten. Dies hatte den Hintergrund, die Lehrkräfte neben ihrer Primäraufgabe des Unterrichtens nicht übermäßig zu strapazieren und durch die hohe Flexibilität bei der Aufgabenbearbeitung so viele Teilnehmer wie möglich zu finden. Während der Bearbeitung wurden alle Daten automatisch von der Software EFS Survey auf einem dafür angelegten Server gespeichert. Vor Generierung der Homepage beziehungsweise des Fragebogens wurde ein Pre-Test durchgeführt. Rückmeldungen von zehn Lehrkräften der beruflichen Schulen führten zu einigen Modifizierungen, überwiegend zur Umformulierung einiger Fragen, was neben der besseren Verständlichkeit vor allem der Messgenauigkeit der Items dienen sollte.

Der Verlauf von quantitativen Forschungsmethoden ist im Wesentlichen genau festgelegt – allein schon durch die Erstellung von Hypothesen, die mittels geschlossener Fragenformate nach Abschluss der Datenerhebung angenommen oder verworfen werden. In der vorliegenden Arbeit wurden die meisten Hypothesen vorab formuliert. Neben den Dimensionen ergaben sich jedoch noch einige weitere Hypothesen, um welche das Modell im Verlauf der Arbeit ergänzt wurde. So generiert sich der Fragebogen überwiegend aus geschlossenen Aufgabenformaten. In diesem Rahmen kamen am häufigsten Multiple-Choice-Fragen zum Einsatz, wobei der Fragebogen überdies auch Likert-Skalen und Alternativfragen aufwies. Auf offene Fragestellungen wurde größtenteils verzichtet und den Lehrkräften lediglich an einigen wenigen Stellen die Möglichkeit eingeräumt, gewisse Ansichten und Vorgehensweisen in einem Freitextfeld zu explizieren.

Die Lehr-Lern-Zeit des Unterrichts wurde bei dieser Umfrage in keiner Weise tangiert. Daten der Schülerschaft waren aufgrund der Tatsache, dass die Studie nur die Lehrkräfte in den Fokus nimmt, nicht erforderlich. Daher beanspruchte das Ausfüllen des Fragebogens weder Unterrichtszeit noch wurden Einwilligungserklärungen von Seite der Schüler benötigt.[51] Die Schulen und ihre Lehrkräfte erhielten jedoch ein Anschreiben per E-Mail, in welchem die genaue Absicht der Umfrage dargestellt wurde. Überdies stellte sich die Verfasserin darin namentlich vor und begründete ihren Bezug zum beruflichen Schulwesen. Das gesamte Material kann dem Anhang der Arbeit entnommen werden (siehe Kapitel 19.1).

Die Teilnahme der Lehrkräfte erfolgte auf freiwilliger Basis. Für eine repräsentative Befragung bedurfte es zum Umfragezeitpunkt bei ca. 16.400 Lehrkräften an beruflichen Schulen der Sekundarstufe II in Bayern eines Rücklaufes von mindestens 376 beantworteten Online-Fragebögen. Von Anreizsystemen in Form von Verlosungen oder Geschenken (incentives) zur Erhöhung der Motivation wurde sowohl aus methodischen als auch aus Datenschutzgründen Abstand genommen. Aus ebendemselben Grund erhob der Fragebogen auch keinerlei Angaben zu Namen, Regierungsbezirk, Schule o.ä.

---

[51] Aufgrund dessen wurden auch keine genehmigungspflichtigen Einwilligungserklärungen der Eltern im Fall von Minderjährigkeit benötigt.

Methodisches Vorgehen

Aufgrund der Tatsache, dass die Weiterleitung des Materials von der Zustimmung der Schulleiter abhängig und die Teilnahme auf freiwilliger Basis war, handelt es sich um eine sogenannte Teilerhebung (vgl. Schnell et al. 2008: 267). Die Auswertung der Daten erfolgte mit der Statistik-Software SPSS sowie mit Stata. Die erhobenen Daten wurden von EFS Survey in SPSS-Datenblätter exportiert und konnten so direkt im Anschluss über das Auswertungsprogramm gespeichert werden. Eigentümer der Daten blieb stets die Verfasserin, selbst bei der sich anschließenden Daten- und Datenträgervernichtung.

Aufgrund der Tatsache, dass wissenschaftliche Methoden und Vorgehensweisen stets diskutiert werden können und zum Teil auch müssen, sei der Debatte über Vor- und Nachteile der gewählten Herangehensweise ein Platz im nächsten Unterkapitel eingeräumt.

5.1.2 Vor- und Nachteile des Online-Fragebogens

Bezüglich der Entscheidung für den wissenschaftlichen, standardisierten Online-Fragebogen stößt man auf viele Vorzüge, aber auch auf einige Nachteile, deren Gewicht nicht unterschätzt werden darf. Aufgrund der Verwendung des Online-Fragebogens werden die Nachteile dieses Instruments in der Diskussion nachgestellt.

Vorteile von Online-Befragungen

Als größter Vorteil schriftlicher Befragungen sind gerade in der heutigen Zeit die Stichworte „Anonymität" und „Datensicherheit" zu nennen, die im Internetzeitalter eine große Rolle spielen. Bei der vorliegenden Befragung konnte den Teilnehmern absolute Anonymität zugesichert werden. Zu diesem Zwecke wurden weder Namen noch Regierungsbezirke noch IP-Adressen erhoben. In diesem Zeichen wurde der Fragebogen bereits ursprünglich mit den Einstellungen einer „anonymen Befragung" programmiert.
Einen weiteren Aspekt stellt die Vermeidung von Verzerrungen durch das selbstständige Ausfüllen seitens der Befragten dar. Dies ist Vor- und Nachteil zugleich: Auf der einen Seite wird das Gespräch zwar nicht durch eine befragende Person beeinflusst; auf der anderen Seite jedoch auch nicht durch diese weiter vorangetrieben und kontrolliert.

Methodisches Vorgehen

Zur Motivation tragen ebenfalls die Möglichkeiten der Gestaltung, Organisation und Fortschrittsanzeige der Befragung bei. Im Vergleich zur Papiervariante, die aus Kostengründen in schwarz-weiß gedruckt wird, besticht der Online-Fragebogen durch die Möglichkeit eines farblich ansprechenden Designs, das nicht nur die umweltfreundlichere Variante ist, sondern ebenfalls der Motivationsaufrechterhaltung dient. Darüber hinaus ist meist nur eine Frage sichtbar anstatt des kompletten ausstehenden Fragebogens, was ebenfalls motivierend sein kann. Die bei der Papiervariante als Fortschrittsanzeige fungierende Seitenzahl kann in der Onlineversion ebenfalls programmiert werden: So wurde den befragten Lehrkräften stets angezeigt, wie viel Prozent der Umfrage sie schon bearbeitet haben.

Gerade bei freiwillig auszufüllenden Online-Umfragen besticht ebenfalls das Argument, dass die Befragten Zeitpunkt, Ort und Dauer der Bearbeitung selbst bestimmen können. Im Vergleich zu einer mündlich durchgeführten Befragung entstehen zudem grundsätzlich insgesamt geringere finanzielle Ausgaben, da keine Interviewer nötig sind, um den Fragenkatalog abzuarbeiten (vgl. Schnell et al. 2008: 377). Zudem entfallen bei der Online-Befragung auch Papierkosten, ebenso wie Frankierungen zum erstmaligen Zu- und späteren Rücksenden der Bögen innerhalb des Bundeslandes. Laut AGRAWAL betragen die Gesamtkosten einer Online-Umfrage 10 % einer vergleichbaren Briefpost-Umfrage und 5 % einer Telefonumfrage (vgl. Agrawal 1998: 197).

Während der Generierungsphase des Fragebogens können zudem Fehlerkontrollen und Plausibilitätschecks durchgeführt werden, die eine Rückmeldung darüber geben, ob die Werte plausibel, das heißt annehmbar und einleuchtend sind. Selbst vorprogrammierte Konsistenzkontrollen wären möglich sowie die Aufzeichnung des Verhaltens der befragten Person (vgl. Diekmann 2010: 522), wobei Letzteres zu keinem Zeitpunkt Gegenstand dieser Untersuchung war.

Grundsätzlich bietet sich für Befragungen, in welchen multimediales Material mitverwendet werden soll oder gar Gegenstand der Umfrage ist, ebenfalls der Online-Fragebogen an (vgl. Schnell et al. 2008: 377). Hier kann problemlos von sämtlichen multimedialen Darstellungsmöglichkeiten Gebrauch gemacht werden (z.B. Text-, Audio- oder Videodateien). Zugleich wird ein attraktives, interaktives, vor allem aber effizientes Fragebogendesign möglich. In der vorliegenden Studie wurde zwar kein multimediales Material verwendet, doch die Programmierung des Fragebogens ermöglichte beispielsweise eine erneute Auflistung bereits genannter Kompetenzen, sodass die Befragten aus diesen eine Rangfolge bilden konnten. Die beschrifteten Bausteine konnten hier jeweils in die persönliche Rangfolge gebracht und beliebig oft vertauscht werden.

Methodisches Vorgehen

Die rasch erfolgende Analysemöglichkeit von Online-Umfragen ist als weiterer Vorteil zu nennen. Es müssen weder Interviews transkribiert noch Fragebögen per Hand in eine Tabelle übertragen werden. Das Datenmaterial wird stattdessen direkt auf einem Onlineserver gespeichert, sodass die Daten in ein SPSS-Datenblatt exportiert werden können (vgl. Diekmann 2010: 522). Die sich daraus ergebende zeitnahe und unproblematische Übertragung der gesammelten Daten sowie ihre ökonomische Aufbereitung sind zwei weitere Aspekte, die für den Einsatz des Online-Fragebogens sprechen.
Doch wie eine Medaille hat auch der Online-Fragebogen zwei Seiten. So werden im Folgenden seine Nachteile aufgezeigt.

Nachteile von Online-Befragungen

Im Vergleich zur qualitativen Interviewbefragung, in der sich Fragender und Antwortender gegenübersitzen, ist der Output bei der Online-Befragung, das heißt die Rücklaufquote, ungewiss. Man kann insofern von einem hohen ökonomischen Aufwand sprechen, da alle beruflichen Schulen in Bayern einzeln via E-Mail kontaktiert wurden. Ein Versand des Fragebogens an nur diejenigen Schulen und Lehrkräfte, die tatsächlich bei der Befragung teilnehmen würden, war nicht möglich. Verglichen mit einer qualitativen Befragung, in welcher mit einem festen Personenkreis ein oder mehrere Termine für Interviews vereinbart werden, ist die Rücklaufquote hier natürlich deutlich geringer.
An diesen Punkt knüpfen auch der heikle Aspekt der Nichtbeantwortung von Fragen sowie der Abbruch des Online-Formats an. In einer persönlichen face-to-face-Situation ist der Befragte gegebenenfalls kooperativer sowie offener und lässt sich vielleicht auch auf eine Frage ein, die er in einer Online-Umfrage aus Bequemlichkeit, fehlender Motivation oder Unbehagen ausgelassen hätte. In der anonymen und unbeobachteten, unkontrollierten Situation der Online-Umfrage dagegen erfährt die Person hier keinerlei Druck und/oder äußere Kontrolle, sodass unangenehme Fragenformate leicht und unbemerkt durch Weiterklicken übersprungen werden können.
Zum weiteren Nachteil gereicht, dass die Fragestellungen zwar verschriftlicht und damit standardisiert sind, dagegen aber keinerlei Kontrolle über die „Interviewsituation" beziehungsweise die Bedingungen der Fragebogenbearbeitung möglich ist. So können eventuelle Störquellen und äußere Einflüsse während der Befragung nicht ausgeschlossen werden. Füllt eine Lehrkraft den Fragebogen ungestört zu Hause in seinem Büro aus, kann sie dies mit hoher Wahrscheinlichkeit konzentrierter tun als eine Lehrkraft, die hierfür eine Freistunde am Computer des Lehrerzimmers nutzt. Weitere Störfaktoren

Methodisches Vorgehen

könnten hier die vorhandene Zeit, die Tagesform, die persönliche Stimmung zum Zeitpunkt des Ausfüllens und der Ort darstellen. Es sei darauf verwiesen, dass die genannten Störfaktoren auch bei qualitativen Forschungsmethoden eine Rolle spielen.
Den gravierendsten Negativaspekt stellt jedoch die Repräsentativität in Bezug auf die Zusammensetzung des Samples dar. Wir haben es hier mit einer gewissen Selbstselektion zu tun, die jedoch bei jeder Umfrage vorliegt: Lehrkräfte mit Interesse an der Thematik des Leselehrers lassen sich tendenziell häufiger auf einen derartigen Fragebogen ein als solche ohne Interesse. Dieser Gesichtspunkt wird zudem durch die Freiwilligkeit der Teilnahme befeuert. Hierdurch könnte es zu stark positiven Antworttendenzen und letztlich zu einem positiveren Gesamtbild bei der Auswertung kommen als dies realiter der Fall ist. Eine Generalisierbarkeit der Befunde muss mit größter Vorsicht behandelt werden.

In Abwägung sämtlicher Vor- und Nachteile dominieren zur Umsetzung des vorliegenden Forschungsvorhabens die Vorzüge der Online-Methode. Um eine möglichst große Anzahl an Lehrkräften zu erreichen und den Ist-Stand an den Schulen adäquat abbilden zu können, bietet sich nach Auffassung der Verfasserin erstens nur eine quantitative Vorgehensweise und zweitens nur eine ökonomische Variante wie die der Online-Befragung an. Seit einigen Jahren ist sogar ein wachsender Trend zu online basierten Umfragen, vor allem außerhalb der universitären Forschung, zu verzeichnen (vgl. Schnell et al. 2008: 377; Brake/Weber 2009: 413). Hierfür sind die zahlreichen Vorteile der Online-Befragung, insbesondere in größeren Dimensionen wie ALLBUS[52] oder NEPS[53] verantwortlich. Darüber hinaus sind diesbezüglich die sich kontinuierlich verbessernden Hard- und Softwareleistungen (vgl. Statistisches Bundesamt 2014: 202f.) zu nennen. Leistungsfähige Systeme sind mittlerweile bezahlbar und zum Teil auch gesellschaftliches Muss, sodass sie sowohl in privaten Räumen als auch im beruflichen Kontext vorhanden sind. Sicherlich werden für die befragten Personen aber ebenfalls Faktoren wie Zeit und Aufwand eine Rolle spielen.

---

[52] Die Allgemeine Bevölkerungsumfrage der Sozialwissenschaften (ALLBUS) erhebt seit 1980 alle zwei Jahren Daten über Einstellungen, Verhaltensweisen und Sozialstruktur der Bevölkerung in der Bundesrepublik Deutschland.
[53] Das Nationale Bildungspanel (NEPS) untersucht Bildungsprozesse und Kompetenzentwicklung in Deutschland beginnend in der frühen Kindheit bis ins hohe Erwachsenenalter.

5.2 Datenakquise und Datenaufbereitung

In Kapitel 3.3 wurden bereits die aktuellen Zahlen in Bezug auf die Zusammensetzung des Lehrpersonals der beruflichen Schulen erläutert. Die Zahlen basieren auf einer Gesamtmenge von ungefähr 16.400 Lehrkräften. Um eine Mindeststichprobengröße benennen zu können, wurde mit einem Stichprobenfehler von 5 % sowie mit einem Konfidenzintervall von 95 % gerechnet. Beide Werte sind für Stichproben typisch. Unter Annahme der konservativsten Verteilung von 50 % wurde eine Stichprobengröße von $N \geq 376$ ermittelt. Die Zahl N steht für die Anzahl an befragten Personen, derer es für eine als repräsentativ geltende Umfrage bedarf.[54] Die Rücklaufquote gilt im Besonderen bei Online-Umfragen als heikel, daher wird eine Beantwortungsquote von 20 bis 30 Prozent bereits als äußerst erfolgreich eingestuft.

Von den insgesamt 1.400 angeschriebenen beruflichen Schulen in Bayern wurden ca. 30 % auch telefonisch von der Umfrage in Kenntnis gesetzt. Auf diesem Wege erfolgten Vorab-Einwilligungen der Schulen: Schulleitungen konnten im Telefonat angeben, wenn das Material der Umfrage via E-Mail zugestellt werden sollte oder wenn sich eine Schule gänzlich aus der Umfrage herauszunehmen wünschte. Ferner erschien diese Vorgehensweise zweckdienlich, da die Schulen so auf den via E-Mail versandten Fragebogen hingewiesen waren und die Wahrscheinlichkeit einer Weiterleitung an das Lehrpersonal der Schule erhöht wurde. Das Material bestand aus dem offiziellen Anschreiben der Schulleiter und Lehrer sowie einer Kopie der Genehmigung des damaligen Bayerischen Staatsministeriums für Unterricht und Kultus. Der Auflage, die schriftlich erteilte Genehmigung stets vorzuzeigen beziehungsweise mitzuschicken, wurde stets nachgekommen.

Die Daten generieren sich im Allgemeinen aus den Lehrkräften derjenigen beruflichen Schulen Bayerns, welche der Sekundarstufe II angehören. Dies bildet die erste Einschränkung von insgesamt dreien. Zweitens setzen sich die Daten nur aus denjenigen Schulen zusammen, deren Schulleiter mit einer freiwilligen Teilnahme an der Studie einverstanden waren. Die dritte und letzte Einschränkung nahmen die Lehrkräfte persönlich vor, indem sie sich für oder gegen das Ausfüllen des Fragebogens entschieden.

---

[54] An dieser Stelle sei darauf hingewiesen, dass der Begriff einer „repräsentativen" Stichprobe eher als Metapher zu verstehen ist, da eine Stichprobe niemals eine Grundgesamtheit repräsentieren kann. In der Statistik gilt das Begriffspaar der repräsentativen Stichprobe nicht als Fachbegriff; stattdessen wird von Zufallsstichproben oder Wahrscheinlichkeitsauswahlen gesprochen (vgl. Diekmann 2010: 430).

Methodisches Vorgehen

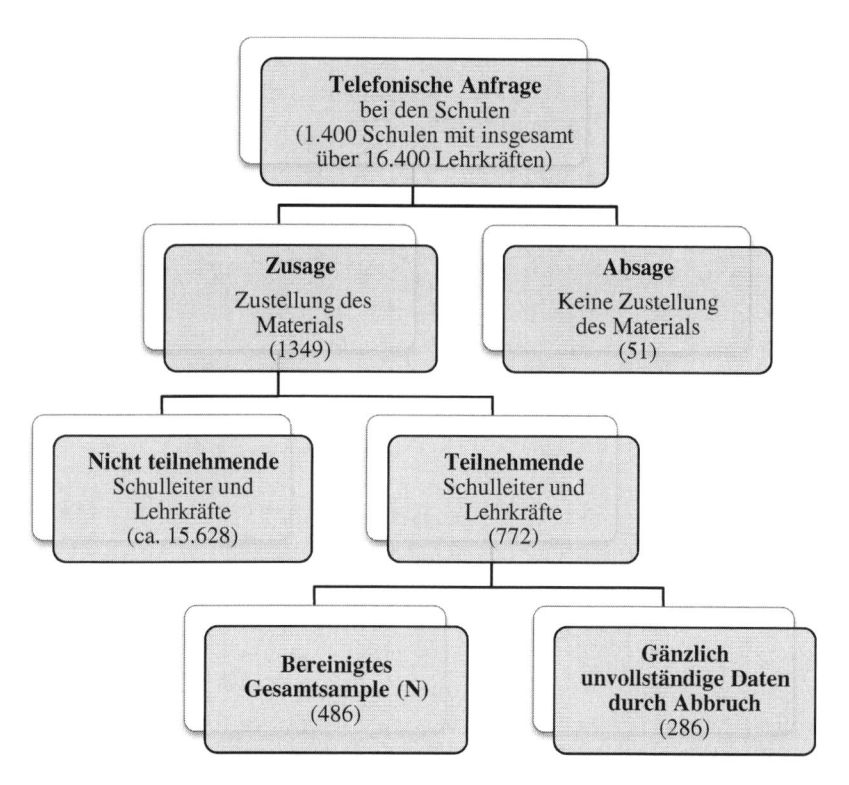

```
┌─────────────────────────────┐
│   Telefonische Anfrage      │
│      bei den Schulen        │
│ (1.400 Schulen mit insgesamt│
│    über 16.400 Lehrkräften) │
└─────────────────────────────┘
          │
   ┌──────┴──────┐
   ▼             ▼
┌─────────┐  ┌──────────┐
│ Zusage  │  │  Absage  │
│Zustellung│ │Keine Zust.│
│des Mat. │  │des Mat.  │
│ (1349)  │  │  (51)    │
└─────────┘  └──────────┘
   │
┌──┴────────────┐
▼               ▼
┌──────────┐ ┌──────────┐
│Nicht teil│ │Teilnehm. │
│nehmende  │ │Schulleit.│
│Schulleit.│ │und Lehrk.│
│u. Lehrk. │ │  (772)   │
│(ca.15.628)│└──────────┘
└──────────┘     │
          ┌──────┴──────┐
          ▼             ▼
      ┌─────────┐  ┌──────────┐
      │Bereinig.│  │Gänzlich  │
      │Gesamt-  │  │unvoll-   │
      │sample(N)│  │ständige  │
      │  (486)  │  │Daten d.  │
      │         │  │Abbruch   │
      │         │  │  (286)   │
      └─────────┘  └──────────┘
```

Abbildung 7: Beteiligung der Schulen und Schulleiter/innen sowie der Lehrkräfte im Rahmen der Online-Befragung

Wie der vorausgehenden Abbildung 7 entnommen werden kann, wurden im Zuge der Datenbereinigung 286 Datensätze ausgeschlossen. Dies betraf jedoch ausschließlich solche Fragebögen, die entweder keinerlei Antworten enthielten oder gleich zu Beginn wieder abgebrochen wurden, sodass über 95 % der Angaben fehlten. Die hohe Zahl an Datensätzen, die zwar auf der Fragebogenhomepage angesehen und höchstwahrscheinlich auch durchgelesen wurden, ergibt sich nach Einschätzung der Verfasserin daraus, dass einige Schulleiter den Fragebogen vorab prüften. So konnten diese nach erlangter Kenntnis über Fragen und Themenbereiche immer noch darüber entscheiden, ob sie der Weiterleitung des Fragebogens an ihre Lehrkräfte zustimmen oder nicht. Da der Umgang mit fehlenden Werten in der Statistik generell eine problematische Angelegenheit darstellt, wurde diesem das sich anschließende Kapitel gewidmet.

Methodisches Vorgehen

5.3 Umgang mit fehlenden Werten

Anders als bei schriftlichen Befragungen können fehlende Werte bei einer onlinebasierten Befragung zumindest nicht durch den Verlust von Fragebögen entstehen (vgl. Bortz/Schuster 2010: 100) – dafür jedoch durch nicht gegebene oder ungültige Antworten sowie durch Kodierprobleme. Das Fehlen von Daten wird als Non-Response bezeichnet, wobei es sich konkret um Item-Non-Response oder Unit-Non-Response handeln kann. Beim Item-Non-Response bezieht sich der Ausfall auf fehlende Werte innerhalb einer Variablen, bei der Unit-Non-Response dagegen auf das Fehlen einer ganzen Untersuchungseinheit, hier also auf das Fehlen einer Person (vgl. Diekmann 2010: 426). Allgemein kann gesagt werden, dass Non-Response die Zusammenhänge zwischen den Variablen weniger verzerrt, als dies bei Randverteilungen der Fall ist. So ist die

> „Schätzung von Korrelationen [...] gegenüber systematischen Stichprobenfehlern in der Regel robuster als die Schätzung von Mittelwerten und Anteilen. Ist mithin das Ziel einer Untersuchung die Schätzung der Richtung und Stärke von Zusammenhängen, dann ist Non-Response in der Regel nicht die typische Fehlerquelle." (ebd.: 426)

Die Stichprobenbeschreibung in Kapitel 1.1 wird diejenige Form des Non-Response beleuchten, die bei dieser Studie am gravierendsten vorlag. Nach der Typologie von RUBIN (1976) lassen sich generell drei Arten von "missing values" differenzieren (vgl. hierzu Schnell et al. 2008: 469):
1) MCAR: „missing completely at random", das heißt das Fehlen der Daten ist absolut zufällig und auf keine bestimmte Variable zurückzuführen, weshalb sie auch bei der statistischen Analyse ignoriert werden können.
2) MAR: „missing at random" liegt vor, wenn bestimmte Daten bei Variablen aufgrund einer anderen Variablen fehlen.
3) MNAR: „missing not at random" ist der brisanteste Fall, da die Variable aufgrund keiner anderen, sondern aufgrund der Variable selbst fehlt; die fehlenden Daten sind nicht über andere Variablen vorhersagbar.

Bei den vorliegenden fehlenden Daten wurde von unsystematischen Ausfallmechanismen ausgegangen, über die zahlreiche Ansätze in der Literatur zu finden sind (vgl. Bankhofer 1995: 85). Dies lässt sich dadurch begründen, dass die häufigsten Fragebögen tatsächlich durchwegs unbeantwortet blieben, einzelne Fragen daher folglich eben nicht systematisch, sondern zufällig fehlen. Die Nicht-Beantwortung einer isoliert betrachteten Frage resultiert folglich nicht aus der Frage an sich, sondern aus dem Bedürfnis, sich über alle Fragen zu informieren. Es ist also von einer systematischen Nicht-Beantwortung des Fragebogens als Ganzes auszugehen; die Bedeutung für einzelne Fragen innerhalb des Fragebogens ist jedoch als gering einzuschätzen.

Zur Behandlung derartiger fehlender Daten können SCHWAB zufolge drei mögliche Strategieklassen unterschieden werden: Eliminierungsverfahren, Parameterschätzverfahren und Imputationsverfahren (Schwab 1991: 4). Im Kontext des theoretischen Modells wurde das Eliminierungsverfahren herangezogen, im Speziellen der fallweise Ausschluss ("listwise deletion"). Hierbei werden fehlende Objekte beziehungsweise Merkmale mit fehlenden Werten aus der Datenmatrix entfernt (vgl. Runte 1999: 8). Eliminierungsverfahren sind nur unter der restriktiven Annahme MCAR uneingeschränkt anwendbar (Little/Rubin 1987: 39f.). Da keine Systematik hinter dem Fehlen einiger Angaben zu erkennen war, wurde von ebendiesem Verfahren Gebrauch gemacht. So konnte das Modell nach dem Eliminierungsverfahren mit einer "complete-case analysis" gerechnet werden, das heißt fehlende Werte, die zur Berechnung des Modells essentiell sind, wurden ausgeschlossen anstatt sie umzuverteilen und/oder statistisch zu ergänzen. Stattdessen werden nur diejenigen Objekte weiterverwendet, für die auch vollständige Datensätze vorliegen. Möglich war dies vor allem dadurch, dass es nicht zu einer drastischen Stichprobenreduktion kam wie dies beim fallweisen Ausschluss häufig der Fall ist. Stattdessen reduzierte sich das Gesamtsample lediglich von 486 auf 411 Fälle. Dies entspricht einem prozentualen Anteil von 84,57 %, der in die Berechnung des theoretischen Modells einfloss. Unter Berücksichtigung der Mindeststichprobengröße haben wir es trotz des Ausschlusses immer noch mit einer repräsentativen Umfrage zu tun.

6. Datengrundlage und Stichprobe

Im Laufe dieses Kapitels bis einschließlich Kapitel 13 werden sämtliche statistische Werte auf zwei Dezimalstellen gerundet. Dies dient zum einen der Lesbarkeit gegenüber höherer Dezimalstellen, soll jedoch zugleich eine Tendenz der Werte anzeigen. Die einzige Ausnahme stellt das Ergebnisdatenblatt der Regressionsanalyse in Kapitel 12.1 dar, bei welcher eine Rundung auf lediglich vier Dezimalstellen erfolgte, um auch minimale Unterschiede erkennbar werden zu lassen.

Datengrundlage und Stichprobe

6.1 Methode der Datenauswertung

Die in der Online-Umfrage ermittelten Daten wurden in SPSS-Datenblätter exportiert. Der Exportauftrag wurde online in der Software EFS Survey gestellt und auf den durch ein Passwort geschützten Server zum Download bereitgestellt. Ebenfalls möglich war hier die sofortige Durchführung einer Datenbereinigung, die das Gesamtsample von 772 auf insgesamt $N = 486$ relevante und auswertbare Datensätze begrenzte. Durchgehend unbeantwortete Fragebögen konnten auf diese Weise von der Auswertung ausgeschlossen werden (vgl. Kapitel 5.3).

Zur Berechnung des statistisch zu prüfenden Modells wurde die Regressionsanalyse herangezogen. In diesem Fall handelt es sich um eine multiple lineare Regression, die den Einfluss mehrerer unabhängiger Variablen auf eine abhängige Variable untersucht (vgl. Backhaus 2006; Schnell et al. 2008: 456). Mit Hilfe der Methode der kleinsten Quadrate, besser als Ordinary-Least-Squares (OLS) bekannt, wurde der Einfluss der insgesamt neun Dimensionen mit den unabhängigen Variablen (UVs) auf die abhängige Variable (AV) der Ausübung der Rolle des Leselehrers untersucht. Die Berechnung liefert für jede einzelne UV einen Regressionskoeffizienten, der auch als Beta-Koeffizient (β-Koeffizient) bezeichnet wird: „Bei einer multiplen Regression gibt ein Regressionskoeffizient an, um wieviel Einheiten die abhängige Variable ansteigt, wenn die jeweilige unabhängige Variable um eine Einheit anwächst und alle anderen unabhängigen Variablen konstant bleiben." (Schnell et al. 2008: 456) So können Stärke und Richtung (positiv oder negativ) des Einflusses von der unabhängigen auf die abhängige Variable ermittelt werden.

6.2 Rücklaufquote

Davon ausgehend, dass mit den an die Schulleitungen versandten E-Mails theoretisch mehr als 16.400 Lehrkräfte erreicht wurden, lässt sich anhand der vorhergehenden Abbildung 7 aus Kapitel 5.2 (S. 118) eine Rücklaufquote von 4,83 % ermitteln, was für Online-Umfragen sehr gering ist. Mit dem bereinigten Gesamtsample N = 486, das die Umfrage beendet hat, ergibt sich dementsprechend eine noch geringere Prozentzahl von 2,85 %.

Insgesamt wurden folglich 286 Untersuchungseinheiten ausgeschlossen, da es sich um Unit-Non-Responses handelte (vgl. Diekmann 2010: 426), die über keinerlei verwertbare Information verfügten. In allen 286 Untersuchungseinheiten waren weniger als zwei Fragen beantwortet worden, sodass

Datengrundlage und Stichprobe

diese gänzlich von der Auswertung ausgeschlossen werden mussten, um Verzerrungen vorzubeugen. Zu dieser schlechten Rücklaufquote können diverse Gründe geführt haben, die jedoch mit hoher Wahrscheinlichkeit Hand in Hand gehen: Erstens ist die Bearbeitungszeit von 15 bis 20 Minuten zu nennen, die sicherlich einige Lehrkräfte von der Teilnahme abgehalten hat – selbst wenn dieser online vorlag und beispielsweise auch in einer Freistunde hätte ausgefüllt werden können.

Zweitens war die online verfügbare Befragung gewiss weniger präsent als Fragebögen in Papierform, die im Lehrerzimmer gut sichtbar ausliegen. Die fehlende materielle Präsenz kann insofern auch als Nachteil betrachtet werden. Zudem bedarf es zur Teilnahme an der Umfrage der Medienkompetenz, welche den Schülern im Unterricht laut Lehrplänen aller Jahrgangsstufen vermittelt werden soll.

Ferner lässt die niedrige Rücklaufquote auf eine verhältnismäßig geringe Motivation der Lehrkräfte schließen, an Online-Befragungen in ihrer Freizeit teilzunehmen. Es darf jedoch nicht unberücksichtigt bleiben, dass diese Umfrage nicht die einzige gewesen ist, die während des Erhebungszeitraums (Oktober bis Dezember 2013) in den Schulen kursierte.[55] Insofern waren die Lehrkräfte auch jenseits des eigentlichen Alltagsgeschäfts Unterricht belastet. Es ließe sich diskutieren, ob die verhältnismäßig niedrige Rücklaufquote automatisch für ein grundsätzliches Desinteresse an der Thematik spricht, was wiederum die Relevanz der Themenstellung verdeutlichen würde. Fest steht jedoch, dass die Rücklaufquote deutlich höher hätte ausfallen müssen, wenn das Thema der Umfrage auf allgemeines Interesse gestoßen wäre. Wenn Lesekompetenz wirklich Aufgabe aller Fächer wäre und als solche begriffen würde, hätten sich mehr Lehrkräfte angesprochen fühlen müssen. Diese Konjunktive sind mit Vorsicht zu genießen. Die Verfasserin weist nochmals ausdrücklich darauf hin, dass die möglichen Faktoren sicherlich kumuliert aufgetreten sind.

---

[55] Gleichzeitig wurde beispielsweise eine Befragung der BOS-Lehrkräfte zum Lehrplan vom ISB München durchgeführt. Die Daten und ihre Auswertung wurden im März 2014 veröffentlicht. Die Ergebnisse sind abrufbar unter folgender Internetadresse: https://www.isb.bayern.de/berufliche-oberschule/uebersicht/online-lehrplanbefragung/ (27.04.2015).

Datengrundlage und Stichprobe

6.3 Stichprobenbeschreibung

Das Sample generiert sich aus insgesamt 486 Fragebögen, die in die Auswertungen einbezogen wurden. Unter Berücksichtigung der angegebenen Zahlen zur Verteilung des Lehrpersonals an den jeweiligen Schulformen kann gesagt werden, dass die realen anteiligen Verhältnisse der Schulformen besser in der Stichprobe abgebildet werden konnten als zu Beginn der Auswertung angenommen (vgl. hierfür 3.3).

Schulart und Lernfeldkonzept

Die Lehrkräfte an Berufsschulen (BS) stellen mit 33,74 % die größte Gruppe der befragten Personen des Samples dar. Dem schlossen sich mit 29,22 % die Fachoberschulen (FOS) an, wie es auch in der tabellarischen Übersicht in Tabelle 4 (Kapitel 3.3) zu sehen war. An der Berufsoberschule (BOS), die in einigen Fällen an die Fachoberschule gekoppelt ist, unterrichten 119 der insgesamt 486 Lehrkräfte, was einem prozentualen Anteil von 24,49 % entspricht. Das Verhältnis von FOS und BOS wird hier zwar nicht realiter widergespiegelt, ist aber in Rangfolge und Besetzung weitestgehend konsistent. Zur besseren Übersicht wurden die Ergebnisse des bereinigten Gesamtsamples ($N = 486$) noch einmal in absoluten Zahlen in der nachfolgenden Abbildung 8 veranschaulicht. Addiert ergibt sich hier theoretisch eine Summe von 628 absoluten Antworten. Hierbei ist zu beachten, dass sich die N überschreitende Gesamtsumme aufgrund des Sachverhalts ergibt, dass die Lehrkräfte häufig nicht nur an *einer* beruflichen Schulform unterrichten.

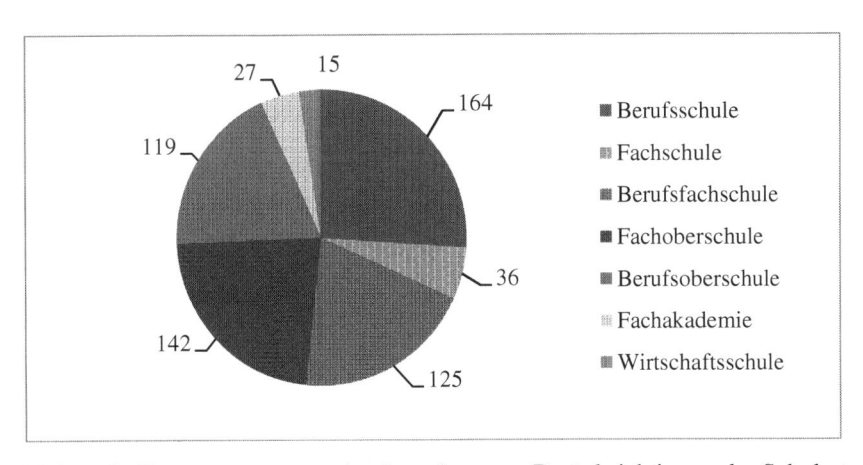

Abbildung 8: Zusammensetzung des Samples unter Berücksichtigung der Schularten

Datengrundlage und Stichprobe

Die bayerischen Berufsfachschulen (BFS) bilden mit 25,72 % eine annähernd große Gruppe von Befragten wie die Lehrkräfte der FOS. Zwischen Berufsfachschulen und Berufsfachschulen des Gesundheitswesens, die auf den Seiten des Kultusministeriums aufgrund der aktuell beschlossenen veränderten Zugehörigkeit[56] getrennt aufgeführt sind, wurde im Rahmen der vorliegenden Studie jedoch nicht differenziert. Schwach vertreten sind dagegen Fachakademien (5,56 %) und Fachschulen (7,41 %), wobei auch dies in Bayern aufgrund des vergleichsweise geringen Aufkommens beider Schulformen nicht verwunderlich ist. 3,09 % der teilnehmenden Lehrkräfte unterrichten zudem auch an der Wirtschaftsschule (WS).[57]

Von den insgesamt 486 Lehrkräften unterrichten 47,12 % im Lernfeldkonzept. Dies ergibt sich in der Regel aufgrund der Schulartspezifik: Für FOS und BOS ist die Organisation des Unterrichts in Lernfeldern kategorisch nicht zutreffend. Bei allen anderen Schularten, die Gegenstand der Untersuchung waren, greift das Lernfeldkonzept jedoch. 10,70 % der Lehrkräfte erteilten hier keine Antwort.

Schulstatus (öffentlich versus privat)

Ebenfalls wurde das Verhältnis von öffentlichen und privaten Schulen erhoben. Dabei ließ sich ein solches von 357:93 zugunsten der öffentlichen Schulen ermitteln, was einem Prozentsatz von 73,46 % entspricht. In 36 Fragebögen blieb diese Frage unbeantwortet. Angaben der amtlichen Schulstatistik des Jahres 2012 in Bayern zufolge, die ein Verhältnis von öffentlichen zu privaten Schulen von 53,56 % belegen, sind öffentliche Schulen hier folglich überrepräsentiert.[58]

---

[56] Seit 2014 sind sowohl das Staatsministerium für Gesundheit und Pflege (StMGP) als auch das Bayerische Staatsministerium für Unterricht und Kultus, Wissenschaft und Kunst (StMUKWK) für die Berufsfachschulen des Gesundheitswesens zuständig. Für Letzteres ergibt sich die Zuständigkeit aufgrund der Einbeziehung der BFS des Gesundheitswesens in das BayEUG. Die Broschüre kann unter folgendem Link aufgerufen werden: http://www.km.bayern.de/schueler/abschluesse/berufliche-bildungsabschluesse.html (22.04.2015).

[57] Diese Prozentzahl ergibt sich aufgrund der Tatsache, dass die befragten Lehrkräfte zum Teil an mehreren Schulformen unterrichten. Obwohl die WS als zur Sekundarstufe I gehörend nicht Gegenstand der Studie waren, unterrichteten die hier vorhandenen 3,09 % auch an einer weiteren beruflichen Schulform und fanden so Eingang in die Studie.

[58] Die Daten gehen auf eine Statistik im Herbst 2012 zurück. Von den insgesamt 1.574 beruflichen Schulen fallen den Angaben zufolge 843 in den Bereich des öffentlichen Schulträgers, 731 dagegen zählen zu den privaten Schulträgern. Im Vergleich

Datengrundlage und Stichprobe

Geschlechterverhältnis

Das Sample setzt sich des Weiteren aus 176 männlichen und 271 weiblichen Teilnehmern zusammen, so dass sich hier ein prozentualer Anteil von 39,37 % bei den Männern und 60,63 % bei den Frauen ergibt. Auch innerhalb der jeweiligen Schularten zählen, mit Ausnahme der FS, mehr Frauen als Männer zu den Teilnehmern der Studie (vgl. Tabelle 6). Es stellt sich die Frage, ob der höhere Frauenanteil mit einem generellen Interesse an der Thematik Lesen begründet werden kann, oder ob dies lediglich auf die geschlechtsspezifische Zusammensetzung des Lehrpersonals zurückzuführen ist. Auf die Daten von Tabelle 4 in Kapitel 3.4 zurückgreifend, kann die ungleichmäßige Verteilung jedoch nicht dem Geschlechterverhältnis geschuldet sein: Insgesamt findet sich in den beruflichen Schulformen Bayerns ein Anteil männlicher Lehrkräfte von 51,82 %. Unter auffällig von männlichen Lehrkräften dominierte Schularten fallen lediglich BS (67,50 %) und FS (63,88 %), wohingegen die Männer in den FAK (29,25 %), BFS (29,97 %) und vor allem in den BFS des Gesundheitswesens (24,23 %) unterrepräsentiert sind.

Tabelle 6: Prozentuales Geschlechterverhältnis im Sample unter Berücksichtigung der Schularten

Schulart	Lehrkräfte insgesamt	davon männlich	Anteil in Prozent
Wirtschaftsschule	*15*	*4*	*26,67*
Fachoberschule	142	64	45,07
Berufsoberschule	119	56	47,06
Berufsschule	164	73	44,51
Berufsfachschulen	125	34	27,20
Fachschulen	36	23	63,89
Fachakademien	27	5	18,52

zu den allgemein bildenden Schulen ist das Verhältnis hier relativ ausgewogen (53,56 % und 46,44 %). Vgl. hierzu die Internetpräsenz des Landesamts für Statistik, aufzurufen unter https://www.statistik.bayern.de/medien/statistik/bildungsoziales/schu_eckdaten-bayern_2013.pdf (26.04.2015).

Datengrundlage und Stichprobe

Alter

Entgegen der Annahme, dass vor allem jüngere Lehrkräfte an der Studie teilnähmen, war die Gruppe der 46–60jährigen mit 45,31 % am stärksten vertreten (vgl. Tabelle 7). Die Gruppe der Altersspanne von 24 bis 35 Jahre war mit 19,87 % vertreten, die 36-45jährigen mit insgesamt 27,46 %. Lehrkräfte über 60 Jahre dagegen partizipierten nur selten an der Umfrage (7,37 %).

Tabelle 7: Zusammensetzung des Samples nach Alter

		Häufigkeit	Prozent	Gültige Prozent
Gültig	24-35 Jahre	89	18,31	19,87
	36-45 Jahre	123	25,31	27,46
	46-60 Jahre	203	41,77	45,31
	über 60 Jahre	33	6,79	7,37
	Gesamtsumme	448	92,18	100,00
Fehlend		38	7,82	
Gesamtsumme		486	100,00	

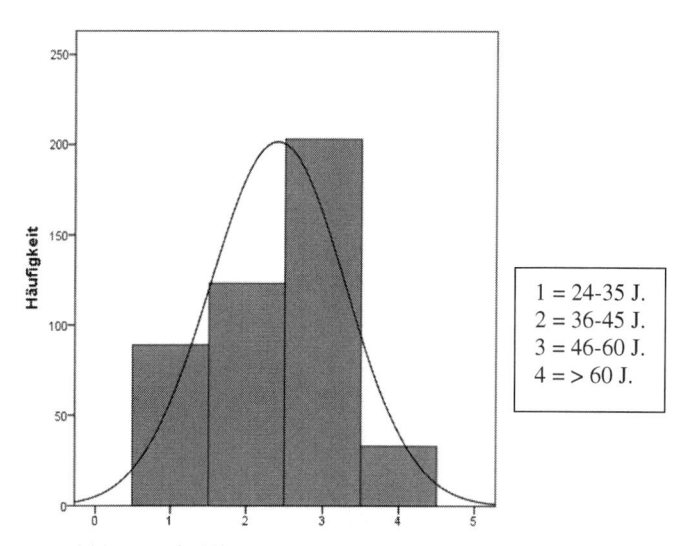

Abbildung 9: Histogramm der Variable „Alter"

1 = 24-35 J.
2 = 36-45 J.
3 = 46-60 J.
4 = > 60 J.

Datengrundlage und Stichprobe

Eine offizielle Berechnung des arithmetischen Mittels kann aufgrund der Tatsache, dass die Altersangaben in Kategorien und nicht in der exakten Zahl erfragt wurden, nicht vorgenommen werden. Der Median der Altersangaben beträgt 2,00 und ist dementsprechend bei der Kategorie der 36-45jährigen zu verorten. Der Wert der Schiefe liegt bei -0,24, womit folglich eine eingipflige linksschiefe beziehungsweise rechtssteile Verteilung der Kennwerte vorliegt. Ein Blick auf das Histogramm in Abbildung 9 veranschaulicht die linksschiefe Verteilung der Daten.

Funktion(en) innerhalb der Schule(n)

Ebenfalls soll im Rahmen der Stichprobenbeschreibung ein Blick auf die Funktion(en) geworfen werden, in denen sich die Lehrkräfte an ihrer/ihren Schule/n zum Umfragezeitraum befanden. In diesem Kontext setzt sich das vorliegende Sample zu 58,44 % aus Lehrern und zu 22,22 % aus Fachlehrern zusammen. Schulleiter sind mit 8,85 % vertreten. Stellvertretende Schulleiter bilden einen prozentualen Anteil von 6,79 %. Nahezu äquivalent vertreten sind Seminarlehrer mit 2,88 % und Vertrauenslehrer mit 2,68 %. Referendare bilden mit 1,03 % die kleinste Gruppe. Die ermittelte Gesamtsumme von 509 ergibt sich aufgrund einiger Mehrfachnennungen, da auch ein Seminarlehrer schließlich (noch) Lehrer ist.

Deutsch- vs. Nicht-Deutschlehrer

Von den 486 befragten Lehrkräften unterrichten 57,56 % das Fach Deutsch. Hiervon wiederum studierten 40,47 % Deutsch als Unterrichtsfach. 42,44 % unterrichten andere Fächer (vgl. Tabelle 8). Für die prozentualen Gesamtdarstellungen werden jeweils die gültigen Prozente verwendet.

Tabelle 8: Deutschlehrer und Nicht-Deutschlehrer

		Häufigkeit	Prozent	Gültige Prozent
Gültig	Deutschlehrer	259	53,29	57,56
	Nicht-Deutschlehrer	191	39,30	42,44
	Gesamtsumme	450	92,59	100,00
Fehlend		36	7,41	
Gesamtsumme		486	100,00	

Bildung der Eltern

Mit 26,17 % haben die meisten Eltern der befragten Lehrkräfte den Hauptschulabschluss erreicht. Beinahe ebenso viel Prozent der Eltern erwarben einen Mittleren Schulabschluss (25,28 %) und einen Hochschulabschluss (21,03 %). Weitere prozentuale Angaben sind Tabelle 9 zu entnehmen.

Tabelle 9: Höchster Abschluss der Eltern

		Häufigkeit	**Prozent**	**Gültige Prozent**
Gültig	Kein Abschluss	9	1,85	2,01
	Hauptschulabschluss	117	24,07	26,17
	Qualif. Hauptschulabschl.	29	5,97	6,49
	Mittlerer Schulabschluss	113	23,25	25,28
	Fachabitur	9	1,85	2,01
	Abitur	31	6,38	6,94
	Fachhochschulabschluss	26	5,35	5,82
	Hochschulabschluss	94	19,34	21,03
	Sonstiges	19	3,91	4,25
	Gesamtsumme	447	91,98	100,00
Fehlend		39	8,02	
Gesamtsumme		486	100,00	

Von der Kategorie „Sonstiges" machen 4,25 % Gebrauch und geben diesbezüglich im nachfolgenden Freitextfeld folgende zusätzliche Informationen und/oder Abschlüsse an: Meisterprüfung (acht Nennungen), abgeschlossene Berufsausbildung (zwei Nennungen), Promotion, Volksschule, Wirtschaftsschule, Berufsfachschule, Fachschule, kein Schulbesuch aufgrund des Krieges, Berufsschulabschluss sowie Abschluss der Höheren Bildungsanstalt für Lehrer und Seminare zur Staatsprüfung.[59]

---

[59] Aus dieser Angabe geht jedoch nicht hervor, ob die Staatsprüfung bestanden wurde oder nicht.

Datengrundlage und Stichprobe

Die Streuung der Angaben für den höchsten Schulabschluss der Eltern ist hier relativ groß, weshalb die Standardabweichung auch einen hohen Wert von $s = 2{,}45$ aufweist. Die Berechnung des Medians ergibt einen Wert von $\bar{x}_{med} = 4{,}00$. Die Antwortmitte liegt exakt bei 4 und damit beim Mittleren Schulabschluss. Die Schiefe beträgt 0,31, das heißt es liegt theoretisch eine mehrgipflige rechtsschiefe Verteilung vor.

Ein Blick auf das Histogramm in Abbildung 10 verdeutlicht die Abweichungen von der Standardnormalverteilungskurve. Der Wert der Schiefe beträgt 0,31 und ist dementsprechend als mehrgipflige rechtsschiefe Verteilung zu interpretieren.

1 = kein Abschluss
2 = Hauptschulabschluss
3 = Qualif. Hauptschulabschluss
4 = Mittlerer Schulabschluss
5 = Fachhochschulreife
6 = Allgemeine Hochschulreife
7 = Fachhochschulabschluss
8 = Hochschulabschluss
9 = Sonstige Abschlüsse

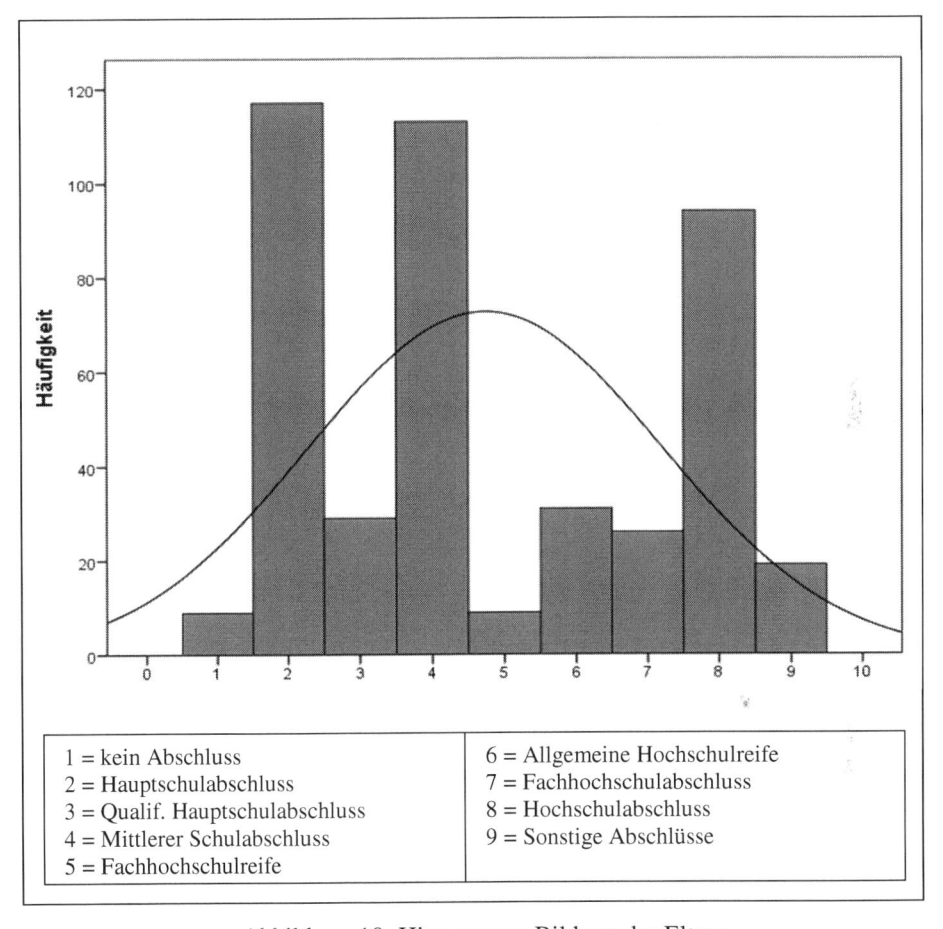

Abbildung 10: Histogramm Bildung der Eltern

Die Stichprobe ist zusammenfassend also durchaus als heterogen zu betrachten und repräsentiert das umfassende Feld der beruflichen Schulen angemessen. Obgleich die Referendare und damit die Berufseinsteiger am schwächsten vertreten sind, bildet die Studie auch in Bezug auf das Alter die derzeitige Zusammensetzung des Lehrpersonals in etwa ab. So ist das breite Mittelfeld der Lehrkräfte zwischen 40 und 50 Jahren am stärksten vertreten.

Bei einem derart vielfältigen Lehrerkollegium bietet es sich an, im Folgenden die Ergebnisse der Lesesozialisation der Lehrkräfte selbst in den Blick zu nehmen (s. Kapitel 7). Kapitel 1 thematisiert ihre Einstellungen gegenüber der Förderung von Lesekompetenz in der Sekundarstufe II. Beide Kapitel beziehen sich auf das Gesamtsample von $N = 486$ Lehrkräften. Dagegen widmet sich Kapitel 9 dem Bereich für Deutschlehrkräfte mit einer geringeren Stichprobengröße.

7. Ergebnisse der Datenauswertung zur Lesesozialisation

Die nachfolgende Auswertung wird eine Aufspaltung der Lesesozialisation in ihre wichtigsten Elemente und Dimensionen beibehalten. Insofern konzipiert sich dieses Kapitel aus der familiären und schulischen Lesesozialisation, dem Lesen in der Peergroup und dem Lesehabitus unterschiedlicher Lebensphasen (Kindheit, Pubertät und aktueller Zeitpunkt). Diese Erkenntnisse werden um die Empfindung des Lesens, um seine subjektive Bedeutung und um paraliterarische Gespräche ergänzt.

7.1 Familiäre Lesesozialisation

Lesehabitus der Eltern

Ein auffallend großer Teil der Lehrkräfte stuft seine Eltern anhand der Kindheits- und Jugenderinnerungen als Viel- und Gelegenheitsleser ein (vgl. Tabelle 10). Dabei sind die Gelegenheitsleser unter den Eltern mit 38,53 % vertreten, die Vielleser bilden mit 34,42 % die zweitgrößte Gruppe. Da diese Einschätzungen von der subjektiven Wahrnehmung und Einstufung der Umfrageteilnehmer abhängig waren, kann davon ausgegangen werden, dass das parentale Leseverhalten positiv in Erinnerung geblieben ist.

Ergebnisse der Datenauswertung zur Lesesozialisation

Tabelle 10: Lesehabitus der Eltern

		Häufigkeit	Prozent	Gültige Prozent
Gültig	Vielleser	159	32,72	34,42
	Gelegenheitsleser	178	36,63	38,53
	Wenigleser	106	21,81	22,94
	Nichtleser	19	3,91	4,11
	Gesamtsumme	462	95,06	100,00
Fehlend		24	4,94	
Gesamtsumme		486	100,00	

Die meisten Eltern sind also tendenziell als Gelegenheitsleser anzusiedeln, wie den prozentualen Häufigkeitsangaben zu entnehmen ist.
Eine Berechnung der Varianz mit den vorliegenden Daten ergibt einen Wert von 0,74 (vgl. Tabelle 11). Da dieser Wert aufgrund des Quadrats[60] jedoch nicht ganz so aussagekräftig ist, wurde zunächst die Standardabweichung s berechnet, die sich aus der (positiven) Quadratwurzel der Stichprobenvarianz ergibt und in der gleichen Dimension steht wie die Beobachtungen (vgl. Handl 2002: 23; Holling/Gediga 2011: 114).

Tabelle 11: Statistik zum Lesehabitus der Eltern

		Lesehabitus Eltern	Leserituale
N	Gültig	462	486
	Fehlend	24	0
Median		2,00	1,00
Modalwert		2	1
Standardabweichung		0,86	0,54
Varianz		0,74	0,29

---

[60] Die Formel zur Berechnung der Varianz lautet: $s^2 = \frac{1}{n-1}\sum_{i=1}^{n}(x_i - \bar{x})^2$.

Ergebnisse der Datenauswertung zur Lesesozialisation

Die Abweichungen von $\bar{x}$ liegen also bei $\pm 0{,}86$. Während das arithmetische Mittel sozusagen einen durchschnittlichen Wert liefert, ist der Median „eine Maßzahl für die zentrale Tendenz von Variablen, die mindestens auf Ordinalskalenniveau gemessen wurden. Der Median ist derjenige Wert einer ordinalskalierten Variablen, der in der Mitte der Rangordnung liegt." (Holling/Gediga 2011: 95) Es gilt, dass mindestens 50 % der geordneten Werte kleiner/gleich dem Median sind und mindestens 50 % größer/gleich. Der Median x_{med} beträgt hier 2,00. Das bedeutet, dass die Eltern der Hälfte der Befragten Gelegenheitsleser waren. Dies untermauert letztlich noch einmal die Angaben zum elterlichen Lesehabitus im positiven Bereich.

An dieser Stelle soll sogleich die Datenauswertung des aktuellen Lesehabitus der befragten Lehrkräfte vollzogen werden, um direkte Zusammenhänge zwischen elterlichem Lesehabitus und Lesehabitus der Lehrkraft respektive des Kindes prüfen zu können. Die Gruppe der „Vielleser" ist mit starken 64,99 % vertreten, die Gelegenheitsleser stellen knapp über ein Viertel dar (25,38 %). Die negativ ausgeprägten Kategorien kommen kumuliert auf weniger als zehn Prozent. Dieser Wert ergibt sich aus den Weniglesern mit 8,32 % sowie den Nichtlesern, die lediglich mit 1,31 % vertreten sind. Weitere Angaben sowie deskriptive Werte sind den beiden nachfolgenden Tabellen zu entnehmen (vgl. Tabelle 12 und 13).

Tabelle 12: Aktueller Lesehabitus der befragten Lehrkräfte

		Häufigkeit	Prozent	Gültige Prozent
Gültig	Vielleser	297	61,11	64,99
	Gelegenheitsleser	116	23,87	25,38
	Wenigleser	38	7,82	8,32
	Nichtleser	6	1,23	1,31
	Gesamtsumme	457	94,03	100,00
Fehlend		29	5,97	
Gesamtsumme		486	100,00	

Ergebnisse der Datenauswertung zur Lesesozialisation

Tabelle 13: Deskriptive Statistik zum aktuellen Lesehabitus

	N	Standard-abweichung	Varianz
Lesehabitus aktuell	457	0,70	0,50
Gültige Anzahl (listenweise)	457		

Die Standardabweichung beträgt bei den Lehrkräften nur 0,70 anstatt 0,86 bei ihren Eltern, das heißt die Werte streuen weniger um den Mittelwert.[61] Die Lehrkräfte scheinen folglich mehr zu lesen und insofern einen intensiveren Lesehabitus zu haben als ihre Eltern. An dieser Stelle sei angemerkt, dass ein falsches Verständnis der Fragestellung bei dieser Variablen ausgeschlossen werden kann, da diese explizit auf den privaten Bereich eingegrenzt wurde. Interessant scheint jedoch, inwieweit sich die Selbsteinschätzungen der Lehrkräfte am Leseverhalten der Eltern orientiert haben. Auf den ersten Blick fällt auf, dass sich die Lehrkräfte aus Elternhäusern mit viel lesenden Eltern zu 73,25 % ebenfalls der Kategorie „Vielleser" zuordnen. Dagegen sind auf den zweiten Blick auch diejenigen 57,89 % der Lehrkräfte heutzutage ihrer eigenen Einschätzung gemäß Vielleser, die Nichtleser als Eltern hatten (vgl. Tabelle 14).

Tabelle 14: Kreuztabelle Lesehabitus der Eltern und der Lehrkraft

		Lesehabitus der Lehrkraft			
		Vielleser	Gelegen-heitsleser	Wenigleser	Nichtleser
Lesehabitus der Eltern	Vielleser	**73,2 %**	19,7 %	5,7 %	1,3 %
	Gelegenheitsleser	**60,3 %**	27,0 %	10,3 %	2,3 %
	Wenigleser	**62,5 %**	29,8 %	7,7 %	0,0 %
	Nichtleser	**57,9 %**	26,3 %	15,8 %	0,0 %
Gesamtsumme		65,2 %	25,1 %	8,4 %	1,3 %

---

[61] Formel zur Berechnung des Mittelwerts (vgl. Handl 2002: 22): $\bar{x} = \frac{1}{n}\sum_{i=1}^{n} x_i$.

Ergebnisse der Datenauswertung zur Lesesozialisation

Für uneingeschränkt alle Werte der Tabelle gilt, dass sich die Spaltenanteile auf dem α = 0,05-Niveau nicht signifikant voneinander unterscheiden. Da zwei ordinalskalierte Ausprägungen vorliegen, wird im Folgenden eine Rangkorrelationsanalyse durchgeführt und das Kendall-Tau (τ) berechnet, das in der nachfolgenden Tabelle 15 zu betrachten ist.

Tabelle 15: Rangkorrelationsanalyse Lesehabitus Eltern und Lehrkraft

		Wert	Asymp. Standardfehler[a]	Näherungsweise A[b]	Näherungsweise Sig.
Ordinal bzgl. Ordinal	Kendall-τ	0,09	0,04	2,156	0,03
	Gamma	0,15	0,07	2,156	0,03
	Spearman-Korrelation	0,10	0,05	2,106	0,04[c]
Anzahl der gültigen Fälle		454			

a. Die Nullhypothese wird nicht vorausgesetzt.
b. Unter Annahme der Nullhyphothese wird der asymptotische Standardfehler verwendet.
c. Basierend auf normaler Approximation.

Der Wert von Kendall-τ beträgt 0,09 ist damit als extrem gering zu betrachten. Auch der Spearman'sche Rangkorrelationskoeffizient fällt mit 0,10 zwar minimal höher, aber noch immer sehr niedrig aus.[62] Der Wert approximiert so stark mit dem zusammenhangslosen Null-Niveau, dass die Schlussfolgerung zu ziehen ist, dass bei den teilnehmenden Lehrkräften nur ein geringer Zusammenhang zwischen dem Lesehabitus der Eltern und dem des Kindes (hier: der Lehrkraft) vorliegt. Die Erkenntnisse und vielfach geprüften Theorien der Lesesozialisationsforschung greifen hier nicht (vgl. u.a. Groeben/ Hurrelmann 2004; Hurrelmann, B. 2004; Retelsdorf/Möller 2008; Stiftung Lesen 2010). Dies könnte damit zusammenhängen, dass Lehrkräfte schon berufsbedingt viel lesen müssen und sich dieser Trend sowohl im privaten Bereich als auch elternunabhängig fortsetzt. Ebenso ist ein Effekt der sozialen Erwünschtheit denkbar, der aus der Bestrebung hervorgeht, das in der Gesellschaft verankerte negative Bild des Lehrers nicht zu bestärken. Die bereits verifizierten lesesozialisatorischen Theorien sollen hier nicht in Frage gestellt werden; es ist möglich, dass diese bei der Gruppe der Lehrkräfte nicht greifen. Zumindest ergibt sich in dieser Studie keine Korrelation.

---

[62] Ein Wert von 0 bedeutet hier, dass kein statistischer Zusammenhang vorliegt.

Ergebnisse der Datenauswertung zur Lesesozialisation

Bücherzugang

Zunächst werden die erinnerten hauseigenen Buchbestände erhoben. Hier machen 14,60 % die Angabe, in der Kindheit mehr als 100 Bücher besessen zu haben. Mehr als 76 Bücher waren im Haushalt von 10,24 %, 75 bis 51 Büchern bei 16,56 % vorhanden. Die meisten Befragten machen die Angabe, in der Kindheit ungefähr zwischen 50 und 26 Bücher besessen zu haben (26,80 %). 25 bis zehn Bücher besaßen 24,40 % der Teilnehmer. Nur 7,41 % der Lehrkräfte geben an, weniger als zehn Bücher in der Kindheit besessen zu haben. Da einige Lehrkräfte in einer von den Spuren des Zweiten Weltkriegs und finanziellen Engpässen geprägten Zeit aufgewachsen sind, bot sich eine Ergänzung der Frage um Bücherei- und Bibliotheksbesuche an (vgl. Tabelle 16). Dass diese Frage essentiell zur Berechnung des Bücherzugangs ist, verdeutlicht die Tatsache, dass 32,54 % der Lehrkräfte wöchentlich in die Bibliothek gingen.

Tabelle 16: Bücherei- und Bibliotheksbesuche

		Häufigkeit	Prozent	Gültige Prozent
Gültig	nahezu täglich	3	0,62	0,65
	mehrmals wöchentlich	30	6,17	6,51
	wöchentlich	150	30,86	32,54
	monatlich	101	20,78	21,91
	mehrmals im Jahr	72	14,81	15,62
	jährlich	23	4,73	4,99
	nie	82	16,87	17,79
	Gesamtsumme	461	94,86	100,00
Fehlend		25	5,14	
Gesamtsumme		486	100,00	

Leserituale in der Familie

Ferner wurden zur Ermittlung der Lesesozialisation erinnerte Leserituale erhoben. Hierbei wurde zunächst abgefragt, ob es in der Familie Leserituale gab und erst in einem zweiten Schritt mit Filtersetzung bei Bejahung der Antwort die Häufigkeit ermittelt. In diesem Kontext geben 65,02 % der Lehrkräfte an, dass Leserituale in ihrer Familie vorhanden waren.

Ergebnisse der Datenauswertung zur Lesesozialisation

Die Standardabweichung beträgt für diese Variable 0,46, was aufgrund der prozentualen Häufigkeit und der Dichotomie des Antwortformats nicht verwunderlich ist.

Die Ergebnisse in Bezug auf die Frequenz der Leserituale sind deutlich: 25,95 % der Befragten wurde „täglich" vorgelesen, den mit 31,65 % am stärksten Vertretenen „nahezu täglich" und 23,10 % „mehrmals wöchentlich". „Wöchentliche" Leserituale gab es bei 10,13 % und einem geringen Anteil von 0,95 % wurde „monatlich" vorgelesen. Die Auskunft, dass nur zu bestimmten Anlässen (wie zum Beispiel an Weihnachten und/oder in der Adventszeit) vorgelesen wurde, geben 8,23 % der Lehrkräfte.

Die verhältnismäßig positiven Ergebnisse und Ausprägungen werden auch vom Modalwert bestätigt: Dieser beträgt $x_D = 2$ und ist somit bei der Kategorie „nahezu täglich" zu verorten. Die Standardabweichung fällt hier aufgrund der Tatsache, dass alle Kategorien vertreten sind, mit $s = 1,03$ deutlich höher aus.

Es lässt sich festhalten, dass in den meisten Familien der Befragten mit einer hohen Regelmäßigkeit Leserituale stattfanden. Mit einem Blick auf das in Abbildung 11 dargestellte Histogramm wird deutlich, dass die Datenverteilung eingipflig linkssteil ist und von der Normalverteilung abweicht.

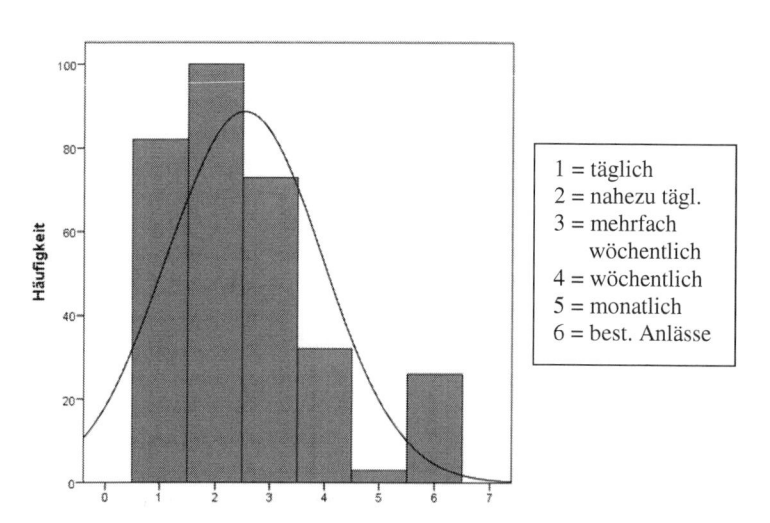

Abbildung 11: Histogramm "Häufigkeit der Leserituale"

Ergebnisse der Datenauswertung zur Lesesozialisation

Da insgesamt 65,02 % der Befragten der eigenen Aussage nach Leserituale in ihrer Kindheit hatten, zeichnet sich für den Bereich der frühkindlichen Leseförderung in der Familie ein positives Bild ab. Verstärkt wird dieses Ergebnis durch eine äußerst positive Bilanz im Bereich des aktuellen Lesehabitus der Lehrkräfte, von denen sich mit Abstand die Mehrheit als Vielleser einstuft.

7.2 Schulische Lesesozialisation

Im Bereich der schulischen Lesesozialisation wurden die Methoden zur Leseförderung von Seiten der Schule beziehungsweise der damals unterrichtenden Lehrkraft erhoben. Es sei kritisch angemerkt, dass die Daten mit einer gewissen Vorsicht betrachtet und eingeordnet werden müssen. Dies resultiert aus dem Sachverhalt, dass eine Methodenvielfalt bezüglich der Leseförderung, wie sie aktuell vorliegt, erst seit etwa der Jahrtausendwende besteht. Aufgrund des Durchschnittsalters der Lehrkräfte von ungefähr 48 Jahren kann es durchaus sein, dass viele Methoden des nachfolgenden geschlossenen Antwortformats damals noch nicht etabliert waren. So gibt mit 69,14 % die Mehrheit der Lehrkräfte an, dass in ihrer Schulzeit Lesewettbewerbe stattgefunden haben, die Lesemotivation und Leselust befördern sollten. Büchereibesuche nennen 68,52 %; bei 43,42 % war sogar eine Schulbibliothek vorhanden. Neuere „Trends" wie Lesenächte (2,88 %), Leseecken (8,85 %) und Autorenlesungen (6,61 %) werden entsprechend selten angegeben. Das Feld „Sonstiges" kreuzen 22,22 % der Lehrkräfte an; im dazugehörigen Freitextfeld sollten die weiteren Anreize zum Lesen benannt werden.

Hier finden sich Angaben wie beispielsweise die Klassenlektüre (elf Mal angegeben), die Mitschüler (acht Nennungen), Bücher im Allgemeinen (sechs Mal) sowie Lehrkräfte, die ihren Schülern vorlasen, und so Lust auf Lektüre und das Lesen geweckt haben (sechs Nennungen). Darüber hinaus werden Pfarr- und/oder Stadtbibliotheken angegeben (drei Mal) sowie Klassenbibliotheken (drei Mal), der Deutschunterricht (vier Nennungen), der Unterricht im Allgemeinen (drei Mal) sowie Empfehlungen von Seiten der Lehrkräfte (drei Angaben). Ferner werden Abfragen zum gelesenen Text und Hausaufgaben genannt. Dieser Anreiz ist jedoch kritisch zu betrachten, da jene Form der Motivation eher extrinsisch wirksam wird und sich die Frage stellt, ob Abfragen und Lesehausaufgaben überhaupt in die Kategorie der Leseförderung fallen *können*.

Des Weiteren werden die Motivation durch die Lehrkraft, Buchclubs, der Büchereibus, Buchvorstellungen im Unterricht, Theaterbesuche mit der Schule sowie das Verfassen eigener Geschichten, die anschließend im Wettbewerb vorgestellt wurden, genannt. Eine befragte Person macht zudem die Angabe, dass Dramen mit verteilten Rollen gelesen wurden. Zwei weitere Aussagen stechen besonders hervor: Zum einen die Angabe, allein die Tatsache, dass es kein Internet und kaum Fernsehen gab, sei lesefördernd gewesen; zum anderen empfand ein Befragter es als lesefördernd und motivierend, etwas zu lesen, von dem der Lehrer explizit abgeraten hatte.

Die schulischen Anreizsysteme der befragten Lehrkräfte fielen in der Schulzeit gering aus und beschränkten sich letztlich auf Lesewettbewerbe und Bibliotheksbesuche jedweder Art. An diesem Punkt springen die didaktischen Entwicklungen der letzten Jahre und Jahrzehnte ins Auge, die sich im Bereich der Primar-, aber auch der Sekundarstufen stark um eine facettenreiche und ansprechende schulische Leseförderung bemüht haben. Autorenlesungen und Lesenächte, Leseecken und Lesepatenschaften sind hier nur einige Schlagworte und Methoden, die Schüler zum Lesen anregen sollen.

7.3 Lesen in der Peergroup

Gerade in der Pubertät kommt dem Freundeskreis eine entscheidende Rolle in der Lesesozialisation zu (vgl. Graf 2007; Hurrelmann, B. 2004; Klauda 2008; Münz 2008; Retelsdorf/Möller 2009 u.v.m.). Auch hier konnten sich die Teilnehmer aufgrund eines semantischen Differentials mit fünf kategorialen Ausprägungen[63] gut einordnen. Die Aussage „Meine Freunde empfanden Lesen als etwas Positives" trifft auf insgesamt 19,60 % der Befragten „voll und ganz" und auf 38,11 % „eher zu". 27,09 % beziehen mit „weder/ noch" einen neutralen Standpunkt, wohingegen kumuliert 15,20 % bestätigen, dass dies „eher nicht" oder „überhaupt nicht" auf ihre damaligen Freunde zutrifft. Insgesamt kann also festgehalten werden, dass die meisten Freundeskreise dem Lesen zugeneigt waren und hier folglich ein leseförderliches Klima zu verzeichnen war. Der Modalwert bildet dieses Ergebnis ebenfalls mit 2,00 ab, das heißt die häufigsten Antworten entfallen bei dieser Frage auf die Kategorie „trifft eher zu".

---

[63] Dabei handelt es sich um folgende Kategorien: 1 = "trifft voll und ganz zu", 2 = "trifft eher zu", 3 = "weder/ noch", 4 = "trifft eher nicht zu" und 5 = "trifft überhaupt nicht zu"

Ergebnisse der Datenauswertung zur Lesesozialisation

Widmet man sich nun den Ergebnissen zur Aussage „Meine Freunde haben mich zum Lesen motiviert" und erwartet ebenso positive Daten, muss man sich eher bescheiden, denn die Aussagen unterscheiden sich stark von den vorhergehenden Ausprägungen. So beantworten diese Frage nur 14,07 % mit „trifft voll und ganz zu" und lediglich 22,86 % mit „trifft eher zu". Die neutrale Position „weder/noch" vertreten 20,44 %. Kumuliert machen 42,64 % der befragten Personen die Angabe, dass die Aussage „eher nicht" oder „überhaupt nicht" zutreffend ist.

Im Vergleich zur vorhergehenden Frage zur Empfindung des Lesens von Seiten des Freundeskreises liegt der Modalwert bei der Motivation zum Lesen bei 4,00. Für die meisten Lehrkräfte trifft diese Aussage also „eher nicht zu" (vgl. Tabelle 17).

Tabelle 17: Statistik zum Lesen in der Peergroup

		Meine Freunde empfanden Lesen als etwas Positives.	Meine Freunde haben mich zum Lesen motiviert.
N	Gültig	454	455
	Fehlend	32	31
Median		2,00	3,00
Modalwert		2,00	4,00
Standardabweichung		1,00	1,29

Auch wenn der Freundeskreis dem Lesen gegenüber tendenziell zugeneigt war, motivierte man sich dennoch sehr selten gegenseitig zum Lesen. Offensichtlich führt ein leseförderndes Klima in der Peergroup noch lange nicht, vor allem aber nicht automatisch dazu, dass man sich gegenseitig zum Lesen motiviert. So ist anhand der hier gewonnen Daten fraglich, ob der Lesemotivation seitens der Peergroup eine so große Bedeutung zugemessen werden kann, wie dies in diversen Studien veröffentlicht wurde (vgl. z.B. Philipp 2010; Retelsdorf/Möller 2007, 2009). Das in der Forschung noch immer als virulent diskutierte Anregungspotenzial der Peergroup auf Lektüreverhalten kann anhand der vorliegenden Daten nur als gering eingestuft werden.

Ergebnisse der Datenauswertung zur Lesesozialisation

7.4 Der Lesehabitus unterschiedlicher Lebensphasen

Interessant schien ein Vergleich des intraindividuellen Lesehabitus während unterschiedlicher Lebensphasen (Kindheit, Pubertät und aktueller Zeitpunkt), um die Prozesshaftigkeit des Terminus nachvollziehen zu können. Obgleich die Daten des aktuellen Lesehabitus bereits im Vergleich mit dem elterlichen Leseverhalten dargestellt wurden, werden die Angaben der Personen hier noch einmal in der nicht-rekodierten Form auf Likert-Skalenniveau berücksichtigt. Zunächst werden die drei Phasen einzeln beleuchtet, um sie im Anschluss besser vergleichen zu können (siehe Abbildung 12).

Die meisten Lehrkräfte geben an, in der *Kindheit* „sehr viel" (37,39 %) oder „viel" gelesen zu haben (26,09 %). Auf 17,83 % der Befragten trifft die „mittelmäßige" Ausprägung zu. Nur 13,91 % lasen ihrer eigenen Empfindung nach „wenig" und 4,78 % „sehr wenig". Obwohl gerade in der *Pubertät* laut einschlägiger Literatur häufig ein „Leseknick" zu verzeichnen ist (siehe 2.2), fallen die Ergebnisse für diese Phase ähnlich positiv aus. 34,64 % geben an, „sehr viel" gelesen zu haben, weitere starke 27,45 % lasen ihrer eigenen Aussage nach „viel". Das Mittelfeld ist mit 23,97 % vertreten, die unteren Ausprägungen „wenig" (10,02 %) und „sehr wenig" (3,92 %) kumulieren sich auf ein knappes Siebtel.
Auch beim *aktuellen Lesehabitus* stellen die „sehr viel" (27,13 %) oder „viel" Lesenden (37,86 %) mit kumuliert 64,99 % den größten Anteil dar. „Mittelmäßig" lesen 25,38 %, „wenig" 8,32 % und die Gruppe der „sehr wenig" Lesenden ist mit geringen 1,31 % vertreten.

Anhand der Daten ist ein positiver Trend des Lesehabitus zu verzeichnen, der sich mit Beginn des Leseverhaltens in der Kindheit auch aktuell fortsetzt. Zwar verkleinert sich die Gruppe der „sehr viel" Lesenden prozentual im Verlauf der drei Phasen sukzessive, doch verlagert sie sich scheinbar zugunsten der zweiten kategorialen Ausprägung „viel", die ebenfalls einen kontinuierlichen Zuwachs von der Kindheit zum derzeitigen Stand notiert. Der Lesehabitus steigt jedoch im Durchschnitt von der Pubertät zum aktuellen Lesehabitus hin noch einmal sehr stark an. Dies verdeutlichen auch die jeweiligen Modalwerte, die in der Kindheit und Pubertät konstant bei 1,00 liegen und sich beim aktuellen Lesehabitus auf 2,00 erhöhen (vgl. Tabelle 18).

Ergebnisse der Datenauswertung zur Lesesozialisation

Lesehabitus in der Kindheit

1 = sehr viel
2 = viel
3 = mittelmäßig
4 = wenig
5 = sehr wenig

Lesehabitus in der Pubertät

1 = sehr viel
2 = viel
3 = mittelmäßig
4 = wenig
5 = sehr wenig

Lesehabitus zum aktuellen Zeitpunkt

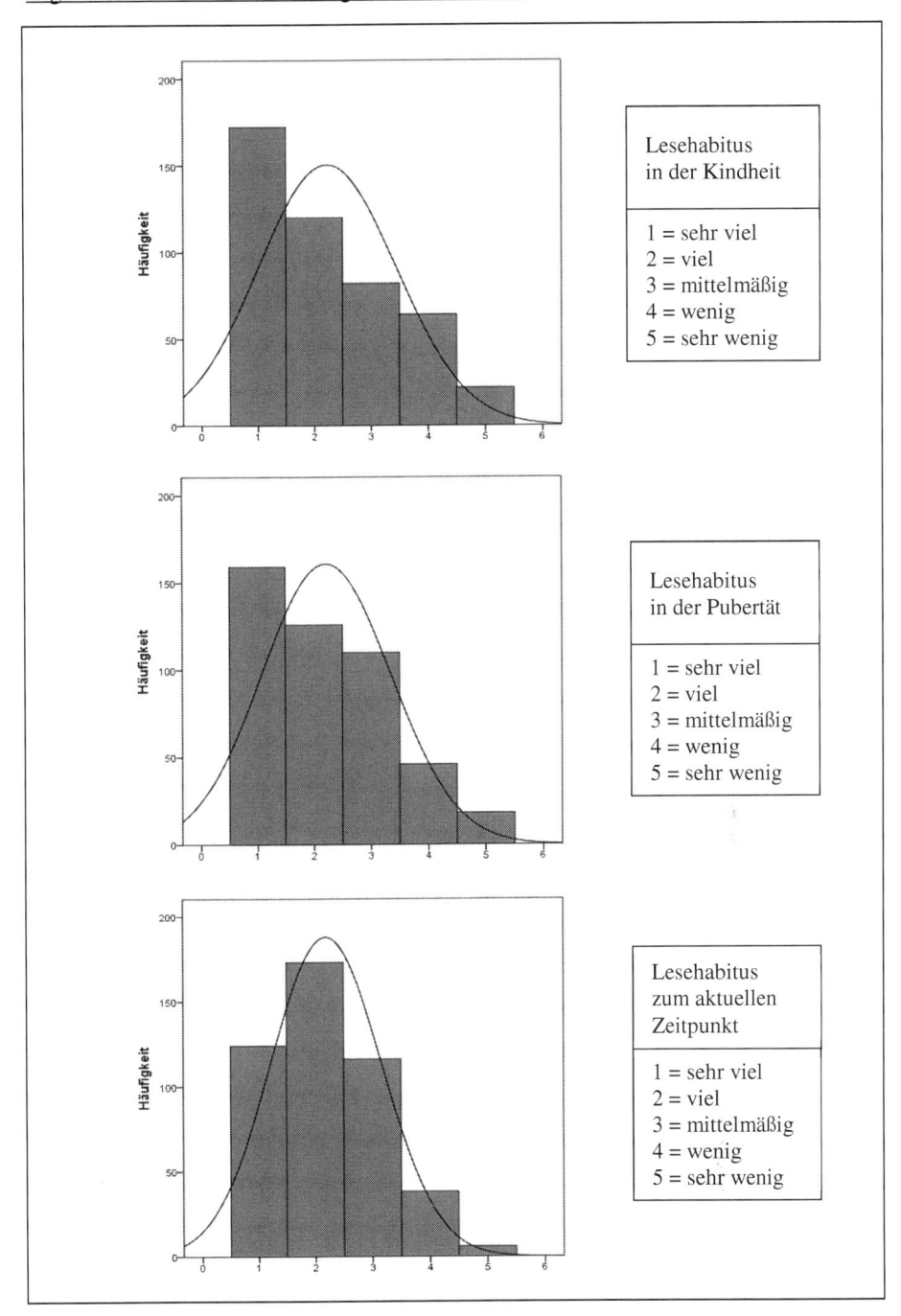

1 = sehr viel
2 = viel
3 = mittelmäßig
4 = wenig
5 = sehr wenig

Abbildung 12: Histogramme des jeweiligen Lesehabitus (Kindheit, Pubertät, aktueller Zeitpunkt)

Ergebnisse der Datenauswertung zur Lesesozialisation

Tabelle 18: Lesehabitus in Kindheit, Pubertät und aktuell

		Lesehabitus in der Kindheit	Lesehabitus in der Pubertät	Lesehabitus aktuell
N	Gültig	460	459	457
	Fehlend	26	27	29
Median		2,00	2,00	2,00
Modalwert		1,00	1,00	2,00
Schiefe		0,66	1,14	0,97

Auch im Bereich der „wenig" sowie der „sehr wenig" Lesenden sind Trends erkennbar. In beiden Fällen verringern sich die absoluten und prozentualen Häufigkeitsausprägungen. Es erfolgt eine Umverteilung und eine Verlagerung „nach oben" hin zugunsten des Mittelfelds und der Positivkategorie „viel". Die Errechnung von Mittelwerten würde hier zwar mehr Aufschluss geben, ist jedoch aufgrund des Likert-Skalenniveaus nicht möglich. Am besten sind die Unterschiede in der vorigen Abbildung 12 dargestellt, welche die Histogramme der drei Phasen abbildet. Hier wird auch die Umverteilung der Daten zugunsten eines stabilen Mittelfelds deutlich.

Es steht außer Frage, dass der Sachverhalt der Verlagerung zur Mitte hin nicht mit der „Tendenz zur Mitte" in Zusammenhang zu bringen ist. Insofern ist zu überlegen, ob sich viele Lehrkräfte nicht besser einschätzen, sich ihre Erinnerung eventuell zum Positiven verändert hat oder ob sie sich bewusst besser einordnen. Dies könnte ferner der Lehrtätigkeit und einem täglich möglichen Vergleich mit den Schülern geschuldet sein. Die Datenauswertung im Bereich Lesehabitus, dies sei betont, fällt anhand dieser Lehrkräfte jedoch deutlich positiver aus als es vermutet wurde.

7.5 Empfindung des Lesens

Die Empfindungen des Lesens wurden für folgende drei Phasen respektive Bereiche erhoben: für die Kindheit, die Schule sowie für den aktuellen Zeitpunkt. Hier fanden die Teilnehmer Adjektive angeboten, zu welchen ein semantisches Differential eine individuelle Abstufung (von 1 = "sehr stark" bis 5 = "sehr wenig") ermöglichte. Im Folgenden werden nur nennenswerte und aussagekräftige Prozentzahlen Eingang finden.

Ergebnisse der Datenauswertung zur Lesesozialisation

Empfindung des Lesens in der Kindheit

Für die Phase der Kindheit erinnern sich die meisten der befragten Lehrkräfte daran, dass das Lesen vor allem als „spaßbringend" und „interessant", „spannend" und „unterhaltend" empfunden wurde. Hier kreuzen die meisten Teilnehmer „sehr stark" und „stark" an (siehe Tabelle 19).

Tabelle 19: Empfindung des Lesens in der Kindheit

	sehr stark	stark	mittel-mäßig	wenig	sehr wenig	Gültig
spaßbringend	33,55	**35,10**	23,40	6,18	1,77	[N=453]
interessant	**45,15**	37,22	14,32	2,42	0,88	[N=454]
spannend	**53,81**	31,59	11,55	1,96	1,09	[N=459]
unterhaltend	**41,56**	37,56	15,56	4,22	1,11	[N=450]
informativ	16,81	28,76	35,40	15,49	3,54	[N=452]
zeitvertreibend	24,04	24,04	26,98	20,41	4,54	[N=441]
lästig	1,15	3,23	4,84	19,12	**71,66**	[N=434]
lehrreich	13,42	31,54	**37,36**	14,09	3,58	[N=447]

Wenige Lehrkräfte teilen die Empfindung des kindlichen Lesens als „informativ" und „lehrreich". Dies ist auch nicht weiter verwunderlich, da der primäre Sinn und Zweck des Lesens in der Kindheit selten die reine Informationsentnahme aus einem Text ist, sondern überwiegend seine Unterhaltungsfunktion und dadurch auch die Lust am Lesen. Positiv kann vermerkt werden, dass für 71,66 % hier das Adjektiv „lästig" völlig unzutreffend erscheint. Das Lesen in der Kindheit ist demzufolge positiv konnotiert.

Empfindung des Lesens in der Schule

Das Lesen in der Schule wurde separat erhoben. Dies ist darin begründet, dass Lesen in der Schule und im privaten Bereich zumeist als etwas vollkommen anderes empfunden werden, was den motivationalen Differenzen im Hinblick auf die Pflicht- und die Freizeit- beziehungsweise Privatlektüre geschuldet ist (siehe vorherige Ausführungen). Die Empfindung des Lesens in der Schule ist bei den Lehrkräften überwiegend mit „informativ" konnotiert. Ebenso verhält es sich beim Adjektiv „lehrreich", das überwiegend mit

Ergebnisse der Datenauswertung zur Lesesozialisation

„stark" (36,36 %) und „mittelmäßig" (37,25 %) assoziiert wurde. Die Kategorien „spaßbringend", „interessant", „spannend" und „unterhaltend" treffen dagegen nur „mittelmäßig" und „wenig" zu. Diese und weitere prozentuale Ergebnisse sind in Tabelle 20 aufgeführt.

Tabelle 20: Empfindung des Lesens in der Schule

	sehr stark	stark	mittel-mäßig	wenig	sehr wenig	Gültig
spaßbringend	7,83	16,55	**42,95**	27,07	5,59	[N=447]
interessant	16,48	**30,33**	**37,14**	14,07	1,98	[N=455]
spannend	11,80	17,59	29,40	**34,97**	6,24	[N=449]
unterhaltend	8,80	18,51	**32,51**	**34,09**	6,09	[N=443]
informativ	14,66	**42,67**	31,51	8,53	2,63	[N=457]
zeitvertreibend	5,52	12,64	27,59	34,71	19,54	[N=435]
lästig	4,57	16,44	26,71	24,43	27,85	[N=438]
lehrreich	14,86	36,36	**37,25**	9,76	1,77	[N=451]

Empfindung des Lesens zum aktuellen Zeitpunkt

Auch bei der Empfindung des Lesens zum aktuellen Zeitpunkt fanden zur besseren Vergleichbarkeit dieselben Adjektive wie in den beiden vorausgehenden Fragen zur Empfindung des Lesens Eingang. Folgende Ergebnisse ließen sich bezüglich des aktuellen Empfindens ermitteln: Die Adjektive „spaßbringend", „interessant", „spannend", „unterhaltend" sowie „informativ" und „lehrreich" treffen auf die meisten der befragten Lehrkräfte „sehr stark" oder „stark" zu. Am deutlichsten positionieren sich die Teilnehmer bei der Antwortkategorie „lästig", die hier von 75,06 % abgelehnt wird. Die größten Meinungsunterschiede gibt es im Hinblick der Empfindung des Lesens als „zeitvertreibend": Hier halten 24,94 % der Lehrkräfte „sehr stark" und 24,49 % „mittelmäßig" für zutreffend.

Dabei stechen in Tabelle 21 vor allem zwei Ergebnisse heraus: Erstens stimmt die Mehrzahl der Befragten darin überein, dass sie mit dem Lesen überwiegend etwas sehr Positives assoziieren – so trifft dies vor allem auf die Adjektive „spaßbringend", „interessant", „spannend", „unterhaltend", „informativ" und „lehrreich" zu. Zweitens sei angemerkt, dass die starke

Ergebnisse der Datenauswertung zur Lesesozialisation

Ablehnung des Adjektivs „lästig" (75,06 %) von einer stark positiven Konnotation des Lesens zeugt: Lesen wird demzufolge eben überhaupt nicht als lästig empfunden, was nicht zuletzt damit zusammenhängt, dass hohe intrinsische Motivation und Volition die Privatlektüre begleiten und sogar veranlassen.

Tabelle 21: Empfindung des Lesens zum aktuellen Zeitpunkt

	sehr stark	stark	mittelmäßig	wenig	sehr wenig	Gültig
spaßbringend	**34,53**	**35,87**	22,65	5,83	1,12	[N=446]
interessant	**52,85**	**42,54**	4,39	0,22	0,00	[N=456]
spannend	**42,09**	34,74	18,04	4,45	0,67	[N=449]
unterhaltend	**46,02**	34,96	12,83	5,09	1,11	[N=452]
informativ	**51,63**	37,47	8,71	1,96	0,22	[N=459]
zeitvertreibend	24,94	19,68	**24,49**	19,68	11,21	[N=437]
lästig	0,23	1,60	4,35	18,76	**75,06**	[N=437]
lehrreich	**33,48**	**39,91**	21,06	4,21	1,33	[N=451]

Um ein Fazit ziehen zu können, ist ein Vergleich der statistischen Kennwerte zu den diversen Empfindungen des Lesens unabdingbar. Zu diesem Zweck wurden die Frageformate bereits bei der Anlegung des Fragebogens angeglichen. Dies ermöglicht erstens eine Vergleichbarkeit zwischen den jeweiligen Adjektiven der Bereiche der Kindheit, des schulischen Lesens und der Empfindung des Lesens zum aktuellen Zeitpunkt, und gewährleistet zweitens eine gemeinsame Auswertung anhand derselben Kategorien.

Empfindung des Lesens im Vergleich

Die nachfolgenden Ausführungen nehmen Bezug auf die in Tabelle 22 abgebildeten statistischen Kennwerte Median und Modalwert. Sowohl bei den Medianen als auch bei den Modalwerten fällt auf, dass diese bei Kindheit und dem aktuellem Zeitpunkt weitestgehend indifferent innerhalb einer Adjektiv-Kategorie sind. Die Angabe hinsichtlich der Empfindung des Lesens in der Schule weicht in sechs von acht Fällen um eine Empfindungsstufe von den anderen Werten ab.

Ergebnisse der Datenauswertung zur Lesesozialisation

Tabelle 22: Vergleich der Mediane und Modalwerte der Empfindung des Lesens

	Median			Modalwert		
	Kindheit	Schule	Aktuell	Kindheit	Schule	Aktuell
spaßbringend	2,00	**3,00**	2,00	2,00	**3,00**	2,00
interessant	2,00	**3,00**	1,00	1,00	**3,00**	1,00
spannend	1,00	**3,00**	2,00	1,00	**4,00**	1,00
unterhaltend	2,00	**3,00**	2,00	1,00	**4,00**	1,00
informativ	3,00	2,00	**1,00**	3,00	2,00	1,00
zeitvertreibend	3,00	**4,00**	3,00	3,00	**4,00**	**1,00**
lästig[64]	5,00	**4,00**	5,00	5,00	5,00	5,00
lehrreich	3,00	2,00	2,00	3,00	3,00	2,00

Dies verdeutlicht die Differenz zwischen privatem und schulischem Lesen: Die individuellen Lektürepräferenzen decken sich nicht mit dem schulischen Lesekanon. Im Umkehrschluss bedeutet dies, dass die Schullektüre auch bei den befragten Lehrkräften nicht das auszulösen vermochte, was durch das Lesen in der Freizeit erreicht wurde (vgl. Werte des Adjektivs „interessant", „spannend", insbesondere aber „unterhaltend"). Affirmativ kommt hier der Median des Adjektivs „lästig" zum Tragen: Dieser weicht, was das Lesen innerhalb der Schule anbelangt, um eine Stufe vom Lesen in der Kindheit und dem aktuellen Empfinden ab. Das verdeutlicht die zumindest tendenziell negativere Konnotation des Lesens in der Bildungsinstitution im Vergleich zum privaten Bereich.

Ferner sei das Augenmerk auf die statistischen Werte des Adjektivs „informativ" gerichtet. Die Kategorie erfährt von der Kindheit bis hin zum aktuellen Zeitpunkt eine Verbesserung, die sich in den Medianen und Modalwerten manifestiert (bei beiden eine Entwicklung von 3 über 2 bis hin zu 1 aktuell). Hierbei werden unterschiedliche Leseinteressen und Leseintentionen deutlich: Wohingegen die Lektüre in der Kindheit vor allem der Unterhaltung, dem Zeitvertreib und dem Eintauchen in spannende Geschichten dient, weitet sie sich ab Beginn der Adoleszenz zugunsten einer solchen Lektüre aus, die

---

[64] Dieser Wert ist aufgrund der negativen Formulierung „umgekehrt" zu lesen, das heißt ein hoher Wert widerspricht der Empfindung des Lesens als „lästig", ein niedriger Wert wiederum bekräftigt das Adjektiv.

Informations- und Interessensziele verfolgt. Dieser Sachverhalt wird von den Ergebnissen des Adjektivs „lehrreich" untermauert, welches in der Adoleszenz auch einer Privatlektüre Platz einräumt, die mit dem Ziel des Wissens- und Erkenntniserwerbs einhergeht. Dies deckt sich mit Erkenntnissen der Studien von SCHÖN (1996) und GRAF (2004, 2007).

Sicher spielen hier unter anderem solche (Sach-)Texte eine Rolle, die über das aktuelle Geschehen berichten wie beispielsweise die Zeitung. In diesem Kontext ergibt auch die Entwicklung des Medians bei der Empfindung „spannend" Sinn: Diese bildet übereinstimmend die zutreffendste Lektüreempfindung während der Kindheit („sehr stark" und „stark zutreffend" kumulieren sich auf 85,40 %) und wird im Erwachsenenalter durch die „informative" und „lehrreiche" Lektüre ergänzt. Am deutlichsten wird die Erweiterung des Lektürespektrums bei der grafischen Veranschaulichung der Modalwerte der jeweiligen drei Phasen in Abbildung 13.

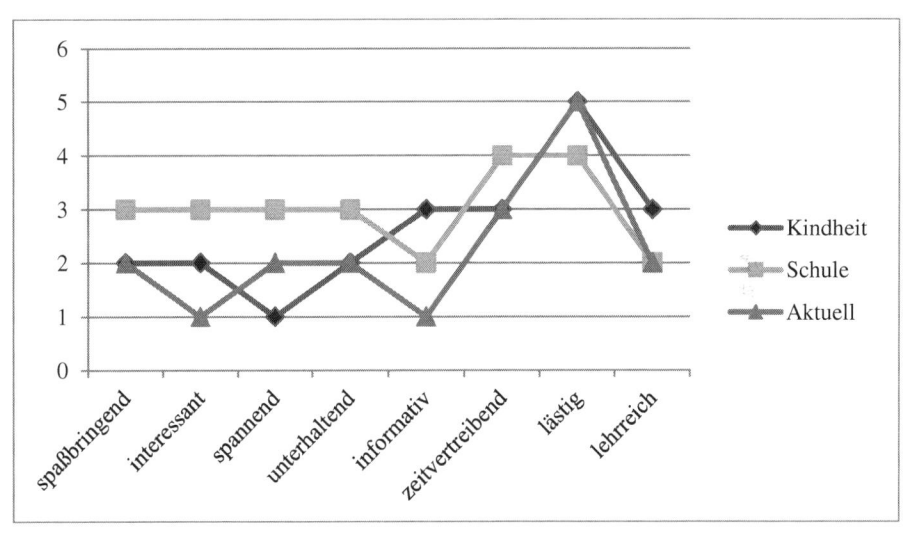

Abbildung 13: Median der Empfindung des Lesens während der Kindheit, in der Schule und zum aktuellen Zeitpunkt im Vergleich

Abschließend bleibt festzuhalten, dass sich die Empfindung des Lesens als Kind noch weitestgehend mit den Angaben der Lehrkräfte für den aktuellen Zeitraum deckt. Eine Orientierung an vorhergehenden Antworten während der Befragung kann ausgeschlossen werden, da die drei Phasen unabhängig voneinander auf jeweils neuen Seiten erfragt wurden.

Ergebnisse der Datenauswertung zur Lesesozialisation

Das vorliegende Ergebnis, dass die Empfindung des Lesens als Kind sich mit der aktuellen deckt, bestätigt gängige und bereits verifizierte Thesen, welche die Kindheit als Beginn der „Lesekarriere" und insofern als Grundstein für ihre weitere Entwicklung sehen. Dies wiederum stützt die Validität der Studie und die Authentizität der abgebildeten Daten. Für die konstatierte Stabilität der Lesegewohnheiten zwischen Kindheit und Adoleszenz aus lesesozialisatorischer Sicht sprechen auch in dieser Studie die Zusammenhänge des Lesens in der Kindheit mit dem Lesehabitus als Erwachsener, worauf bereits in Kapitel 2.2.4 Bezug genommen wurde (vgl. z.B. Graf 2007; Hurrelmann et al. 1993; Schön 1990).

Das nächste Kapitel soll zur Bekräftigung der hier gewonnenen Erkenntnisse die Antworten der Lehrkräfte zur subjektiven Bedeutung des Lesens beleuchten. Die durchaus positiven Ergebnisse zur Empfindung des Lesens müssten sich allen Überlegungen gemäß auch bei der individuellen Bedeutsamkeit fortsetzen.

7.6 Stellenwert des Lesens

Zur generellen Bedeutsamkeit des Lesens konnten die Lehrkräfte zum einen die Angabe machen, ob sie gerne lesen und zum anderen, inwieweit es zutreffend sei, dass sie ihre Freizeit lieber mit einem Buch, einer Zeitung oder Zeitschrift verbringen als mit dem Fernseher. Auch an dieser Stelle fand jeweils eine fünfstufige Likert-Skala Anwendung, um das Maß der Zustimmung erfassbar zu machen.

Die Ergebnisse zur Aussage „Heutzutage lese ich gern" können durchaus als eindeutig bezeichnet werden (vgl. Abbildung 14). Mit insgesamt 93,42 % beziehen die Lehrkräfte deutlich Stellung und geben an, entweder „voll und ganz" oder „eher" gerne zu lesen. Die Negativkategorien „trifft eher nicht zu" und „trifft überhaupt nicht zu" kommen hier auf marginale 2,19 %. In der neutralen Mitte, das heißt bei „weder/noch", sortieren sich 4,39 % ein.
Median und Modalwert liegen bei 1,00, da die Abweichungen von den Positivkategorien („trifft voll und ganz zu" und „trifft eher zu") äußerst gering ausfallen. Wir haben es letztlich mit deutlichen Abweichungen von einer Normalverteilung zu tun. Dies lässt jedoch noch lange keinen Rückschluss darauf zu, ob die Lehrkräfte in ihrer Freizeit auch das Buch dem Fernseher vorziehen, weshalb dieser Aspekt in der nächsten Frage beleuchtet wurde.

Ergebnisse der Datenauswertung zur Lesesozialisation

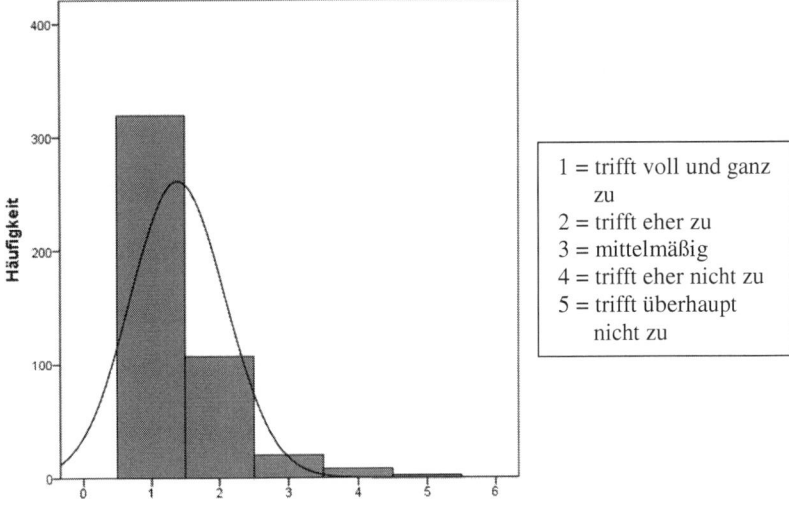

Abbildung 14: Histogramm "Heutzutage lese ich gern"

Ein Blick auf den Datensatz zur Aussage „Ich verbringe meine Freizeit lieber mit einem Buch oder einer Zeitung/Zeitschrift als dem Fernseher" zeigt, dass die Mehrheit der Lehrkräfte die Lesetätigkeit „eher" präferieren. Die Datenverteilung ist dabei linkssteil (vgl. Abbildung 15).

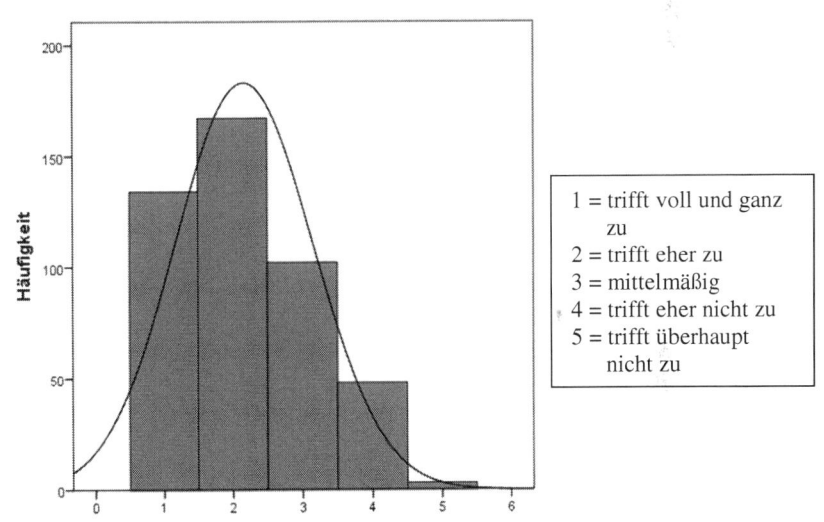

Abbildung 15: Histogramm "Ich verbringe meine Freizeit lieber mit einem Buch [...] als vor dem Fernseher"

Ergebnisse der Datenauswertung zur Lesesozialisation

Zusammenfassend messen die befragten Lehrkräfte dem Lesen einen hohen Stellenwert bei, der sich darin äußert, dass sie nicht nur gerne lesen, sondern auch ein Buch dem Fernseher vorziehen. Mit Betonung sei darauf hingewiesen, dass sich alle Angaben auf den privaten Bereich, das heißt auf die Freizeitgestaltung bezogen.

7.7 Paraliterarische Gespräche

Abschließend wurde zur Erfassung der Lesesozialisation der Lehrkräfte die Häufigkeit von paraliterarischen Gesprächen erhoben, worunter Gespräche über Literatur beziehungsweise über Gelesenes zu verstehen sind. Die Frequenz wurde anhand von Likert-Skalen für die Lebensabschnitte ‚Pubertät' und ‚aktueller Zeitpunkt' mit dem Ziel der Vergleichbarkeit ermittelt.

Für die Pubertät gibt der Großteil der Lehrkräfte (31,93 %) an, „mittelmäßig" mit Freunden, Bekannten und/oder der Familie über das Gelesene gesprochen zu haben (vgl. Tabelle 23). Die am zweitstärksten vertretene Kategorie bildet „selten", der sich 28,16 % zuordnen. Kumuliert stellen beide Kategorien einen Anteil von 60,09 % dar. Anders verhält es sich bei den aktuellen paraliterarischen Gesprächen: Hier dominieren die Gruppen „häufig" (43,42 %) und „mittelmäßig" (27,63 %).

Tabelle 23: Gespräche über Gelesenes in der Pubertät und zum aktuellen Zeitpunkt

		Pubertät			Aktuell		
		Anzahl	Prozent	Gültige Prozent	Anzahl	Prozent	Gültige Prozent
Gültig	sehr häufig	32	6,58	7,10	49	10,08	10,75
	häufig	98	20,16	21,73	198	40,74	43,42
	mittelmäßig	144	29,63	31,93	126	25,93	27,63
	selten	127	26,13	28,16	69	14,20	15,13
	sehr selten	50	10,29	11,09	14	2,88	3,07
	Gesamtsumme	451	92,80	100,00	456	93,83	100,00
Fehlend		35	7,20		30	6,17	
Gesamtsumme		486	100,00		486	100,00	

Ergebnisse der Datenauswertung zur Lesesozialisation

Diese Differenz bilden auch Median und Modalwert ab, die in der Pubertät jeweils einen Wert von 3,00 notieren und sich für den aktuellen Zeitpunkt um eine Kategorie und somit auf 2,00 verbessern. Diese Entwicklung wird vor allem in Abbildung 16 sichtbar.

Während das Histogramm der Paraliterarischen Gespräche in der Pubertät annähernd normalverteilt ist, handelt es sich beim zweiten Histogramm um eine eingipflige linkssteile Verteilung, die vor allem bei der zweiten Kategorie („häufig") einen sehr hohen Wert und damit eine sehr hohe Häufigkeit aufweist. Die Lehrkräfte sprechen zum Umfragezeitpunkt häufiger über das, was sie gerade lesen oder gelesen haben, als in der Pubertät.

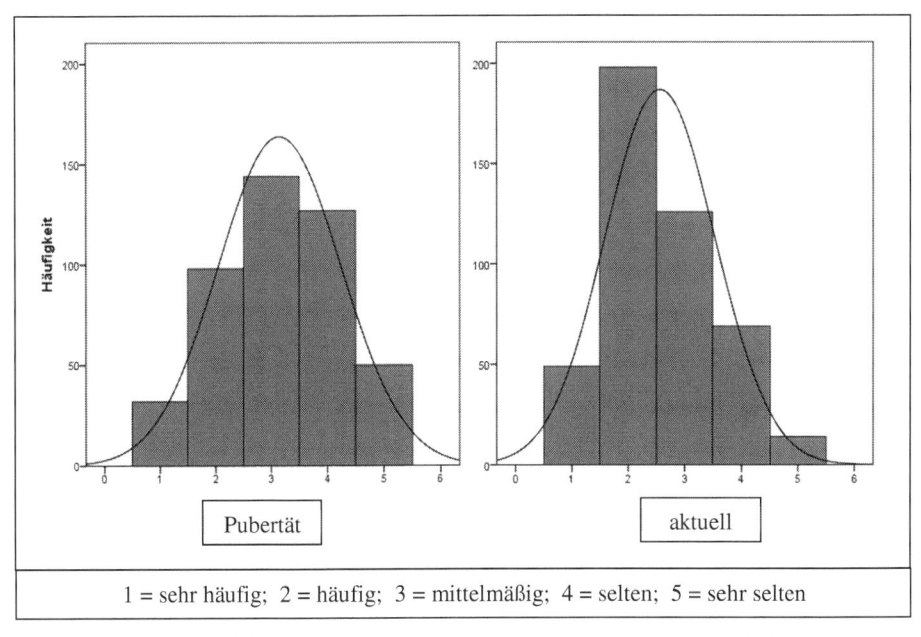

Abbildung 16: Vergleich der Histogramme zu paraliterarischen Gesprächen in der Pubertät und aktuell

7.8 Zusammenfassung der Ergebnisse

Die befragten Lehrkräfte schätzen sich selbst überwiegend als Vielleser (64,99 %) oder Gelegenheitsleser (25,38 %) ein und blicken im Durchschnitt auf eine recht erfolgreiche Lesesozialisation in der Kindheit zurück: So stammen sie zu 72,95 % aus Elternhäusern, in denen die Eltern ebenfalls Viel- (34,42 %) oder Gelegenheitsleser (38,53 %) waren. Dies mag *einer* der Gründe dafür sein, dass in den Familien der meisten Lehrkräfte Leserituale vorhanden waren, die „täglich" oder „nahezu täglich" stattfanden. Wer nicht zu denjenigen gehörte, welche in der Kindheit mindestens zwischen 26 und 50 Bücher besaßen, ging umso häufiger in Bibliotheken, um sich dort, nicht selten auch im wöchentlichen Turnus, „Lesestoff" zu leihen.
Die Lektüre der Kindheit wird bis heute am stärksten mit Adjektiven wie „spaßbringend", „interessant", „spannend" und „unterhaltend" assoziiert. Die primären Ziele des kindlichen Lesens waren insofern Unterhaltung, Spannung und Zeitvertreib.

Während der Schulzeit fanden als Anreize zum Lesen überwiegend Lesewettbewerbe statt, man versuchte jedoch auch, die Leselust durch Büchereibesuche anzufachen. Eine Berücksichtigung individueller Lektürepräferenzen der Umfrageteilnehmer war nicht möglich und so werden mit der Empfindung des Lesens in der Schule noch heute verstärkt emotionsneutrale Adjektive wie „informativ", „lästig" und „lehrreich" verknüpft.

Die Peergroup von mehr als der Hälfte der Lehrkräfte stand dem Lesen positiv gegenüber. Für über ein Siebtel der Lehrkräfte trifft dies jedoch überhaupt nicht auf den damaligen Freundeskreis zu. Unabhängig davon motivierten die Mitglieder der Peergroup in den häufigsten Fällen nicht zum Lesen; selbst wenn ein leseförderliches Klima bestand, waren andere Themen Gesprächsinhalt. Der motivationale Aspekt des positiven Leseklimas kam somit nicht zum Tragen.

Sehr erfreulich ist, dass das Lesen bei nahezu allen befragten Lehrkräften der beruflichen Schulen einen hohen subjektiven Stellenwert einnimmt. Die Lehrkräfte lesen nicht nur sehr gerne, sondern sie sprechen auch häufig mit ihren Freunden, Bekannten oder mit der Familie über das Gelesene, um sich auszutauschen, Empfehlungen auszusprechen oder über einen Sachverhalt zu diskutieren. Zudem verzichten knapp zwei Drittel in ihrer Freizeit gerne auf das Einschalten des Fernsehers zugunsten einer guten Lektüre.

Ergebnisse der Datenauswertung zur Lesesozialisation

Zusammenfassend sind aus den Daten der Empfindung des Lesens drei wesentliche Erkenntnisse zu gewinnen:

1. *Lesen in der Schule und im Privaten sind etwas völlig Verschiedenes.* Auch in der hier vorliegenden Studie bestätigt sich, dass die privaten Lektürepräferenzen und das Lesen in der Schule stark divergieren. So kommt es dazu, dass die meisten befragten Lehrkräfte das schulische Lesen stärker mit dem Begriff „lästig" in Verbindung bringen, als dies bei der Privatlektüre der Fall ist.

2. *Die Leseintention verändert sich von der Kindheit zum Erwachsenenalter.* Das noch übereinstimmend als „spannend" empfundene Lektürespektrum der Kindheit, welches vor allem der Unterhaltung, dem Zeitvertreib und der Befriedigung der Abenteuerlust diente, erweitert sich im Erwachsenenleben um als „informativ", „lehrreich" und „interessant" empfundene Texte. Diese dienen der Aneignung von Wissen und der Informationsgewinnung (beispielsweise die Tageszeitung, ob gedruckt oder im Online-Format).

3. *Eine positive Konnotation des Lesens bleibt auch im Erwachsenenleben bestehen.* Die Empfindungen des Lesens in der Kindheit decken sich in den meisten Fällen mit denjenigen zum aktuellen Zeitpunkt. Wer Lesen schon als Kind als „spaßbringend", „interessant", „unterhaltend" und „zeitvertreibend" empfindet, wird diese Assoziation auch als Erwachsener (zum Teil sogar verstärkt) beibehalten.

Die Auswertung dieses Kapitels nahm den vollständigen Datensatz in den Blick. Es sei kritisch angemerkt, dass die Ergebnisse dafür, dass Lehrkräfte aller Fächergruppen beteiligt waren, sehr positiv ausfallen. In diesem Kontext sind vor allem die Ergebnisse zu individuellem Lesehabitus und Freizeitgestaltung kritisch zu betrachten.

8. Förderung von Lesekompetenz

8.1 Einstellung gegenüber der Lesekompetenzförderung

Die Einstellung der Lehrkräfte gegenüber der Förderung von Lesekompetenz erheben vier unterschiedliche Parameter zum Lesen im Allgemeinen und zu ihrer Förderung in der Schule. Dabei beziehen sich die Standpunkte auf:
1) die persönliche Wichtigkeit der Lesehäufigkeit im Unterricht,
2) die Notwendigkeit der Leseförderung in den beruflichen Schulen,
3) die Auffassung von Lesekompetenz als fächerübergreifende Aufgabe und auf
4) die Auffassung, dass es für den Aufbau von Lesekompetenz in der Sek. II noch nicht zu spät sei.

Sämtliche dazugehörige Histogramme, die einen Überblick über die Antworthäufigkeiten enthalten, werden im Anschluss aufgelistet (siehe S. 157).

Häufiger Einsatz von Lesestoff im Unterricht (quantitativ)

Auf den Unterricht von 18,06 % der Lehrkräfte trifft es „voll und ganz zu", dass sie ihre Schüler bewusst immer wieder längere Texte lesen lassen und dem Lesen eine augenscheinlich hohe (persönliche) Bedeutung beimessen. Für die meisten Lehrkräfte trifft dies mit 42,66 % „eher zu". Während sich 25,73 % in der Mitte bei „weder/noch" positionieren, geben 10,38 % an, dass dies „eher nicht" und 3,16 % „überhaupt nicht" auf ihren Unterricht zutrifft. Differenziert man an dieser Stelle in lediglich zwei Gruppen, eine mit positiver Einstellung zur Aussage und eine mit negativer, so dominieren die Lehrkräfte, welche die Aussage „In meinem Unterricht lasse ich die Schüler/innen bewusst viel lesen" persönlich unterstreichen. Es entsteht ein Verhältnis von 60,72 % zu 39,28 % zugunsten eines bewusst häufigen Einsatzes von „Lesestoff" jeglicher Art, wenn man die neutrale Mitte („weder/noch") zur Negativausprägung zählt. Median und Modalwert liegen beide bei 2,00 und dementsprechend bei „trifft eher zu". Beide Werte bilden eine stark positive Tendenz zum bewussten quantitativen Lesen ab. Die Daten ergeben eine linkssteile Verteilung, was im Histogramm von Abbildung 17 besonders deutlich wird.

Förderung von Lesekompetenz

Lesetraining im Unterricht der beruflichen Schulen (qualitativ)

Bei der Abfrage des zweiten Standpunkts geben die Befragten ihr Maß der Zustimmung zur Aussage „Auch in den beruflichen Schulen muss das Lesen geübt und gefördert werden" an. Hier positioniert sich die Mehrheit der Lehrkräfte bei „trifft voll und ganz zu" (57,43 %). Ebenfalls starke 36,26 % stimmen „eher zu". Die Positivkategorien dominieren demzufolge mit starken 93,69 % (vgl. Abbildung 18). Dementsprechend entfallen 6,31 % auf die Negativausprägungen, wobei hier die Kategorie „weder/ noch", die eher einen neutralen Standpunkt abbildet, den größten Part beschließt (4,73 %). Median und Modalwert notieren auf 1,00 und bilden folglich die sehr positive Einstellung der Lehrkräfte gegenüber der Leseförderung in den beruflichen Schulen ab. Die Daten sind in einem hohen Maß linkssteil verteilt, der genaue Wert der Schiefe beträgt 1,54.

Lesekompetenz als fächerübergreifende Aufgabe

Am aussagekräftigsten sind die Daten bei der Antwortverteilung zur Lesekompetenz als fächerübergreifende Aufgabe (vgl. Abbildung 19). Dieser Aussage stimmen 65,99 % aller Lehrkräfte „voll und ganz zu" und ebenfalls 29,28 % „eher zu". Die Kategorie „weder/noch" ist mit 2,93 % vertreten, für 1,80 % dagegen trifft dies „eher nicht" oder „überhaupt nicht zu". Für diese Variable lässt sich ein Median von 1,00 ermitteln, ebenso verhält es sich mit dem Modalwert. Es ergibt sich eine in höchstem Maß linkssteile Verteilung, die einen Wert von 2,01 bemisst.

Chancen des Aufbaus von Lesekompetenz in der Sekundarstufe II

Abschließend wurde zur Einstellungsmessung eine Angabe zur Aussage „Für den Aufbau von Lesekompetenz ist es in der Sekundarstufe II noch nicht zu spät" verlangt. Die Antworten streuen hier deutlich stärker als bei den drei vorhergehenden Fragen (vgl. Abbildung 20): So trifft diese Aussage auf 19,32 % „voll und ganz zu". Sie sind der Meinung, dass auch (fast) erwachsene Schüler noch auf den (Lese-)Zug aufspringen können. Die Mehrheit von 32,50 % gibt dem Aufbau von Lesekompetenz in der Sekundarstufe II ebenfalls eine Chance und stimmt dieser Aussage „eher zu", wohingegen 19,09 % auf eine Zuordnung nach links oder rechts verzichten und somit das Mittelfeld bilden. Die Aussage trifft für 17,95 % der Lehrkräfte „eher nicht zu", während ihr 11,14 % sogar widersprechen („trifft überhaupt nicht zu") – für sie ist es für den Aufbau von Lesekompetenz in der Sekundarstufe II schlichtweg zu spät (vgl. Abbildung 21). Median und Modalwert liegen bei

Förderung von Lesekompetenz

dieser Aussage beide bei 2,00 und bilden damit eine positive Antwortausprägung sowie eine Zustimmung auf dem Niveau von „trifft eher zu" ab (vgl. Tabelle 24).

Tabelle 24: Statistische Werte der Einstellungen zur Förderung von Lesekompetenz

		Bewusst viel lesen[a]	Berufliche Schulen[b]	Fächerüb. Aufgabe[c]	Auch in Sek. II [d]
N	Gültig	443	444	444	440
	Fehlend	43	42	42	46
Median		2,00	1,00	1,00	2,00
Modalwert		2	1	1	2
Schiefe		0,58	1,54	2,01	0,36

[a] In meinem Unterricht lasse ich die Schüler/innen bewusst viel lesen.
[c] Auch in den beruflichen Schulen muss das Lesen geübt und gefördert werden.
[b] Der Aufbau von Lesekompetenz […] ist eine fächerübergreifende Aufgabe.
[d] Für den Aufbau von Lesekompetenz ist es in der Sek. II noch nicht zu spät

Die Schiefe liegt bei 0,36 und verweist auf eine tendenziell linkssteile, nach rechts jedoch relativ robust angelegte Verteilung. Dies würde bedeuten, dass zwar der größere Teil der Lehrkräfte der Überzeugung ist, auch die Schüler der Sekundarstufe II noch lesekompetent(er) machen zu können, wohingegen der andere Teil dem nicht nur skeptisch, sondern zuweilen gänzlich ablehnend gegenübersteht.
Bei Betrachtung der für die Schiefe ermittelten Werte fällt auf, dass die Lehrkräfte sich darin einig sind, dass das Lesen auch in den beruflichen Schulen geübt werden müsse und als fächerübergreifende Aufgabe zu verstehen sei. Wesentlich größer ist die Streuung der Antworten bei der ersten und der letzten Aussage (0,58 beim quantitativen Lesen und 0,36 beim Aufbau von Lesekompetenz in der Sekundastufe II), die deutlich niedrigere Werte aufweisen. Dies lässt sich anhand der nachfolgenden Abbildungen 18 bis 21 besonders gut erkennen. Für alle Abbildungen gelten die angegebenen Beschriftungen.

Förderung von Lesekompetenz

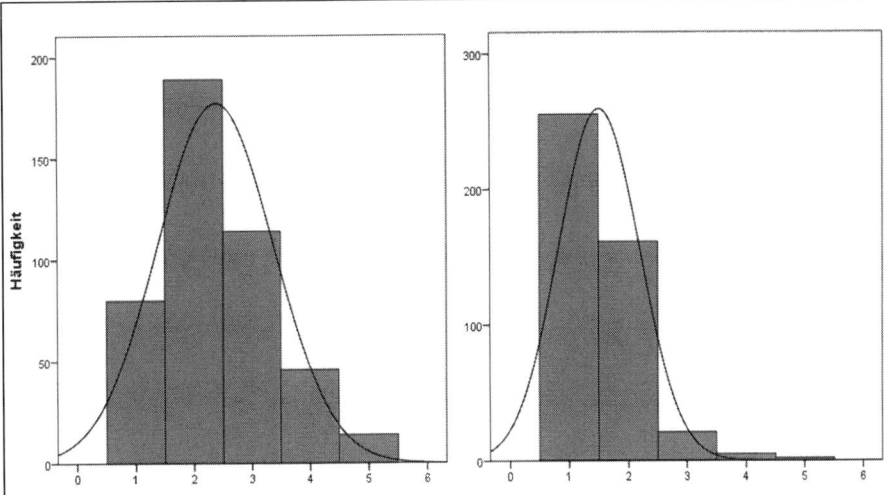

Abbildung 17: Histogramm „In meinem Unterricht lasse ich die Schüler bewusst viel lesen"

Abbildung 18: Histogramm „Auch in den beruflichen Schulen muss das Lesen geübt und gefördert werden"

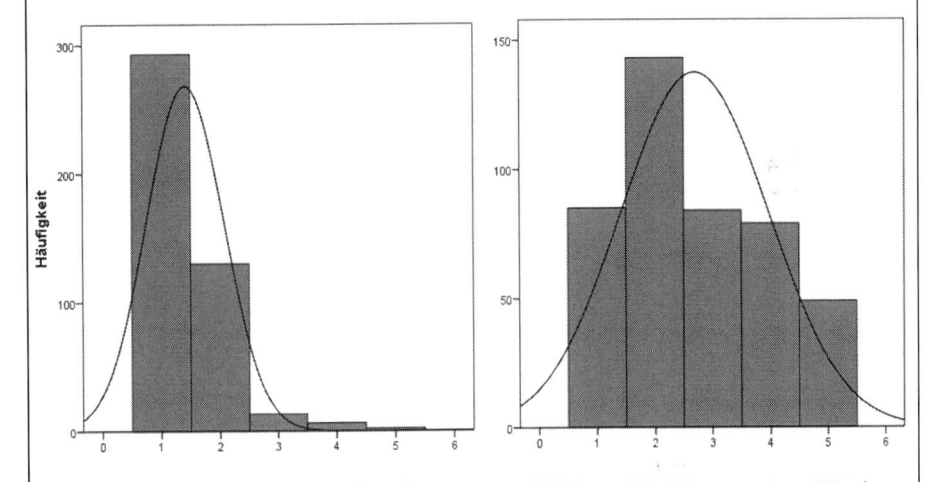

Abbildung 19: Histogramm „Lesekompetenzförderung ist eine fächerübergreifende Aufgabe"

Abbildung 20: Histogramm „Für den Aufbau von Lesekompetenz ist es in der Sek. II noch nicht zu spät"

1 = trifft voll u. ganz zu; 2 = trifft eher zu; 3 = mittelmäßig; 4 = trifft eher nicht zu;
5 = trifft überhaupt nicht zu

Förderung von Lesekompetenz

8.2 Methoden zur Förderung von Lesekompetenz

Im vorigen Kapitel zeigte sich, dass die Mehrheit der Lehrkräfte die Überzeugung teilt, dass Lesekompetenz eine fächerübergreifende Aufgabe ist, der daher auch in allen Fächern nachgekommen werden muss. Daher ist die Frage virulent, wie es um den Einsatz unterschiedlicher Fördermethoden im Unterricht steht. Ganz bewusst wurde auf eine Nennung diverser Methoden verzichtet, um allgemein gängige Methoden der Lehrkräfte aller Unterrichtsfächer zur Lesekompetenzförderung abzurufen. Der Erfassung ist der Lesekompetenzbegriff von PISA zugrundegelegt, demnach also eine weiter gefasste Definition, nach welcher Lesefähigkeit, Lesemotivation und Einstellungen untrennbar miteinander verwoben sind und daher auch gleichzeitig gefördert werden müssen, wenn eine stabile Lesekompetenz erreicht werden soll. Daher wurde auch die motivierende Mitsprache der Schüler bei der Textwahl berücksichtigt. Zur besseren Übersicht erfasst Tabelle 25 die absoluten wie auch die prozentualen Antworthäufigkeiten.

Tabelle 25: Einsatz von Methoden zur Lesekompetenzförderung im Unterricht

Methoden zur Förderung von Lesekompetenz	Häufigkeit	Prozent
Mündliches Zusammenfassen von Texten	329	67,70
Auswahl adäquater Texte	308	63,37
Schriftliches Zusammenfassen von Texten	224	46,09
Vermittlung von Lesestrategien	212	43,62
Intensive Textarbeit	202	41,56
Aktives Arbeiten am Aufbau von Wortschatz	145	29,84
Sonstiges	84	17,28
Mitsprache der Schüler bei Textwahl	62	12,76
Große Lesemengen im Unterricht	29	5,97

Die meisten Lehrkräfte (67,70 %) geben an, gelesene Texte im Anschluss mündlich zusammenfassen zu lassen, um hier nicht nur das Textverständnis der Schüler zu überprüfen, sondern auch eine Rückmeldung darüber zu haben, auf welchem Stand die Klasse ist. 63,37 % bemühen sich um eine Auswahl adäquater Texte, das heißt um solche, welche die Schüler zwar fordern, aber nicht überfordern. Das schriftliche Zusammenfassen von Texten reiht sich mit 46,09 % auf dem dritten Platz ein. 43,62 % der Lehrkräfte vermitteln ihren Schülern an vierter Stelle Lesestrategien, die das Lesen und Verstehen von Texten erleichtern und Strukturierungshilfen bieten sollen.

Diejenigen 17,28 %, die das Freitextfeld „Sonstiges" ankreuzten, gaben in der Regel auch mindestens eine Antwort. Insofern sei hier ein Blick auf die zusätzlichen Antworten der Lehrkräfte bei der Rubrik „Sonstiges" geworfen. Am häufigsten wurden hier das laute Vorlesen genannt (15 Nennungen), Fragen zum Textverständnis (sechs Mal) sowie das Referieren und Präsentieren eigener Ergebnisse seitens der Schüler (fünf Mal). Acht Lehrkräfte wählen stets anspruchsvolle (Fach-)Texte aus, um die Lesekompetenz zu fördern, was eigentlich auch durch die Rubriken Wortschatzaufbau und Auswahl adäquater Texte hätte abgedeckt werden können. Ferner konsultieren vier Lehrkräfte gemeinsam mit ihren Schülern Lexika, um unbekannte Wörter nachzuschlagen und im Anschluss zu erläutern. Ebenfalls werden eigene Texte verfasst, anhand welcher nachvollzogen werden kann, inwieweit das Gelesene verstanden wurde oder noch Klärungsbedarf besteht. Darüber hinaus gibt es Gespräche über Texte und Literaturreferate. Es werden einzelne Formulierungen und Aufgabenstellungen gemeinsam gelesen und anschließend analysiert sowie Texte auch grafisch zusammengefasst. Des Weiteren machen die befragten Personen auch Angaben dazu, dass sie mit ihren Schülern das Paraphrasieren, Exzerpieren und Strukturieren von Texten üben – es werden also Strategien vermittelt und eingeübt, die das Textverständnis verbessern beziehungsweise sichern sollen. In Fremdsprachen wird zudem das schriftliche Übersetzen als Kontrollmöglichkeit angegeben. Texte werden jedoch auch szenisch erarbeitet beziehungsweise im Unterricht dargestellt. In einem Fall wird derzeit eine spezielle Unterrichtssequenz zur Leseförderung durchgeführt. Auch gibt eine Person an, die Wortwahl bei mündlichen Beiträgen stets zu beachten. Inwieweit dies tatsächlich zur Förderung von *Lese*kompetenz beiträgt, ist jedoch fragwürdig.

Zur Bildung eines Intervallskalenniveaus wurde bei dieser Frage ein Summenscore gebildet. Dieser konzipiert sich aus den bereits genannten neun Variablen an Methoden zur Lesekompetenzförderung und kann folglich einen Maximalwert von 9 annehmen.[65] Im Histogramm der Abbildung 17 werden die Ergebnisse grafisch dargestellt.

---

[65] Erläuterungen hierzu enthält Kapitel 11.2, das sich mit der Operationalisierung der abhängigen Variablen befasst.

Förderung von Lesekompetenz

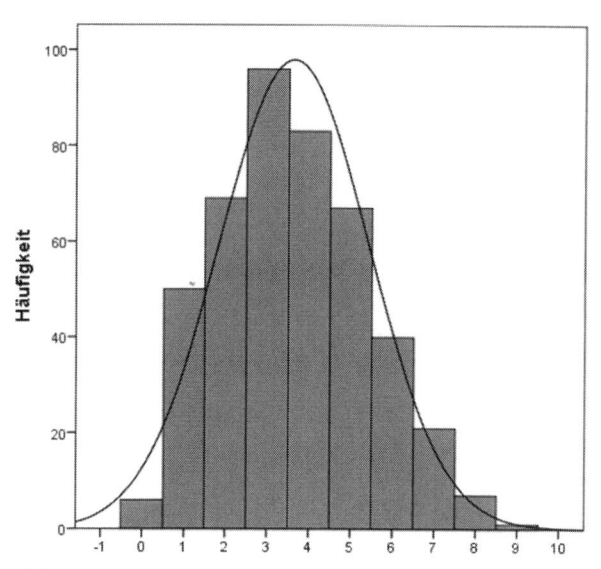

Abbildung 17: Histogramm zum Summenscore der Methoden zur Lesekompetenzförderung im Unterricht

Mit nur minimalen Abweichungen liegt hier eine Standardnormalverteilung vor, mit einer Schiefe von 0,30. Wie der Abbildung entnommen werden kann, sind die Daten linkssteil beziehungsweise rechtsschief verteilt. Der Mittelwert der jeweiligen Summenscores (vgl. Tabelle 26) beträgt 3,63, liegt also zwischen drei und vier ausgewählten Methoden zur Förderung von Lesekompetenz. Median und Modalwert betragen 3,00. Alle Antwortmöglichkeiten (von mindestens 0 bis maximal 9) sind vertreten. Die Standardabweichung beträgt 1,79, was bei einer Spanne des Summenscores von insgesamt zehn Einheiten nicht verwunderlich ist.

Tabelle 27 gewährt einen Überblick über die erzielten Summenscores. Am häufigsten ist die Gruppe derjenigen Lehrkräfte mit insgesamt drei ausgewählten Methoden vertreten – sie bildet einen prozentualen Anteil von 21,82 %. Unter Berücksichtigung der Standardabweichung von 1,79 lässt sich auch hier erkennen, dass die häufigsten Daten um ± 1,79 des arithmetischen Mittels (3,63) verteilt liegen.

Förderung von Lesekompetenz

Tabelle 26: Statistische Kennwerte zum Summenscore der Methoden zur Lesekompetenzförderung

		Summenscore
N	Gültig	440
	Fehlend	46
Mittelwert		3,63
Median		3,00
Modalwert		3
Standardabweichung		1,79
Schiefe		0,30

Tabelle 27: Häufigkeitstabelle zum Summenscore der Methoden zur Lesekompetenzförderung

Summenscore		Häufigkeit	Prozent	Gültige Prozent
Gültig	1	6	1,23	1,36
	2	50	10,29	11,36
	3	69	14,20	15,68
	4	96	19,75	21,82
	5	83	17,08	18,86
	6	67	13,79	15,23
	7	40	8,23	9,09
	8	21	4,32	4,77
	9	7	1,44	1,59
	Gesamtsumme	440	90,53	100,00
Fehlend		46	9,47	
Gesamtsumme		486	100,00	

8.3 Identifikation mit der Rolle des Leselehrers

Die meisten Lehrkräfte der beruflichen Schulen identifizieren sich insgesamt „mittelmäßig" mit der Rolle des Leselehrers (36,05 %). Darüber hinaus gibt über ein Viertel (27,89 %) an, sich „stark" als Leselehrer zu fühlen. Weitere Angaben sind Tabelle 28 zu entnehmen.

Tabelle 28: Identifikation mit der Rolle des Leselehrers

		Häufigkeit	Prozent	Gültige Prozent
Gültig	sehr stark	30	6,17	6,80
	stark	123	25,31	27,89
	mittelmäßig	159	32,72	36,05
	weniger	76	15,64	17,23
	sehr wenig	36	7,41	8,16
	gar nicht	17	3,50	3,85
	Gesamtsumme	441	90,74	100,00
Fehlend		45	9,26	
Gesamtsumme		486	100,00	

Tabelle 29: Statistische Kennwerte zur Identifikation mit der Rolle des Leselehrers

	Identifikation mit der Rolle des Leselehrers	
N	Gültig	441
	Fehlend	45
Median		3,00
Modalwert		3,00
Standardabweichung		1,18
Schiefe		0,54

Die statistischen Kennwerte Median und Modalwert liegen beide bei 3,00 (vgl. Tabelle 29) und verändern sich auch bei einer Teilung des Samples zur Überprüfung der Geschlechterverteilung nicht. Sowohl Männer als auch Frauen identifizieren sich überwiegend „mittelmäßig" mit der Rolle des Leselehrers.

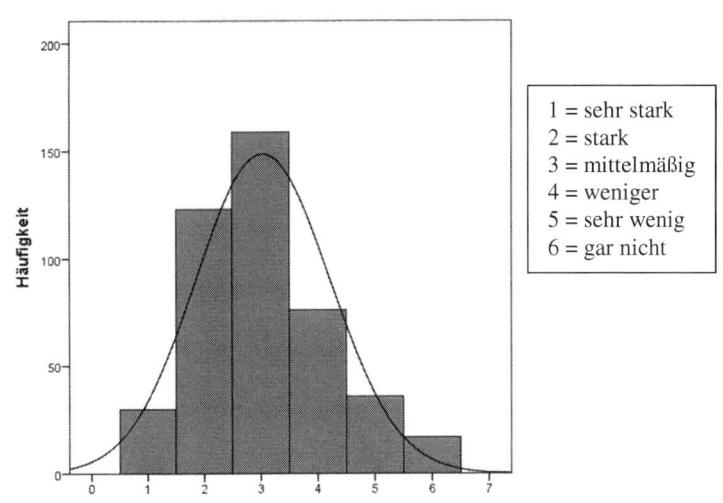

Abbildung 18: Histogramm "Identifikation mit der Rolle des Leselehrers"

Der geringe Wert der Schiefe macht sich auch in der Datenverteilung bemerkbar, denn das nachfolgende Histogramm ist eingipflig linkssteil. Es wird zudem deutlich, dass die meisten Antworten im Bereich der „starken" und der „mittelmäßigen" Identifikation liegen (vgl. Abbildung 18). Bezüglich der Rollenidentifikation und dem Geschlecht bestehen nahezu keine Unterschiede, was in Tabelle 30 ersichtlich wird.

Förderung von Lesekompetenz

Tabelle 30: Kreuztabelle zu Rollenidentifikation und Geschlecht

Identifikation mit Rolle des Leselehrers	männlich		weiblich	
	Anzahl	Prozent	Anzahl	Prozent
sehr stark	4	2,31	26	**9,85**
stark	47	27,17	74	28,03
mittelmäßig	67	**38,73**	91	**34,47**
weniger	35	**20,23**	41	15,53
sehr wenig	10	5,78	25	**9,47**
gar nicht	10	5,78	7	2,65
Gesamtsumme	173	100,00	264	100,00

8.4 Zusammenfassung der Ergebnisse

Die meisten Lehrkräfte an den beruflichen Schulen Bayerns sind der Meinung, dass auch in der Sekundarstufe II das Lesen noch mit den Schülern geübt und gefördert werden soll. Dafür soll der mehrheitlichen Meinung nach jedoch nicht nur das Fach Deutsch zuständig sein und Lesekompetenz insofern auch durchaus als fächerübergreifende Aufgabe wahrgenommen werden. Die Angabe, bewusst mehr Lesestoffe im Unterricht einzusetzen, um mit den Schülern möglichst viel zu lesen, trifft dennoch nur auf weniger als die Hälfte und auch nur „eher zu". Der tendenziell eher geringe Einsatz von Texten spiegelt sich auch in den Ergebnissen zur Förderung von Lesekompetenz wider: Hier geben nur 5,97 % an, im Unterricht auf den quantitativen Aspekt des Lesens Wert zu legen. Wesentlich häufiger werden Methoden im Klassenzimmer eingesetzt wie das mündliche und schriftliche Zusammenfassen von Texten. Zudem wird auf eine Auswahl adäquater Texte Wert gelegt; hierfür geben die Lehrkräfte den Schülern auch Lesestrategien an die Hand. Eine intensive Textarbeit soll ferner der Sicherung des Textverständnisses dienen.
Obgleich sich die Lehrkräfte zum Teil äußerst positiv gegenüber der Lesekompetenzförderung als fächerübergreifendem Anliegen positionieren, heißt das noch lange nicht, dass sie sich automatisch auch selbst in der Pflicht sehen. Dies zeigt sich zum Beispiel daran, dass durchschnittlich nur drei bis vier Methoden zur Lesekompetenzförderung Verwendung im Unterricht der Lehrkräfte finden.

Sehr gespalten äußern sich die Lehrer darüber hinaus bei der Fragestellung, ob an den beruflichen Schulen noch ein Kompetenzaufbau möglich sei: Ein Drittel vertritt hier die Ansicht, dass es im Bereich Lesen für einen Kompetenzaufbau bereits zu spät sei. Es wird deutlich, dass wir es hier mit einer Diskrepanz zwischen Anspruch (Lesekompetenzförderung) und Wirklichkeit (Grenzen des Kompetenzaufbaus) zu tun haben. Dies könnte bereits eine Begründung dafür sein, dass sich die meisten Lehrkräfte nur „mittelmäßig" mit der Rolle des Leselehrers identifizieren können. Das Geschlecht spielt hierbei keine Rolle.

9. Ergebnisse der Datenauswertung der Deutschlehrkräfte

Mithilfe einer Filtersetzung, die sich über das Kriterium „Deutschlehrer" aktivierte, wurde den Deutschlehrkräften im Fragebogen ein eigener Bereich gewidmet. Dieser baute auf dem für alle Fächer gültigen Fragenkatalog auf, unterschied sich dann zum Teil oder erhob vorhergehende Fragen noch einmal mit Ausschließlichkeitsanspruch. Die anschließenden Ergebnisse haben zum Ziel, ein genaueres Bild über den Deutschunterricht an beruflichen Schulen zu vermitteln sowie über das fachspezifische Lehrpersonal Aussagen treffen zu können.

9.1 Stichprobenbeschreibung der Deutschlehrer

Um die Stichprobe der Deutschlehrer genauer beschreiben zu können, wird ihre Zusammensetzung unter Berücksichtigung der Schularten betrachtet. Darüber hinaus finden Aspekte wie Alter und Geschlechterverteilung Berücksichtigung.

Alter und Geschlechterverteilung

Von allen an der Studie teilnehmenden Lehrkräften ($N = 486$) unterrichten 259 das Fach Deutsch. Am stärksten ist die Altersgruppe zwischen 46 und 60 Jahren (39,38%) vertreten. Zu 23,12 % setzt sich die Stichprobe auch aus Berufseinsteigern beziehungsweise Junglehrern im Alter von 24 bis 35 Jahren zusammen sowie aus 36- bis 45jährigen zu 28,96 %. Die Gruppe der

Ergebnisse der Datenauswertung der Deutschlehrkräfte

erfahrenen Lehrkräfte über 60 Jahre wurde ebenfalls mit der Online-Befragung erreicht, wenn auch mit einem deutlich geringerem Anteil von 7,34 %. Ein wirkliches Durchschnittsalter kann aufgrund der vorgegebenen ordinalskalierten Zeitspannen nicht ermittelt werden. Der hier nur wenig sinnvolle Mittelwert $\bar{x} = 2,21$ würde zwar einem ungefähren Durchschnittsalter von 48 Jahren entsprechen, diese Zahl sollte jedoch mit Vorsicht betrachtet werden. Des Weiteren sind 148 Personen von 259 und damit 57,14 % der Deutschlehrkräfte Frauen.

Zusammensetzung unter Berücksichtigung der Schularten

Die befragten Deutschlehrkräfte unterrichten mit insgesamt 139 Personen größtenteils an der Berufsschule. Fachoberschule und Berufsoberschule bilden mit kumuliert 136 Lehrkräften die am zweitstärksten vertretene Gruppe. Dem schließt sich die Berufsfachschule mit insgesamt 50 Lehrkräften an. Fachakademie und Fachschule reihen sich mit 18 und 14 Teilnehmern hinten ein.[66] Abbildung 19 veranschaulicht dies in einem Kreisdiagramm.

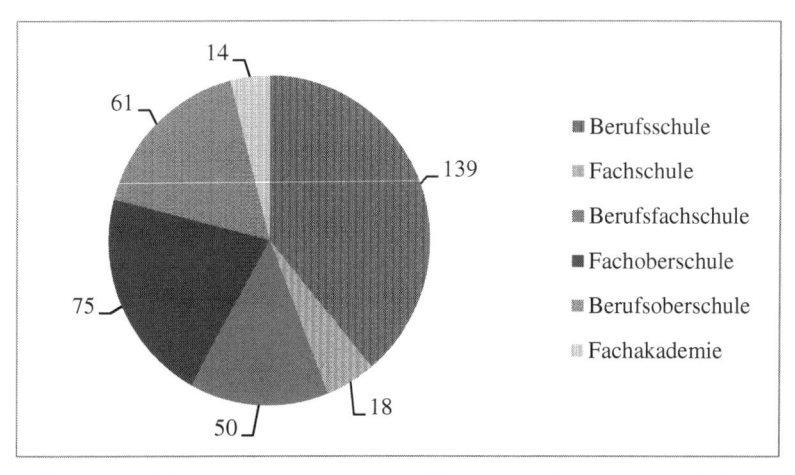

Abbildung 19: Zusammensetzung der Deutschlehrkräfte nach Schulart

---

[66] Da bei dieser Aufgabe Mehrfachantworten für Lehrkräfte möglich waren, die an unterschiedlichen Schulformen unterrichten, ist eine prozentuale Verteilung nicht zweckmäßig. Alle bei dieser Frage erhaltenen Antworten ergäben eine Summe von 357. Nicht aufgeführt sind neun Anaben, die sich auf die Wirtschaftsschule beziehen, da diese nicht zur Sekundarstufe II zählt.

Ergebnisse der Datenauswertung der Deutschlehrkräfte

Bildungsabschluss der Eltern

Die befragten Deutschlehrkräfte kommen überwiegend aus Familien, in denen die Eltern einen (qualifizierenden) Hauptschulabschluss erreichten (vgl. Tabelle 31). Kumuliert stellt dieses Kriterium mit 33,20 % die größte Gruppe dar. Ungefähr ein Viertel (25,87 %) der Eltern erwarben einen mittleren Schulabschluss, was auch auf diejenigen zutrifft, die studiert, das heißt eine Fach- und/oder Hochschule erfolgreich abgeschlossen hatten (25,09 %).

Tabelle 31: Höchster Bildungsabschluss der Eltern (Deutschlehrkräfte)

		Häufigkeit	Prozent	Gültige Prozent
Gültig	Kein Abschluss	1	0,39	0,39
	Hauptschulabschluss	68	26,25	26,56
	Qualif. Hauptschulabschluss	18	6,95	7,03
	Mittlere Reife	67	25,87	26,17
	Fachabitur	7	2,70	2,73
	Abitur	20	7,72	7,81
	Fachhochschulabschluss	9	3,47	3,52
	Hochschulabschluss	56	21,62	21,88
	Sonstiges	10	3,86	3,91
	Gesamtsumme	256	98,84	100,00
Fehlend		3	1,16	
Gesamtsumme		259	100,00	

Verglichen mit den Angaben der Nicht-Deutschlehrkräfte ist dieses Ergebnis weitestgehend deckungsgleich, die Eltern der Deutschlehrkräfte erwarben jedoch seltener keinen Bildungsabschluss (0,39 % gegenüber 2,01 %) und seltener einen Fachhochschulabschluss (3,47 % gegenüber 5,82 %). Auch in dieser Gruppe stellen Eltern mit Hauptschulabschluss die größte Gruppe dar.
Die Rahmenbedingungen hinsichtlich des elterlichen Bildungsabschlusses von Deutschlehrkräften unterscheiden sich folglich nicht von denen der Lehrkräfte anderer Fächer. Daher brachte auch eine Berechnung des Modalwerts den gleichen Wert hervor; er liegt bei 2,00 und bildet damit den Hauptschulabschluss als die am häufigsten genannte Kategorie ab.

9.2 Facultas als Nebensache: Zur Besetzung des Faches

An einigen Schulformen der Sekundarstufe II bedarf es keiner Facultas, um das Fach Deutsch unterrichten zu können. Daher ist es auch nicht weiter verwunderlich, dass sich das Sample der Deutschlehrkräfte zu 59,85 % aus solchen *ohne* Deutschstudium zusammensetzt. Das entspricht einem absoluten Zahlenverhältnis von 155 : 104. An dieser Stelle soll ein Blick auf die Verteilung der Schularten geworfen werden, um keine falschen Rückschlüsse aus den Ergebnissen zu ziehen. Eine Facultas liegt zum Unterrichten des Faches Deutsch nur für die Berufliche Oberschule, das heißt für die Schularten FOS und BOS vor. Durch das höhere, dem gymnasialen Deutschunterricht ähnelnde Niveau dürfen hier nur Lehrkräfte mit Studium der Germanistik unterrichten. Dies macht gerade bei Inhalten des Lehrplans uneingeschränkt Sinn, die einen vertieften Wissensstand voraussetzen, wie dies zum Beispiel in Lyrik und Dramatik, bei Epochencharakteristika und vielem mehr der Fall ist. Für alle anderen Schularten gilt, dass das Fach Deutsch auch von einer Lehrkraft ohne Abschluss eines Deutschstudiums unterrichtet werden kann. Genau dieser Einsatz spiegelt sich nun in den vorliegenden Daten wider. Dass sich das Sample der Deutschlehrkräfte zum größten Teil aus Berufsschullehrern zusammensetzt, darf ebenfalls nicht vergessen werden.

9.3 Lesesozialisation der Lehrkräfte

Besonders interessant erscheint die Lesesozialisation der befragten Deutschlehrkräfte. Der Aufbau dieses Kapitels orientiert sich an der bereits vorangegangenen Auswertung des Bereiches aller Lehrkräfte und nimmt insofern die familiäre Lesesozialisation, das schulische Lesen und die Peergroup in den Blick. An gegebener Stelle werden die Ergebnisse der Datenauswertung

Familiäre Lesesozialisation

Die meisten Eltern werden nach Angabe der befragten Deutschlehrkräfte zufolge als Gelegenheitsleser eingestuft (37,84 %). 33,60 % schreiben ihren Eltern sogar den Habitus des Viellesers zu. Kumuliert bilden beide Gruppen, die dem Positivbereich zuzuordnen sind, über 60,00 %. Im Umkehrschluss setzt sich dagegen der Negativbereich aus 23,94 % Weniglesern und 4,25 % Nichtlesern als Eltern zusammen. Die Mehrzahl der Lehrkräfte stammt also aus einem Haushalt mit sehr leseförderlichem Klima.

Ergebnisse der Datenauswertung der Deutschlehrkräfte

Dieses positive Klima setzt sich auch bei den Leseritualen fort: In der Kindheit waren bei starken 68,73 % Leserituale vorhanden, die meistens sogar „täglich" oder „nahezu täglich" stattfanden (kumuliert 60,11 %). Lediglich 7,30 % wurde nur zu bestimmten Anlässen vorgelesen, so zum Beispiel Weihnachts- und/oder Adventsgeschichten.

Lesehabitus unterschiedlicher Lebensphasen

Wie bereits festgestellt, wirkt sich das positive Klima der familiären Lesesituation auch in diesen Datensätzen auf den selbst zugeschriebenen Habitus der Phasen Kindheit und Pubertät aus. So verorten 63,71 % der Lehrkräfte das eigene Leseverhalten als Kind im Bereich der Vielleser. Dagegen ordnen sich in der Rückschau nur 4,63 % den Nichtlesern zu (vgl. Tabelle 32).

Tabelle 32: Lesehabitus in der Kindheit (Deutschlehrkräfte)

Lesehabitus Kindheit		Häufigkeit	Prozent	Gültige Prozent
Gültig	Vielleser	165	63,71	63,71
	Gelegenheitsleser	50	19,31	19,31
	Wenigleser	32	12,36	12,36
	Nichtleser	12	4,63	4,63
	Gesamtsumme	259	100,00	100,00
Fehlend		0	0,00	
Gesamtsumme		259	100,00	

Für den Großteil der Deutschlehrkräfte (59,85 %) trifft die Bezeichnung Vielleser der eigenen Einschätzung nach auch noch in der Phase der Pubertät zu. 26,64 % lasen gelegentlich, nur 8,88 % waren Wenigleser (vgl. Tabelle 33). Die erhobenen Daten bilden somit die literarische Pubertät ab, eine Phase, in welcher das Lesen durchaus suchthaften Charakter tragen kann (vgl. Schön 1993: 265f.). Die Lesequantität ging nach Aussage der Befragten in der Jugend nicht zurück, eine „pubertäre Lesekrise" spiegelt sich in diesen Daten nicht wider. Stattdessen wurden die Viel- und Wenigleser tendenziell zum Gelegenheitsleser, das heißt es liegt eine Umverteilung zugunsten eines stärkeren Mittelfeldes vor. Die Anzahl der Nichtleser aus der Kindheit verändert sich dagegen zur Pubertät hin nicht und bleibt bei 4,63 %.

Ergebnisse der Datenauswertung der Deutschlehrkräfte

Tabelle 33: Lesehabitus in der Pubertät (Deutschlehrkräfte)

Lesehabitus Pubertät		Häufigkeit	Prozent	Gültige Prozent
Gültig	Vielleser	155	59,85	59,85
	Gelegenheitsleser	69	26,64	26,64
	Wenigleser	23	8,88	8,88
	Nichtleser	12	4,63	4,63
	Gesamtsumme	259	100,00	100,00
Fehlend		0	0,00	
Gesamtsumme		259	100,00	

Wird nun der aktuelle Lesehabitus zum Vergleich herangezogen (siehe Tabelle 34), um zu eruieren, ob sich das Leseverhalten der Lehrkräfte nach der Pubertät stabilisiert hat, fällt auf, dass die Anzahl der Nichtleser sich eher zu Gunsten der Wenig- oder sogar Vielleser umverteilt hat. Median und Modalwert liegen zu allen erhobenen Zeitpunkten bei 1,00. Die Angaben bezogen sich explizit auf den Bereich außerhalb der Schule (spezifizierende Einfügung in der Fragestellung). An dieser Stelle sei kritisch angemerkt, dass sich die subjektive Einordnung bezüglich des eigenen Lesehabitus im Allgemeinen stark am Umfeld orientiert. Dadurch, dass Deutschlehrer sich tendenziell mehr mit Texten aller Art beschäftigen müssen, könnte dies bereits die subjektive Einordnung erhöhen und zu der Einschätzung des „Viellesers" führen.

Tabelle 34: Lesehabitus aktuell (Deutschlehrkräfte)

Lesehabitus aktuell		Häufigkeit	Prozent	Gültige Prozent
Gültig	Vielleser	163	62,93	62,93
	Gelegenheitsleser	67	25,87	25,87
	Wenigleser	26	10,04	10,04
	Nichtleser	3	1,16	1,16
	Gesamtsumme	259	100,00	100,00
Fehlend		0	0,00	
Gesamtsumme		259	100,00	

Ergebnisse der Datenauswertung der Deutschlehrkräfte

Im Folgenden wurde eine Kreuztabelle erstellt, um die Ergebnisse der Deutschlehrkräfte mit denjenigen der Nicht-Deutschlehrer vergleichen zu können. Für die nachfolgende Tabelle 35 wurde der jeweilige Lesehabitus der Deutsch- und Nicht-Deutschlehrer berechnet. Es wird deutlich, dass die Deutschlehrer ihrer eigenen Einschätzung gemäß nicht mehr lesen als Lehrkräfte anderer Fächer; das Gegenteil ist der Fall: Wohingegen sich mit 67,55 % weit mehr als die Hälfte der Nicht-Deutschlehrer selbst als Vielleser beschreiben, trifft diese Attribuierung nur auf 62,93 % der Deutschlehrer zu.
Die Ergebnisse des Leseverhaltens zu den drei untersuchten Zeitpunkten sind zusammenfassend durchwegs positiv. Dies zeigen auch die Mediane und Modalwerte an, die sowohl in der Kindheit, der Pubertät als auch für den aktuellen Zeitpunkt bei 1,00 liegen und damit die Kategorie der Vielleser repräsentieren.

Tabelle 35: Kreuztabelle Lesehabitus der Deutschlehrer und Nicht-Deutschlehrer

Lesehabitus aktuell	Deutschlehrer		Nicht-Deutschlehrer	
	Häufigkeit	Prozent	Häufigkeit	Prozent
Vielleser	127	67,55	163	62,93
Gelegenheitsleser	46	24,47	67	25,87
Wenigleser	12	6,38	26	10,04
Nichtleser	3	1,60	3	1,16
Gesamtsumme	188		259	

Lesen in der Peergroup

Abschließend nimmt sich dieses Kapitel der Einstellung der Peergroup zum Lesen an. Hierbei wird das Augenmerk vor allem darauf gelegt, ob das Klima eher als leseförderlich oder lesehemmend einzustufen war.[67] In 56,29 % der Fälle wurde Lesen von den Freunden als etwas Positives empfunden, neutral eingestellt waren 26,38 %. Die Negativausprägung wurde dagegen nur in 17,32 % der Fälle angegeben (vgl. Tabelle 36).

---

[67] Zusammenfassung der Kategorien: 1) leseförderlich setzt sich aus „trifft voll und ganz zu" und „trifft eher zu" zusammen, 2) die Ausprägung „weder/noch" bleibt als neutrale Ausprägung bestehen, 3) die Kategorien „trifft eher nicht zu" und „trifft überhaupt nicht zu" werden gemeinsam als lesehemmend betrachtet.

Ergebnisse der Datenauswertung der Deutschlehrkräfte

Tabelle 36: "Meine Freunde empfanden Lesen als etwas Positives" (Deutschlehrkräfte)

		Häufigkeit	Prozent	Gültige Prozent
Gültig	trifft voll und ganz zu	39	15,06	15,35
	trifft eher zu	104	40,15	40,94
	weder/noch	67	25,87	26,38
	trifft eher nicht zu	40	15,44	15,75
	trifft überhaupt nicht zu	4	1,54	1,57
	Gesamtsumme	254	98,07	100,00
Fehlend		5	1,93	
Gesamtsumme		259	100,00	

Median und Modalwert liegen hier jeweils bei 2,00 und bilden somit die Positivkategorie „trifft eher zu" ab. Dass die Freunde zum Lesen motivierten, trifft nur auf 11,37 % der Lehrkräfte „voll und ganz" und auf 22,75 % „eher zu". 20,78 % beziehen den neutralen Standpunkt. Nicht motiviert wurden ihrer eigenen Aussage nach kumuliert 44,10 % vom Freundeskreis, was somit die Mehrheit darstellt (vgl. Tabelle 37).

Tabelle 37: "Meine Freunde haben mich zum Lesen motiviert" (Deutschlehrkräfte)

		Häufigkeit	Prozent	Gültige Prozent
Gültig	trifft voll und ganz zu	29	11,20	11,37
	trifft eher zu	58	22,39	22,75
	weder/noch	53	20,46	20,78
	trifft eher nicht zu	73	28,19	28,63
	trifft überhaupt nicht zu	42	16,22	16,47
	Gesamtsumme	255	98,46	100,00
Fehlend		4	1,54	
Gesamtsumme		259	100,00	

Wohingegen Median und Modalwert bei der vorhergehenden Aussage „Meine Freunde empfanden Lesen als etwas Positives" 2,00 anzeigen, fallen sie im Hinblick auf die Lesemotivation von Seiten der Peergroup um mindestens eine Kategorie (vgl. Tabelle 38). So liegt der Median hier bei 3,00 und bildet damit die neutrale Zustimmungsausprägung „weder/noch" ab. Der Modalwert ist im Negativbereich bei „trifft eher nicht zu" zu verorten, beträgt also 4,00. Beide Werte bilden somit exakt den gleichen Wert ab wie bei der Gruppe der Lehrer im Allgemeinen (vgl. Kapitel 7.3).

Tabelle 38: Statistische Kennwerte zum Lesen in der Peergroup

Meine Freunde...		... empfanden Lesen als etwas Positives.	... haben mich zum Lesen motiviert.
N	Gültig	254	255
	Fehlend	5	4
Median		2,00	3,00
Modalwert		2	4
Standardabweichung		0,99	1,27
Schiefe		0,34	- 0,15

Somit lässt sich bezüglich der Lesesozialisation durch die Peergroup auch hier festhalten, dass ein Freundeskreis mit leseförderlichem Klima nicht automatisch auch zum Lesen motiviert und anregt. Dies hängt wahrscheinlich damit zusammen, dass in der Phase der Pubertät dem Lesen keine Priorität zukommt und anderen Gesprächsthemen als der Literatur und dem Gelesenen der Vorzug gegeben wird. Die befragten Lehrkräfte können dennoch größtenteils auf ein leseförderliches Klima in ihrer Peergroup zurückblicken, wenn auch von Seiten der Freunde wenig Leseanimation ausging.

Stellenwert des Lesens

Die vorausgehende, positive Bilanz bezüglich des Lesehabitus der Lehrkräfte wird durch die Ergebnisse zum Stellenwert des Lesens verstärkt (vgl. Abbildung 20). Die Lehrkräfte lesen demnach nicht nur verhältnismäßig viel, sondern auch gern. So empfinden 65,25 % die Aussage „Heutzutage lese ich gern" als „voll und ganz" zutreffend und weitere 27,03 % als „eher zutreffend". Die Positivkategorien nehmen kumuliert also bereits 92,28 % ein.

Ergebnisse der Datenauswertung der Deutschlehrkräfte

Im Vergleich dazu waren es bei den Lehrern insgesamt an dieser Stelle 93,42 % (vgl. Abbildung 14, S. 149). Neutral positionieren sich 4,25 %, auf 2,70 % trifft diese Aussage „eher nicht" zu. Median und Modalwert liegen hier bei der ersten Kategorie, betragen also 1,00. Der Wert der Schiefe beläuft sich auf 1,67 – es liegt also eine eingipflige linkssteile Datenverteilung zugunsten der Positivkategorie vor.

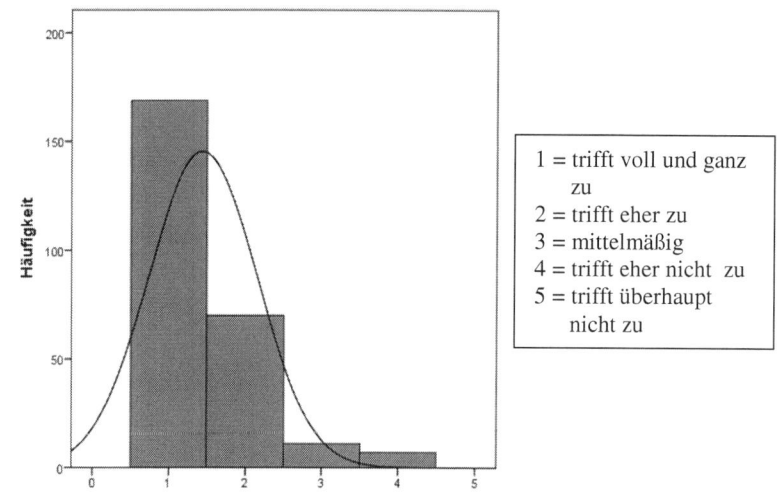

Abbildung 20: Histogramm „Heutzutage lese ich gern" (Deutschlehrkräfte)

Einzig beim Lesen als präferierter Freizeitgestaltung divergieren die Aussagen. Auf kumuliert 63,71 % trifft es „voll und ganz" oder „eher zu", dass sie ihre Freizeit lieber mit Lesen verbringen als mit dem Fernseher. 23,94 % positionieren sich hierzu neutral. Lediglich kumulierte 11,58 % der Deutschlehrkräfte greifen lieber zur Fernbedienung als zum Buch, wenn es darum geht, die freie Zeit zu gestalten. Median und Modalwert liegen bei 2,00.

Im Vergleich mit den Daten aller befragten Lehrkräfte schneiden die Deutschlehrer marginal schlechter ab: Hier sind es 66,30 %, die sich selbst den beiden Positivkategorien zuordnen, und 22,47 %, die sich im neutralen Mittelfeld positionieren. Der Wert der Schiefe beträgt 0,39 und zeigt eine relativ ausgewogene Verteilung der Daten an, die sich in Abbildung 21 als eingipflig linkssteil zeigt.

Ergebnisse der Datenauswertung der Deutschlehrkräfte

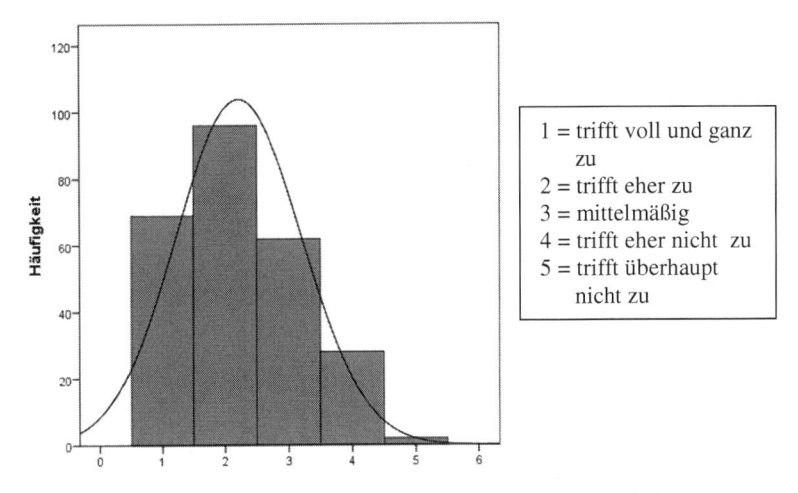

Abbildung 21: Histogramm „Ich verbringe meine Freizeit lieber mit Lesen als mit dem Fernseher" (Deutschlehrkräfte)

1 = trifft voll und ganz zu
2 = trifft eher zu
3 = mittelmäßig
4 = trifft eher nicht zu
5 = trifft überhaupt nicht zu

Dies mindert den interindividuellen Stellenwert des Lesens in keiner Weise, im Gegenteil: Im Durchschnitt lesen Deutschlehrkräfte nicht nur gerne, sondern sie ziehen diese Tätigkeit auch dem Fernsehen vor, wenn es darum geht, die Freizeit zu gestalten.

Paraliterarische Gespräche

In der Pubertät sprachen die Deutschlehrkräfte überwiegend „selten" über das, was sie gelesen hatten (32,02 %). Mit der Kategorie „sehr selten" bilden die geringen Häufigkeitsangaben kumuliert 42,08 %. Weitere 31,62 % geben an, eher „mittelmäßig" häufig Konversationen über den Lesestoff geführt zu haben (vgl. Tabelle 39).

Ein direkter Vergleich mit den Daten aller Lehrkräfte zeigt, dass Deutschlehrer in ihrer Pubertät deutlich weniger Gespräche über Literatur geführt haben, als die Lehrer der beruflichen Schulen im Allgemeinen (vgl. Tabelle 23): Hier waren die beiden Negativkategorien mit insgesamt 39,25 % vertreten, die Kategorie „mittelmäßig" mit 31,93 %. Eine Erklärungsmöglichkeit hierfür wäre eine veränderte Routine: Wer heutzutage viel über Gelesenes spricht, wird einen anderen Maßstab beim Abgleich mit der Erinnerung anlegen.

Ergebnisse der Datenauswertung der Deutschlehrkräfte

Tabelle 39: Gespräche über Gelesenes in der Pubertät und zum aktuellen Zeitpunkt (Deutschlehrkräfte)

		Pubertät		Aktuell	
		Häufigkeit	Gültige Prozent	Häufigkeit	Gültige Prozent
Gültig	sehr häufig	13	5,14	23	8,91
	häufig	51	20,16	121	46,90
	mittelmäßig	80	31,62	57	22,09
	selten	81	32,02	45	17,44
	sehr selten	28	11,07	12	4,65
	Gesamtsumme	253	100,00	258	100,00
Fehlend		6		1	
Gesamtsumme		259		259	

Diese Überlegung deckt sich auch mit den nachfolgenden Ergebnissen. So verändern sich die Häufigkeiten stark zum aktuellen Zeitpunkt hin (vgl. Tabelle 39): Hier dominieren mit 46,72 % „häufige" Gespräche über Literatur. „Sehr häufig" tauschen sich 8,88 % der befragten Deutschlehrer über Gelesenes aus, bei der Angabe „mittelmäßig" sind es 22,01 %. Die beiden Negativkategorien bilden kumuliert 22,00 %.

Tabelle 40: Statistische Kennwerte zu paraliterarischen Gesprächen (Deutschlehrkräfte)

		Gespräche Pubertät	Gespräche aktuell
N	Gültig	253	258
	Fehlend	6	1
Median		3,00	2,00
Modalwert		4	2
Schiefe		-0,182	0,519

Im Vergleich beider erhobener Zeitpunkte liegt der Median für die Pubertät bei 3,00 und verbessert sich zur aktuellen Gesprächshäufigkeit über Gelesenes auf 2,00. Auch der Modalwert zeigt eine Zunahme dieser speziellen Form von Konversation an: Kategorial liegt hier sogar ein Aufstieg oder Wechsel vom Negativ- in den Positivbereich vor (vgl. Tabelle 40).

Die zu den Daten der Gesamtlehrkräftebefragung bestehenden Unterschiede nivellieren sich bei den Deutschlehrern nicht zum aktuellen Zeitpunkt hin. So sprechen diese immer noch tendenziell weniger über Gelesenes, als dies auf die befragten Lehrkräfte im Allgemeinen zutrifft. Deutschlehrkräfte sprechen wohl nicht von Berufs wegen und nicht auf Grund einer höheren Textaffinität häufiger über Gelesenes als ihre Kollegen. Den Daten gemäß ist genau das Gegenteil der Fall. Vielleicht kann dies mit dem Deutschunterricht begründet werden, der bereits Gelesenes verhandelt und somit das Bedürfnis nach literarischem Austausch abdeckt. Es ist jedoch auch durchaus denkbar, dass Deutschlehrer einen anderen Maßstab anlegen und ihr Begriff von „selten" oder „häufig" nicht deckungsgleich ist mit dem der anderen Lehrkräfte. Für einen detaillierteren Vergleich der beiden Gruppen empfiehlt es sich, die vorausgehende Tabelle 23 in Kapitel 7.7 (S. 150) heranzuziehen.

9.4 Einstellungen bezüglich der Lesekompetenzförderung

Mit 96,49 % betrachten nahezu alle Deutschlehrer den Aufbau von Lesekompetenz als fächerübergreifende Aufgabe (vgl. Tabelle 41). Auch stimmen mit 94,35 % fast alle Befragten darin überein, dass das Lesen in den beruflichen Schulen noch geübt und gefördert werden soll. Sie räumen der Lesekompetenzförderung selbst folglich bei ihren (fast) erwachsenen Schülern noch eine große Bedeutung und einen Platz ein. In der Praxis werden die realen Chancen für die Arbeit am Aufbau von Lesekompetenz folglich als gut einstuft.

Nur hinsichtlich der Wirksamkeit spaltet sich der Datensatz augenscheinlich in Optimisten und Pessimisten: So sind kumuliert mit 55,12 % über die Hälfte der Lehrkräfte der Meinung, dass es „voll und ganz" und „eher" zutrifft, dass es für den Lesekompetenzaufbau in der Sekundarstufe II noch nicht zu spät sei. 14,96 % beziehen in diesem Kontext eine neutrale Position und 18,90 % stimmen der Aussage „eher nicht" zu. 11,02 % der Deutschlehrer positionieren sich jedoch klar und geben an, dass es für den Aufbau von Lesekompetenz an den beruflichen Schulen schon zu spät sei.

Ergebnisse der Datenauswertung der Deutschlehrkräfte

Tabelle 41: Einstellung zur Lesekompetenzförderung (Deutschlehrkräfte)

	Lesen in beruflichen Schulen[a]		Fächerübergreifende Aufgabe[b]		LKF in der Sek. II[c]	
	Häufigkeit	Prozent	Häufigkeit	Prozent	Häufigkeit	Prozent
trifft voll u. ganz zu	164	63,32	185	71,98	49	19,29
trifft eher zu	82	31,66	63	24,51	91	35,83
weder/noch	9	3,47	6	2,33	38	14,96
trifft eher nicht zu	2	0,77	3	1,17	48	18,90
trifft überh. nicht zu	1	0,39	0	0,00	28	11,02
Gesamtsumme	258	100,00	257	100,00	254	100,00

[a] Auch in den beruflichen Schulen muss das Lesen geübt und gefördert werden.
[b] Der Aufbau von Lesekompetenz […] ist eine fächerübergreifende Aufgabe.
[c] Für den Aufbau von Lesekompetenz ist es in der Sek. II noch nicht zu spät.

Im Vergleich zur vorigen Aussage, dass auch in diesen Schulformen das Lesen geübt und gefördert werden muss, bedeutet dies, dass die Lehrkräfte zwar an keinen weiteren Kompetenzzuwachs mehr glauben, vermutlich aber zumindest das vorhandene Maß an Lesekompetenz behalten und stabilisieren möchten. Es sei dahingestellt, inwieweit diese Bemühungen ausschließlich aus curricularen Gründen erfolgen anstatt aus persönlichem Interesse, individueller Bedeutsamkeit oder eventuell auch berufsbedingte Erfahrungen in diese eher pessimistische Haltung einfließen.

Median und Modalwert liegen bezüglich der ersten Variablen bei 1,00. Die Schiefe zeigt hier eine hohe Stimmigkeit der Daten an: Die Datenverteilung ist eingipflig linkssteil und fällt nach rechts stark ab (vgl. Abbildung 22). Genauso verhält es sich mit den Werten zur Lesekompetenz als fächerübergreifender Aufgabe: Median und Modalwert betragen 1,00. Die Schiefe der Datenkurve ähnelt der vorhergehenden, ihr Gipfel liegt aufgrund des sehr hohen Wertes jedoch höher und wird daher nach rechts steil abfallen (vgl. Abbildung 23). Nur beim Aufbau von Lesekompetenz in der Sekundarstufe II liegen Median und Modalwert bei 2,00 und bilden damit ein Zustimmungsmaß von „trifft eher zu" ab. Die Schiefe notiert einen gering ausfallenden Wert von 0,41, was letztlich nur die breit gestreuten und zahlreich frequentierten Antwortmöglichkeiten abbildet (vgl. Abbildung 24).

Ergebnisse der Datenauswertung der Deutschlehrkräfte

1 = trifft voll und ganz zu
2 = trifft eher zu
3 = mittelmäßig
4 = trifft eher nicht zu
5 = trifft überhaupt nicht zu

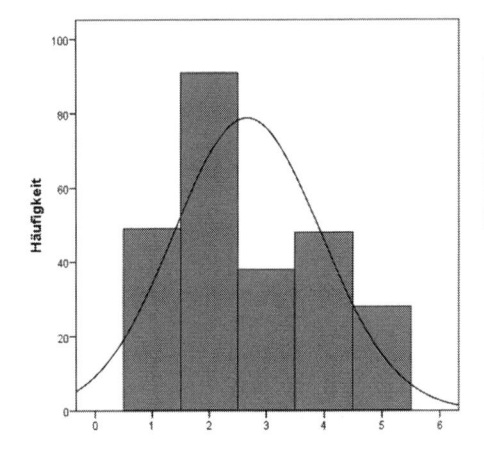

Abbildung 22: "Auch in den beruflichen Schulen muss das Lesen geübt und gefördert werden" (Deutschlehrkräfte)

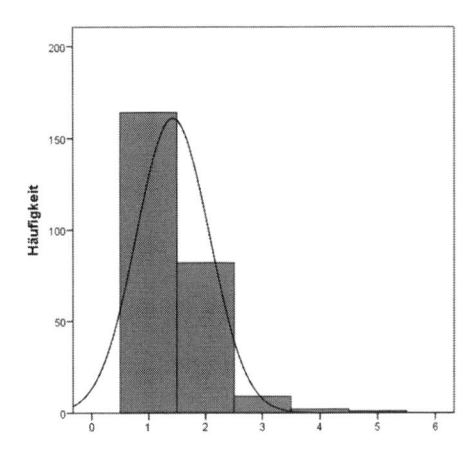

1 = trifft voll und ganz zu
2 = trifft eher zu
3 = mittelmäßig
4 = trifft eher nicht zu
5 = trifft überhaupt nicht zu

Abbildung 23: "Der Aufbau von Lesekompetenz […] ist eine fächerübergreifende Aufgabe" (Deutschlehrkräfte)

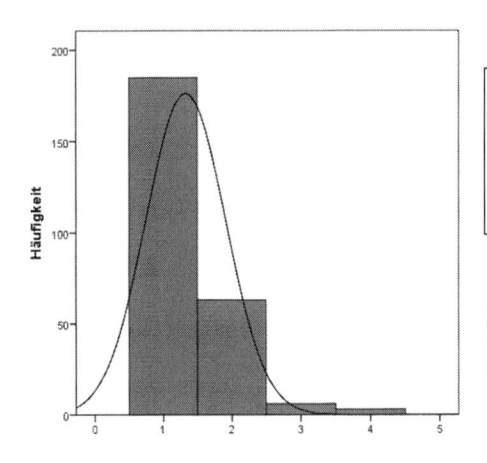

1 = trifft voll und ganz zu
2 = trifft eher zu
3 = mittelmäßig
4 = trifft eher nicht zu
5 = trifft überhaupt nicht zu

Abbildung 24: "Für den Aufbau von Lesekompetenz ist es in der Sek. II noch nicht zu spät" (Deutschlehrkräfte)

Ergebnisse der Datenauswertung der Deutschlehrkräfte

Da die fächerübergreifende Förderung von Lesekompetenz noch anhand einer zusätzlichen Frage erhoben wurde, kann über diese ermittelt werden, inwieweit die bei den Einstellungen angegebenen Ausprägungen auch tatsächlich umgesetzt werden. Dies erfolgte über die Frage, in welchem Unterricht die Lehrkräfte Lesekompetenz zu fördern versuchen. Die 259 Deutschlehrkräfte fördern ihren eigenen Angaben zufolge lediglich zu 40,54 % Lesekompetenz unabhängig vom Unterrichtsfach. Für den Rest trifft dieses ausschließlich auf den Deutschunterricht zu. Diese Zahlen sind recht verwunderlich, vor allem vor dem Hintergrund, dass 71,43 % angegeben hatten, Lesekompetenz als fächerübergreifend zu vermittelnde Aufgabe zu betrachten. Obgleich ihrer Überzeugungen scheinen sich den Lehrkräften im Fach Deutsch bessere Möglichkeiten für LKF zu bieten oder aber es liegt eine Differenz zwischen der nach außen getragenen Einstellung und der tatsächlichen Umsetzung vor.

9.5 Textsorteneinsatz

Am häufigsten und mit großem Abstand fanden den Aussagen der Teilnehmer zufolge Sachtexte Anwendung im Deutschunterricht der untersuchten beruflichen Schulen: Diese Textsorte lesen 90,35 % der befragten Deutschlehrer im Unterricht (vgl. Tabelle 42). Am zweithäufigsten verwenden mit 55,60 % epische Texte, 48,26 % lyrische Texte. Sachaufgaben dagegen sind bei 33,98 % der Lehrkräfte im DU vertreten. Sonstige Textsorten liegen bei 12,74 % und werden im Anschluss näher expliziert. Die kleinste Gruppe bilden die dramatischen Texte, die von lediglich 6,56 % gelesen werden.

Tabelle 42: Auswahl der im Deutschunterricht verwendeten Textsorten

Textsorte	Anzahl	Prozent
Sachtexte	234	90,35
Epische Texte	144	55,60
Lyrische Texte	125	48,26
Sachaufgaben	88	33,98
Sonstiges	33	12,74
Dramatische Texte	17	6,56

Ergebnisse der Datenauswertung der Deutschlehrkräfte

Zur Kategorie „Sonstiges" wurden im nachstehenden Freitextfeld folgende zusätzliche Angaben gemacht: Werbetexte und Ganzschriften wurden zwei Mal genannt; mit jeweils nur einer Nennung werden auch Bücher, Songtexte, Briefe, Fachtexte, Nonsense-Texte, von Schülern verfasste Texte und Homepages gelesen beziehungsweise thematisiert. Die sehr geringe Anwendung von dramatischen Texten erklärt sich durch die Tatsache, dass die größte Gruppe der Deutschlehrer aus der Berufsschule kommt. Es ist jedoch kaum verwunderlich, dass auch im DU am häufigsten auf Sachtexte zurückgegriffen wird. Diese zeichnen sich häufig durch eine enthaltene Wissensverdichtung aus und dienen folglich primär der Funktion der Wissensvermittlung, die sich in den beruflichen Schulen schon aufgrund des Berufsbezugs anbietet. Für eine genauere Interpretation der Daten sind die Berücksichtigung der Schulform sowie ein Blick auf die tatsächliche Häufigkeit des Textsorteneinsatzes sinnvoll.

Textsorteneinsatz im Deutschunterricht unter Berücksichtigung der Schulart

Der Auswertung zufolge finden Sachtexte im Unterricht der meisten befragten Deutschlehrer Anwendung. Bei der BS, der BFS und der FAK werden diese mit Ausprägungen von mindestens 92,00 % ebenso von nahezu allen Lehrkräften verwendet. Es verwenden beispielsweise 129 Lehrkräfte der Berufsschule Sachtexte im Deutschunterricht, was einem prozentualen Anteil von 92,81 % innerhalb dieser Gruppe entspricht (sieheTabelle 43).

Epische, lyrische und auch dramatische Texte werden stärker von Deutschlehrern an FOS und BOS gelesen als an anderen Schularten. Dabei handelt es sich bei dramatischen Texten um diejenige Textsorte, die über alle Schulformen hinweg am wenigsten im Unterricht zum Einsatz kommt. Dies ist auf die Lehrpläne und den primären Auftrag aller Schularten (außer FOS und BOS) zurückzuführen: Sie zielen darauf ab, die Schüler primär zum Bestehen der beruflichen Abschlussprüfung zu qualifizieren und zielen letztlich auf die (berufliche) Handlungsfähigkeit ihrer Schüler ab. Kenntnisse in Epik, Lyrik und Dramatik zu vermitteln ist hierfür schlichtweg nicht notwendig. Nur aufgrund der Tatsache, dass das Niveau der Beruflichen Oberschule mit dem gymnasialen vergleichbar ist, ergibt es sich von selbst, dass hier auch der Kenntnis unterschiedlicher literarischer Gattungen und Textsorten ein Platz eingeräumt werden muss.

Ergebnisse der Datenauswertung der Deutschlehrkräfte

Tabelle 43: Kreuztabelle zum Textsorteneinsatz unter Berücksichtigung der Schulart

Textsorten		Schulart					
		BS	FS	BFS	FOS	BOS	FAK
Sachtexte	Anzahl	129	15	46	67	55	13
	Prozent	92,81	83,33	92,00	89,33	90,16	92,86
Epische Texte	Anzahl	59	6	34	55	47	9
	Prozent	42,45	33,33	68,00	73,33	77,05	64,29
Lyrische Texte	Anzahl	57	8	28	46	42	6
	Prozent	41,01	44,44	56,00	61,33	68,85	42,86
Dramatische Texte	Anzahl	0	0	3	13	9	0
	Prozent	0,00	0,00	6,00	17,33	14,75	0,00
Sachaufgaben	Anzahl	57	8	21	17	17	3
	Prozent	41,01	44,44	42,00	22,67	27,87	21,43
Sonstiges	Anzahl	9	0	7	17	12	2
	Prozent	6,47	0,00	14,00	22,67	19,67	14,29
Gültig		139	18	50	75	61	14

Im Umkehrschluss verwenden mit über 40,00 % deutlich mehr Lehrkräfte der Berufsschule, Fachschule und Berufsfachschule Sachaufgaben im Unterricht. Auch dies ist mit der Qualifizierung für einen bestimmten Beruf sowie mit den die Ausbildung abschließenden Prüfungen zu erklären. Von der Antwortkategorie „Sonstiges" machen mit einem prozentualen Anteil von 54,10 überwiegend Lehrkräfte der BOS Gebrauch und setzen somit auch weitere Textformen im DU ein. Zunächst soll die Frage geklärt werden, welche Aufträge die Lehrkräfte *selbst* dem Fach Deutsch zuschreiben.

9.6 Aufträge des Faches Deutsch aus Lehrersicht

Der eigens für Deutschlehrer angelegte Teil des Fragebogens ermittelte ebenfalls die Aufträge des Faches Deutsch aus Lehrersicht. Hier konnten alle Probanden aus insgesamt 15 Nennungen sechs Aufträge ankreuzen, die sie als besonders bedeutsam empfinden und zwar unabhängig von curricularen

Ergebnisse der Datenauswertung der Deutschlehrkräfte

Auflagen oder Bildungsstandards. Im Anschluss sollten sie die ausgewählten sechs Aufträge in eine individuelle Rangfolge bringen. Aus Sicht der Deutschlehrkräfte sind folglich 1) Sprachkompetenz, 2) Lesekompetenz, 3) Kommunikative Kompetenz, 4) Allgemeinbildung, 5) Rechtschreibkompetenz und 6) Präsentationskompetenz die sechs wichtigsten Aufträge des Faches Deutsch an den beruflichen Schulen (vgl. Tabelle 44).

Tabelle 44: Auswahl der sechs wichtigsten Aufträge des Faches Deutsch

Aufträge des Faches Deutsch	Anzahl	Prozent
Sprachkompetenz	220	84,94
Lesekompetenz	202	77,99
Kommunikative Kompetenz	172	66,41
Allgemeinbildung	163	62,93
Rechtschreibkompetenz	136	52,51
Präsentationskompetenz	126	48,65
Sozialkompetenz	*101*	*39,00*
Medienkompetenz	*84*	*32,43*
Kritikkompetenz	*84*	*32,43*
Vorbereitung auf den Beruf	*78*	*30,12*
Methodenkompetenz	*74*	*28,57*
Handlungskompetenz	*67*	*25,87*
Schulung von Empathiefähigkeit	*50*	*19,31*
Sonstiges	*3*	*1,16*
Spielkompetenz	*2*	*0,77*

Dass Lesekompetenz am zweithäufigsten genannt wird, unterstreicht noch einmal die vorausgehenden Ergebnisse zur Überzeugung der Lehrkräfte, dass sie auch mit jungen Erwachsenen das Lesen (noch) üben und trainieren *wollen*. Interessant ist hierbei außerdem, dass mit 62,93 % Allgemeinbildung noch deutlich vor Rechtschreibkompetenz genannt wird (52,51 %). Welche Rangfolge die Lehrkräfte den ausgewählten Kompetenzen geben, stellt Abbildung 25 dar. Die größte Einigkeit besteht darin, dass diejenigen Lehrkräfte, die sich im vorherigen Schritt für die Auswahl der Allgemeinbildung

Ergebnisse der Datenauswertung der Deutschlehrkräfte

entschieden, diese in 33,74 % der Fälle am stärksten gewichten und folglich auf dem ersten Rang platzieren. Lesekompetenz pendelt sich zwischen dem ersten (24,26 %) und zweiten Platz (24,75 %) ein. Ebenso verhält es sich mit Sprachkompetenz (1: 23,64 %/ 2: 26,86 %) und kommunikativer Kompetenz (1: 22,09 %/ 2: 21,51 %), die auf den zweiten Rang gewählt werden. Anders sieht es dagegen bei der Rechtschreibkompetenz aus: Sie bewegt sich zwischen dem dritten (22,06 %) und fünften Rang (20,59). Im Falle der Präsentationskompetenz lässt sich sagen, dass diese eindeutig auf die beiden letzten Plätze, fünf (27,87 %) und sechs (23,81 %), fällt.

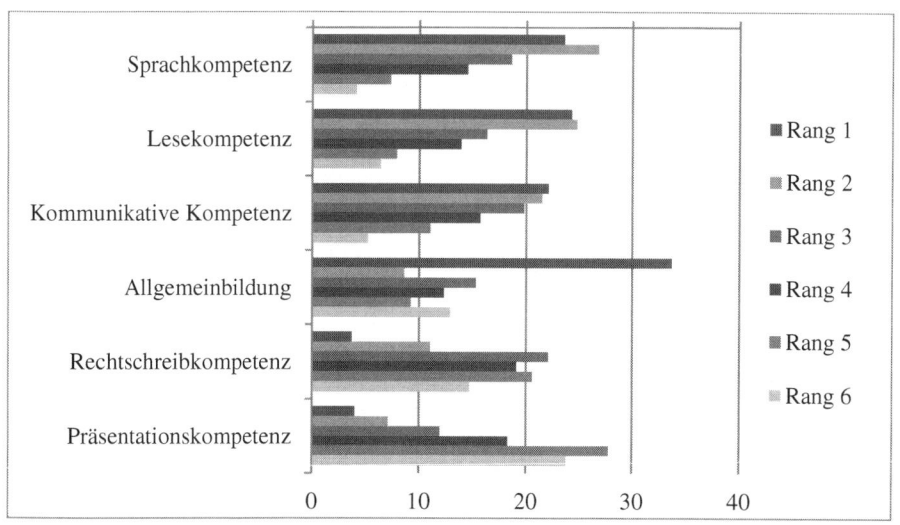

Abbildung 25: Rangfolge der sechs am häufigsten ausgewählten Aufträge des Faches Deutsch

An dieser Stelle wurden auch die gültigen Prozentsätze für alle zur Disposition stehenden Aufträge des Faches Deutsch ermittelt. Tabelle 45 zufolge kommt der Sprachkompetenz mit einem Mittelwert von 2,55 die höchste Priorisierung seitens der Deutschlehrer zu. Die chronologische Reihenfolge der Mittelwerte kann den obigen Zahlen entnommen werden.

Ergebnisse der Datenauswertung der Deutschlehrkräfte

Tabelle 45: Statistische Kennwerte zur Rangfolge der sechs wichtigsten Aufträge des Faches Deutsch

		SK[a]	LK[b]	KK[c]	AB[d]	RK[e]	PK[f]
N	Gültig	220	202	172	163	136	126
	Fehlend	39	57	87	96	123	133
Mittelwert		2,55	2,63	2,83	2,69	3,65	4,37
Median		2,00	2,00	3,00	2,00	4,00	5,00
Modalwert		2	2	1	1	3	5
Standardabweichung		1,52	1,67	1,65	1,93	1,75	1,84

[a] Sprachkompetenz
[b] Lesekompetenz
[c] Kommunikative Kompetenz
[d] Allgemeinbildung
[e] Rechtschreibkompetenz
[f] Präsentationskompetenz

Auffällig ist, dass sowohl Allgemeinbildung als auch kommunikative Kompetenz einen Modalwert von 1,00 aufweisen; für die meisten Lehrkräfte stehen diese Aufgaben folglich an erster Stelle. Die hohe Standardabweichung der Allgemeinbildung (1,93) ergibt sich aus der hohen Divergenz zwischen den Rangfolgen der Befragten. Daher liegt der Median hier auch bei 2,00, für die kommunikative Kompetenz sogar bei 3,00.

9.7 Lektüre im pädagogischen Freiraum und Lesefreude

Bei der Lektüre im pädagogischen Freiraum stehen vor allem zwei Aspekte im Vordergrund: Das quantitative Lesen und die Nutzung von Optionen, die sich zur Leseanimation und/oder Leseförderung bieten. Zunächst wurde den Deutschlehrkräften die Frage gestellt, wie häufig sie den sogenannten pädagogischen Freiraum mit ihren Schülern zum Lektürelesen nutzen.[68] Insgesamt beantworten die Lehrkräfte diese Frage mit einer geringen Häufigkeit (vgl. Tabelle 46): Der Negativbereich „selten" und „sehr selten" stellt mit kumuliert 49,40 % die größte Gruppe dar.

---

[68] Ob die Lektüre des pädagogischen Freiraums nun einer Intensivierung dient oder ausschließlich auf Leseanimation abzielt, war hier nicht von Bedeutung.

Ergebnisse der Datenauswertung der Deutschlehrkräfte

Über ein Viertel identifiziert sich mit der neutralen Ausprägung „mittelmäßig" (27,71 %). Die positiven Kategorien „häufig" und „sehr häufig" treffen der Selbsteinschätzung der Befragten nach auf 22,89 % zu. Median und Modalwert liegen bei jeweils 3,00.

Tabelle 46: Lektüre im pädagogischen Freiraum

		Häufigkeit	Prozent	Gültige Prozent
Gültig	sehr häufig	13	5,02	5,22
	häufig	44	16,99	17,67
	mittelmäßig	69	26,64	27,71
	selten	60	23,17	24,10
	sehr selten	63	24,32	25,30
	Gesamtsumme	249	96,14	100,00
Fehlend		10	3,86	
Gesamtsumme		259	100,00	

Diejenigen Lehrkräfte, welche die Kategorien „mittelmäßig" bis „sehr selten" ankreuzten, geben hierfür in 65,63 % der Fälle den Zeitfaktor als ausschließlichen Grund an. Lehrkräfte, die im pädagogischen Freiraum gerne zur Lektüre greifen, nennen beispielsweise 29 Mal das Ziel, bei den Schülern Lesefreude wecken zu wollen. Sie sind zudem der Meinung, dass die jungen Erwachsenen aufgrund des medialisierten Alltags außerhalb der Schule sonst gar kein Buch lesen würden. Auf diese Weise versuchen die Lehrkräfte, wieder einen Zugang zum Lesen zu schaffen und betreiben folglich Leseförderung (12 Nennungen).

Ferner soll die Lektüre im pädagogischen Freiraum auch dazu dienen, die Schüler im Unterricht zu motivieren (8 Nennungen). Sie verkörpert insofern für viele Lehrkräfte eine gelungene Methode, um den Horizont der Schüler zu erweitern. Diese Absicht hegen weitere sechs Personen. Nach Ansicht von vier Lehrkräften sollte auch dem Aktualitätsgedanken Rechnung getragen werden, indem das gegenwärtige Geschehen auf diesem Weg Eingang in den Unterricht findet. Darüber hinaus sehen die Lehrkräfte durchaus auch die Möglichkeit, hierbei Schülerinteressen zu berücksichtigen (fünf Nennungen) und sehen es als Gewinn bringend an, anhand der Auswahl der Lektüre auch die Partizipation ihrer Schüler am Unterricht zu fördern (vier Teilnehmer).

Ergebnisse der Datenauswertung der Deutschlehrkräfte

Auch in diesem Kontext fiel das Stichwort Lesekompetenz (sechs Nennungen), welche die Lehrkräfte anhand der Lektüre außerhalb des Lehrplans besser zu fördern glauben. Nach Angabe von weiteren fünf Lehrkräften soll hierdurch auch Sprachkompetenz gefördert werden.

Zudem geben die Lehrkräfte mit jeweils vier Nennungen an, dass die Lektüre des pädagogischen Freiraums der Allgemeinbildung diene und zudem die Kritik- und Urteilsfähigkeit der Schüler fördern könne. Hinzu kommen der „Spaßfaktor" und ein gewisses Maß an Abwechslung im Unterricht: Im besten Fall soll dies nach den Wünschen zweier Lehrkräfte auch dazu führen, dass mit dem Fach Deutsch positive Assoziationen geweckt werden, was auf den zum Teil eher niedrigen Stellenwert des Faches an Schulen verweist, die ausschließlich der beruflichen Ausbildung dienen (vgl. Kapitel 4.3).

Darüber hinaus geben drei Lehrkräfte ihre eigene Motivation als Grund an und wollen anhand der Lektüre im pädagogischen Freiraum Empathiefähigkeit und Perspektivenübernahme schulen. Zudem soll die Lektüre den Schülern als Anregung zur Offenheit für Neues dienen und die Werteerziehung unterstützen. Zwei Lehrkräfte verfolgen mit der Lektüre im pädagogischen Freiraum des Weiteren die Förderung der Persönlichkeitsentwicklung und Persönlichkeitsbildung. Auch die Vorgabe des Lehrplans wird genannt, verstärkt literarische Bildung zu betreiben sowie Fantasie und Kreativität zu fördern. Darüber hinaus spielen auch die fächerübergreifenden Einsatzmöglichkeiten eine Rolle (zwei Nennungen) sowie die Förderung der kulturellen Teilhabe und die Überbrückung von Zeit im Unterricht. Aufgrund der hohen Motivation und der Vielfalt an Angaben zu diesem Punkt wird deutlich, dass diejenigen Lehrkräfte, die von der Möglichkeit der Lektüre des pädagogischen Freiraums Gebrauch machen, davon überzeugt zu sein scheinen und um die Vorzüge in ihrer individuellen Ausprägung und Vielfalt wissen.

Die Frage, wie gut es der Lehrkraft gelänge, über den verpflichtenden Lehrstoff hinaus Freude am Lesen bei ihren Schülern zu wecken, hatte als Antwortmöglichkeiten Abstufungen von sehr gut bis schlecht in einem fünfstufig ausgeprägten semantischen Differential (vgl. Tabelle 47). Beantwortet wurde diese Frage von kumuliert 17,37 % mit positiver Überzeugung. Am stärksten vertreten ist die neutrale Ausprägung „mittelmäßig" mit 53,28 %. In den Negativbereich fallen die subjektiven Einschätzungen von über einem Viertel (27,41 %). Die Daten weisen einen Median und Modalwert von 3,00 auf.

Ergebnisse der Datenauswertung der Deutschlehrkräfte

Tabelle 47: Vermittlung von Freude am Lesen

		Häufigkeit	Prozent	Gültige Prozent
Gültig	sehr gut	2	0,77	0,79
	gut	43	16,60	16,93
	mittelmäßig	138	53,28	54,33
	weniger gut	48	18,53	18,90
	schlecht	23	8,88	9,06
	Gesamtsumme	254	98,07	100,00
Fehlend		5	1	
Gesamtsumme		259	100,00	

Das zeigt, dass die Anstrengungen der Deutschlehrer im Unterricht wie auch im pädagogischen Freiraum bei ihren Schülern nicht immer auf fruchtbaren Boden zu fallen scheinen, zumindest nach eigener Einschätzung der Lehrkräfte. Gleichzeitig bedeutet dies, dass sich die Deutschlehrer selbst also nur mittelmäßigen Einfluss auf das Leseverhalten ihrer Schüler zusprechen. Dies ist sicherlich nicht nur auf das Alter der Schüler, sondern auch auf ein Bedingungsgefüge unterschiedlichster Faktoren aus dem Bereich der veränderten Mediennutzung, des veränderten Leseverhaltens, des gesellschaftlichen Wandels etc. zurückzuführen.

9.8 Kenntnis der Bildungsstandards

Das theoretische Modell unterstellt, dass sich (auch) die Kenntnis der Bildungsstandards auf die Ausübung der Rolle des Leselehrers auswirkt. In diesem Zusammenhang sollte untersucht werden, wie gut die Deutschlehrkräfte mit den Bildungsstandards der KMK vertraut sind. Wie bereits erwähnt, liegen die Bildungsstandards nicht für berufliche Schulen, sondern im Fach Deutsch lediglich für den Mittleren Schulabschluss sowie für die gymnasiale Oberstufe vor. Es liegt aus diesem Grund der Schluss nahe, dass die Lehrkräfte des Faches Deutsch tendenziell zwar besser mit den Bildungsstandards vertraut sind als ihre Kollegen, jedoch aufgrund des mangelnden Bezugs zu den beruflichen Schulen einen eher mittelmäßigen Kenntnisstand vorweisen werden. Tabelle 48 verdeutlicht, dass sich die meisten Deutschlehrer ihrer Angabe nach „mittelmäßig" mit den Bildungsstandards auskennen (29,18 %).

Ergebnisse der Datenauswertung der Deutschlehrkräfte

Über ein Viertel gibt an, diese „gut" zu kennen (27,24 %). Aus den Daten ergeben sich ein Median und ein Modalwert von jeweils 3,00. Die meisten Lehrkräfte schätzen ihre Kenntnis der Bildungsstandards demzufolge als „mittelmäßig" ein. Abbildung 26 stellt die Kenntnis der Bildungsstandards grafisch dar und berücksichtigt hierbei das Kriterium der Facultas.

Tabelle 48: Kenntnis der Bildungsstandards (Deutschlehrkräfte)

		Häufigkeit	Prozent	Gültige Prozent
Gültig	sehr gut	19	7,34	7,39
	gut	70	27,03	27,24
	mittelmäßig	75	28,96	29,18
	weniger gut	57	22,01	22,18
	schlecht	36	13,90	14,01
	Gesamtsumme	257	99,23	100,00
Fehlend		2	0,77	
Gesamtsumme		259	100,00	

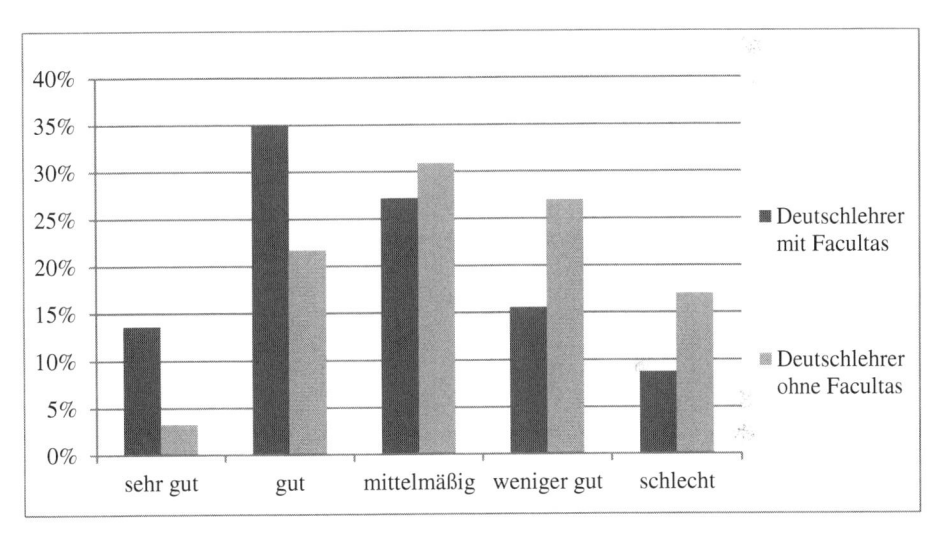

Abbildung 26: Prozentuale Verteilung der Kenntnis der Bildungsstandards unter Berücksichtigung der Facultas für das Fach Deutsch

Ergebnisse der Datenauswertung der Deutschlehrkräfte

Diese Daten sind jedoch mit Vorsicht zu betrachten, da es sich um Selbstaussagen handelt, die nicht weiter überprüft wurden. Betrachtet man die prozentualen Häufigkeiten innerhalb der jeweiligen Gruppe mit und ohne Facultas, bleibt dennoch festzuhalten, dass sich Lehrkräfte, die das (Unterrichts-)Fach Deutsch nach dem Jahr 2004 studiert haben, eher mit den Bildungsstandards auskennen als die Deutschlehrkräfte ohne Facultas. Es liegt die Vermutung nahe, dass die Begegnung mit den KMK-Standards für diese Gruppe auch im Rahmen des Studiums stattfand.

9.9 Identifikation mit der Rolle des Leselehrers

Obgleich die befragten Deutschlehrkräfte der Förderung von Lesekompetenz positiv gegenüberstehen, bedeutet dies noch nicht, dass sie sich selbst automatisch auch als Leselehrer sehen (wollen). Die Ergebnisse sind denen der Auswertung des Gesamtsamples sehr ähnlich, denn die meisten Deutschlehrer identifizieren sich nur „mittelmäßig" mit der Rolle des Leselehrers (vgl. Tabelle 49).

Tabelle 49: Identifikation mit der Rolle des Leselehrers (Deutschlehrkräfte)

		Häufigkeit	**Prozent**	**Gültige Prozent**
Gültig	sehr stark	15	5,79	6,00
	stark	74	28,57	29,60
	mittelmäßig	91	35,14	36,40
	weniger	42	16,22	16,80
	sehr wenig	19	7,34	7,60
	gar nicht	9	3,47	3,60
	Gesamtsumme	250	96,53	100,00
Fehlend		9	3,47	
Gesamtsumme		259	100,00	

Median und Modalwert liegen beide bei 3,00 und entsprechen damit den Werten des Gesamtsamples. Die Standardabweichung beträgt 1,16 und zeigt damit an, dass die Antworten bei dieser Frage streuen (vgl. Tabelle 50).

Ergebnisse der Datenauswertung der Deutschlehrkräfte

Tabelle 50: Statistische Kennwerte der Identifikation mit der Rolle des Leselehrers (Deutschlehrkräfte)

Identifikation mit der Rolle des Leselehrers		
N	Gültig	250
	Fehlend	9
Median		3,00
Modalwert		3,00
Standardabweichung		1,16
Schiefe		0,61

Ein Blick auf das Histogramm der Abbildung 27 und die berechnete Schiefe von 0,61 macht deutlich, dass die Angaben dennoch eher zum positiven Bereich tendieren. Dies bestätigt auch die Tatsache, dass die beiden Positivausprägungen „sehr stark" und „stark" kumuliert ähnlich groß sind wie die am häufigsten vertretene Kategorie „mittelmäßig".

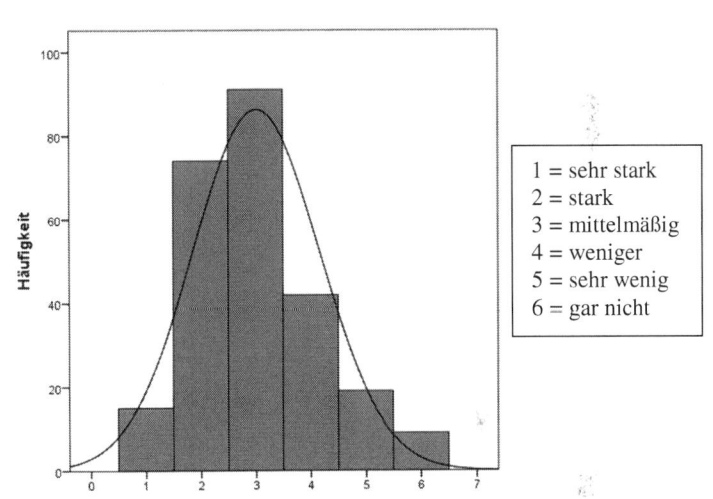

Abbildung 27: Histogramm "Identifikation mit der Rolle des Leselehrers"

Es bleibt zu prüfen, ob sich die Facultas Deutsch auf die Identifikation mit der Rolle des Leselehrers auswirkt. In Tabelle 51 wird die Bedeutung der Facultas besonders deutlich: Lehrkräfte mit Facultas identifizieren sich stärker mit der Rolle des Leselehrers als Lehrkräfte ohne Facultas. Mehr als die Hälfte der Lehrkräfte, die das Fach Deutsch studiert haben, identifiziert sich „sehr stark" oder „stark" mit der Rolle (52,52 %). Im Vergleich hierzu sind es nur 24,16 % bei den Lehrkräften ohne Facultas.

Bei dieser Variablen findet keine Verteilung zugunsten des Mittelfeldes statt, was Tabelle 51 bestätigt: Die Negativausprägungen „weniger" und „sehr wenig" werden von 32,22 % der fachfremd unterrichtenden Lehrkräfte ausgewählt, dagegen sind es nur 13,13 % auf der Seite der Lehrkräfte mit Facultas. „Gar nicht" identifizieren sich sogar 6,04 % mit der Rolle des Leselehrers.

Tabelle 51: Kreuztabelle Rollenidentifikation und Facultas Deutsch

Identifikation mit der Rolle des Leselehrers	Mit Facultas		Ohne Facultas	
	Anzahl	Prozent	Anzahl	Prozent
sehr stark	13	13,13	2	1,34
stark	39	39,39	34	22,82
mittelmäßig	34	34,34	56	37,58
weniger	9	9,09	33	22,15
sehr wenig	4	4,04	15	10,07
gar nicht	0	0,00	9	6,04
Gesamtsumme	99	100,00	149	100,00

9.10 Zusammenfassung

Die meisten der 259 befragten Deutschlehrer unterrichten an einer Berufsschule. Am zweit- drittstärksten sind Lehrkräfte der FOS und BOS vertreten. Da es lediglich an der Beruflichen Oberschule einer Facultas bedarf, um das Fach Deutsch unterrichten zu dürfen, ist es nicht verwunderlich, dass mehr als die Hälfte der Lehrkräfte das Fach Deutsch nicht studiert hat.

Das Gros der Deutschlehrer liest nicht nur gerne, sondern auch viel und zieht das Lesen häufig dem Fernsehen vor. Der aktuelle Lesehabitus ist als sehr positiv zu betrachten: Die Lehrkräfte schätzen sich durchschnittlich als Viel- und Gelegenheitsleser ein. Die prozentuale Verteilung des Lesehabitus ist jedoch dem der Nicht-Deutschlehrer sehr ähnlich, bei diesen jedoch sogar noch etwas höher ausgeprägt als bei den Deutschlehrkräften. Ferner stammen die Deutschlehrkräfte überwiegend aus einem Haushalt, in dem sie die eigenen Eltern als Viel- und Gelegenheitsleser erlebten. Darüber hinaus fanden häufig täglich oder nahezu täglich Leserituale statt. Der förderliche Einfluss liegt auch in der Peergroup vor: So geben die meisten Lehrkräfte an, dass ihre Freunde Lesen als etwas Positives empfanden. Von einer aktiven Lesemotivation durch die Peergroup kann jedoch trotz eines potenziell leseförderlichen Klimas nicht ausgegangen werden.

Neben einer erfolgreichen Lesesozialisation weisen die Deutschlehrer auch positive Einstellungen gegenüber der Lesekompetenzförderung auf. Sie sind zum Teil der Meinung, dass man auch an den beruflichen Schulen noch das Lesen mit den Schülern üben und fördern kann. Dies soll ihrer Ansicht nach am besten fächerübergreifend geschehen, womit der Aufbau der Lesekompetenz seine Beschränkung auf den DU zugunsten einer allgemeingeltenden Aufgabe verliert. Geteilter sind die Meinungen jedoch darüber, ob es für den Aufbau von Lesekompetenz in der Sekundarstufe II nicht schon zu spät sei. Hier geht die Mehrheit zwar ebenfalls davon aus, dass dies auch bei (jungen) Erwachsenen möglich ist, mehr als ein Viertel der Lehrkräfte hält den Zug des Lesekompetenzaufbaus jedoch bereits für abgefahren. Insofern nutzen die Lehrkräfte auch den pädagogischen Freiraum nur bedingt zum Lesen, da sie diesem nicht viel Potenzial und Wirkung bei den Schülern beimessen. So sind die meisten Deutschlehrer der Meinung, bei ihren Schülern wenn überhaupt, höchstens „mittelmäßig" Lesefreude wecken zu können. Dadurch bleiben besondere Anstrengungen die Leseanimation betreffend aus.

Ergebnisse der Datenauswertung der Deutschlehrkräfte

Am häufigsten finden in allen beruflichen Schulformen Sachtexte Anwendung, dicht gefolgt von epischen Texten und Sachaufgaben. Lyrische und dramatische Texte werden überwiegend in der Beruflichen Oberschule eingesetzt, was höchstwahrscheinlich auf den Bildungsauftrag und das Ziel der Studierfähigkeit der Schüler zurückzuführen ist. In der Berufsschule dagegen werden überwiegend Sachtexte und Sachaufgaben behandelt. Dies erweist sich aufgrund der Vorbereitung auf die berufliche Abschlussprüfung als durchaus zweckmäßig.

Die Bildungsstandards kennen die Deutschlehrkräfte mit Facultas besser als diejenigen, die das Fach Deutsch nicht studiert haben. Erstere schneiden auch im Vergleich mit den Gesamtergebnissen des Samples besser ab.

Hinsichtlich der Aufträge des Faches an den beruflichen Schulen erwarten sich die meisten befragten Deutschlehrer von einem Deutschunterricht vor allem, dass er die Sprach- und Lesekompetenz der Schüler fördert und ihnen einen Zuwachs an Allgemeinbildung liefert. Daneben soll er kommunikative Kompetenz, Rechtschreib- und Präsentationskompetenz aufbauen und festigen. Diese Kompetenzen wurden von den Lehrern am häufigsten und vorrangigsten genannt, ohne jedoch andere Kompetenzen dabei aus den Augen zu verlieren.

Insgesamt ergibt sich einerseits ein positives Bild im Hinblick auf Lesekompetenzförderung beruflichen Schulen. Selbst wenn die Lehrkräfte bei ihren Schülern keine Lesefreude zu wecken glauben, sind sie bestrebt, Lesekompetenz konsequent zu trainieren. Dieses Ziel stellt für sie zwar ein maßgebliches Ziel des Deutschunterrichts dar, jedoch zugleich ein Anliegen, das fächerübergreifend wahrgenommen werden soll. Andererseits sind im Vergleich dazu die Daten zur Rollenidentifikation zwiespältig: Lehrkräfte mit Facultas für das Fach Deutsch sehen sich überwiegend (auch) als Leselehrer, wohingegen die Identifikation mit dieser Rolle bei Lehrkräften ohne abgeschlossenes Deutschstudium deutlich geringer ausfällt. Es stellt sich jedoch die Frage, inwieweit Lesekompetenzförderung ohne Rollenidentifikation mit dem Leselehrer gelingen kann. Diese Frage wird in Kapitel 15 wieder aufgegriffen.

III. LESELEHRER WERDEN: ENTWICKLUNG UND BERECHNUNG DES MODELLS DER ENTWICKLUNG ZUM LESELEHRER

Die nachfolgenden Kapitel 10 bis 12 widmen sich dem Modell der Entwicklung zum Leselehrer. Das Interesse von Statistik dreht sich im Allgemeinen um Aussagen über Kausalbeziehungen, das heißt um Beziehungen zwischen „Ursachen und ihren Wirkungen" (Schnell et al. 2008: 215). Dabei ist eine Ursache laut MACKIE (1980) als ein "insufficient but non-redundant part of an unnecessary but sufficient condition" zu verstehen (Mackie 1980: 62). Insofern versucht das vorliegende Modell zu ermitteln, ob es Faktoren, egal ob schulischer oder personaler Art, mit förderlicher oder hemmender Auswirkung auf die Ausübung der Rolle des Leselehrers gibt. Kapitel 11 behandelt die Operationalisierung der unabhängigen Variablen (UV) und der abhängigen Variable (AV), welche die Berechnungsgrundlage bilden. Dem schließen sich in Kapitel 12 sowohl das Ergebnisdatenblatt der OLS-Regressionsanalyse als auch die Hypothesentests an. Abschließend nimmt Kapitel 13 eine kritische Betrachtung der Daten im Kontext der beruflichen Schulen und damit eine Übertragung auf die Praxis vor.

10. Modell der Einflussfaktoren auf den Leselehrer

Zunächst wird ein Überblick über die aufgestellten Hypothesen gegeben, die diesem Modell zugrunde liegen. Hierbei wurde eine Einteilung der Hypothesen in insgesamt neun Dimensionen vorgenommen, wobei sich eine Dimension stets aus mindestens einer Variablen konzipiert. In Kapitel 10.3 wird das zu prüfende theoretische Modell noch einmal grafisch veranschaulicht und erläutert.

10.1 Hypothesenbildung

Die Bildung von Einflussfaktoren erfolgte mittels additiver Indizes, die nach Einschätzung der Verfasserin die Wahrscheinlichkeit, dass eine Lehrkraft zum Leselehrer wird, erhöhen oder verringern können. Operiert wurde hierbei mit der Definition des Leselehrers aus Kapitel 2.5. Die AV (Ausübung

der Rolle des Leselehrers) wird dem Modell entsprechend von folgenden neun Dimensionen mit jeweils unabhängigen Variablen beeinflusst:
1) Lesehabitus und Bildungsabschluss der Eltern
2) Eigener Lesehabitus der Lehrkraft
3) Bildungsstandards
4) Schulische Einflussfaktoren
5) (Nicht-)Deutschlehrer
6) Textsorten- und Medieneinsatz
7) Rollenidentifikation
8) Geschlecht
9) Alter

Für jede Dimension, die sich entweder aus einer UV oder aus additiven Indizes mehrerer UVs zusammensetzt, wurden entsprechend eine oder mehrere Hypothesen formuliert, die es statistisch zu prüfen gilt. Im vorliegenden Modell handelt es sich überwiegend um Individual-, Wenn-Dann- und Je-Desto-Hypothesen[69], auf die im Folgenden näher eingegangen wird.

10.1.1 Dimension 1: Elterliche Faktoren

Die erste Dimension bezieht sich auf die elterlichen Faktoren und generiert sich aus den Indizes des elterlichen Lesehabitus sowie aus dem Bildungsabschluss der Eltern. Den Hypothesen liegen unterschiedliche Annahmen und Studien zum elterlichen Lesevorbild sowie zu Theorien kultureller und sozialer Reproduktion zugrunde. Die Theorie der kulturellen Reproduktion geht auf BOURDIEU zurück, der damit die Permanenz sozialer Ungleichheit aufgrund von sozialer Herkunft erklärt. Additiv hierzu fungiert seine Habitustheorie, die an Annahmen zur Weitergabe von sozialem, kulturellem, ökonomischem und symbolischem Kapital seitens der Familie an ihre Nachkommen gekoppelt ist. Damit vertritt er die Ansicht der Weitergabe von sozialer Ungleichheit und letztlich eine Theorie der sozialen Reproduktion (vgl. hierzu u.a. Bourdieu 1983; Bourdieu/Passeron 1973). Ähnliche Ergebnisse erzielen auch die Arbeiten und Studien zur Lesesozialisation, vor allem dieje-

---

[69] Als Wenn-Dann-Hypothesen können Zusammenhänge formuliert werden, bei denen sowohl die unabhängige als auch die abhängige Variable dichotom sind (vgl. Diekmann 2010: 125). Je-Desto-Hypothesen finden in dem Fall Anwendung, dass die Kategorien der UV und AV jeweils mindestens als Ordinalskalenniveau interpretierbar sind, wohingegen sich Individualhypothesen durch Individualmerkmale bei beiden Variablen UV und AV auszeichnen (vgl. ebd.: 129-134).

nigen, die sich intensiv mit dem Lesehabitus der Eltern auseinandersetzten (siehe u.a. Hurrelmann, B. 2004; Köcher 1993; Schön 1990).

Beide Merkmale der Eltern, Lesehabitus und Bildungsabschluss, wurden aufgrund ihrer der Literatur zufolge hohen Interkorrelation sowie ihrer Kompensationsfunktion im theoretischen Modell berücksichtigt. Diesbezüglich kann man davon ausgehen, dass eine gelingende Lesesozialisation des Kindes am besten mit der Schulbildung der Eltern vorausgesagt werden kann (vgl. z.B. Groeben 2004; Hurrelmann, B. et al. 1993). Doch existieren auch Studien dazu, dass auch in eher ungünstigen Milieus Eltern mit Vielleserhabitus einen positiven Einfluss auf die Lesesozialisation des Kindes haben (siehe Baker 2003; Buchner 2004; Klauda 2008; Philipp 2010). Beide Faktoren stellen insofern in diesem Modell wichtige Größen zur Messung der Lesesozialisation dar. Es ergeben sich für die Dimension der elterlichen Faktoren folgende zwei Hypothesen:

Hypothese 1-1:
Je höher der Lesehabitus der eigenen Eltern ist, desto stärker übt eine Lehrkraft die Rolle des Leselehrers im Unterricht aus.

Hypothese 1-2:
Je höher der höchste Bildungsabschluss der eigenen Eltern ist, desto stärker übt die Lehrkraft die Rolle des Leselehrers im Unterricht aus.

10.1.2 Dimension 2: Eigener Lesehabitus der Lehrkraft

Die zweite Dimension richtet den Fokus lediglich auf den Lesehabitus der Lehrkraft persönlich, der mittels einer einzigen Variablen ermittelt werden konnte. Da keinerlei Studien und Postulate über die ausgeübte Rolle des Leselehrers vorliegen, stützt sich diese Hypothese zum Teil auf Erkenntnisse der Lesesozialisation sowie auf eine empirische Untersuchung von GATTERMAIER (2003). In dieser sprachen sich die Deutschlehrkräfte zwar keine Wirkungsmacht auf das private Leseverhalten ihrer Schüler zu, es ist aber dennoch plausibel, dass das eigene Leseverhalten einer Lehrkraft sich zumindest auf ihre persönlichen Einstellung und Ziele im DU auszuwirken vermag. Bezüglich der Dimension des Lesehabitus der Lehrkraft ergibt sich folgende zu prüfende Annahme:

> *Hypothese 2:*
> Je höher der eigene Lesehabitus einer Lehrkraft, desto stärker übt sie die Rolle des Leselehrers im Unterricht aus.

10.1.3 Dimension 3: Kenntnis der Bildungsstandards

Die Kenntnis der Bildungsstandards von Seiten der befragten Lehrkräfte für den mittleren Schulabschluss wird in der dritten Dimension berücksichtigt. Für die beruflichen Schulen liegen zwar keine explizit formulierten Bildungsstandards vor, jedoch setzt sich die Schülerschaft der beruflichen Schulen zu großen Anteilen aus Jugendlichen und jungen Erwachsenen mit Hauptschulabschluss und mittlerem Schulabschluss zusammen. Es stellt sich insofern die Frage, ob eine Beschäftigung mit den Bildungsstandards nicht zweckmäßig ist und zwar im Hinblick darauf, welche Kompetenzen die Schüler bereits erworben haben sollten, wenn sie in einer beruflichen Schule „ankommen". Eine empirische Studie zur Rezeption der Bildungsstandards bei Lehrkräften von PANT et al. (2008) belegt drei Jahre nach deren Implementierung, dass zwischen der Lehrereinstellung und dem Leistungsniveau ihrer Schüler keine Zusammenhänge bestehen (vgl. Pant et al. 2008: 842). Gemessen wurde anhand von standardisierten Leistungstests, allerdings sei hier kritisch angemerkt, dass die Studie überwiegend auf Selbstaussagen der Lehrkräfte beruhte anstatt auf Verhaltensbeobachtungen im Unterricht. Zudem sind drei Jahre keine ausreichend lange Zeit, um derartige Auswirkungen erzielen zu können. Es stellt sich die Frage, inwieweit die Auseinandersetzung mit Bildungsstandards nicht die Rolle einer Lehrkraft verändern kann – sei es in Form von Erweiterung, Sensibilisierung oder gar Ablehnung. Da auch in den Lehrplänen der beruflichen Schulen zum Teil auf Bildungsstandards verwiesen wird (siehe Kapitel 4.1.2), interessiert in diesem Kontext, ob zwischen der Ausübung der Rolle und der Kenntnis der Bildungsstandards ein Zusammenhang besteht und wenn ja, welcher.

> *Hypothese 3:*
> Je besser eine Lehrkraft mit den Bildungsstandards vertraut ist, desto stärker übt sie in ihrem Unterricht die Rolle des Leselehrers aus.

Modell der Einflussfaktoren auf den Leselehrer

10.1.4 Dimension 4: Schulische Einflussfaktoren

Neben den persönlichen Faktoren und dem Interesse der Lehrkraft seien nun schulische Einflussfaktoren und somit die vierte Dimension eingeführt. Bei einer Bandbreite von BS bis hin zu FOS/BOS wäre es nicht verwunderlich, wenn der Lesekompetenz unterschiedliche Bedeutsamkeit im Schulalltag eingeräumt würde. So wird geprüft, ob die Ausübung der Leselehrerrolle auch an die Schulart gekoppelt ist.

Da der Unterricht an einigen beruflichen Schulformen im Lernfeldkonzept organisiert ist, stellt sich die Frage, ob die fächerübergreifende Struktur eine leichtere Einbettung der Lesekompetenzförderung in den Unterrichtsalltag ermöglicht. So können nicht nur Deutschlehrer in Fächern wie beispielsweise Pädagogik/Psychologie an der Lesekompetenz ihrer SuS arbeiten und dieser anhand von Kontinuität in der Förderung zu sukzessivem Aufbau und letztlich zur Stabilität verhelfen. Überprüft werden soll anhand der Variablen des Lernfeldkonzepts, ob die Ausübung der Rolle des Leselehrers hierdurch gefördert wird.

Des Weiteren interessierte der Schulstatus im Hinblick auf öffentliche oder private Trägerschaft. Führten staatliche Schulen beispielsweise mehr Fortbildungen zum Thema Lesekompetenz durch, weil sie den Anweisungen des BayStMBKWK folgen, würden die Lehrkräfte auf diese Weise hierfür sensibilisiert werden. Im besten Fall hätte dies eine positive Auswirkung auf die AV zur Folge. Aus diesen Annahmen ergeben sich für die Dimension der schulischen Einflussfaktoren die nachstehenden drei Hypothesen:

> *Hypothese 4-1:*
> Lehrkräfte an FOS/BOS üben die Rolle des Leselehrers häufiger aus als Lehrkräfte anderer beruflicher Schulformen.
>
> *Hypothese 4-2:*
> Lehrkräfte, die im Lernfeldkonzept unterrichten, sind häufiger Leselehrer als Lehrkräfte anderer beruflicher Schulformen.
>
> *Hypothese 4-3:*
> Lehrkräfte an staatlichen Schulen üben die Rolle des Leselehrers häufiger aus als Lehrkräfte an Schulen in privater Trägerschaft.

10.1.5 Dimension 5: (Nicht-)Deutschlehrer

In das Modell wurden alle Daten (und damit auch alle Fächer) integriert, was eine Aufnahme der Variablen, die die Fächerkombinationen der Lehrkräfte erhebt, unabdingbar macht. Da die Aufgabe der Lesekompetenzförderung definitiv (auch) Aufgabe des Deutschunterrichts ist, müssten sich in logischer Konsequenz alle Deutschlehrer der beruflichen Schulformen auch erstens als Leselehrer sehen und zweitens auch die Rolle des Leselehrers im Unterricht ausüben. Insofern interessierte im Rahmen des Modells ausschließlich die Einteilung der Lehrkräfte in Deutschlehrer und Nicht-Deutschlehrer. Für die Dimension der Deutsch- und Nicht-Deutschlehrer ist nun folgende Hypothese aufzustellen:

> *Hypothese 5:*
> Wenn eine Lehrkraft (auch) Deutschlehrer ist, agiert sie im Unterricht in der Rolle des Leselehrers.

Durch die Formulierung der Hypothese wird den Nicht-Deutschlehrern jedoch in keiner Weise abgesprochen, ebenfalls als Leselehrer zu agieren. Ganz im Gegenteil: Eine Falsifizierung der Hypothese bedeutete, dass Lesekompetenzförderung als Aufgabe aller Fächer betrachtet wird. Dies wäre positiv zu bewerten.

10.1.6 Dimension 6: Textsorten- und Medieneinsatz

Wer aktiv Leselehrer ist, setzt unter anderem bewusst viel Lesestoff und unterschiedliche Textsorten im Unterricht ein, um so kontinuierlich am Aufbau und der Förderung der Lesekompetenz seiner SuS arbeiten zu können. Insofern wurde neben der Quantität des Lesens, die ihres Zeichens einen Faktor des Summenscores der AV bildet, auch der Textsorteneinsatz ermittelt. Es sei jedoch darauf hingewiesen, dass einige Fächer in ihrem Kern kein breites Spektrum an Textsorten fordern oder gar zulassen (zum Beispiel mathematische Texte). In den Fächern, die auf unterschiedliche Textsorten zurückgreifen können, wie beispielsweise Geschichte oder Sozialkunde, können zudem unterschiedliche Medien die Motivation der Schüler zum Lesen erhöhen. Dies hängt auf den ersten Blick zwar nur indirekt mit der Förderung von Lesekompetenz zusammen, wirkt sich bekanntermaßen jedoch auf die Motivation der Schüler sowie auf ihre Lernprozesse positiv aus.

In der Optimalvorstellung gehen daher Medien- und Textsorteneinsatz Hand in Hand. Ein Medium wie der Film bringt die Alltagswelt der Schüler in den Unterricht und wird in der Regel als spannend und abwechslungsreich empfunden. Daran lässt sich anknüpfen, sei es im medienintegrativen oder im symmedialen DU (vgl. Frederking 2004: 45-47). Auf diese Weise kann sich die Lehrkraft das Interesse der jungen Erwachsenen zunutze machen. Ferner können sowohl Film als auch Printtext so miteinander in Einklang gebracht werden, dass der Mehrwert gesteigert und letztlich auch der Output erhöht wird. Da der Medieneinsatz insofern auch zum Aufbau von Lesekompetenz dient beziehungsweise bei richtiger Dosierung und adäquatem Einsatz dienen *kann*, wurde dieser ebenfalls in einer Variablen erhoben. Es ergeben sich für den Textsorten- und Medieneinsatz folgende zwei Hypothesen:

Hypothese 6-1:
Je mehr Textsorten eine Lehrkraft verwendet, desto stärker übt sie die Rolle des Leselehrers aus.

Hypothese 6-2:
Je mehr Medien eine Lehrkraft einsetzt, desto stärker übt sie die Rolle des Leselehrers aus.

10.1.7 Dimension 7: Rollenidentifikation mit Leselehrer

Es ist wahrscheinlich, dass eine Lehrkraft, die sich selbst mit der Rolle des Leselehrers identifiziert, diese Rolle auch im Unterricht verkörpert. Dem Modell gemäß handelt sie rollengemäß und übt die Rolle folglich aktiv im Unterricht aus. Folgende Hypothese ist statistisch zu prüfen:

Hypothese 7:
Je stärker sich eine Lehrkraft selbst in der Rolle des Leselehrers sieht, desto stärker übt sie die Rolle des Leselehrers im Unterricht aus.

10.1.8 Dimension 8: Geschlecht

Ferner testet das theoretische Modell eine Hypothese zum Geschlecht. Hier steht im Fokus, Unterschiede in der Ausübung der Rolle des Leselehrers von Frauen und Männern zu ermitteln. Üben Frauen oder Männer diese Rolle unterschiedlich im Unterricht aus? Aufgrund der Zusammensetzung der Lehrkräfte, die von Frauen dominiert wird, und auch der Studierenden an den Hochschulen wird folgende Hypothese zugunsten der Frauen formuliert:

Hypothese 8:
Frauen üben die Rolle des Leselehrers stärker aus als Männer.

10.1.9 Dimension 9: Alter

Aufgrund der Tatsache, dass mit höherem Alter und folglich mit mehr Erfahrung im Lehren eine höhere Vergleichbarkeit der Leistungsfähigkeit der Schüler einhergeht, soll abschließend auch das Alter der Lehrkräfte und sein Zusammenhang mit der ausgeübten Rolle des Leselehrers beleuchtet werden. Wenn die Leistungen hinsichtlich der Lesekompetenz der Schüler im Verlauf tatsächlich abgenommen haben und dies zum Teil auch weiter tun, ist denkbar, dass ältere Lehrkräfte sensibler sind für die Wichtigkeit der Förderung von Lesekompetenz als jüngere. Dementsprechend müssten sie die Rolle stärker beziehungsweise häufiger ausüben als jüngere Kollegen. Die letzte der insgesamt dreizehn Hypothesen wird daher zugunsten der älteren und erfahreneren Lehrkräfte formuliert.

Hypothese 9:
Ältere (erfahrenere) Lehrkräfte üben die Rolle des Leselehrers häufiger im Unterricht aus als jüngere.

Die relativ hohe Zahl an Hypothesen wird nun der Übersichtlichkeit halber in einer Tabelle aufgelistet. Die insgesamt neun Dimensionen dienen als Grundlage für das theoretische Modell und die Berechnung der OLS-Regressionsanalyse. Letztere beinhaltet zugleich die Hypothesentestung.

10.2 Zusammenfassung der Hypothesen

Tabelle 52: Übersicht der zu prüfenden Hypothesen

Dimension	Hypothese(n)	Ausformulierung der Hypothese
1 Elterliche Faktoren	1-1: Lesehabitus	Je höher der Lesehabitus der eigenen Eltern ist, desto stärker übt eine Lehrkraft die Rolle des Leselehrers im Unterricht aus.
	1-2: Höchster Bildungsabschluss	Je höher der höchste Bildungsabschluss der eigenen Eltern ist, desto stärker übt eine Lehrkraft die Rolle des Leselehrers im Unterricht aus.
2 Lesehabitus der Lehrkraft	2: Lesehabitus der Lehrkraft	Je höher der Lesehabitus einer Lehrkraft ist, desto stärker wird sie die Rolle des Leselehrers im Unterricht ausüben.
3 Kenntnis der Bildungsstandards	3: Bildungsstandards	Je besser eine Lehrkraft mit den Bildungsstandards vertraut ist, desto stärker übt sie die Rolle des Leselehrers im Unterricht aus.
4 Schulische Einflussfaktoren	4-1: (Nicht-)FOS/BOS	Lehrkräfte an FOS/BOS üben die Rolle des Leselehrers häufiger aus als Lehrkräfte anderer beruflicher Schulformen.
	4-2: Lernfeldkonzept	Lehrkräfte, die im Lernfeldkonzept unterrichten, sind häufiger Leselehrer als Lehrkräfte anderer beruflicher Schulformen.
	4-3: Schulstatus	Lehrkräfte an staatlichen Schulen üben die Rolle des Leselehrers häufiger aus als Lehrkräfte an Schulen in privater Trägerschaft.
5 (Nicht-)Deutschlehrer	5: Deutschlehrer und Nicht-Deutschlehrer	Wenn eine Lehrkraft (auch) Deutschlehrer ist, agiert sie im Unterricht häufiger in der Rolle des Leselehrers.
6 Textsorten- und Medieneinsatz	6-1: Textsorteneinsatz	Je mehr Textsorten eine Lehrkraft verwendet, desto stärker übt sie die Rolle des Leselehrers aus.
	6-2: Medieneinsatz	Je mehr Medien eine Lehrkraft einsetzt, desto stärker übt sie die Rolle des Leselehrers aus.
7 Rollenidentifikation	7: Rollenidentifikation	Je stärker sich eine Lehrkraft selbst in der Rolle des Leselehrers sieht, desto stärker übt sie die Rolle des Leselehrers im Unterricht aus.
8 Geschlecht	8: Geschlecht	Frauen üben die Rolle des Leselehrers stärker aus als Männer.
9 Alter	9: Alter	Ältere (erfahrenere) Lehrkräfte üben die Rolle des Leselehrers häufiger im Unterricht aus als jüngere Lehrkräfte.

10.3 Modell der Einflussfaktoren auf den Leselehrer

Aus den vorgestellten Hypothesen ergibt sich das folgende Modell, das alle Faktoren mit Einfluss auf die AV („Ausübung der Rolle des Leselehrers") zu erheben versucht (vgl. Abbildung 28). Die Operationalisierung der AV wird in Kapitel 11 vorgestellt. Vorab sei an dieser Stelle vermerkt, dass bewusst Wert auf die *Ausübung* der Rolle im Unterricht gelegt wurde und nicht auf die Rollenidentifikation. Dies soll der Objektivität dienen und falschen Attribuierungen seitens der Lehrkräfte entgegenwirken, die sich vielleicht als Leselehrer sehen, jedoch nur wenig dafür im Unterricht beitragen oder beitragen *können*, wie dies zum Beispiel im Fach Mathematik der Fall sein kann.

Einflussfaktor	Indikatoren
Elterliche Faktoren	• Lesehabitus • Höchster Bildungsabschluss
Lesehabitus der Lehrkraft	• Aktueller Lesehabitus
Kenntnis der Bildungsstandards	• Kenntnis der Bildungsstandards
Schulische Einflussfaktoren	• Schulart • Lernfeldkonzept • Schulstatus
Deutschunterricht	• (Nicht-)Deutschlehrer
Textsorten- und Medieneinsatz	• Textsorteneinsatz • Medieneinsatz
Rollenidentifikation	• Leselehrer
Geschlecht	• Geschlecht
Alter	• Alter

⇒ **Ausübung der Rolle des Leselehrers im Unterricht**
• Lesemenge (quantitativ)
• Angewandte Methoden zur Förderung von Lesekompetenz im Unterricht

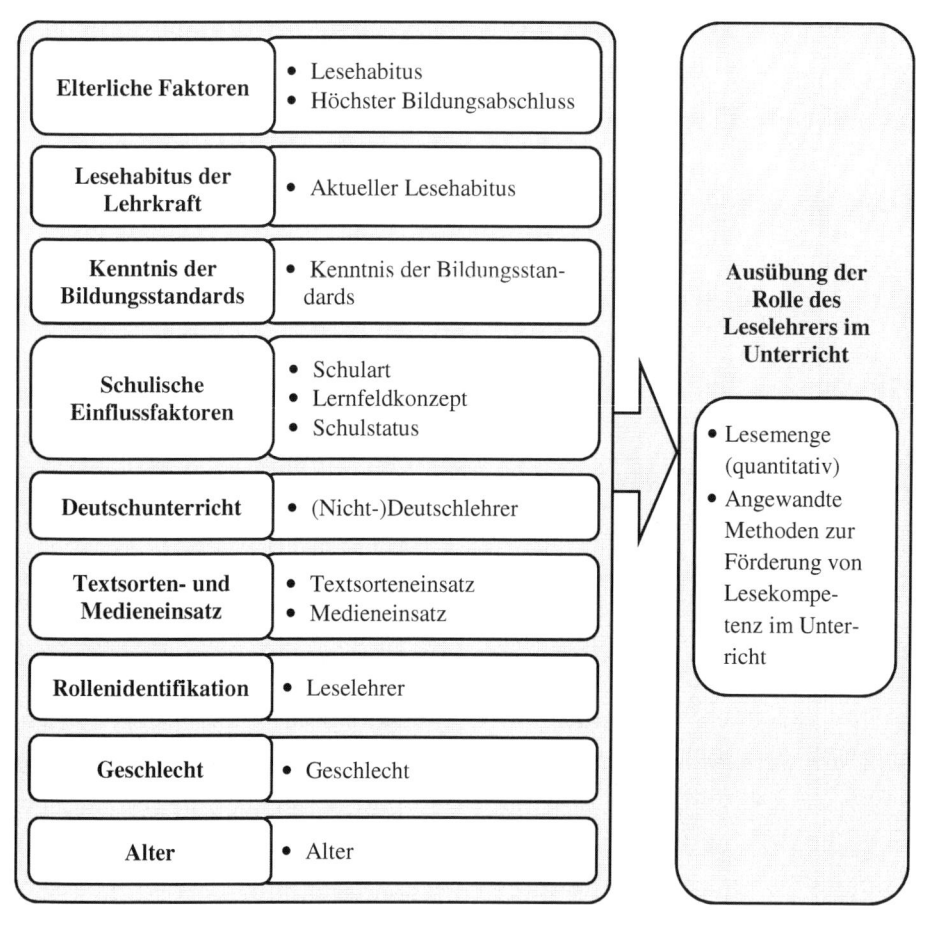

Abbildung 28: Modell der Einflussfaktoren auf die Entwicklung zum Leselehrer

11. Operationalisierung der Variablen

Die Operationalisierung „eines theoretischen Begriffes besteht aus der Angabe einer Anweisung, wie Objekten mit Eigenschaften (Merkmalen), die der theoretische Begriff bezeichnet, beobachtbare Sachverhalte zugeordnet werden können." (Schnell et al. 2008: 129f.) Diese Merkmale können prinzipiell qualitativ oder quantitativ sein. Quantitative Merkmale haben Zahlen als Merkmalsausprägungen, mit denen gerechnet werden kann, wie zum Beispiel Körpergröße oder Einkommen. Bei qualitativen Merkmalen dagegen dienen die zugeordneten Zahlen ausschließlich der Identifizierungsfunktion und sind problemlos auswechselbar (vgl. Degen/Lorscheidt 2011: 16). Nachfolgend werden die Messung der 13 UVs und der AV expliziert. Diese bestehen ausschließlich aus qualitativen Merkmalen, was bereits im theoretischen Modell erläutert und dargestellt wurde (siehe Kapitel 10.1).

11.1 Messung der unabhängigen Variablen

Elterliche Faktoren

Die Dimension der „elterlichen Faktoren" setzt sich aus dem Lesehabitus und dem höchsten Bildungsabschluss der Eltern zusammen. Für den Lesehabitus orientiert sich das Modell an der gängigen Einteilung des Leseverhaltens in Viel-, Gelegenheits-, Wenig- und Nichtleser, wie dies bereits Einzug in die PISA-Studien hielt oder mit kleinen Abwandlungen auch im dreistufigen Modell von GATTERMAIER (2003) unterschieden wird.[70] Die befragten Personen hatten somit die Möglichkeit, in Bezug auf den Lesehabitus ihrer Eltern aus der diskreten Variable mit den genannten vier Lesetypen auszuwählen. Hierfür wurden die Angaben von 1 = "Vielleser" bis 4 = "Nichtleser" kodiert. Es liegt ein Ordinalskalenniveau vor, das eine Rangordnung von Objekten bezüglich einer Eigenschaft voraussetzt, hier also die Intensität und Häufigkeit des Lesens (vgl. Diekmann 2010: 286).

Des Weiteren wurde bei dieser Dimension der höchste schulische Abschluss der Eltern ermittelt. Hier kam ebenfalls das Ordinalskalenniveau zum Tragen, da die Abstände der Bildungsabschlüsse zwischen den Skalenwerten nicht

---

[70] Die Einteilung bei GATTERMAIER (vgl. Gattermaier 2003: 162) beinhaltete jedoch noch mehr Stufen und bestand so auch aus der Kategorie „Leser", die sich zwischen „Vielleser" und „Gelegenheitslesern" einstufen lässt. Zudem wurde die letztgenannte Kategorie unterschieden in Gelegenheitsleser mit „noch stärkerer" und „noch schwächerer" Bindung ans Medium Buch.

Operationalisierung der Variablen

sinnvoll interpretierbar sind (vgl. Diekmann 2010: 286). Als Antwortmöglichkeiten waren den befragten Lehrkräften Optionen von „Kein Abschluss" über „Hauptschulabschluss", „Qualifizierender Hauptschulabschluss", „Mittlerer Schulabschluss", „Fachabitur" und „Abitur" bis hin zu „Fachhochschulabschluss" und „Hochschulabschluss" gegeben. Für den Fall, dass ein äquivalenter, jedoch nicht explizit aufgeführter Abschluss zutreffen würde, wurde auch die Kategorie „Sonstiges" mit zugehörigem Freitextfeld integriert. Die Kategorien wurden mit Zahlen von 1 = "Kein Abschluss" bis 9 = "Sonstiges" kodiert.

Eigener Lesehabitus

Das Leseverhalten der befragten Lehrkraft wurde mittels einer fünfstufigen Likert-Skala von 1 = "trifft voll und ganz zu" bis 5 = "trifft überhaupt nicht zu" erhoben. Hierbei handelt es sich um die in der empirischen Sozialforschung am häufigsten verwendete Skalierungsmethode, die auf Bestrebungen von LIKERT, ihrem Namensgeber, im Jahr 1932 vorgeschlagen wurde (vgl. Schnell et al. 2008: 187). Ursprünglich dient diese zwar der Messung von Einstellungen, wird heutzutage häufig auch zur Angabe einer Intensität umfunktioniert. Auf diese Weise erhält die Angabe des Lesehabitus deutlich mehr Aussagekraft als dies beispielsweise bei einer Ordinalskala der Fall gewesen wäre. Die Angaben der Lehrkräfte bezogen sich auf die Frage: „Wie viel lesen Sie aktuell durchschnittlich in Ihrer Freizeit?" Wichtig war an dieser Stelle vor allem die explizite Einschränkung auf den außerschulischen Bereich. Die Frage nach dem eigenen Lesehabitus ist mit der Likert-Skala folglich ebenfalls den Ordinalskalen zuzuordnen, die den Objekten Zahlen zuweisen, „die mit der quantitativen Ausprägung der Objekte in Beziehung stehen." (Bortz/Schuster 2010: 13) Die Ausprägungen „sehr viel" und „viel" lassen hier Abstufungen und eine Rangfolge zu.

Kenntnis der Bildungsstandards

Zur Abfragung der Kenntnis der Bildungsstandards wurde lediglich auf die Selbsteinschätzung beziehungsweise Selbstkundgabe der befragten Person vertraut. Mit der Frage „Wie gut sind Ihnen die Bildungsstandards der KMK inhaltlich bekannt?" erfolgte die Möglichkeit, sich auf einer fünfstufigen Likert-Skala von 1 = "sehr gut" bis 5 = "schlecht" einzuordnen.

Operationalisierung der Variablen

Schulische Einflussfaktoren

Die schulischen Einflussfaktoren setzen sich aus UVs zur Schulart, zum Lernfeldkonzept sowie aus dem Status der Schule zusammen. Im Nominalskalenniveau wurde den Befragten insofern die Angabe der Schulform/en abverlangt, an welcher/n diese zum Umfragezeitpunkt unterrichteten. Folglich standen die sechs beruflichen Schulformen als Antworten zur Verfügung: Berufsschule, Fachschule, Berufsfachschule, Fachoberschule, Berufsoberschule und Fachakademie. Abschließend wurde noch die Wirtschaftsschule hinzugefügt, um auch über diejenigen Lehrkräfte Aufschluss zu erhalten, die neben den bereits genannten beruflichen Schulformen der Sekundarstufe II noch in der Wirtschaftsschule (und somit die Sekundarstufe I) unterrichten. Hierbei handelt es sich um eine dichotome Variable, das heißt sie kann nur zwei verschiedene Werte annehmen (vgl. Schnell et al. 2010: 130). In diesem Fall bedeutet dies, dass die Variable entweder ausgewählt oder nicht ausgewählt werden konnte und folglich im binären System kodiert wurde. Im Nachhinein wurde bei der Schulart noch ein Filter beziehungsweise ein gliederndes Kriterium zur statistischen Berechnung gesetzt: Aufgrund der Tatsache des gehobenen schulischen Niveaus von FOS und BOS sowie der Tatsache, dass hier ein allgemeinbildender, kein beruflicher Abschluss erworben wird, wurden die Schularten in „FOS/ BOS" und „Nicht-FOS/BOS" eingeteilt. Die Daten wurden dementsprechend in SPSS rekodiert. Diese Einteilung gilt jedoch nur innerhalb des Modells des Leselehrers.

Als weiterer schulischer Einflussfaktor wurde das Lernfeldkonzept ermittelt. Es sei an dieser Stelle kritisch darauf hingewiesen, dass eine bindende Geltung des Lernfeldkonzepts in der Praxis keine Selbstverständlichkeit oder Garantie für die Strukturierung und somit letztlich für eine Umsetzung des Unterrichts in Lernfeldern ist. Die Variable fällt mit zwei Antwortmöglichkeiten und einer Kodierung in 1 = "ja", 2 = "nein" dichotom aus.
Gleiches trifft auch auf den erhobenen Schulstatus zu, der den dritten schulischen Einflussfaktor bildet. Auf die Frage, ob die angegebene/n Schule/n öffentlich oder privat ist/sind, gab es eben genau jene zwei Kategorien als Ausprägung. Kodiert wurde in 1 = "öffentlich" und 2 = "privat".

(Nicht-)Deutschlehrer

Ferner sollte der Einfluss der Fächerkombination, speziell des Faches Deutsch auf die Rolle des Leselehrers durch das theoretische Modell ermittelt werden. Hierfür wurde die UV des Deutschunterrichts angelegt. Diese fragt danach, ob die Lehrkraft mindestens ein Schuljahr lang das Fach Deutsch

Operationalisierung der Variablen

unterrichtet hat. Eine dichotome ja/nein-Antwortoption war gegeben. Hier muss die Tatsache berücksichtigt werden, dass das Fach Deutsch mit Ausnahme von FOS und BOS an den übrigen beruflichen Schulen ohne Facultas unterrichtet werden kann. Die Bedingung „mindestens ein Schuljahr lang" sollte dem Rechnung tragen und insofern auch diejenigen Lehrkräfte ermitteln, die ohne Facultas Deutsch unterrichten.

Textsorten- und Medieneinsatz

Die Fragen bezüglich des Textsorten- und Medieneinsatzes waren beide nominalskaliert und zielten auf die Bildung eines Summenscores ab. Je mehr Items, das heißt je mehr Textsorten und Medien, eine Lehrkraft ankreuzte, desto höher war die sich hieraus ergebende Summe. Kodiert wurden beide Angaben im binären System.

Auf die Frage „Welche Textsorten lesen Sie mit Ihren Schüler/innen im Unterricht (alle Fächer außer Deutsch)?" konnten die Befragten aus einer Item-Batterie von „Sachtexten", hier speziell „Zeitungsartikel", „Gebrauchstexte" und „Sachaufgaben", sowie aus „epischen", „lyrischen" und „dramatischen Texten" auswählen. Des Weiteren stand ein Feld für „Sonstiges" mit der Option zur Freitextfeldeingabe zur Verfügung.

Ebenso verhält es sich bei der Angabe des Medieneinsatzes im fächerübergreifenden Unterricht. Nach der Frage „Welche Medien verwenden Sie in Ihrem Unterricht (alle Fächer außer Deutsch)?" eröffneten sich den Lehrkräften die Antwortoptionen „Tafel", „Buch", „Overheadprojektor", „Whiteboard", „Computer", „Film" sowie „Hörbuch/-spiel", „Arbeitsblatt", „DVD/BlueRay-Player", „Beamer" und abschließend noch die zusätzliche Kategorie „Sonstiges", die ebenfalls wieder an ein Freitextfeld gekoppelt war. Die genannten Medien sind hierbei in solche zu gliedern, die der Visualisierung, Informations- und Ergebnissicherung oder Wissensspeicherung im Unterricht dienen (Tafel, OHP, Buch, Arbeitsblatt – jeweils auch digital), und in Medien, die Inhalte z.B. literarische Stoffe – so adaptieren und transformieren, dass diese Medialität selbst zum Unterrichtsthema werden kann (Film, Hörbuch/-spiel). Die herkömmliche Unterscheidung zwischen Printmedien, visuelle, auditive, audiovisuelle sowie in neue interaktive Medien bildet diesen didaktisch wichtigen Funktionsunterschied nicht ab. Der Medieneinsatz im Unterricht setzt sich nicht zuletzt deshalb aus den genannten Variablen zusammen, da er das mediendidaktische Repertoire einer Lehrkraft abbilden kann. Darüber hinaus vermag es ein abwechslungsreicher Medieneinsatz, der jedoch stets didaktisch begründet sein muss (vgl. den obigen Funktionsunterschied), sich förderlich auf die Schülermotivation auszuwirken.

Operationalisierung der Variablen

Rollenidentifikation

Eine wichtige unabhängige Variable bildet des Weiteren die Identifikation mit der Rolle des Leselehrers. Diese wurde anhand einer Likert-Skala erhoben, da die Intensität der Rollenidentifikation deutlich mehr Aufschluss über die Ausprägung zu geben vermag als ein Antwortformat mit dichotomer Ausprägung. Den bislang üblichen fünf Abstufungen wurde an dieser Stelle noch eine sechste hinzugefügt, um auch die Auswahl der Ausprägung „gar nicht" zu ermöglichen. Dementsprechend waren Antworten von 1= "sehr stark" bis hin zu 6 = "gar nicht" möglich.

Geschlecht

Die vorgegebenen Antwortkategorien in Bezug auf die Angabe des Geschlechts sind nominalskaliert, die Klassifikation der Geschlechter erfolgt nach der Relation Gleichheit oder Verschiedenheit (vgl. Diekmann 2010: 285). In diesem Kontext wurden Männer mit 1 kodiert, Frauen mit 2. Beide Zahlen enthalten keinerlei Bewertung oder Rangordnung, somit hätten Frauen auch mit 1 und Männer mit 2 kodiert werden können.

Alter

Abschließend fand zudem das Alter der befragten Lehrkräfte Eingang in das theoretische Modell. Diese Variable kann hier jedoch durchaus auch als Indikator gesehen werden, von dem angenommen wird, sie hinge eng mit einem weiteren Konstrukt zusammen ("measurement per fiat") (vgl. Schnell et al. 2010: 147). Insofern kann die Variable des Alters auch als Indikator für Konstrukte wie Berufserfahrung oder Lebenserfahrung, gegebenenfalls auch für die berufliche Motivation (zumindest in Anfangs- und Schlussphase) betrachtet werden. Da davon ausgegangen wurde, bei einem Freitextfeld nur wenige Antworten zu erhalten, wurde das Alter in Abschnitte eingeteilt. So standen den Befragten die Altersspannen von 24-35 Jahre, 36-45 Jahre, 46-60 Jahre und über 60 Jahre zur Verfügung. Diese wurden mit Hilfe von Zahlenwerten von 1 = "24-35 Jahre" bis 4 = "über 60 Jahre" kodiert. Durch die Altersabschnitte, die nicht auf Intervallskalenniveau verteilt sind, liegt schließlich erneut eine Ordinalskala an Werten vor.

Darüber hinaus wurde bei der Konstruktion des Online-Fragebogens darauf geachtet, eine Vergleichbarkeit zwischen einigen Fragen und Angaben zu ermöglichen. Vor allem wenn es sich um dieselben Angaben handelt, nur auf eine unterschiedliche Phase bezogen, wie beispielsweise das Leseverhalten in der Kindheit, in der Pubertät und aktuell. Diese Überlegung zielt auf einen strukturierten Aufbau des Fragebogens ab, indem ähnliche Inhalte in einem Block mit ähnlichen Formulierungen und Antwortmöglichkeiten abgefragt werden. Auf diese Weise soll eine bessere Urteilsbildung und Einstufung thematisch nah verwandter Inhalte ermöglicht werden (vgl. Borg 2003: 148). Dies fand vermehrt im Bereich der Lesesozialisation Anwendung sowie auch beim Textsorteneinsatz von Deutsch- und Nicht-Deutschlehrern.

11.2 Messung der abhängigen Variable

Die abhängige Variable des theoretischen Modells lautet: Ausübung der Rolle des Leselehrers im Unterricht. Zu deren Operationalisierung wurde ein Summenscore aus ursprünglich neun Variablen gebildet, die alle im Unterricht verwendeten Methoden zur Förderung von Lesekompetenz beinhalten. Die Definition eines Leselehrers, wie sie bereits in Kapitel 2.5 erfolgt ist, besteht vor allem darin, dass ein Leselehrer seine Schüler bewusst und regelmäßig viel lesen lässt und zudem einige Methoden erstens kennt, um die Lesekompetenz der Schüler im Unterricht adäquat fördern zu können, und diese zweitens auch anwendet. Letzteres ist der entscheidende Punkt, denn die schlichte Kenntnis von Methoden ist nicht ausreichend, wenn es um den sukzessiven Aufbau von Kompetenz und auch um ihre kontinuierliche Förderung geht.

Folgende Kriterien wurden nun zur Operationalisierung der AV in den Fragebogen aufgenommen: Das quantitative Lesen im Unterricht in Form von absichtlich größeren Lesemengen, die Auswahl adäquater Texte, die Mitsprache der Schüler bei der Textwahl, das aktive Arbeiten am Aufbau von Wortschatz, die intensive Textarbeit, die Vermittlung von Lesestrategien im Unterricht, das mündliche und schriftliche Zusammenfassen von Texten zur Sicherung des Textverständnisses sowie abschließend einem Feld für sonstige Angaben, die dem Aufbau von Lesekompetenz dienen (falls diese in der zur Verfügung stehenden Liste nicht genannt wurden). Die Mitsprache der Schüler bei der Textwahl ist vorwiegend der Motivation dienlich, kann jedoch durchaus auch als Schritt zur Förderung von Lesekompetenz betrachtet werden. Nicht nur, weil der Einfluss der Motivation zweifellos zweckdienlich ist, um Schüler für die Anwendung von Lesestrategien zu öffnen und zu begeistern, sondern auch, weil Themen und Inhalte, die Schüler interessieren, erfahrungsgemäß mehr Lesekompetenz bei diesen abrufen als andere Themen und Inhalte. Der AV liegt die weiter gefasste Lesekompetenzdefinition nach

PISA zugrunde, nach welcher Lesefähigkeit, Lesemotivation und Einstellungen untrennbar miteinander verwoben und insofern auch gleichzeitig zu fördern sind, um auf eine stabile Lesekompetenz abzuzielen.

Die Ausprägungen der Variablen sind allesamt dichotom, da die Auswahl oder Nicht-Auswahl der genannten Variablen gemessen wurde. Der Summenscore beträgt folglich bei maximaler Ausprägung 9, bei minimaler entsprechend 0. Letzteres gilt dementsprechend für den Fall, dass kein Item auf den Unterricht einer Lehrkraft zutrifft. Bewusst wurde auf die Abfragung unterschiedlicher Strategien und Lesemethoden verzichtet, da sich die Befragung fächerübergreifend an alle Lehrkräfte richtete. Es liegt auf der Hand, dass ein Mathematik- oder Sozialkundelehrer bei Begrifflichkeiten wie beispielsweise der SQ3R- oder Abtreppmethode weniger Anknüpfungspunkte hat als ein Deutschlehrer. Dieser Sachverhalt ist durchaus legitim, da die Kenntnis von Lesestrategien und von Methoden zur Lesekompetenzförderung beim Unterrichten einiger Fächer eher von sekundärer Bedeutung ist. Unter Berücksichtigung des fächerübergreifenden Aspekts wurden daher nur allgemeine Begrifflichkeiten und Vorgehensweisen ermittelt.

12. Berechnung und Ergebnisse des empirischen Modells

Im Folgenden sollen die Ergebnisse des entwickelten Modells vorgestellt werden. Zu diesem Zweck wird zunächst das Ergebnisdatenblatt der Regressionsanalyse vorangestellt (12.1). Die Hypothesentests der insgesamt neun Dimensionen werden in Kapitel 12.2 ausführlich dargestellt und abschließend der Übersichtlichkeit halber noch einmal tabellarisch zusammengefasst (siehe 1.1). Zur besseren Lesbarkeit werden im Fließtext auf zwei Dezimalstellen gerundete Zahlenwerte verwendet. Bezüglich der Regressionskoeffizienten sei darauf hingewiesen, dass diese standardisiert sind und zur Minimierung der Summe der quadrierten Residuen herangezogen werden können, wenn die zugehörigen t-Werte signifikant ausfallen (vgl. Warwas 2012: 215).

Die folgende Auswertung der Daten (vgl. Tabelle 52) wird die UVs in ihrer chronologischen Reihenfolge betrachten. Anhand der p-Werte wird deutlich, bei welchen Variablen ein signifikanter Einfluss auf die AV der Ausübung der Rolle des Lesehrers in Form einer erhöhten oder erniedrigten Wahrscheinlichkeit vorliegt.

Berechnung und Ergebnisse des empirischen Modells

Ein Blick auf die β-Koeffizienten (Coef.) liefert Aufschluss darüber, in welche Richtung sich die jeweilige UV auf die AV auswirkt, wenn alle anderen konstant gehalten werden. Das heißt konkret, dass bei einem β-Koeffizienten von beispielsweise –0,17 die für die AV ermittelte Summe um einen Wert von –0,17 sinkt, wenn es sich um eine Variable handelt, die gemäß dem p-Wert statistisch signifikant ausfällt. Der Beispielwert von –0,17 wirkt sich folglich negativ auf die Ausübung der Rolle des Leselehrers im Unterricht aus. Bei positivem Vorzeichen steigt der Summenscore dementsprechend. Zudem wurde in der nachfolgenden Tabelle auch der Standardfehler (Std. Err.) angegeben sowie das Konfidenzintervall, das in der vorliegenden Regressionsanalyse bei 95,00 % liegt.

12.1 Ergebnisdatenblatt der OLS-Regressionsanalyse

Regressionsanalysen gelten ab einer Stichprobengröße von N > 40 als „robust" gegen Verletzungen der Normalverteilungsannahme (Backhaus et al. 2006: 45ff.). In der vorliegenden OLS-Analyse beläuft sich die Stichprobengröße auf N = 411, womit diese Bedingung erfüllt ist. Die verringerte Zahl ergibt sich daraus, dass zur Berechnung des statistischen Modells mit allen Daten, einer sogenannten complete-case analysis, gearbeitet werden sollte. Fehlende Werte, auch als "missings" oder "missing values" bezeichnet, wurden nicht automatisch umverteilt, sondern aus der Berechnung gestrichen.

Ebenfalls wurde die Güte R^2 des Modells ermittelt, das heißt inwieweit die UVs des Modells die Variation in der AV aufklären. Der Wert von R^2 kann dabei zwischen 0 und 1 liegen. Sobald er sich deutlich von Null unterscheidet, lassen sich die β-Regressionskoeffizienten auch inhaltlich interpretieren (vgl. Schnell et al. 2008: 456). In der Regel wird von einem deutlichen Unterschied von Null ab 0,20 bis 0,30 gesprochen. In den Sozialwissenschaften gilt ein Wert ab 0,30 als gut. BORTZ beispielsweise bezeichnet das Bestimmtheitsmaß ab R^2 = 0,26 als großen Effekt (Bortz 2005: 464). Dieser Wert wird mit 100 multipliziert und steht somit für eine Klärung der Variation der AV zu 26,00 %. Für das vorliegende Modell konnte ein R^2 in Höhe von 0,52 ermittelt werden (vgl. Tabelle 53). Da sich gerade die Messung von Konstrukten, hier zum Beispiel bei der Lesesozialisation oder der Identifikation mit der Rolle des Leselehrers, diffizil gestaltet, stellt der hier ermittelte R^2-Wert eine hohe Modellgüte und ein durchaus zufriedenstellendes Ergebnis dar.

Tabelle 53: Ergebnisdatenblatt der OLS-Regressionsanalyse

UVs	Coef.	Std. Err.	t	P>|t|	[95% Conf. Interval]	
Lesehabitus der Eltern						
Gelegenheitsleser	.0579	.6555	0.88	(0.378)	-.0710	.1868
Wenigleser	.1133	.0781	1.45	(0.148)	-.0402	.2669
Nichtleser	-.1151	.1454	-0.79	(0.429)	-.4011	.1709
Bildung der Eltern						
Mittlere Bildung	.0388	.0670	0.58	(0.563)	-.0929	.1705
Hohe Bildung	.0046	.0744	0.06	(0.951)	-.1417	.1508
Lesehabitus der Lehrkraft						
Mittel	-.0749	.6283	-1.19	(0.234)	-.1984	.0486
Wenig	-.0345	.9742	-0.35	(0.723)	-.2261	.1570
Kenntnis der Bildungsstandards						
Mittelmäßig	-.1680*	.0717	-2.34	(0.020)	-.3089	-.0271
Schlecht	-.1829**	.0709	-2.58	(0.010)	-.3224	-.0435
Schulische Faktoren						
Schulart FOS/BOS	.0610	.0730	0.84	(0.404)	-.0825	.2044
Lernfeldkonzept	-.1275	.0688	-1.85	(0.065)	-.2628	.0079
Öffentliche Schule	-.1772*	.0762	-2.33	(0.021)	-.3271	-.0274
(Nicht-)Deutschlehrer						
Deutschlehrer	.4748***	.0636	7.47	(0.000)	.3497	.5998
Lehrerfunktion						
Fachlehrer	.1397*	.0712	1.96	(0.051)	-.0004	.2797
Textsorten- und Medieneinsatz						
Textsorteneinsatz	.1889***	.0233	8.09	(0.000)	.1430	.2348
Medieneinsatz	.0660***	.0150	4.41	(0.000)	.0366	.0954
Rollenidentifikation						
„Leselehrer"	.3697***	.0647	5.71	(0.000)	.2425	.4969
Geschlecht						
Mann	-.1709**	.0565	-3.02	(0.003)	-.2820	-.0598
Alter						
2	-.1515	.0784	-1.93	(0.054)	-.3055	.0026
3	-.0990	.0745	-1.33	(0.184)	-.2454	.0474
4	-2.8760	.1227	-2.34	(0.020)	-.5289	-.0463
_cons	-1.0015***	.1727	-5.80	(0.000)	-1.341	-.6621
N	411					
R^2	0.5194					
AIC	666.8					
BIC	763.3					
p-values in parentheses * $p < 0.05$, ** $p < 0.01$, *** $p < 0.001$						

Berechnung und Ergebnisse des empirischen Modells

12.2 Hypothesentests

Die in Kapitel 10.1 vorgestellten Hypothesen werden im Folgenden der Reihe nach überprüft und anhand der Daten bestätigt oder verworfen. Die Grundannahme von Tests (siehe t-Wert) lautet immer, dass zwischen zwei Gruppen kein Unterschied vorliegt.

Dimension 1: Elterliche Faktoren

> Hypothese 1-1:   *Je höher der Lesehabitus der eigenen Eltern ist, desto stärker übt eine Lehrkraft die Rolle des Leselehrers im Unterricht aus.*

Das Konfidenzintervall beträgt standardisierte 95,00 %. Hierbei sei vor allem auf den unteren und den oberen Wert des Konfidenzintervalls verwiesen. Das Konfidenzintervall ergibt sich aus dem durch beide Kennwerte eingeschlossenen Bereich. Da die Werte des elterlichen Lesehabitus stets den Nullbereich einschließen, lässt sich keine Relevanz aus den Unterschieden zwischen beispielsweise Viel- und Nichtlesern ableiten. Die β-Koeffizienten verringern sich zwar mit Absinken des Lesehabitus der Eltern, jedoch ist mit vorliegenden p-Werten zwischen 0,15 und 0,4 kein Einfluss der UV auf die AV nachzuweisen. Die Signifikanzwerte (P>|t|) belegen eine Irrtumswahrscheinlichkeit von 14,80 % bis hin zu 42,90 % und lassen folglich keine gesicherten Aussagen über einen bestehenden Zusammenhang zu – unabhängig davon, ob dieser positiver oder negativer Art ist. Entgegen der Annahmen wirkt sich die Lesesozialisation im Elternhaus, beispielsweise durch lesende Eltern als Vorbild, nicht darauf aus, inwiefern eine Lehrkraft später im Unterricht die Rolle eines Leselehrers ausübt oder nicht. Hypothese 1-1 muss also verworfen werden.

> Hypothese 1-2:   *Je höher der Bildungsabschluss der eigenen Eltern ist, desto stärker übt eine Lehrkraft die Rolle des Leselehrers im Unterricht aus.*

So wenig der Einfluss des Lesehabitus der Eltern bereits auf die AV nachgewiesen ist, so wenig trifft dies auch auf den Bildungsabschluss der Eltern zu. Mit einem Blick auf Irrtumswahrscheinlichkeiten zwischen 56,30 % und 95,10 % kann geschlossen werden, dass sich diese UV keinesfalls auf die AV auszuwirken vermag. Zudem schließt das Konfidenzintervall ebenfalls den Nullwert mit ein. Hypothese 1-2 muss insofern ebenfalls verworfen werden. Da beide unabhängigen Variablen die erste Dimension bilden und über keinerlei Auswirkung auf die AV verfügen, kann ein möglicher Zusammenhang der Dimension der elterlichen Faktoren mit der abhängigen Variable als widerlegt gelten.

Dimension 2: Eigener Lesehabitus der Lehrkraft

Hypothese 2:	Je höher der Lesehabitus einer Lehrkraft ist, desto stärker übt sie die Rolle des Leselehrers im Unterricht aus.

Sowohl für die vorliegenden Daten der Ausprägung „mittel" als auch „wenig" liegen die Konfidenzintervalle um den Nullpunkt verteilt. Die Beta-Koeffizienten zeigen zwar ein Absinken der Werte von den Wenig- zu den Gelegenheitslesern an, jedoch wird dies mit einer Irrtumswahrscheinlichkeit von −19,84 % und −22,61 % entkräftet. Die Werte sind nicht signifikant und wirken sich infolge dessen auch nicht auf die AV aus. Die Hypothese, dass ein hoher Lesehabitus bei einer Lehrkraft sich in der Ausübung der Rolle des Leselehrers im Unterricht äußert, ist somit verworfen.

Dimension 3: Bildungsstandards

Hypothese 3:	Je besser eine Lehrkraft die Bildungsstandards kennt, desto stärker übt sie in ihrem Unterricht die Rolle des Leselehrers aus.

Im Hinblick auf die Kenntnis der Bildungsstandards umfassen die obere und untere Grenze des Konfidenzintervalls erstmalig nicht den Nullpunkt, sondern verbleiben im Negativbereich zwischen −0,03 und −0,04. Dies lässt darauf schließen, dass hier relevante und aussagekräftige Daten vorliegen. Die Werte spiegeln sich auch in der Irrtumswahrscheinlichkeit wider: Im Falle der Ausprägung „mittelmäßig" liegt diese bei 0,02 (und damit unter der 0,05-Grenze), bei „schlecht" sogar bei 0,01. Beide Werte sind damit statistisch signifikant, womit die β-Koeffizienten in den Fokus rücken. Die Werte verdeutlichen eine negative Auswirkung auf die AV mit Absinken der Kenntnis. Folgende Schlussfolgerung kann gezogen werden: Je schlechter die Bildungsstandards bekannt sind, desto weniger übt eine Lehrkraft die Rolle des Leselehrers im Unterricht aus. Bei „mittelmäßig" sinkt der Summenscore der AV im Vergleich zur Positivausprägung („gut") um −0,17, bei „schlecht" um −0,18. Der Umkehrschluss trifft naturgemäß ebenso zu: Je besser die Bildungsstandards bekannt sind, desto stärker übt die Lehrkraft die Rolle des Leselehrers aus. Hiermit bestätigt sich die Hypothese der dritten Dimension. Mit welcher Wirkungsrichtung wird es hierbei zu tun haben, soll in Kapitel 13 diskutiert werden.

Dimension 4: Schulische Einflussfaktoren

<u>Hypothese 4-1:</u> *Lehrkräfte an FOS/BOS üben die Rolle des Leselehrers häufiger aus als Lehrkräfte anderer beruflicher Schulformen.*

Das Konfidenzintervall der ersten Hypothese dieser Dimension schließt den Nullpunkt ein (−0,83 und 0,20), was die Aussagekraft der Daten erheblich mindert. Die Irrtumswahrscheinlichkeit dieser Variable liegt bei 0,40, das heißt bei 40 %, und ist insofern als statistisch nicht signifikant zu bewerten. Der Aussagegehalt des β-Koeffizienten bleibt somit bedeutungslos. Die obige Hypothese muss damit verworfen werden zugunsten einer Nullhypothese, die von keinem nennenswerten Unterschied zwischen Lehrkräften der Beruflichen Oberschule und den übrigen Schulformen im Hinblick auf die Ausübung der Rolle des Leselehrers ausgeht.

<u>Hypothese 4-2:</u> *Lehrkräfte, die im Lernfeldkonzept unterrichten, sind häufiger Leselehrer als andere.*

Mit der Variablen des Lernfeldkonzepts verhält es sich ähnlich: Das Konfidenzintervall umfasst den Nullpunkt und liefert auch hinsichtlich der Irrtumswahrscheinlichkeit keine signifikanten Ergebnisse. Es sei jedoch angemerkt, dass der Wert von 0,07 nur knapp vom Signifikanzniveau (0,05) entfernt ist und davon, aussagekräftige Ergebnisse zu liefern. Insofern muss dem β-Koeffizienten Beachtung geschenkt werden. Dieser zeigt anhand des Negativvorzeichens eine Wirkungsrichtung an, die eher vom Lernfeldkonzept wegführt und denjenigen Schulen einen Platz einräumt, deren Curricula nicht in Lernfeldern konzipiert sind. Aufgrund von ausbleibender Signifikanz wird die zweite Hypothese dieser Dimension ebenfalls verworfen.

Berechnung und Ergebnisse des empirischen Modells

> Hypothese 4-3: *Lehrkräfte an öffentlichen Schulen üben die Rolle des Leselehrers häufiger aus als Lehrkräfte an Schulen privater Trägerschaft.*

Anders verhält es sich bei der nun vorliegenden Hypothese, die erneut mit Werten von –0,33 bis 0,04 den Nullpunkt ausschließt. Das Konfidenzintervall liegt im Negativbereich. Das Signifikanzniveau beträgt 0,02, was eine Einordnung des β-Koeffizienten fordert. Dieser beträgt –0,18* und ist daher im Vergleich zu den Schulen in privater Trägerschaft negativ. Daraus resultiert ein Absinken des AV-Wertes um –0,18*, wenn die Lehrkraft an einer öffentlichen Schule unterrichtet. Die obige Hypothese 4-3 muss folglich verworfen werden und stattdessen lauten: Lehrkräfte an privaten Schulen üben die Rolle des Leselehrers nicht häufiger aus als solche, die an öffentlichen Schulen unterrichten.

Die Dimension der schulischen Einflussfaktoren setzt sich aus den drei UVs Schulart, Unterrichtskonzeption im Lernfeld und Schulstatus zusammen. Hiervon wirkt sich zusammenfassend jedoch nur der Schulstatus signifikant auf die AV aus.

Dimension 5: (Nicht-)Deutschlehrer

> Hypothese 5: *Wenn eine Lehrkraft (auch) Deutschlehrer ist, agiert sie im Unterricht häufiger in der Rolle des Leselehrers.*

Dass die fünfte Hypothese für das Modell stark relevant ist, wird vor allem anhand eines im Positivbereich zu verortenden Konfidenzintervalls (0,35 und 0,60) deutlich sowie anhand der Irrtumswahrscheinlichkeit, die bei 0,00 % liegt. Der Wert des β-Koeffizienten liegt bei 0,47***. Der Summenscore der AV erhöht sich folglich um 0,47***, wenn eine Lehrkraft (auch) Deutschlehrer ist. Die Überprüfung der Hypothese ergibt eindeutig eine klare Verifizierung, die nicht unerwartet ist.

Berechnung und Ergebnisse des empirischen Modells

Dimension 6: Textsorten- und Medieneinsatz

> <u>Hypothese 6-1:</u>   *Je mehr Textsorten eine Lehrkraft verwendet, desto stärker übt sie die Rolle des Leselehrers aus.*

Die in der Regressionsanalyse für Hypothese 6-1 ermittelten Werte sind durchwegs überzeugend. Ein Konfidenzintervall im Positivbereich, das den Nullpunkt nicht tangiert, verweist bereits auf die Relevanz der Daten für die AV. Die Irrtumswahrscheinlichkeit liegt bei 0,00 und ist damit äußerst signifikant. Der β-Koeffizient ist wie folgt zu verstehen: Der Summenscore der AV steigt jeweils um 0,19***, je mehr Textsorten eine Lehrkraft im Unterricht verwendet. Die erste Hypothese der sechsten Dimension gilt hiermit als bestätigt.

> <u>Hypothese 6-2:</u>   *Je mehr Medien eine Lehrkraft einsetzt, desto stärker übt sie die Rolle des Leselehrers aus.*

Ebenso verhält es sich mit dem Medieneinsatz der Lehrkräfte. Das Konfidenzintervall deckt einen Bereich von 0,04 bis 0,10 ab, was den Blick für die Irrtumswahrscheinlichkeit öffnet. Ebenso wie beim vorhergehenden Textsorteneinsatz liegt diese bei .000 und ist damit statistisch höchst signifikant. Der β-Koeffizient beträgt 0,07***. Daraus folgt: Der Wert der AV erhöht sich um 0,07, je mehr Medien eine Lehrkraft in ihrem Unterricht einsetzt. Es sei darauf verwiesen, dass in dieser Kategorie neben AV-Medien wie dem Film oder Präsentationsmedien wie dem Beamer beispielsweise auch Bücher und Arbeitsblätter genannt wurden. Der Medieneinsatz besitzt eine geringere Auswirkung auf die AV als dies auf den Textsorteneinsatz zuzutreffen scheint. Im direkten Vergleich erhöht dieser den Summenscore der AV um 0,19, während der Einsatz unterschiedlicher Medien diesen lediglich um 0,07 zu erhöhen vermag. Dennoch verfügen beide Werte über eine Irrtumswahrscheinlichkeit von 0,00 % und gelten damit als bestätigt.

Berechnung und Ergebnisse des empirischen Modells

Dimension 7: Rollenidentifikation

Hypothese 7: *Je stärker sich eine Lehrkraft in der Rolle des Leselehrers sieht, desto stärker wird sie diese Rolle auch im Unterricht ausüben.*

Das Konfidenzintervall der siebten Hypothese tangiert den Nullpunkt nicht und liegt im Positivbereich (0,24 und 0,50). Mit einer Irrtumswahrscheinlichkeit von 0,00 liegt ein statistisch äußerst signifikantes Ergebnis für die Rollenidentifikation vor. Der β-Koeffizient zeigt für die vorliegende dichotome Ausprägung eine Steigerung von 0,37** in Bezug auf die AV an, wenn sich eine Lehrkraft mit der Rolle des Leselehrers identifiziert. Auch diese Hypothese gilt damit bestätigt: Sieht sich eine Lehrkraft (auch) in der Rolle des Leselehrers, wird sie diese Rolle im Unterricht ausüben.

Dimension 8: Geschlecht

Hypothese 8: *Frauen üben die Rolle des Leselehrers stärker aus als Männer.*

Die vorliegende Hypothese zum Geschlecht wurde zugunsten der Frauen formuliert. Der obere und untere Wert des Konfidenzintervalls schließen den Nullpunkt nicht mit ein. Mit einer Irrtumswahrscheinlichkeit von 0,003 gilt die Hypothesentestung als signifikant. Der β-Koeffizient besagt, dass die AV um den Wert von –0,17** sinkt, wenn es sich um eine *männliche* Lehrkraft handelt. Im Umkehrschluss bedeutet dies folglich: Handelt es sich bei der Lehrkraft um eine Frau, ist die Wahrscheinlichkeit größer, dass diese die Rolle des Leselehrers im Unterricht ausübt. Die achte Hypothese ist damit ebenfalls verifiziert.

Dimension 9: Alter

Hypothese 9: *Ältere (erfahrenere) Lehrkräfte üben die Rolle des Leselehrers häufiger im Unterricht aus als jüngere Lehrkräfte.*

Abschließend sei der Blick auf die Variable des Alters gerichtet. Ausgehend von der ersten Alterskategorie der Berufseinsteiger (24-35 Jahre), können für die weiteren Kategorien Negativausprägungen notiert werden. Für diejenigen

Berechnung und Ergebnisse des empirischen Modells

Lehrkräfte zwischen 36 und 45 Jahren schließt das Konfidenzintervall, wenn auch nur knapp, den Nullpunkt mit ein. Die Irrtumswahrscheinlichkeit liegt bei 0,05. Gerundet ist dieser Wert gerade noch signifikant, weshalb dem β-Koeffizienten ein Aussagegehalt unterstellt werden kann. Der Koeffizient liegt bei −0,15 und zeigt damit eine Verschlechterung im Vergleich zur Ausgangsgruppe (24-35 Jahre) an. Das Konfidenzintervall der Lehrkräfte zwischen 46 und 60 Jahren dagegen überschreitet den Nullpunkt stärker (−0,25/ 0,05) und ist mit einer Irrtumswahrscheinlichkeit von 18,40 % als nicht signifikant einzustufen. Es sei dennoch ein kurzer Blick auf den β-Koeffizienten gestattet, der mit −0,10 zwar ebenfalls im Negativbereich zu verorten ist, jedoch einen besseren Wert darstellt, als dies auf die vorausgehende Altersgruppe zutrifft.

Letztlich haben die Werte der über 60jährigen den höchsten Aussage- und Informationsgehalt: Der Nullpunkt wird vom Konfidenzintervall nicht eingeschlossen, das Signifikanzniveau liegt bei 0,02. Somit ist der β-Koeffizient von −0,29* signifikant und zeigt eine deutliche Verschlechterung im Vergleich zur Referenzgruppe der 24-35jährigen an. Dies beansprucht ebenfalls für die Gruppe der 36- bis 45jährigen Lehrkräfte Gültigkeit. Insofern steht fest, dass die älteren Lehrkräfte, vor allem diejenigen über 60 Jahre, die Rolle des Leselehrers weniger ausüben als Berufsanfänger oder Lehrer „mittleren" Alters. Die Hypothese der Alters-Dimension ist damit nicht verifiziert.

Im Folgenden werden die Ergebnisse für jede einzelne Hypothese noch einmal tabellarisch zusammengefasst (siehe 12.3). Kapitel 13 widmet sich im Anschluss einer Interpretation der aus dem Regressionsmodell gewonnenen Daten und ihrer Übertragung auf den schulischen Kontext.

12.3 Tabellarische Zusammenfassung der Modell-Ergebnisse

Tabelle 54: Tabellarische Zusammenfassung der Modell-Ergebnisse

Dimension	Hypothese	Ergebnis
Elterliche Faktoren	1-1: Elterlicher Lesehabitus: Je höher der Lesehabitus der eigenen Eltern ist, desto stärker übt eine Lehrkraft die Rolle des Leselehrers im Unterricht aus.	verworfen
	1-2: Höchster Bildungsabschluss der Eltern: Je höher der höchste Bildungsabschluss der eigenen Eltern ist, desto stärker übt eine Lehrkraft die Rolle des Leselehrers im Unterricht aus.	verworfen
Lesehabitus der Lehrkraft	2: Eigener Lesehabitus der Lehrkraft: Je höher der Lesehabitus einer Lehrkraft ist, desto stärker übt sie die Rolle des Leselehrers im Unterricht aus.	verworfen
Bildungsstandards	3: Bildungsstandards: Je besser eine Lehrkraft die Bildungsstandards kennt, desto stärker übt sie im Unterricht die Rolle des Leselehrers aus.	bestätigt
Schulische Einflussfaktoren	4-1: (Nicht-)FOS/BOS: Lehrkräfte an FOS/BOS üben die Rolle des Leselehrers häufiger aus als Lehrkräfte anderer beruflicher Schulformen.	verworfen
	4-2: Lernfeldkonzept: Lehrkräfte, die im Lernfeldkonzept unterrichten, sind häufiger Leselehrer als Lehrkräfte anderer beruflicher Schulformen.	verworfen
	4-3: Schulstatus: Lehrkräfte an staatlichen Schulen sehen sich stärker in der Rolle des Leselehrers als Lehrkräfte an Schulen in privater Trägerschaft.	verworfen
(Nicht-) Deutschlehrer	5: (Nicht-)Deutschlehrer: Wenn eine Lehrkraft (auch) Deutschlehrer ist, agiert sie im Unterricht häufiger in der Rolle des Leselehrers.	bestätigt
Textsorten- und Medieneinsatz	6-1: Textsorteneinsatz: Je mehr Textsorten eine Lehrkraft verwendet, desto stärker übt sie die Rolle des Leselehrers aus.	bestätigt
	6-2: Medieneinsatz: Je mehr Medien eine Lehrkraft einsetzt, desto stärker übt sie die Rolle des Leselehrers aus.	bestätigt
Rollenidentifikation	7: Rollenidentifikation: Je stärker sich eine Lehrkraft in der Rolle des Leselehrers sieht, desto stärker übt sie diese Rolle auch im Unterricht aus.	bestätigt
Geschlecht	8: Geschlecht: Frauen üben die Rolle des Leselehrers stärker aus als Männer.	bestätigt
Alter	9: Alter: Ältere (erfahrenere) Lehrkräfte üben die Rolle des Leselehrers häufiger im Unterricht aus als jüngere Lehrkräfte.	verworfen

13. Ergebnisbetrachtung im Kontext der beruflichen Schulen

13.1 Interpretation und Diskussion der Daten

Im Folgenden werden aufschlussreiche Datenwerte des Regressionsmodells interpretiert und ihre Auswirkung auf die AV kritisch hinterfragt. Im Fall von Mehrfachauslegungen erfolgt eine Diskussion, um den Blick für weitere Kausalzusammenhänge zu öffnen.

Identifikation mit der Rolle des Leselehrers

Die Identifikation mit der Rolle des Leselehrers wirkt sich signifikant auf die abhängige Variable (AV) aus. Ihr Summenscore ist bei Lehrkräften mit hoher Rollenidentifikation um 0,37*** erhöht. Wer sich selbst als Leselehrer sieht, übt diese Rolle dementsprechend häufiger im Unterricht aus. Dies scheint auch durchweg plausibel, selbst wenn eine Diskrepanz zwischen Selbstbild und Wirklichkeit niemals ausgeschlossen werden kann.

Deutschlehrkräfte

Die Hypothese, dass Deutschlehrkräfte diese Rolle häufiger im Unterricht ausüben als Lehrkräfte anderer Fächer, bestätigt sich ebenfalls. In den Daten spiegelt sich dies wie folgt wider: Bei der Komponente des Faches Deutsch liegt im reziprok angelegten statistischen Modell eine Erhöhung des Summenscores um 0,48*** vor. Der größte Einfluss auf die Ausübung der Rolle des Leselehrers ist folglich beim Fach Deutsch zu verorten. Dieses Ergebnis ist nicht überraschend, da Lesekompetenz im Fach Deutsch explizit in jedem Lehrplan verankert ist. Sähen sich nach wie vor jedoch ausschließlich die Deutschlehrkräfte als Leselehrer, so bedeutete dies, dass Lesekompetenzförderung eben immer noch als vorrangige Aufgabe des Faches Deutsch gesehen zu werden scheint. Aus dem Regressionsmodell isoliert liefern die Daten hierzu folgendes Ergebnis: Mit einem arithmetischen Mittel von 3,01 schneiden die Deutschlehrkräfte nur marginal besser hinsichtlich der Rollenidentifikation des Leselehrers ab. Für alle anderen Lehrkräfte wurde ein Mittelwert von 3,05 ermittelt. Dieses Ergebnis zeigt, dass sich Lehrkräfte auch über das Fach Deutsch hinaus als Leselehrer verstehen. Daraus lässt sich ableiten, dass die befragten Lehrkräfte die Förderung von Lesekompetenz als fächerübergreifendes Anliegen betrachten.

Ergebnisbetrachtung im Kontext der beruflichen Schulen

Kenntnis der Bildungsstandards

Des Weiteren wirkt sich die Kenntnis der Bildungsstandards signifikant auf die abhängige Variable aus. Bei einem Signifikanzniveau von p < 0,05 und p < 0,01 bestätigt sich die Hypothese, dass der Wert der AV umso höher ist, je besser die Bildungsstandards bekannt sind. An dieser Stelle ist nochmals darauf hinzuweisen, dass keine Bildungsstandards für die beruflichen Schulen vorliegen. Diese gelten lediglich für den Primarbereich (Jahrgangsstufe 4), für den Hauptschulabschluss (Jahrgangsstufe 9), den Mittleren Schulabschluss (Jahrgangsstufe 10) und für die Allgemeine Hochschulreife. Für die Lehrkräfte der beruflichen Schulen sind die beiden Letzteren am ehesten von Relevanz. Ihre Schüler bringen diese Voraussetzungen (im Optimalfall) entweder in den Unterricht mit oder sollen diese Qualifikationen nach Abschluss der Ausbildung erworben haben.

Die Frage lautet nun: Wie ist es zu erklären, dass sich die Ausübung der Rolle des Leselehrers im Unterricht erhöht, je besser eine Lehrkraft mit den Bildungsstandards vertraut ist? Zur Begründung wird die Koppelung an die Fächerkombination herangezogen. Die Bedeutung des Lesens und der Lesekompetenzförderung stellt sich insbesondere in den sprachlichen Fächern. Für die beruflichen Schulen sind dies die Fächer Deutsch, Englisch und eine zweite Fremdsprache (häufig, aber nicht nur Französisch). Für all diese wurden Bildungsstandards für den mittleren Schulabschluss oder die Allgemeine Hochschulreife formuliert.[71] Es steht außer Frage, dass bestimmte Fächerkombinationen eine Auseinandersetzung mit den Bildungsstandards stärker evozieren als andere. Warum sollte sich eine Lehrkraft mit den Bildungsstandards auseinandersetzen, wenn für ihre Fächer keine solchen formuliert wurden? (Außer vielleicht, weil sie sehen möchte, welche Standards die anderen Fächer haben, um ihre Standards eventuell anzupassen.) Dies trifft vor allem für die Lehrkräfte der fachpraktischen und gesellschaftspolitischen Fächer zu, die in den Bildungsstandards (noch) nicht berücksichtigt wurden. In diesem Fall könnten die signifikant schlechteren Werte bei abnehmender Kenntnisausprägung (mittelmäßig: –0,17*; schlecht: –0,18**) folglich ebenso gut für diejenigen Fächer stehen, für die keine Bildungsstandards vorliegen. Die Implementierung der KMK-Standards im System ist insofern bedeutsam, als dass sie die Ausübung der Rolle des Leselehrers erhöht. Fernab jeglicher Skepsis und Kritik, die mit den Bildungsstandards einhergeht, bestätigt dies

---

[71] So können die Bildungsstandards für den Mittleren Schulabschluss für nahezu alle beruflichen Schulformen als relevant gelten. Diejenigen, die sich auf die Allgemeine Hochschulreife beziehen, treffen ausschließlich auf FOS und BOS zu.

dennoch ihre Wirksamkeit: So stellt die Implementierung einen Schritt in die richtige Richtung dar und schärft – wie im Fall dieser Studie – zum Beispiel das Bewusstsein für Lesekompetenzförderung und die Wahrnehmung der Rolle des Leselehrers signifikant.

Auswirkung des Geschlechts

Darüber hinaus sei das geschlechtsspezifische Ergebnis in den Blick genommen. Es bestätigte sich – zumindest im Rahmen der hier durchgeführten Studie – dass Frauen die Rolle des Leselehrers häufiger ausüben. Das Negativvorzeichen bei den Männern belegt ein Absinken des AV-Summenscores um $-0{,}17$ mit einem Signifikanzniveau von $p < 0{,}01$. Dieser Wert ist jedoch sehr kritisch zu betrachten. Um eindeutige Aussagen treffen zu können, sind die Zusammensetzungen im Hinblick auf das Geschlecht wie auch auf das Kriterium Deutschlehrer in den Blick zu nehmen. Beide Variablen werden mit hoher Wahrscheinlichkeit auf die UV des Geschlechts Einfluss nehmen. So setzt sich die vorliegende Studie zu 60,63 % überwiegend aus Frauen zusammen; die Deutschlehrer sind insgesamt mit 57,56 % vertreten. Einer Hochrechnung zufolge besteht der Datensatz zu insgesamt einem Drittel aus Deutschlehrerinnen (33,18 %). Im Vergleich dazu sind 24,22 % des Gesamtsamples männliche Deutschlehrkräfte. Dies könnte eine Erklärung für das schlechtere Abschneiden der Männer im Kontext der AV sein. Es ist nicht davon auszugehen, dass weibliche Lehrkräfte die Rolle eines Leselehrers per se häufiger im Unterricht ausüben als männliche Kollegen. So liegt die Vermutung nahe, dass die Ergebnisse zum einen auf die größere weibliche Besetzung des Faches Deutsch im Allgemeinen zurückgeführt werden kann, die sich auch in den vorliegenden Daten widerspiegelt. Zum anderen können sich hier die Ausläufer der weiblichen Konnotierung des Lesens in der Gesellschaft abbilden. Dies legt die Frage nahe, ob wir es an dieser Stelle vielleicht sogar mit einer selbsterfüllenden Prophezeiung zu tun haben, wenn die eine Person nicht nur Deutschlehrer, sondern darüber hinaus auch noch weiblich ist.

Textsorten- und Medieneinsatz

Daneben bestätigen sich beide Hypothesen zum Textsorten- und Medieneinsatz auf einem Signifikanzniveau von jeweils $p < 0{,}001$. Beide UVs werden zunächst unabhängig voneinander betrachtet und im Anschluss daran in Beziehung gesetzt.

Ergebnisbetrachtung im Kontext der beruflichen Schulen

Bei einer hohen Anzahl im Unterricht verwendeter Textsorten fällt der Summenscore der AV um 0,19*** höher aus. An dieser Stelle sind insbesondere zwei Fragen relevant: Zum einen, ob die Menge an Textsorten nicht (automatisch) an das Fach Deutsch gekoppelt ist; zum anderen die Wirkungsrichtung unter Bezugnahme auf die abhängige Variable. Diesbezüglich liefert das Verhältnis des Textsorteneinsatzes und des Faches Deutsch in den gewonnenen Daten zwei aussagekräftige Mittelwerte. Von einem maximal möglichen Summenscore von sieben ausgehend, erreicht die Gruppe der Nicht-Deutschlehrer einen Mittelwert von 2,23, die der Deutschlehrer hingegen einen Wert von 2,68. Die Deutschlehrkräfte verwenden damit durchschnittlich zwar mehr Textsorten, die Differenz zwischen beiden Gruppen ist jedoch nicht so groß wie angenommen. Dies könnte darauf zurückzuführen sein, dass lyrische und/oder dramatische Texte an beruflichen Schulen hauptsächlich an den Lehrplan von FOS und BOS gekoppelt sind. An beiden Schulformen beträgt der Anteil der Deutschlehrkräfte in der vorliegenden Studie 20,00 % gegenüber 37,56 % an den anderen beruflichen Schulformen. Definitiv liegt hier ein maßgeblicher Einfluss des Faches Deutsch vor.

Es bleibt die Frage nach der Wirkungsrichtung zu klären: Wird die Rolle des Leselehrers deshalb ausgeübt, weil (fachbedingt) viele Textsorten mit den Schülern gelesen werden? Oder werden deswegen viele Textsorten eingesetzt, weil der Lehrer sich selbst als Leselehrer fühlt und die Rolle bewusst ausüben möchte? Letzteres wäre wiederum stark an die Rollenidentifikation gekoppelt, weshalb ebenfalls eine Berechnung der Mittelwerte in Abhängigkeit des Textsorteneinsatzes vorgenommen wurde. Das Ergebnis zeigt, dass sich die Mittelwerte des Textsorteneinsatzes bei abnehmender Rollenidentifikation tatsächlich ebenfalls verringern. Haben wir es bei sehr starker Identifikation noch mit einem Mittelwert von $\bar{x} = 2,90$ zu tun, fällt dieser bei starker Identifikation bereits auf 2,76 ab und verringert sich kontinuierlich zum abnehmenden Identifikationsmaß hin auf bis zu $\bar{x} = 1,65$ bei Lehrkräften, die sich gar nicht in der Rolle des Leselehrers sehen.[72] Hiermit ist der Zusammenhang zwischen Textsorteneinsatz, Rollenidentifikation und der Ausübung der Rolle des Leselehrers im Unterricht belegt.

Über die Wirkungsrichtung lässt sich insofern folgende Aussage treffen: Durch die starke Koppelung des Textsorteneinsatzes an das Unterrichtsfach ist es wahrscheinlich, dass die Wirkungsrichtung zunächst vom Fach ausgehend zu den Textsorten, dann zur Identifikation mit der Rolle des Leselehrers

---

[72] Der Vollständigkeit halber werden die genauen Mittelwerte im Folgenden aufgelistet: „sehr stark" = 2,90; „stark" = 2,76; „mittelmäßig" = 2,55; „weniger" = 2,13; „sehr wenig" = 2,0 und „gar nicht" = 1,65.

und schlussendlich hin zu der Ausübung im Unterricht zeigt. Von einer anderen Wirkungsrichtung ist nur in Fächern auszugehen, in denen ein breiter Textsorteneinsatz möglich und gegebenenfalls auch curricular vorgesehen ist. Es liegt somit Reziprozität und eine Verkettung mit positiver Korrelation zu Grunde: Je mehr Wert eine Lehrkraft darauf legt, im Unterricht viel mit den Schülern zu lesen, desto mehr (unterschiedliche) Texte wird sie mit diesen lesen. Je mehr sie im Unterricht liest, desto mehr identifiziert sie sich mit der Rolle des Leselehrers. Und je stärker diese Identifikation ist, desto mehr übt sie die Rolle des Leselehrers folglich auch im Unterricht aus. Dieselbe Frage nach der Wirkungsrichtung stellt sich überdies hinsichtlich des Medieneinsatzes, der im Folgenden beleuchtet wird.

Mit einem Beta-Koeffizienten von 0,07*** wirkt sich der Medieneinsatz ebenfalls signifikant auf die AV aus, im Vergleich zum Textsortenreinsatz jedoch deutlich geringer. Die UV „Medieneinsatz" setzt sich hierbei aus allgemein im Unterricht verwendeten Medien zur Visualisierung, wie zum Beispiel Arbeitsblatt, Beamer, Buch und Tafel, aus elektronischen Medien wie dem Hörbuch/-spiel, aber auch aus Digitalmedien wie dem Film zusammen. Auch hinsichtlich des Medieneinsatzes wird zunächst die Auswirkung des Faches Deutsch betrachtet. Erst im Anschluss daran soll die Koppelung an die Rollenidentifikation beleuchtet werden. Vom maximal möglichen Summenscore zwölf ausgehend, beträgt der Mittelwert der Nicht-Deutschlehrer 6,59. Die Deutschlehrer erreichen dagegen im Durchschnitt 7,28. Somit schneiden diese folglich nur geringfügig besser ab, da beide Gruppen auf ganze Zahlen gerundet bei einem Wert von 7 liegen. Das bedeutet, es kommen sieben Medien zum Einsatz. Der Einfluss des Faches Deutsch ist somit nur als marginal einzustufen.

Hinsichtlich der Rollenidentifikation ist jedoch auch im Falle des Medieneinsatzes ein Abwärtstrend zu beobachten, was auf Multikollinearität von Medieneinsatz, Rollenidentifikation und abhängiger Variable hindeutet. Wohingegen das arithmetische Mittel der „sehr starken" Rollenidentifikation noch bei 7,87 und für die „starke" Identifikation mit dem Leselehrer bei 7,22 liegt, sinken die Werte im unteren Bereich bis hin zu „sehr wenig" mit einem arithmetischen Mittel von $\bar{x} = 5{,}97$.[73]

---

[73] Exakt wurden folgende Mittelwerte berechnet: „sehr stark" = 7,87; „stark" = 7,22; „mittelmäßig" = 6,99; „weniger" = 6,83; „sehr wenig" = 5,97 und „gar nicht" = 6,00.

Erneut wirft dies die Frage nach der Wirkungsrichtung auf: Setzen Lehrkräfte, die sich als Leselehrer sehen, viele Medien im Unterricht ein, um so einen für Schüler potenziell attraktiven medienintegrativen Unterricht zu gestalten? Und sehen sich die Lehrkräfte vielleicht genau deshalb als Leselehrer, weil sie viele unterschiedliche Medien in ihrem Unterricht einsetzen, so auch Texte auf Arbeitsblättern, in Büchern etc.? Oder „produziert" der Medieneinsatz an sich in Koppelung an den Einsatz der Textsorten in genau entgegengesetzter Wirkungsweise einen Leselehrer? Im Falle der Medien, bei denen die Fächerkombination, speziell das Fach Deutsch, deutlich weniger Einfluss auszuüben scheint als dies beispielsweise auf den Textsorteneinsatz zutrifft, wurde dennoch eine Interpretation der Daten im Hinblick auf die Textsorten in Form einer Auswertung in der Kreuztabelle vorgenommen. Ermittelt wurde ein direkter Zusammenhang beider UVs in Form einer proportionalen Erhöhung beziehungsweise Minderung des Wertes.[74] Dass Medien- und Textsorteneinsatz aneinander gekoppelt sind, ist zunächst nicht zwingend plausibel. Vielleicht deuten beide Variablen auf eine andere Ausprägung hin, die noch gänzlich unbedacht blieb: Auf den Unterrichtsstil oder „Charakter" eines Lehrers. Dieses Phänomen wird als intervenierende Variable bezeichnet. So wird eine Lehrkraft, die offen für unterschiedliche Textsorten ist und diese auch in den Unterricht zu integrieren versucht, ebenso im medialen Bereich für Abwechslung sorgen wollen. Insofern liegt die Vermutung nahe, dass die Offenheit für unterschiedliche Textsorten mit der Offenheit gegenüber dem Medieneinsatz einhergeht.

Einige Hypothesen waren laut Ergebnisdatenblatt zu verwerfen. Auf diese wird im Folgenden eingegangen.

Lesehabitus und höchster Bildungsabschluss der Eltern

Die vorliegende Studie zeigt, dass weder der Lesehabitus noch der höchste Bildungsabschluss der Eltern die Ausübung der Rolle des Leselehrers im Unterricht (AV) beeinflussen. Da sich beide Faktoren jedoch einschlägigen Studien zufolge (z.B. Hurrelmann, B. et al. 1993; Groeben/Hurrelmann 2004) signifikant auf den Lesehabitus des Kindes auswirken, lag der Schluss nahe, dass eine Lehrkraft, die selbst viel und gerne liest, diese Fähigkeit auch als persönliches Anliegen an ihre Schüler weitergeben möchte. Dabei sind vor allem im Hinblick auf den Bildungsabschluss der Eltern zwei Aspekte zu berücksichtigen, die näher expliziert werden sollen: Erstens erlebten gerade

---

[74] Mittelwerte des Summenscores Textsorteneinsatz unter Berücksichtigung des Medieneinsatzes: 0 = 1,90, 1 = 6,06, 2 = 6,67, 3 = 7,31, 4 = 7,94, 5 = 8,31, 6 = 8,00, 7 = 8,00.

die Eltern der 46-60jähren Lehrkräfte die Ausläufer des Krieges mit. Das heißt, für diese Eltern gab es wenig bis keine Bildungschancen oder zumindest nicht die, die man wollte. Da kumuliert 53,08 % der befragten Lehrkräfte diese Alterskriterien erfüllen, ist es nicht verwunderlich, dass viele Eltern einen deutlich geringeren schulischen Abschluss erwarben als ihre Kinder. Zweitens bestehen die Lehrerkollegien an beruflichen Schulen nicht nur aus Akademikern, sondern auch aus Experten[75] des entsprechenden Berufsfeldes, die zur Unterrichtung der Praxisfächer eingesetzt werden. Dies ist darauf zurückzuführen, dass an allen Schulformen außer der Beruflichen Oberschule die Vermittlung einer beruflichen Ausbildung im Zentrum steht. Als Qualifikationskriterien für den Fachpraxislehrer gelten ein mindestens mittlerer Schulabschluss und eine anschließende berufliche Qualifikation in Verbindung mit einer pädagogischen Zusatzausbildung. Unter der Bedingung, dass auch in diesem Sample die soziale Reproduktion greift, wären die Eltern hinsichtlich ihres Bildungsabschlusses dementsprechend weniger im akademischen Bereich zu verorten.

Unter der Annahme, dass der zweite Erklärungsansatz des Altersdatensatzes Wirkung zeigt, ist bekannt, dass in der bildungsfernen Schicht in der Regel sowohl der Bücherzugang als auch der Lesehabitus schwächer ausgeprägt sind als dies in bildungsnahen der Fall ist. Dass im vorliegenden Sample neben dem Bildungsabschluss auch der Lesehabitus der Eltern keine Rolle spielt, verweist letztlich nur auf die Kohärenz der Daten. Es zeigt jedoch auch, dass die Regeln der sozialen Reproduktion – zumindest für den Lehrberuf – nicht immer gelten, was auch durch die Daten bestätigt wird (siehe Kapitel 1.1).[76] Im Hinblick auf die Lehrerbildung ist dieses Ergebnis positiv einzuordnen: Der soziale Hintergrund darf und kann nicht als Selektionskriterium für das Lehramtsstudium gelten. Umso erfreulicher ist es, dass die soziale Herkunft keinen Einfluss auf die Rolle eines Leselehrers ausübt. Das Selbstverständnis eines Leselehrers kann folglich in der beruflichen Sozialisation entwickelt werden und bedarf keiner herkunftsabhängigen Sozialisation als Voraussetzung.

---

[75] Die KMK hat für diese Lehrkräfte die einheitliche Bezeichnung „Lehrer/in für Fachpraxis im beruflichen Schulwesen" vorgeschlagen. Da nicht alle Bundesländer diese Bezeichnung übernommen haben, sei auf die in Bayern gültige Bezeichnung des Fachlehrers hingewiesen, die auch der Internetpräsenz des BayStMBKWK unter http://www.km.bayern.de/lehrer/lehrerausbildung/berufliche-schulen/fachlehrer.html (28.04.2015) entnommen werden kann.

[76] Die meisten Eltern der befragten Lehrkräfte erwarben einen Hauptschulabschluss.

Lesehabitus der Lehrkraft

Neben diesen Ergebnissen liefert auch der Lesehabitus der Lehrkraft keine signifikanten Werte. Dennoch ist bei diesem Sachverhalt ein (positives) Ergebnis zu verzeichnen. Innerhalb des Modells liegt unter Berücksichtigung der einschlägigen empirischen Forschungsergebnisse zur Reproduktion des Lesehabitus (z.B. Hurrelmann, B. et al. 1993; Groeben/Hurrelmann 2004) Kollinearität vor. Denn auch im vorliegenden Modell scheinen sich beide Variablen stark zu beeinflussen. So kann begründet werden, dass bei nichtvorhandener Signifikanz der einen UV auch aussageschwache Werte der anderen vorliegen. Die Daten sind diesbezüglich also kohärent, was auf ihre Gültigkeit verweist. Aufschlussreicher als der elterliche Lesehabitus ist im Hinblick auf die Entwicklung eines Leselehrers jedoch der Lesehabitus der Lehrkraft selbst. Ist es tatsächlich der Fall, dass sich das persönliche Leseverhalten in keiner Weise auf die Ausübung der Rolle des Leselehrers auszuwirken vermag? Zumindest den Daten zufolge muss dieser Schluss gezogen werden. Es ist beim vorliegenden Sample jedoch auffallend, dass die Angaben zum aktuellen Lesehabitus insgesamt sehr positiv ausfallen (64,99 % Vielleser, 25,38 % Gelegenheitsleser). Dies gilt auch für den fächerübergreifenden Kontext: Die Gruppe der Nicht-Deutschlehrkräfte schneidet mit 67,55 % Viellesern sogar etwas besser ab als die der Deutschlehrer (62,93 % Vielleser). Messen Deutschlehrkräfte vielleicht „mit einem anderen Maß"? Denkbar ist, dass sie andere Vorstellungen davon haben, welche Menge an Lektüre beispielsweise einen Vielleser auszeichnet. Folglich würden Deutschlehrer ihren Lesehabitus schlechter einschätzen als die anderen Lehrkräfte. Dennoch ist von der Vermutung Abstand zu nehmen, dass ein Deutschlehrer automatisch mehr liest als Lehrkräfte anderer Fächer. Gestützt wird dies von der Tatsache, dass sprachliche Fächer in der Praxis mit einem hohen Korrekturaufwand einhergehen. So ist nicht auszuschließen und auch nachvollziehbar, dass sich eine hohe Lesemenge (durch Korrekturen) im Beruf negativ auf das Lesen in der Freizeit auswirkt.

Die Bedeutung des Lesehabitus jedenfalls nivelliert sich in der vorliegenden Studie als Prädiktor für die AV (Ausübung der Rolle des Leselehrers). Grund hierfür ist der außerordentlich stark ausgeprägte Lesehabitus in der vorliegenden Grundgesamtheit. Für die Lehrerbildung handelt es sich um ein positives Ergebnis, da sich der Lesehabitus der Lehrkraft nicht auf die Ausübung der Rolle des Leselehrers auswirkt, denn Zulassungen zum Lehramtsstudium dürfen schließlich nicht von Lesesozialisation und Lesehabitus des Bewerbers anhängig gemacht werden.

Schulische Faktoren

Des Weiteren wurde die Hypothese aufgestellt, dass sich diverse schulische Faktoren positiv wie negativ auf die Ausübung der Rolle des Leselehrers auswirken können. Eine UV untersuchte den Einfluss der Schularten FOS und BOS, da beide Schulformen ihre Schüler gezielt auf die Aufnahme eines Studiums vorbereiten anstatt sie zu einem spezifischen Berufsabschluss zu führen. Im Rahmen dieser Studie unterscheiden sich Lehrkräfte der Beruflichen Oberschule hinsichtlich der AV allerdings nicht signifikant von denjenigen der übrigen beruflichen Schulformen. Es sei darauf hingewiesen, dass Lehrkräfte der FOS und BOS im Sample einen Anteil von einem Drittel (33,95 %) einnehmen. Der Anteil an Deutschlehrern innerhalb dieser Gruppe beträgt 54,88 %. Diese Gruppe ist damit so groß, dass die Deutschlehrkräfte der Beruflichen Oberschule im Gesamtsample 34,75 % ausmachen. Bei einem Anteil von mehr als einem Drittel sind positive Ausprägungen hinsichtlich der AV im statistischen Modell zu erwarten. Somit wird klar, dass die Ausübung der Rolle eines Leselehrers nicht durch eine bestimmte Schulart begünstigt wird, selbst wenn über die Hälfte der Lehrkräfte an der Beruflichen Oberschule zusätzlich noch das Fach Deutsch unterrichten. Diese Aussage lässt sich zumindest im Rahmen dieser Stichprobe treffen.

Das Lernfeldkonzept lieferte als weitere UV innerhalb der Dimension schulischer Faktoren zwar formal keine signifikanten Werte, jedoch solche, die nur sehr knapp vom $p > 0{,}05$-Niveau entfernt sind.[77] Das bedeutet, dass anhand des Koeffizienten zumindest tendenzielle Aussagen über Wirkungsrichtungen getroffen werden können. Es lohnt sich folglich, den Blick auf den β-Koeffizienten zu richten: Dieser bildet mit einem Wert von –0,13 ein (tendenzielles) Absinken des AV-Summenscores für den Fall des Lernfeldkonzepts ab. Da dieses an allen beruflichen Schulformen außer der Beruflichen Oberschule vorzufinden ist, lässt dies erneut einen Rückschluss auf die Schulformen zu. An Schulen mit Lernfeldkonzept wird die Rolle des Leselehrers seltener ausgeübt als an anderen. Eine Begründung für dieses Ergebnis liegt in der Zielsetzung der Schularten mit Lernfeldkonzept, die eine berufliche Ausbildung der Schüler verfolgen. Daraus leiten sich in einem zweiten Schritt auch andere Unterrichtsinhalte ab, die sich zum Teil gravierend von denen der Beruflichen Oberschule unterscheiden. Obwohl das Lernfeldkonzept ein fächerübergreifendes Denken im Unterricht fördert, wirkt es sich nicht auf die Förderung von Lesekompetenz aus.

---

[77] Der p-Wert betrug hier 0,07 und wurde bereits aufgerundet.

Ergebnisbetrachtung im Kontext der beruflichen Schulen

Zuletzt setzen sich die schulischen Faktoren aus dem Status der Schule zusammen. Erfasst wurde hierbei das Merkmal, ob es sich um eine öffentliche Schule oder eine in privater Trägerschaft handelt. Das Regressionsmodell ermittelte hierfür eine signifikante Auswirkung des Schulstatus auf die AV: Im Vergleich zu den Schulen in privater Trägerschaft konnte für die öffentlichen Schulen jedoch eine Verschlechterung des Summenscores um −0,18 beobachtet werden. Das Sample setzt sich bezüglich dieses Merkmals überwiegend aus Lehrkräften an öffentlichen Schulen zusammen (79,33 %). Geprüft werden zunächst die Einflüsse und Relationen des Faches Deutsch, die jeweiligen Summenscores bei der AV sowie die Identifikation mit der Rolle des Leselehrers.

Es lag zunächst die Vermutung nahe, dass die positive Auswirkung des Schulstatus auf die (prozentual) hohe Anzahl der Deutschlehrer innerhalb dieser Gruppe zurückzuführen ist. Diese Annahme bestätigte sich jedoch nicht, da die Deutschlehrer an Schulen in privater Trägerschaft lediglich einen prozentualen Anteil von 24,73 % einnehmen. Daraus folgt, dass an dieser Stelle kein Kausalzusammenhang mit dem Fach Deutsch gesehen werden kann. Ein Unterschied ist dagegen in der Identifikation mit der Rolle des Leselehrers zu erkennen: Hier schneiden die Lehrkräfte der Schulen in privater Trägerschaft besser ab als diejenigen, die an öffentlichen Schulen unterrichten. Die Werte der arithmetischen Mittel betragen 2,84 für die Lehrkräfte an privaten und 3,09 für die an öffentlichen Schulen. Beide bewegen sich zwischen den ordinalskalierten Kategorien „starke" und „mittelmäßige" Identifikation. Insofern bleibt die Annahme bestehen, dass die beiden UVs „Schulstatus" und „Identifikation mit der Rolle des Leselehrers" von Kollinearität geprägt sind. Zur Prüfung dieser Annahme werden unter Berücksichtigung der AV-Zusammensetzung diejenigen Daten herangezogen, die sich unmittelbar aus den Summenscores ergeben. Diese Vorgehensweise ermöglicht eine Prüfung des direkt beobachtbaren Einflusses der UV „Schulstatus" auf die AV „Ausübung der Rolle des Leselehrers".

Tatsächlich weisen die arithmetischen Mittel der beiden Gruppen eine Differenz auf: Während die Lehrkräfte öffentlicher Schulen einen Mittelwert von $\bar{x} = 3,71$ in Bezug auf den Summenscore der AV erzielen (entspricht vier Methoden, um Lesekompetenz zu fördern), beträgt der Mittelwert für Lehrkräfte an Schulen in privater Trägerschaft $\bar{x} = 3,32$ (entspricht drei Methoden). Das bedeutet, dass Letztere im Schnitt eine Methode weniger anwenden als die Lehrkräfte an öffentlichen Schulen. Gestützt wird dies vor allem durch den Gesamtanteil der Deutschlehrkräfte an öffentlichen Schulen in Höhe von 52,34 %.

Ergebnisbetrachtung im Kontext der beruflichen Schulen

An dieser Stelle liegt folglich eine intervenierende Variable mit Auswirkung auf die AV vor, wenn die Lehrer an öffentlichen Schulen durchschnittlich mehr Methoden einsetzen. Dies könnte beispielsweise auf eine stärkere Identifikation zurückzuführen sein.

Alter

Zwar konnte die Hypothese zum Alter der Lehrkräfte nicht bestätigt werden, das Modell lieferte hierzu dennoch bedeutsame Erkenntnisse: Der eingangs vorgestellte Grundgedanke war, dass gerade ältere Lehrkräfte bessere Vergleichsmöglichkeiten haben, was die sich verändernde Lesekompetenz ihrer Schüler betrifft. Folglich müssten diese bestrebter seien, deren Lesekompetenz zu fördern. Diese Hypothese bestätigte sich allerdings nicht, denn den Ergebnissen der Studie zufolge sehen sich jüngere Lehrkräfte *stärker* in der Rolle des Leselehrers als ältere. Um diesem Zusammenhang zu erklären, werden vier unterschiedliche Interpretationsansätze herangezogen, die den Begriff „Alter" in jeweils unterschiedlicher Bedeutung für die Daten beleuchten. So wird im Folgenden Alter einmal sowohl als a) Äquivalent zu Motivation als auch b) als Äquivalent zu Erfahrung sowie c) als Hinweis auf den Stand der Lehrerbildung und d) als jeweiliger Status quo der Fachdidaktik untersucht.

Zu a) Aus dem Ergebnis, dass jüngere Lehrkräfte die Rolle des Leselehrers stärker ausüben, könnte die Schlussfolgerung gezogen werden, dass sowohl das Leistungsniveau als auch die Leistungsmotivation in den letzten fünf Berufsjahren abnehmen.[78] Dies mag bei einigen Lehrkräften der Fall sein – wie dies grundsätzlich auf alle Berufe zutrifft –, darf aber keinesfalls zu einer Pauschalierung führen.

Zu b) Des Weiteren ist Alter auch mit Erfahrung gleichzusetzen. Haben ältere Lehrkräfte häufiger die Erfahrung gemacht, dass ihre Bemühungen bei den Schülern nicht auf fruchtbaren Boden fallen? Geben sie an einem gewissen Punkt vielleicht sogar auf, die Lesekompetenz ihrer Schüler verbessern zu wollen? Bezüglich beider Ansätze sind jedoch gerade ältere Lehrkräfte zu aufmerksam und auch zu reflektiert, was die sinkenden Lesefähigkeiten ihrer Schüler anbelangt. Von einer tatsächlichen Kapitulation oder einem Motivationsverlust zur Förderung von Lesekompetenz ist daher nicht auszugehen.

---

[78] Diese Zahl ergibt sich aus der letzten Alterskategorie, die Lehrkräfte „über 60 Jahre" in einer Kategorie und Zeitspanne zusammenfasste.

Deshalb sind weitere Erklärungsversuche heranzuziehen und folgende genannte Thesen auszuschließen: a) Die Motivation zur Lesekompetenzförderung sinkt im Alter und b) Die Unterrichtserfahrung der Lehrkräfte zeigt ihnen, dass Lesekompetenzförderung bei Schülern der beruflichen Schulen keine Früchte (mehr) trägt. Deutlich zutreffender erscheinen die folgenden beiden Erklärungsansätze, die Bezug auf die Entwicklung der Lehrerbildung in den letzten Jahrzehnten nehmen.

So zielt der dritte Ansatz c) auf die Bewusstmachung von Kompetenzen ab und verweist damit auf den Stand der Lehrerbildung. Nie war der Kompetenzbegriff so im Fokus wie in den letzten Jahren. Man kann von einer regelrechten Omnipräsenz sprechen, die ebenfalls durch die Einführung des LehrplanPLUS zum Schuljahr 2014/15 vom ISB Bayern gefördert wird. Sicherlich haben auch Mathematiklehrkräfte schon vor einigen Jahrzehnten ihre Schüler beim Vorlesen von Textaufgaben verbessert und versucht, deren (Text-)Verständnis bei Aufgabenstellungen mit hoher Informationsdichte zu fördern. Dies taten sie allerdings intuitiv, da das, was heute als Lesekompetenzförderung bezeichnet wird, damals als Konzept noch nicht etabliert war. Insofern ist zu vermuten, dass viele Bemühungen ohne das Bewusstsein erfolgten, mit der praktizierten Vorgehensweise auf die Förderung von Lesekompetenz abzuzielen. Dies trifft auf alle Fächer zu, so beispielsweise auch auf Mathematik oder gesellschaftspolitische Fächer, in denen Text- und Quellenarbeit schon immer häufig zum Einsatz kamen.

Zu d) Dem schließt sich thematisch eine vierte Möglichkeit der Datenauslegung an. Hierfür muss erneut auf die Zusammensetzung der AV hingewiesen werden. Die AV „Ausübung der Rolle des Leselehrers" besteht größtenteils aus angewandten Methoden zur Förderung von Lesekompetenz sowie aus dem Bestreben, mit den Schülern im Unterricht möglichst viel zu lesen. Der Wert der Lehrkräfte über 60 (−0,29*) bedeutet für diesen Fall, dass ältere Lehrkräfte weniger Methoden zur Lesekompetenzförderung im Unterricht einsetzen. Insofern bilden die Daten die aktuelle Ausbildung der Lehrkräfte ab, die nicht allzu lange Lesekompetenzförderung an den deutschen Universitäten und in zahlreichen Lehrerfortbildungen erfahren. Spätestens seit den alarmierenden Ergebnissen der PISA-Studie aus dem Jahr 2000 müsste jedem angehenden wie auch ausgebildeten Lehrer die essentielle Bedeutung von Lesekompetenz bekannt sein, was fächerübergreifende Gültigkeit besitzt. Da der AV-Summenscore aus unterschiedlichen Vorgehensweisen, Methoden im weitesten Sinn besteht, lässt sich das erzielte Ergebnis dahingehend diskutieren, dass junge Lehrkräfte den Daten gemäß die Rolle des Leselehrers häufiger ausüben als andere, was letztlich nahelegt, dass sie zur Förderung von

Ergebnisbetrachtung im Kontext der beruflichen Schulen

Lesekompetenz auf ein größeres Methodenrepertoire zurückgreifen können als ältere. Dieses Verständnis des Alters bildet den gegenwärtigen Stand von Forschung, Fachdidaktik und Lehrerbildung ab. In diesem Fall fällt ein positives Licht auf die Entwicklung der Lehrerbildung in der ersten und zweiten Phase innerhalb der letzten zehn Jahre. Dieser Befund macht jedoch eine Überprüfung von entsprechenden Unterrichtsergebnissen durch eine Testung der Schüler nicht überflüssig. Trägt die positive Entwicklung der Lehrerbildung auch Früchte? Wird also die Lesekompetenz unserer Schüler nun aufgrund ausgebildeter Leselehrer wieder besser?

Vermutlich gehen diese Erklärungsansätze Hand in Hand: Das Bewusstsein der Bedeutsamkeit von Lesekompetenz stieg seit der Erhebung der ersten PISA-Studie stark an, da die Hochschulen auf die Ergebnisse reagierten. Somit wird jeder Lehramtsstudierende für Lesekompetenz sensibilisiert und erwirbt damit – im Zuge der in der Lehrerausbildung vermittelten Fachdidaktik – auch Kenntnisse darüber, mit welchen Methoden im Unterricht Lesekompetenz zu fördern ist und zwar unabhängig vom Unterrichtsfach.

13.2 Leselehrer werden – Zusammenfassung der Erkenntnisse

Abschließend werden die wichtigsten Erkenntnisse dieses Kapitels weitgehend zahlenfrei verbalisiert und unter Aussparung von Diskussionsansätzen zusammengefasst.

Die Berechnung des statistischen Modells zeigt, dass sich in der vorliegenden Studie weder der Lesehabitus noch der Bildungsabschluss der Eltern auf die Rolle des Leselehrers in den beruflichen Schulen auswirkt. Ebenso keinen Einfluss haben der persönliche Lesehabitus der Lehrkraft sowie der soziale Hintergrund beziehungsweise der soziale Status der Person.
Die Kenntnis der Bildungsstandards beeinflusst die Ausübung der Rolle des Leselehrers dagegen signifikant. Lehrkräfte, die mit den aktuellen Beschlüssen vertraut und hinsichtlich der Förderung von Lesekompetenz sensibilisiert sind, üben die Rolle des Leselehrers häufiger im Unterricht aus.
Trotz des vielfältigeren Textsortenkanons und des höheren Bildungsstandards begreifen sich Deutschlehrer an FOS und BOS nicht „automatisch" als Leselehrer und üben diese Rolle auch nicht häufiger aus als Lehrkräfte anderer beruflicher Schulformen. Ebenso bestehen in dieser Hinsicht keine Unterschiede zwischen Lehrkräfte an privaten und an öffentlichen Schulen.

Ergebnisbetrachtung im Kontext der beruflichen Schulen

Das Lernfeldkonzept fördert zwar fächerübergreifendes Denken und Handlungskompetenz, wirkt sich jedoch nicht begünstigend auf die Wahrnehmung der Aufgabe der Lesekompetenzförderung aus. Dagegen wird eine Lehrkraft, die sich selbst als Leselehrer sieht, diese Rolle auch im Unterricht ausüben. Die Ergebnisse dieser Studie belegen eine höhere Identifikation bei weiblichen Lehrkräften, was jedoch der prozentualen Verteilung der Probanden geschuldet sein kann.[79] Ältere Lehrkräfte über 60 Jahre fördern weniger Lesekompetenz als junge Kollegen, die auf Grund ihres Studiums deutlich sensibilisiert zu sein scheinen. Bezüglich der Rollenidentifikation mit der des Leselehrers bestehen keine nennenswerten Unterschiede zwischen Deutschlehrkräften und denen anderer Fächer. Lesekompetenz wird somit als fächerübergreifendes Anliegen aller Kollegen an der Gesamtheit der beruflichen Schulen verstanden.

Welche Bedeutung diese Ergebnisse für die Praxis haben und welche emphatischen Handlungsimplikationen sich aus ihnen ableiten lassen, wird in Kapitel 15 aufgegriffen. Zuvor seien jedoch Fragebogen und Vorgehensweise der Studie kritisch diskutiert.

---

[79] Der Frauenanteil ist nicht nur im Kontext des Gesamtsamples (60,63 %) höher als der Männeranteil, sondern auch innerhalb der Deutschlehrkräfte stärker ausgeprägt (57,81 %). Bei der Identifikation mit der Rolle des Leselehrers berichten die Mediane und Modalwerte von keinem Unterschied zwischen Frauen und Männern; sie liegen bei jeweils 3,00.

14. Kritische Würdigung von Fragebogen und Vorgehensweise

> „Denn um klar zu sehen, genügt ein Wechsel der Blickrichtung."
> (Antoine de Saint-Exupéry: Die Stadt in der Wüste)[80]

Während des Arbeitsprozesses wurde an einigen Stellen Optimierungspotenzial ermittelt, das im Folgenden skizziert werden soll. Dieses bezieht sich zum einen auf den Fragebogen und zum anderen auf die methodische Vorgehensweise an sich. Insofern räumt das nun folgende Kapitel einer kritischen Selbstreflexion ihren Platz ein, woraus sich weiterführende Überlegungen für die zukünftige Forschung ergeben.

Zu Beginn sei der Blick auf das Sample an sich gerichtet, das im Hinblick auf Quantität und Qualität der Befragten mit Schwierigkeiten behaftet ist. Je größer das Sample, desto verlässlicher werden in der Regel die Ergebnisse und damit die Aussagen, die getroffen werden können. Bei den insgesamt 486 Teilnehmern handelt es sich erstens um ein eher kleines Sample, wenn man bedenkt, dass die Schulleitungen von über 16.000 Lehrkräften kontaktiert wurden. Zweitens ist auch die qualitative Zusammensetzung des Samples kritisch zu betrachten.

Die Angaben der Lehrkräfte fielen im Bereich der Lesesozialisation und der Einstellungen gegenüber Lesekompetenzförderung positiv aus; dies ist insbesondere beim Lesehabitus der Fall, der in jeder Lebensphase stabil und stark ausgeprägt scheint. Dies ist ein erfreuliches Ergebnis, das die aktuellen Forschungen und didaktischen Überzeugungen durchwegs zu verstärken vermag. Es liegt jedoch auch der Schluss nahe, genau diejenigen Lehrkräfte erreicht zu haben, die an der Thematik „Leselehrer sein und werden" besonders interessiert oder persönlich involviert zu sein scheinen.

Des Weiteren beinhaltete der Fragebogen einige Items, die sich nur als wenig ergiebig in Bezug auf ihren Informationsgehalt herausstellten. Aufgrund der Zeitersparnis hätte der Fokus verstärkt auf die weitere Erfassung der Lesekompetenzförderung gelegt werden und (fächerübergreifenden) Aufgaben zur Selbsteinschätzung mit Likert-Skalenniveau der Platz eingeräumt werden können, wie beispielsweise

---

[80] Aufzurufen unter http://www.worte-projekt.de/exupery.html (28.04.2015).

Kritische Würdigung von Fragebogen und Vorgehensweise

1. „Bei der Lesekompetenzförderung orientiere ich mich primär an meinen eigenen Leseerfahrungen und greife nicht auf externes Wissen zurück",
2. „Ich fühle mich für die Übernahme der Rolle eines Leselehrers nicht genug ausgebildet",
3. „Ich weiß genau, mit welchen Methoden ich die Lesekompetenz meiner Schüler fördern kann", oder auch
4. „Ich wünsche mir mehr Fortbildungen und Informationen zur Förderung von Lesekompetenz an beruflichen Schulen".

Wohingegen die erste Frage auf das (Vor-)Wissen der Lehrkräfte abzielt, erheben die Fragen 2 und 3 ihren persönlich zugeschriebenen Fortbildungsbedarf, der in der letzten Frage im Fortbildungswunsch gipfelt. Ferner könnte eine Ergänzungsfrage nach dem Item „Rollenidentifikation" Gewinn bringend sein, die den Befragten eine Erklärung und damit eine exaktere Angabe abverlangt. Diese würde sich nach jeweils vorausgehendem Ergebnis bei der Rollenidentifikation ansiedeln und entsprechend nach dem Grund einer hohen oder niedrigen Identifikation mit der Rolle des Leselehrers fragen.

Die enorme Vielfalt innerhalb der beruflichen Schulformen stellt ebenfalls einen nicht ganz unproblematischen Aspekt dar. Bei der Interpretation der aus dem Regressionsmodell gewonnenen Daten wurde deutlich, dass der Beruflichen Oberschule eine explizite Sonderstellung hätte eingeräumt werden müssen, was allem voran durch die Tatsache begründet ist, dass die Berufliche Oberschule beruflich nicht spezifiziert ist und keine Ausbildung vermittelt.[81]

Im Verlauf der Arbeit wurde versucht, dieses Defizit damit zu kompensieren, dass die Schularten FOS und BOS in jeder Interpretation und Berechnung Berücksichtigung fanden. Bei einer erneuten Befragung wäre es eine Überlegung wert, für FOS und BOS zwei unterschiedliche Modelle anzulegen und zwei unabhängige Regressionsanalysen zu generieren. Dieser Gedankengang ließ sich im Rahmen der vorliegenden Arbeit jedoch nicht realisieren, weil eine Aufteilung des ohnehin bereits geringen Samples zu Lasten der Aussagekraft der OLS-Regressionsanalyse gegangen wäre. Einige quantitative wie auch qualitative Kritikpunkte am Sample könnten mit einer größeren Anzahl an Befragten vermieden werden, da sich dadurch die natürliche Heterogenität

---

[81] Die einzige Einschränkung bilden die Ausbildungsrichtungen innerhalb der Schulen, wie beispielsweise Sozialwesen, Technik, Wirtschaft und Verwaltung. Eine berufliche Ausbildung wird hierdurch jedoch nicht vermittelt und ist auch nicht das Ziel. Die Ausbildungsrichtungen dienen lediglich der Schwerpunktsetzung und einer gerichteten Qualifizierung im Hinblick auf den zu erwerbenden Abschluss, zum Beispiel einer fachgebundene Hochschulreife, oder bei der Ausbildungsrichtung Sozialwesen beispielsweise der Aufnahme eines Sozialpädagogik-Studiums.

Kritische Würdigung von Fragebogen und Vorgehensweise

der Teilnehmer ebenso abbilden ließe wie die Differenzierung innerhalb der Schulformen. Jedoch ist eine Spekulation hierüber überflüssig, da eine Teilnahme an der Studie nicht angeordnet werden konnte.

Um einen weiteren Schwachpunkt des Modells handelt es sich bei Multikollinearität, die dann vorliegt, wenn zwei oder mehr erklärende Variablen eine sehr starke Korrelation miteinander haben. Zum einen wird mit wachsender Multikollinearität das Verfahren zur Schätzung der Regressionskoeffizienten instabil und Aussagen zur Schätzung der Regressionskoeffizienten zunehmend ungenau. Zum anderen ist die Modellinterpretation nicht mehr eindeutig (siehe Kapitel 13). Diese Schwäche des Modells ist jedoch insbesondere im Bereich der Sozialwissenschaften geradezu unvermeidbar, da sich aufgrund der Erfassung von Konstrukten (Lesesozialisation, Rollenidentifikation etc.) ein Einfluss auf weitere UVs nicht gänzlich ausschließen lässt.
Darüber hinaus ist die Ausübung der Rolle des Leselehrers an Faktoren geknüpft, die selbst wiederum reziprok sind, wie zum Beispiel Unterrichtsfach, Kenntnis der Bildungsstandards, Rollenidentifikation sowie Textsorten- und Medieneinsatz. Multikollinearität kann hier allenfalls eingeschränkt und verringert, jedoch nicht gänzlich beseitigt werden. Da im vorliegenden Modell auch psychologische Phänomene wie Identifikation und Selbsteinschätzung sowie Selbstwahrnehmung betrachtet werden, spielt hier auch immer der Faktor der Sozialisation mit hinein. Dieser verleiht den zu überprüfenden Faktoren stets einen individuell unterschiedlichen Wirkungsgrad. Zudem ist die erhobene (Lese-)Sozialisation als Konstrukt schwer messbar. Im vorliegenden Modell wurde das Anliegen verfolgt, die Anzahl zu prüfender Hypothesen zu beschränken, um die online freiwillig Teilnehmenden nicht durch lange Fragebögen zu demotivieren und somit die Gefahr eines Befragungsabbruchs zu vermeiden.

Durch persönliche Interviews ließe sich dieser Faktor zum einen nahezu ausschalten, zum anderen böte sich gleichzeitig die Chance, detaillierter vorzugehen und expliziter nachzufragen. Gleichzeitig ermöglichte die qualitative Befragung einiger Lehrkräfte auch eine Rückversicherung, da die Ergebnisse des Regressionsmodells zudem mit den individuellen Erklärungen der Interviewten abgeglichen werden könnten. Die Verfasserin erachtet gerade diesen Punkt als äußerst zielführend, da sich im Gespräch mit hoher Wahrscheinlichkeit weitere bedeutsame Aspekte ergeben, die den Blick der Forschung zum Leselehrer-Sein und Leselehrer-Werden in unterschiedliche Richtungen lenken und somit erweitern können. Die befragten Lehrkräfte fungieren hierbei als Experten ihrer eigenen Rolle als Leselehrer, ob diese nun stark oder schwach ausgeprägt ist. Sie kennen ihre Einstellungen und ihre Erfahrungen

Kritische Würdigung von Fragebogen und Vorgehensweise

im Unterricht am besten. Anstatt im Fragebogen Aussagen über ihre Ergebnisse zu treffen, könnten sie - unter Impulsgebung und Steuerung eines Interviewers - ihrer Biografie selbst auf den Grund gehen. Dadurch wird ein Wechsel der Blickrichtung ermöglicht, der dem Blick „von außen" anhand des Modells einen Blick „von innen" entgegensetzt – und dies ist kein geringerer als derjenige der Lehrkraft selbst.

15. Schlusswort: Leselehrer werden – Implikationen für die Praxis

Die Untersuchung zeigt, dass folgende Faktoren die Rolle des Leselehrers und ihre Ausübung im Unterricht ohne Zweifel beeinflussen: die Kenntnis der Bildungsstandards, der Unterricht im Fach Deutsch, der Textsorten- und Medieneinsatz, die Identifikation mit der Rolle des Leselehrers sowie Geschlecht und Alter, wobei Letzteres eher den gegenwärtigen Stand der Lehrerbildung repräsentiert. Aus diesen Ergebnissen lassen sich zusammengefasst vier Handlungsanweisungen ableiten, die sich positiv auf die Rolle des Lesehrers und damit auch auf die Lesekompetenz der Schüler auswirken.

1. Bildungsstandards und Lehrpläne

Die Kenntnis der Bildungsstandards wirkt sich auf die Rolle des Leselehrers aus und zwar unabhängig davon, ob diese nun verstärkt ein Bewusstsein dafür schaffen, wie wichtig das Lesen mit Schülern ist, oder ob die darin enthaltenen Anregungen direkt dazu führen, sich mit Methoden zur LKF auseinanderzusetzen. Aufgrund der anhaltenden Kritik an den KMK-Standards liegt der Schluss nahe, diese würden im Sinne der Verfasser nicht korrekt wahrgenommen. Anstatt Bildungsstandards ausschließlich als aufoktroyierte Regeln und Steuerungsinstrumente von außerhalb zu betrachten, die unter anderem in Form von Jahrgangstests überprüft werden, gilt es, diese als Verständigungsplattform wahrzunehmen. Hier können die grundlegenden Aufgaben von Schule und Unterricht verhandelt und Bewusstseinsprozesse in Gang gesetzt werden, wie dies bereits in Form der LKF in den Bildungsstandards insbesondere für die Primarstufe sowie für die Sekundarstufe I umgesetzt wurde.

Darüber hinaus hat sich gezeigt, dass die Lehrpläne der beruflichen Schulen zum Teil großen Aktualisierungsbedarf aufweisen. Die Entwicklungen der letzten Jahre (zum Beispiel Kompetenzorientierung oder der Stellenwert von Lesekompetenz) müssen zügig Eingang in die bayerischen Lehrplaninhalte finden, um eine landesweite Implementierung zu gewährleisten. Derzeit werden einige Lehrpläne, so zum Beispiel diejenigen der Beruflichen Oberschule, überarbeitet. Dies ist unbedingt als Chance zu begreifen, um aktuelle Erkenntnisse zu integrieren. Die beruflichen Schulen zeigen dadurch, dass auch sie auf dem neuesten Stand sind und bleiben – selbst wenn oder gerade weil sie mit beruflicher Ausbildung und Qualifikation auf dem sich kontinuierlich verändernden Arbeitsmarkt befasst sind.

Schlusswort: Leselehrer werden – Implikationen für die Praxis

In Bezug auf den Leselehrer müssen die neuen Lehrpläne auch berücksichtigen, dass Leseförderung und Lesekompetenzförderung Zeit in Anspruch nehmen. Da Lesekompetenz aus Sicht der Schule fächerübergreifend Anwendung findet, käme eine Aufstockung der Deutschstunden früher oder später allen Fächern zugute. Hier ist von einer Win-win-Situation auszugehen. Wer Lesekompetenz im Fach Deutsch kontinuierlich trainiert, wird auch bei Aufgabenstellungen in anderen Fächern davon profitieren.

2. Leseförderung und damit einhergehende Probleme

Auch beim Unterrichten (junger) Erwachsener muss Leseförderung im Fokus stehen. Den erhobenen Daten gemäß stufen die Lehrkräfte dieses Unterfangen als überwiegend effektlos ein. So stehen einander zwei sich gegenseitig verstärkende Probleme gegenüber: Auf Schülerseite liegt ein Motivationsproblem vor, da Lesen nicht allen Schülern Freude bereitet. Insofern stehen sie dem Training von Lesekompetenz auch nicht positiv gegenüber.

Auf Lehrerseite gibt es der vorliegenden Studie zufolge ein Desillusionierungsproblem, da diese der Fragestellung, ob Lesekompetenzförderung in der Sekundarstufe II noch sinnvoll ist, eher nicht zugestimmt haben – und dies, obwohl sie der Meinung sind, dass es sich hierbei um ein Anliegen handelt, das auch an beruflichen Schulen unbedingt verfolgt werden muss. Darüber hinaus gibt es erhebliche Defizite, welche (weiteren) Möglichkeiten der Lesekompetenzförderung es gibt und wie sie einzusetzen sind: Die wenigsten Lehrkräfte nutzen mehr als vier Methoden im Unterricht. Der Einsatz ist stark vom Wissen der Lehrer abhängig, denn nur Methoden, die bekannt sind oder bereits erprobt wurden, können sicher zum (Lesen-)Lernen eingesetzt werden. Auf diese Weise entsteht ein Teufelskreis, da das Motivationsproblem auf der Schülerseite und die Desillusionierung der Lehrkräfte sich gegenseitig verstärken.

Die Bemühungen der Lehrkräfte tragen insbesondere dann Früchte, wenn Schüler motiviert sind. Denn der (mehr oder weniger) erfolgreiche Kompetenzerwerb oder -aufbau ist stets an den Motivationsfaktor gekoppelt. Die oben angeführte Effektlosigkeit, die Lehrkräfte ihren eigenen Bemühungen zuschreiben, kann durch eine breitere Kenntnis von Methoden zur Leseanimation und Lesekompetenzförderung behoben werden. Es ist zu erwarten, dass sich dieser Kompetenzzuwachs sowie die neue Methodenvielfalt seitens der Lehrkräfte in der Folge positiv auf die Motivation der Schüler auswirkt, sich auf LKF und Leseförderung einzulassen.

Schlusswort: Leselehrer werden – Implikationen für die Praxis

Der Zeitfaktor verschärft diese beiden skizzierten Probleme drastisch: Im Unterricht ist stets eine Fülle von unterschiedlichen Aufgaben zu bewältigen, sodass eine LKF, die insbesondere dann Gewinn bringend ist, wenn sie kontinuierlich erfolgt, schwer durchführbar scheint. Den Lehrkräften muss hier bereits in der Lehrerausbildung nahegelegt werden, dass auch mit kleinen, regelmäßigen Bemühungen Erfolge erzielt werden können. Präzise Fragestellungen an den Text, eine Art Bearbeitungsschema, das den Schülern die Arbeit mit Texten erleichtern kann, und ein sukzessives Training zum Einsatz von Lesestrategien können Schülern das nötige (Meta-)Wissen an die Hand geben, um auch komplexere (Fach-)Texte zu bewältigen. Auch dies kommt allen Fächern zugute.

3. *Anregungen für das Fach Deutsch*

Das Fach Deutsch wirkt sich erwartungsgemäß stark auf den Leselehrer aus. Dies ist nicht verwunderlich, da die Auseinandersetzung mit Texten maßgeblich im Deutschunterricht erfolgt. Die Ergebnisse der Studie zeigen jedoch, dass Deutschlehrkräfte weder mehr Methoden zur LKF im Unterricht einsetzen noch dass sie sich stärker mit der Rolle des Leselehrers identifizieren als Lehrer anderer Fächer.
Den stärksten Prädiktor für einen vielseitigen Methodeneinsatz im Unterricht bildet stattdessen der Erwerb der Facultas Deutsch: Wer sich bewusst für den Beruf des Deutschlehrers entschieden hat, bringt eine erhöhte Bereitschaft mit, sich auch der Aufgabe der LKF zu stellen. Daraus folgt die Aneignung eines Methodenrepertoires, welches wiederum essentiell ist, um an der Lesekompetenz der Schüler arbeiten zu können. All diese Bemühungen sind als Beweis der hohen Identifikation mit der Rolle des Leselehrers zu sehen.

Es ist aber ein Trugschluss, dass Deutsch mit Ausnahme der Beruflichen Oberschule von *jeder* muttersprachlichen Lehrkraft unterrichtet werden kann; Ausnahmen bestätigen auch hier die Regel. Die vorliegende Arbeit plädiert insofern dafür, zukünftig mehr Wert auf einen Deutsch- und insbesondere einen Leseunterricht mit *ausgebildeten* (Lese-)Lehrern zu legen. Die folgenden stichhaltigen Argumente untermauern diese Empfehlung: Deutschlehrer mit einschlägiger Facultas setzen sich heutzutage im Studium mit Lesekompetenz auseinander, wissen um ihre Teilkompetenzen wie um die Textsortenvielfalt und sind bestens in der Lage, individuell sowie alters- oder jahrgangsstufenangemessen zu fördern. Dies gilt umso mehr, als sie sich Lesekompetenz auch ganz bewusst zu ihrer Aufgabe gemacht haben.

Es sollte nicht zuletzt deshalb großer Wert auf die Facultas im Fach Deutsch gelegt werden, weil sich ausgebildete Deutschlehrer (auch) der Förderung von Lesekompetenz ganz bewusst verschrieben haben.

Dies hat wiederum Auswirkungen auf die Lehrerfortbildung. Die Studie zeigt, dass diejenigen Lehrkräfte, die das Studium relativ zeitnah abgeschlossen haben, im Unterricht die Rolle des Leselehrers am häufigsten ausüben. Ältere Kollegen erwarben im Rahmen ihres Studiums ein entsprechendes Methodenrepertoire *nicht*, da dieses Wissen erst seit der Jahrtausendwende in die Studieninhalte aufgenommen wurde. Diese Lehrkräfte bilden mit zunehmender Berufserfahrung einige Methoden und Strategien aus, bei denen sie auf ihre eigenen Leseerfahrungen zurückgriffen.
Hier können, gerade auch für Lehrkräfte anderer Fächergruppen, themenspezifische Fortbildungen gezielt Abhilfe schaffen, insbesondere wenn sie als obligatorische Veranstaltungen angelegt sind. Ältere Lehrkräfte profitieren hiervon wahrscheinlich stärker als jüngere: Erstens bringen sie langjährige Unterrichtserfahrung mit und sind tendenziell eher im Stande, Wissen zur Lesekompetenzförderung besser zu vernetzen. Zweitens können sie besser selektieren, welche Methoden speziell mit ihren Schülern und in der jeweiligen beruflichen Schulart umsetzbar sind.

4. Nutzung vorhandener Ressourcen

Als äußerst positiv sind die Einstellungen der Lehrkräfte zur Lesekompetenzförderung zu bewerten. Viele Lehrkräfte betrachten Lesekompetenz als fächerübergreifende Aufgabe und vertreten die Ansicht, dass Lesekompetenzförderung auch in der schulischen Ausbildung von (jungen) Erwachsenen einen prominenten Platz innehaben muss. Einige Lehrkräfte setzen sogar bewusst viele Texte im Unterricht ein.
Dagegen zweifeln die meisten Lehrkräfte an der Wirksamkeit ihrer Bemühungen bei ihren (erwachsenen) Schülern. Die bereits in Kapitel 8.4 aufgezeigte Diskrepanz zwischen dem Anspruch einerseits, Lesekompetenz aufbauen und fördern zu wollen, und der Wirklichkeit andererseits, dass dieser Kompetenzaufbau auch Grenzen hat, kann mit Hilfe der bereits genannten Handlungsempfehlungen verringert werden. Auf diese Weise können intrinsische Motivationen der Lehrkräfte, die auf eine intensivere Lesekompetenzförderung abzielen, fruchtbar gemacht werden und in einen sukzessiven Kompetenzaufbau münden. Wie oben bereits erläutert, bieten gezielte Fortbildungen hierbei ein großes Potenzial.

Schlusswort: Leselehrer werden – Implikationen für die Praxis

Die (fast) erwachsenen Schüler der beruflichen Schulen bringen zudem besondere Voraussetzungen in den Unterricht mit, denn junge Erwachsene lernen anders als Grundschüler, haben andere Interessen und eine andere Motivation, etwas zu beherrschen. Darüber hinaus bringen sie deutlich mehr Vorwissen mit und sind zu einer metakognitiven Beurteilung ihres Selbstkonzepts als Leser fähig. Dies ist eine wichtige Ressource, die besser genutzt werden sollte. Wenn (fast) erwachsene Schüler die Erfahrung machen, dass sie von etwas profitieren und auf einem Gebiet immer besser werden, so kann das ausschließlich motivierend sein – und genau diese Motivation kann als Schlüssel dienen, wenn es um Kompetenzerwerb geht.

Zusammengefasst beziehen sich die obigen Handlungsimplikationen für die Praxis auf folgende drei Akteure im Bildungswesen: Erstens auf die Lehrkräfte selbst, die direkt am Output beteiligt sind, wie bereits die HATTIE-Studie (2009) gezeigt hat; zweitens auf Lehrerausbilder, sei es nun an den Universitäten oder in der zweiten Phase an den Schulen, und drittens auf die Verantwortlichen der Schulverwaltung, die auf dem Gebiet der Bildungsstandards und Lehrpläne sowie bei der Einteilung des Unterrichts tätig sind. Gerade weil Lesen etwas ist, worauf in *allen* Fächern zurückgegriffen wird, ist es nicht sinnvoll, dieses mit Ausschließlichkeitscharakter im Fach Deutsch zu trainieren. Die Bemühungen werden nur dann greifen, wenn auch die letzte Diskrepanz zwischen einer nach außen kommunizierten (sozial erwünschten) Lesekompetenzförderung als Aufgabe aller Fächer und einer tatsächlichen Kooperation innerhalb des gesamten Kollegiums beseitigt ist.

Die beruflichen Schulen bergen hierfür enormes Entwicklungspotenzial, denn ihre Lehrkräfte haben nicht nur die Problematik der zum Teil nur ungenügenden Lesekompetenz ihrer Schüler erkannt, sondern bringen darüber hinaus äußerst positive Einstellungen gegenüber Lesekompetenzförderung im Allgemeinen mit. Dies ist von großer Relevanz für die Umsetzung der genannten Handlungsanweisungen, da innere Einstellung, Motivation und Volition essentielle Faktoren sind, um (auch) die Rolle eines Leselehrers auszuüben. Wenn *alle* Lehrer sich fächerübergreifend nur ein Stück weit als Leselehrer begriffen und kleine, kontinuierliche Schritte in diese Richtung unternähmen, würden mit der Zeit Kompetenzzuwächse bei beiden Hauptakteuren im Bildungssystem, also bei Lehrern und Schülern, sichtbar. Damit dies gelingen kann, ist es die Aufgabe der Verantwortlichen der Schulverwaltung, hierfür den Boden zu bereiten, indem sie die Lehrkräfte zum Beispiel in Fortbildungen mit dem bestmöglichen Wissen zu Lesestrategien und Lesekompetenz ausstatten. Denn Taten fordern meist nicht nur Herz, sondern auch Verstand.

Schlusswort: Leselehrer werden – Implikationen für die Praxis

Letzterer muss geschärft werden, sodass die Lehrkräfte von morgen mehr als nur eine Handvoll Methoden im Unterricht einsetzen können, wenn sie mit Schülern Texte bearbeiten. So muss allen Lehrkräften durch Schulungen und Fortbildungen – und den Deutschlehrkräften zusätzlich im Zuge der Ausbildung – Wissen vermittelt werden, das zum Lesenlehren notwendig ist.

Die berufliche Schule von morgen wird diese Ziele nur dann erreichen, wenn sie das Potenzial der Lehrkräfte erkennt. Hierfür muss sie konkrete Wege zur Umsetzung aufzeigen. Vor allem aber muss sie die eine Vision wecken: Leselehrer zu sein und zu werden. Oder um es mit den Worten des französischen Schriftstellers und Piloten Antoine de Saint-Exupèry zu sagen:

> „Wenn Du ein Schiff bauen willst, dann trommle nicht Männer zusammen, um Holz zu beschaffen, Aufgaben zu vergeben und die Arbeit einzuteilen, sondern lehre sie die Sehnsucht nach dem weiten, endlosen Meer."
> Antoine de Saint-Exupéry (1900-44)[82]

---

[82] Aufzurufen unter http://www.worte-projekt.de/exupery.html (26.04.2015).

16. Literaturverzeichnis

Abraham, Ulf (2009): Filme im Deutschunterricht. Seelze/Velber: Klett Kallmeyer.

Abraham, Ulf (2008a): Lesekompetenz, literarische Kompetenz, poetische Kompetenz. Fachdidaktische Aufgaben in einer Medienkultur. In: Heidi Rösch (Hrsg.): Kompetenzen im Deutschunterricht. Beiträge zur Literaturdidaktik. Bd. 9. 2., überarbeitete und erweiterte Aufl. Frankfurt a.M.: Peter Lang, S. 13–26.

Abraham, Ulf (2008b): Sprechen als reflexive Praxis. Mündlicher Sprachgebrauch in einem kompetenzorientierten Deutschunterricht. Freiburg i.Br.: Welke Fillibach.

Abraham, Ulf/ Kepser, Matthis (2009): Literaturdidaktik Deutsch. Eine Einführung. 3. neu bearbeitete Aufl. Berlin: Erich Schmidt Verlag.

Agrawal, Deepak (1998): Market Research. In: Albers, Sönke/ Clement, Michel/ Peters, Kay (Hrsg.): Marketing mit Interaktiven Medien. Strategien zum Markterfolg. Frankfurt a.M.: FAZ, S. 193–206.

Andriga, Els (2004): The Interface between Fiction and Life: Patterns of Identification in Reading Autobiographies. Poetics Today, 25 (2), S. 205–240.

Antos, Gerd (1988): Eigene Texte herstellen! Schriftliches Formulieren in der Schule. Argumente aus der Sicht der Schreibforschung. In: Der Deutschunterricht, 40 (3), S. 37–50.

Artelt, Cordula/ Dörfler, Tobias (2010): Förderung von Lesekompetenz als Aufgabe aller Fächer. Forschungsergebnisse und Anregungen für die Praxis. In: Bayerisches Staatsministerium für Unterricht und Kultus/ Staatsinstitut für Schulqualität und Bildungsforschung (Hrsg.): ProLesen. Auf dem Weg zur Leseschule. Leseförderung in den gesellschaftswissenschaftlichen Fächern. Aufsätze und Materialien aus dem KMK-Projekt „ProLesen". Donauwörth: Auer 2010, S. 13–36.

Artelt, Cordula/ McElvany, Nele/ Christmann, Ursula/ Richter, Tobias/ Groeben, Norbert/ Köster, Juliane/ Schneider, Wolfgang/ Stanat, Petra/ Ostermeier, Christian/ Schiefele, Ulrich/ Valtin, Renate/ Ring, Klaus/ Saalbach, Henrik (2005): Förderung von Lesekompetenz – Eine Expertise. Bonn/ Berlin: Bundesministerium für Bildung und Forschung.

Artelt, Cordula/ Stanat, Petra/ Schneider, Wolfgang/ Schiefele, Ulrich/ Lehmann, Rainer (2004): Die PISA-Studie zur Lesekompetenz: Überblick und weiterführende Analysen. In: Schiefele, Ulrich/ Artelt, Cordula/ Schneider, Wolfgang/ Stanat, Petra (Hrsg.): Struktur, Entwicklung und Förderung von Lesekompetenz. Vertiefende Analysen im Rahmen von

PISA 2000. Wiesbaden: VS Verlag für Sozialwissenschaften, S. 139–168.

Augst, Gerhard/ Faigel, Peter (1986): Von der Reihung zur Gestaltung. Untersuchungen zur Ontogenese der schriftsprachlichen Fähigkeiten von 13-23 Jahren. Frankfurt a.M.: Lang.

Baacke, Dieter (1973): Kommunikation und Kompetenz. Grundlegung einer Didaktik der Kommunikation und ihrer Medien. München: Juventa.

Backhaus, Klaus/ Erichson, Bernd/ Plinke, Wulff/ Weiber, Rolf (2006): Multivariate Analysemethoden. Eine anwendungsorientierte Einführung. 11. überarbeitete Aufl. Berlin: Springer.

Bader, Reinhard (2003): Lernfelder konstruieren – Lernsituationen entwickeln. Eine Handreichung zur Erarbeitung didaktischer Jahresplanungen für die Berufsschule. In: Die berufsbildende Schule (BbSch), 55 (7–8), S.210–217.

Bader, Reinhard/ Sloane, Peter F.E. (2000): Lernen in Lernfeldern. Theoretische Analysen und Gestaltungsansätze zum Lernfeldkonzept. Beiträge aus den Modellversuchsverbünden NELE und SELUBA. Markt Schwaben: Eusl, S. 33–50.

Baethge, Martin/ Achtenhagen, Frank/ Arends, Lena/ Babic, Edvin/ Baethge-Kinsky, Volker/ Weber, Susanne (2005): "Wie könnte eine internationale Vergleichsstudie zur beruflichen Bildung aussehen?" Machbarkeitsstudie. Endbericht. Göttingen.

Baker, Linda (2003): The role of parents in motivating struggling readers. Reading and Writing Quarterly: Overcoming learning difficulties, 19 (1), S. 87–106.

Bamberger, Richard (1973): Lese-Erziehung. München: Jugend und Volk Verlagsgesellschaft mbH.

Bandura, Albert (1976): Lernen am Modell. Stuttgart: Ernst Klett Verlag.

Bankhofer, Udo (1995): Unvollständige Daten- und Distanzmatrizen in der Multivariaten Datenanalyse. Bergisch-Gladbach: Eul.

Barth, Susanne (1999): Medien im Deutschunterricht. In: Praxis Deutsch, 26, S. 11–19.

Bauer, Karl-Oswald (2000): Pädagoge – Profession oder Nebenbeschäftigung? In: Jaumann-Graumann, Olga/ Köhnlein, Walter (Hrsg.) (2000): Lehrerprofessionalität – Lehrerprofessionalisierung. Bad Heilbrunn: Julius Klinkhardt. Jahrbuch Grundschulforschung: Bd. 3, S. 25–44.

Baumert, Jürgen/ Artelt, Cordula/ Klieme, Eckhard/ Neubrand, Michael/ Prenzel, Manfred/ Schiefele, Ulrich/ Schneider, Wolfgang/ Tillmann, Klaus-Jürgen/ Weiß, Manfred (2001): PISA 2000 – Ein differenzierter Blick auf die Länder der Bundesrepublik Deutschland. Opladen: Leske + Budrich.

Baumert, Jürgen/ Blum, Werner/ Neubrand, Michael (2004): Drawing the lessons from PISA-2000: Long term research implications. In Lenzen, Dieter/ Baumert, Jürgen/ Watermann, Rainer/ Trautwein, Ulrich (Hrsg.): PISA und die Konsequenzen für die erziehungswissenschaftliche Forschung. In: Zeitschrift für Erziehungswissenschaft, Beiheft 3. Wiesbaden: VS Verlag für Sozialwissenschaften, S. 143-157.

Baumert, Jürgen/ Klieme, Eckhard/ Neubrand, Michael/ Prenzel, Manfred/ Schiefele, Ulrich/ Schneider, Wolfgang/ Stanat, Petra/ Tillmann, Klaus-Jürgen/ Weiß, Manfred (Hrsg.) (2011): PISA 2000. Basiskompetenzen von Schülerinnen und Schülern im internationalen Vergleich. Opladen: Leske + Budrich, S. 15–68.Baumert, Jürgen/ Kunter, Mareike (2011): Das Kompetenzmodell von COACTIV. In: Kunter, Mareike/ Baumert, Jürgen/ Blum, Werner/ Klusmann, Uta/ Krauss, Stefan/ Neubrand, Michael (Hrsg.): Professionelle Kompetenz von Lehrkräften. Ergebnisse des Forschungsprogramms COACTIV. Münster: Waxmann, S. 29–53.

Baumert, Jürgen/ Kunter, Mareike (2006): Stichwort: Professionelle Kompetenz von Lehrkräften. In: Zeitschrift für Erziehungswissenschaft, 9 (4), S. 469–520.

Baumert, Jürgen/ Leschinsky, Achim (1986): Berufliches Selbstverständnis und Einflussmöglichkeiten von Schulleitern. Ergebnisse einer Schulleiterbefragung. In: Zeitschrift für Pädagogik, 32 (2), S. 247–266.

Baumert, Jürgen/ Stanat, Petra/ Demmrich, Anke (2001): PISA 2000: Untersuchungsgegenstand, theoretische Grundlagen und Durchführung der Studie. In: Baumert, Jürgen/ Klieme, Eckhard/ Neubrand, Michael/ Prenzel, Manfred/ Schiefele, Ulrich/ Schneider, Wolfgang/ Stanat, Petra/ Tillmann, Klaus-Jürgen/ Weiß, Manfred (Hrsg.): PISA 2000. Basiskompetenzen von Schülerinnen und Schülern im internationalen Vergleich. Opladen: Leske + Budrich, S. 15–68.

Beck, Fritz/ Schafer, Otto (2008): Organisation des Lernfeldunterrichts. 1. Aufl. Cornelsen.

Becker-Mrotzek (2012): Kompetenzorientiertes Unterrichten und Bildungsstandards in der Allgemeinbildung. In: Paechter, Manuela/ Stock, Michael/ Schmölzer-Eibinger, Sabine/ Slepcevic-Zach, Peter/ Weirer, Wolfgang (Hrsg.): Handbuch Kompetenzorientierter Unterricht. Weinheim: Beltz, S. 272–287.

Begle, Edward G. (1972): Teacher knowledge and student achievement in algebra. School Mathematics Study Group Reports, 9.

Beentjes, Johannes W.J./ Van der Voort, Tom H.A. (1988): Television's Impact on Children's Reading Skills: A Review of Research. In: Reading Research Quarterly, 23, No. 4, S. 389–413.

Berger, Peter L./ Luckmann, Thomas (2013): Die gesellschaftliche Konstruktion der Wirklichkeit. Frankfurt a.M.: Fischer.

Berkemaier, Anne (2009): Präsentieren lehren. Vorschläge und Materialien für den Deutschunterricht. Hohengehren: Schneider.

Bertschi-Kaufmann, Andrea (2011): Lesekompetenz – Leseleistung – Leseförderung. Grundlagen, Modelle und Materialien. Criblez, Lucien/ Oelkers, Jürgen / Stadelmann, Willi (Hrsg.): Basiswissen Lehrerinnen- und Lehrerbildung 1. Reihe: Lehren lernen. 4. Aufl. Seelze: Kallmeyer, Zug: Klett und Balmer.

Bertschi-Kaufmann, Andrea/ Kappeler, Silvana (2010): Gegenwärtiger Stand der empirischen Unterrichtsforschung zur Vermittlung von Lesekompetenz. In: Kämper-van den Boogaart, Michael/ Spinner, Kaspar H. (Hrsg.): Lese- und Literaturunterricht Teil 2, S. 275–305.

Bildung in Deutschland 2012 (2012): Ein indikatorengestützter Bericht mit einer Analyse zur kulturellen Bildung im Lebenslauf. Bielefeld: Bertelsmann.

Birkel, Peter/ Hohmann, Joachim/ Konrad, Klaus (1995): Jugend zwischen Spätzle und Horrorclip: Ergebnisse einer Repräsentativbefragung im Raum Oberschwaben. Weingarten: Pädagogische Hochschulen.

Blömeke, Sigrid (2007): Qualitativ - quantitativ, induktiv - deduktiv, Prozess - Produkt, national - international. Zur Notwendigkeit multikriterialer und multiperspektivischer Zugänge in der Lehrerbildungsforschung. In: Lüders, Manfred (Hrsg.): Forschung zur Lehrerbildung. Kompetenzentwicklung und Programmevaluation. Münster u.a.: Waxmann, S. 13–36.

Blömeke, Sigrid (2006): KMK-Standards für die LehrerInnenbildung in Deutschland. Ein Kommentar. In: Journal für LehrerInnenbildung, 6 (1), S. 25–33.

Blömeke, Sigrid (2001): Zur Strukturlogik der Lehrerausbildung. Eine historisch-systematische Untersuchung am Beispiel der Pädagogischen Akademie Paderborn. In: Pädagogische Rundschau, 55 (3), S. 289–315.

Blömeke, Sigrid/ Kaiser, Gabriele/Lehmann, Rainer (Hrsg.) (2008): Professionelle Kompetenz angehender Lehrerinnen und Lehrer. Wissen, Überzeugungen und Lerngelegenheiten deutscher Mathematik-Studierender und -referendare – Erste Ergebnisse zur Wirksamkeit der Lehrerausbildung. Münster: Waxmann.

Bluhme, Herrmann (2005): Etymologisches Wörterbuch des deutschen Grundwortschatzes. München: LINCOM.

Blumenberg, Hans (1981): Die Lesbarkeit der Welt. 1. Aufl. Frankfurt a.M.: Suhrkamp.

Bocksrocker, Nina (2011): Sprachkompetenz als Basis der Handlungskompetenz. Zur Notwendigkeit eines erweiterten Lernfeldkonzepts. In: Berufs- und Wirtschaftspädagogik online 20, S. 1–21.

Böttcher, Wolfgang (2008): Standards. Konsequenzen der Output-Steuerung für die Lehrerprofessionalität. In: Helsper, Werner/ Busse, Susann/ Hummrich, Merle/ Kramer, Rolf-Torsten (Hrsg.): Pädagogische Professionalität in Organisationen. Neue Verhältnisbestimmungen am Beispiel der Schule. 1. Aufl. Wiesbaden: VS Verlag für Sozialwissenschaften, S. 188–203.

Bonfadelli, Heinz/ Fritz, Angela (1993): Lesen im Alltag von Jugendlichen. In: Studien der Bertelsmann Stiftung: Lesesozialisation. Bd. 2. Leseerfahrungen und Lesekarrieren. Gütersloh: Bertelsmann.

Bonfadelli, Heinz/ Saxer, Ulrich (1986): Lesen, Fernsehen und Lernen. Wie Jugendliche die Medien nutzen und die Folgen. Zug: Klett und Balmer.

Borg, Ingwer (2003): Führungsinstrument Mitarbeiterbefragung. Theorien, Tools und Praxiserfahrungen. 3. Aufl. Göttingen: Hogrefe.

Borko, Hilda (2004): Professional Development and Teacher Learning: Mapping the Terrain. In: Educational Researcher, 33 (8), S. 3–15.

Bortz, Jürgen (2005): Statistik für Human- und Sozialwissenschaftler. 6. Aufl. Berlin: Springer.

Bos, Wilfried/ Hornberg, Sabine/ Arnold, Karl-Heinz/ Faust, Gabriele/ Fried, Lilian/ Lankes, Eva-Maria/ Schwippert, Knut/ Valentin, Renate (Hrsg.) (2007): IGLU 2006. Lesekompetenzen von Grundschulkindern in Deutschland im internationalen Vergleich. Münster: Waxmann

Bosse, Dorit (2012): Einleitung. In: Bosse, Dorit/ Dauber, Heinrich/ Döring-Seipel, Elke/ Nolle, Timo (Hrsg.): Professionelle Lehrerbildung im Spannungsfeld von Eignung, Ausbildung und beruflicher Kompetenz. Kempten: Julius Klinkhardt, S. 17–24.

Bourdieu, Pierre (1983): Ökonomisches Kapitel, kulturelles Kapitel, soziales Kapital. In: Kreckel, Reinhard (Hrsg.): Soziale Ungleichheiten. Sonderband 2 der Sozialen Welt. Göttingen: Schwartz.

Bourdieu, Pierre (1982): Die feinen Unterschiede. Kritik der gesellschaftlichen Urteilskraft. Frankfurt: Suhrkamp.

Bourdieu, Pierre/ Passeron, Jean-Claude (1973): Grundlagen einer Theorie der symbolischen Gewalt. Kulturelle Reproduktion und soziale Reproduktion. Frankfurt a.M.: Suhrkamp.

Brand, Tilman von (2013): Kritische Kompetenz als Voraussetzung für historisches Lernen im Literaturunterricht. In: Dawidowski, Christian/ Wrobel, Dieter (Hrsg.): Kritik und Kompetenz. Die Praxis des Literaturunterrichts im gesellschaftlichen Kontext. Baltmannsweiler: Schneider Verlag Hohengehren, S. 147–160.

Brake, Anna/ Weber, Susanne M. (2009): Internetbasierte Befragung. In: Kühl, Stefan/ Strodtholz, Petra/ Taffertshofer, Andreas (Hrsg.): Handbuch Methoden der Organisationsforschung – Quantative und Qualitative Methoden. Wiesbaden: VS Verlag für Sozialwissenschaften, S. 413–434.

Brendel-Perpina, Ina/ Stumpf, Felix (2013): Leseförderung durch Teilhabe. Die Jugendjury zum Deutschen Jugendliteraturpreis. München: kopaed.

Brockhaus Enzyklopädie (2006): MOSC-NORDD. Bd. 19. Mannheim: Bibliographisches Institut und Brockhaus GmbH.

Bromme, Rainer (1997): Kompetenzen, Funktionen und unterrichtliches Handeln des Lehrers. In: Weinert, Franz E. (Hrsg.): Psychologie des Unterrichts und der Schule. Göttingen: Hogrefe, S. 177–212.

Bromme, Rainer (1992): Der Lehrer als Experte. Zur Psychologie des professionellen Wissens. 1. Aufl. Bern: Verlag Hans Huber.

Bromme, Rainer/ Haag, Ludwig (2004): Forschung zur Lehrerpersönlichkeit. In: Helsper, Werner/ Böhme, Jeanette (Hrsg.): Handbuch der Schulforschung. Wiesbaden: VS Verlag für Sozialwissenschaften, S. 777–793.

Buchner, Christina (2003): Neues Lesen. Neues Lernen. Vom Lesefrust zur Leselust. 1. Aufl. Freiburg: VAK Verlag GmbH.

Büchner, Peter/ Krah, Karin (2006): Der Lernort Familie und die Bildungsbedeutsamkeit der Familie im Kindes- und Jugendalter. In: Rauschenbach, Thomas (Hrsg.): Informelles Lernen im Jugendalter. Vernachlässigte Dimensionen der Bildungsdebatte. Weinheim u.a.: Juventa, S. 123–154.

Bucher, Priska (2004): Leseverhalten und Leseförderung. Zur Rolle von Schule, Familie und Bibliotheken im Medienalltag Heranwachsender. Zürich: Pestalozzianum.

Bühler, Karl (1934): Sprachtheorie: Die Darstellungsfunktion der Sprache. Stuttgart: Fischer Verlag.

Buholzer, Alois/ Joller-Graf, Klaus (2012): Maßgeschneidertes Lernen ermöglichen. In: Folio. Die Zeitschrift des BCH/FPS für Lehrpersonen in der Berufsbildung 2012 (1), S. 26–31.

Cain, Kate (2010): Reading development and difficulties. Chichester, UK: Blackwell.

Cassirer, Ernst (1996): Versuch über den Menschen. Einführung in eine Philosophie der Kultur. Hamburg: Meiner.

Cater, Douglass/ Strickland, Stephen (1975): TV violence and the child: The evolution and fate of the Surgeon General's Report. New York: Russell Sage Foundation.

Chapman, James W./ Tunmer, William E. (1995): Development of young children's reading self-concepts: An examination of emerging subcomponents and their relationship with reading achievement. In: Journal of Educational Psychology, 87, S. 154–167.

Charlton, Michael/ Sutter, Tilmann (1999): Die Bedeutung einer konstruktivistischen Theorie sozialen Handelns für die Medienforschung. In: Rusch, Gebhard/ Schmidt, Siegfried J. (Hrsg.): Konstruktivismus in der Medien- und Kommunikationswissenschaft. DELFIN 1997. Frankfurt a.M.: Suhrkamp, S. 79–113.

Clausen, John A. (1968): Socialization and Society. Boston: Little Brown & Company.

Connell, Michael W./ Sheridan, Kimberly M./ Gardner, Howard (2003): On abilities and domains. In: Sternberg, Robert J./ Grigorenko, Elena L. (Eds.): The psychology of abilities, competencies, and expertise. Camebridge, UK: Cambridge University Press, S. 126–155.

Christmann, Ursula/ Groeben, Norbert (1999): Psychologie des Lesens. In: Franzmann, Bodo/ Hasemann, Klaus/ Löffler, Dietrich/ Schön, Erich (Hrsg.): Handbuch Lesen. München: Saur, S. 145–223.

Dawidowski, Christian/ Wrobel, Dieter (2013): Kritik und Kompetenz. Aspekte und Dimensionen einer brisanten Relation. In: Dawidowski, Christian/ Wrobel, Dieter (Hrsg.): Die Praxis des Literaturunterrichts im gesellschaftlichen Kontext. Baltmannsweiler: Schneider Verlag Hohengehren, S. 1–22.

Dawidowski, Christian (2009): Literarische Bildung in der heutigen Mediengesellschaft. Eine empirische Studie zur kultursoziologischen Leseforschung. Frankfurt a.M.: Peter Lang.

Degen, Horst/ Lorscheid, Peter (2011): Statistik-Lehrbuch. Methoden der Statistik im wirtschaftswissenschaftlichen Bachelor-Studium. 3. überarbeitete Aufl. München: Oldenbourg.

Deutscher Bildungsrat (1970): Empfehlungen der Bildungskommission. Strukturplan für das Bildungswesen. Stuttgart, S. 217–227.

Diekmann, Andreas (2010): Empirische Sozialforschung. Grundlagen. Methoden. Anwendungen. 4. Aufl. Hamburg: Rowohlt.

Dilger, Bernadette/ Sloane, Peter F.E. (2005): The Competence Clash – Dilemmata bei der Übertragung des ‚Konzepts der nationalen Bildungsstandards' auf die berufliche Bildung. Berufs- und Wirtschaftspädagogik Online, 8, S. 6–10.

Dirks, Una/ Hansmann, Wilfried (Hrsg.) (2002): Forschendes Lernen in der Lehrerbildung. Auf dem Weg zu einer professionellen Unterrichts- und Schulentwicklung. Bad Heilbrunn: Klinkhardt.

Dubow, Eric F./ Huesmann, L. Rowell/ Boxer, Paul/ Pulkkinen, Lea/ Kokko, Katja (2006): Middle childhood and adolescent contextual and personal predictors of adult educational and occupational outcomes: A mediational model in two countries. In: Developmental Psychology, 42 (5), S. 937–949.

Dummer-Smoch, Lisa/ Hackethal, Renate (2001): Kieler Rechtschreibaufbau. 4. Aufl. Kiel: Veris.

Ehmke, Timo/ Jude, Nina (2010): Soziale Herkunft und Kompetenzerwerb. In: Klieme, Eckhard/ Artelt, Cordula/ Hartig, Johannes/ Jude, Nina/ Köller, Olaf/ Prenzel, Manfred/ Schneider, Wolfgang/ Stanat, Peter (Hrsg.), PISA 2009: Bilanz nach einem Jahrzehnt. Münster: Waxmann, S. 231–254.

Eggert, Helmut/ Garbe, Christine (2003): Literarische Sozialisation. 2., aktualisierte Aufl. Stuttgart: Metzler.

Eisenberg, Ted A. (1977): Begle revisited: teacher knowledge and student achievement in algebra. In: Journal for Research in Mathematics Education, 8, S. 216–222.

Ennemoser, Marco/ Schiffer, Kathrin/ Reinsch, Christiane/ Schneider, Wolfgang (2003): Fernsehkonsum und die Entwicklung von Sprach- und Lesekompetenzen im frühen Grundschulalter: Eine empirische Überprüfung der SÖS-Mainstreaming-Hypothese. In: Zeitschrift für Entwicklungspsychologie und Pädagogische Psychologie, 35 (1), S. 12–26.

Enzelberger, Sabina (2001): Sozialgeschichte des Lehrerberufs. Gesellschaftliche Stellung und Professionalisierung von Lehrerinnen und Lehrern von den Anfängen bis zur Gegenwart. Weinheim/München: Juventa.

Fahrenberg, Jochen (2010): Ambulantes Assessment. In: Holling, Heinz; Schmitz, Bernhard (Hrsg.): Handbuch Statistik, Methoden und Evaluation. Göttingen: Hogrefe, S. 201–212.

Feilke, Helmuth (2007): Textwelten der Literalität. In: Schmölzer-Eibinger, Sabine/ Weidacher, Georg (Hrsg.): Textkompetenz. Eine Schlüsselkompetenz und ihre Vermittlung. Europäische Studien zur Textlinguistik. Bd. 4. Tübingen: Gunter Narr, S. 25–37.

Fend, Helmut (1980): Theorie der Schule. München: Urban & Schwarzenberg..

Ferris, Gerald R./ Witt, Alan L./ Hochwarter, Wayne A. (2001): The interaction of social skill and general mental ability on work outcomes. In: Journal of Applied Psychology, 86, S. 1075–1082.

Forberg, Angela (1997): Rollen- und Führungsverständnis von Schulleiterinnen beruflicher Schulen – Eine berufsbiographisch-orientierte Untersuchung. Weinheim: Deutscher Studien Verlag.

Frederking, Volker (2004): Lesen und Leseförderung im medialen Wandel. Symmedialer Deutschunterricht nach PISA. In: Frederking, Volker (Hrsg.) Lesen und Symbolverstehen. Jahrbuch Medien im Deutschunterricht 2003. München: KoPäd 2004, S. 45–47.

Frederking, Volker/ Krommer, Axel/ Maiwald, Klaus (2012): Mediendidaktik Deutsch. Eine Einführung. Grundlagen der Germanistik 44. 2., neu bearbeitete und erweiterte. Aufl. Berlin: Erich Schmidt Verlag.

Fremdling, Julia (2008): Das Selbstverständnis des Lehrers: Ein Berufsstand zwischen Anspruch und Wirklichkeit. Regensburg: Roderer.

Frey, Hanno (2010): Lesekompetenz verbessern? Lesestrategien und Bewusstmachungsverfahren nutzen! In: Empirische Erziehungswissenschaft. Bd. 24. Münster: Waxmann.

Frey, Hanno (2004): Kann die Lesekompetenz durch ein Training von Lesestrategien verbessert werden? – Ein Unterrichtsversuch im Rahmen des zweiten Staatsexamens. Unveröffentlichte zweite Staatsexamensarbeit.

Fuchs-Rechlin, Kirsten (2010): "Und es bewegt sich doch ...!". Eine Untersuchung zum professionellen Selbstverständnis von Pädagoginnen und Pädagogen. Münster: Waxmann.

Garbe, Christine (2010): Wie werden Kinder zu engagierten und kompetenten Lesern? In: Schulz, Gudrun (Hrsg.): Lesen lernen in der Grundschule. Berlin: Cornelsen, S. 9-23.

Garbe, Christine (1993): Betrachtungen über das "lesende Frauenzimmer" oder: Plädoyer für eine geschlechtsdifferenzierte Leseforschung. In: Beiträge Jugendliteratur und Medien. Heft 1, S. 9–20.

Garbe, Christine/ Philipp, Maik/ Ohlsen, Nele (2009): Lesesozialisation. Arbeitsbuch. Paderborn u.a.: UTB.

Gattermaier, Klaus (2003): Literaturunterricht & Lesesozialisation. Eine empirische Untersuchung zum Lese- und Medienverhalten von Schülern und zur lesesozialisatorischen Wirkung ihrer Deutschlehrer. Regensburg: edition vulpes.

Gattermaier, Klaus (2004): Deutschlehrer bauen am ‚schiefen Turm von PISA' mit! Empirische Ergebnisse aus einem Teilprojekt innerhalb des DFG-Schwerpunktprogramms ‚Lesesozialisation in der Mediengesellschaft'. In: Frederking, Volker (Hrsg.): Medien im Deutschunterricht 2003. Jahrbuch Themen-Schwerpunkt Lesen und Symbolverstehen. München: kopaed.

Geulen, Dieter (2007): Sozialisation. In: Joas, Hans (Hrsg.): Lehrbuch der Soziologie. 3. überarbeitete und erweiterte Aufl. Frankfurt a.M.: Campus, S. 137–158.

Literaturverzeichnis

Geulen, Dieter (2005): Subjektorientierte Sozialisationstheorie. Sozialisation als Epigenese des Subjekts in Interaktion mit der gesellschaftlichen Umwelt. Weinheim/München: Juventa.

Giddens, Anthony/ Fleck, Christian/ Egger de Campo, Marianne (2009): Soziologie. 3., überarbeitete, aktualisierte Aufl. Graz: Nausner & Nausner.

Gogolin, Ingrid (2013): Mehrsprachigkeit und bildungssprachliche Fähigkeiten. Zur Einführung in das Buch ‚Herausforderung Bildungssprache – und wie man sie meistert'. Münster: Waxmann, S. 7–18.

Gold, Andreas (2007): Lesen kann man lernen. Lesestrategien für das 5. und 6. Schuljahr. Göttingen: Vandenhoeck & Ruprecht.

Gold, Andreas/ Mokhlesgerami, Judith/ Rühl, Katja/ Schreblowski, Stephanie/ Souvignier, Elmar (2004): Wir werden Textdetektive (Lehrmaterial und Arbeitsheft). Göttingen: Vandenhoeck & Rupprecht.

Grabowski, Joachim (Hrsg.) (2014): Sinn und Unsinn von Kompetenzen. Fähigkeitskonzepte im Bereich von Sprache, Medien und Kultur. Opladen: Budrich.

Graf, Werner (2004): Der Sinn des Lesens. Modi der literarischen Rezeptionskompetenz. In: Graf, Werner (Hrsg.): Leseforschung. Bd. 1. Münster: Lit Verlag.

Graf, Werner (2007): Lesegenese in Kindheit und Jugend. Einführung in die literarische Sozialisation. Ehlers, Swantje (Hrsg.): Deutschunterricht Grundwissen Literatur. Bd. 2. Baltmannsweiler: Schneider.

Groeben, Norbert (2004): Einleitung: Funktionen des Lesens – Normen der Gesellschaft. In: Groeben, Norbert; Hurrelmann, Bettina (Hrsg.): Lesesozialisation in der Mediengesellschaft. Ein Forschungsüberblick. Weinheim/ München: Juventa, S. 11–35.

Groeben, Norbert/ Hurrelmann, Bettina (Hrsg.) (2004): Lesesozialisation in der Mediengesellschaft. Ein Forschungsüberblick. Weinheim: Juventa.

Groeben, Norbert/ Hurrelmann, Bettina/ Garbe, Christine (1999): Das Schwerpunktprogramm „Lesesozialisation in der Mediengesellschaft". In: Groeben, Norbert (Hrsg.): IASL, 10. Sonderheft: Lesesozialisation in der Mediengesellschaft. Tübingen, S. 1–21.

Grossman, Pamela L./ Wilson, Suzanne M./ Shulman, Lee S. (1989): Teachers of substance: Subject matter knowledge for teaching. Knowledge base for the beginning teacher. Reynolds, Maynard C. (Hrsg.). New York: Pergamon Press.

Grundmann, Hilmar (2007): Die geringe Lesekompetenz der Schulabsolventen als besondere Herausforderung für den Deutsch- und Fremdsprachenunterricht an berufsbildenden Schulen? Bielefeld: Bertelsmann.

Grundmann, Hilmar (2001): Wie viel Deutschunterricht brauchen Berufsschüler? Die Geschichte eines umstrittenen Unterrichtsfaches. Frankfurt a.M.: Peter Lang.
Grundmann, Hilmar (2000a): Deutsch- und Fremdsprachenunterricht an beruflichen Schulen. Chancen und Perspektiven. Bielefeld: Bertelsmann.
Grundmann, Hilmar (2000b): Vom Sinn und Unsinn der Forderung nach unbedingtem Berufsbezug der Inhalte im berufsschulischen Deutschunterricht. In: Grundmann, Hilmar (Hrsg.): Zum Deutschunterricht an berufsbildenden Schulen. Historische und aktuelle Entwicklungen. Beiträge zur Geschichte des Deutschunterrichts. Bd. 43. Frankfurt a.M.: Peter Lang, S. 119–126.
Grundmann, Hilmar (1998): Berufsschule ohne Deutschunterricht - noch Schule? 9 Beiträge zur Begründung des Deutschunterrichts an berufsbildenden Schulen. Darmstadt.
Guthrie, John T./ Wigfield, Allan/ Metsala, Jamie L./ Cox, Kathleen E. (1999): Motivational and Cognitive Predictors of Text Comprehension and Reading Amount. In: Scientific Studies of Reading, 3 (3), S. 231–256.
Handl, Andreas (2002): Multivariate Verfahren. Theorie und Praxis multivariater Verfahren unter besonderer Berücksichtigung von S-PLUS. Berlin/Heidelberg: Springer.
Hallet, Wolfgang (2012): Kultureller Wandel und Multiplizierung der didaktischen Kompetenzen im 21. Jahrhundert. In: Kraler, Christian/ Schnabel-Schüle, Helga/ Schratz, Michael/ Weyand, Birgit (Hrsg.): Kulturen der Lehrerbildung. Professionalisierung eines Berufsstands im Wandel. Münster u.a.: Waxmann, S. 73–86.
Hattie, John A. C. (2009): Visible Learning. A synthesis of over 800 meta-analyses relating to achievement. London & New York: Routledge.
Heidenreich, Martin (1999): Berufskonstruktion und Professionalisierung. Erträge der soziologischen Forschung. In: Apel, Hans-Jürgen/ Horn, Klaus-Peter/ Lundgreen, Peter/ Sandfuchs, Uwe (Hrsg.): Professionalisierung pädagogischer Berufe im historischen Prozeß. Bad Heilbrunn: Julius Klinkhardt, S. 35–58.
Heinemann, Wolfgang/ Viehweger, Dieter (1991): Textlinguistik. Eine Einführung. Tübingen: Niemeyer, 1991.
Heinz, Walter R. (1995): Arbeit, Beruf und Lebenslauf. Eine Einführung in die berufliche Sozialisation. Weinheim/München: Juventa.
Helmke, Andreas (2009). Unterrichtsforschung. In: Arnold, Karl-Heinz/ Sandfuchs, Uwe/ Wiechmann, Jürgen (Hrsg.): Handbuch Unterricht. 2. Aufl. Bad Heilbrunn: Klinkhard, S. 44–50.

Helsper, Werner (2007): Eine Antwort auf Jürgen Baumerts und Mareike Kunters Kritik am strukturtheoretischen Professionsansatz. In: Zeitschrift für Erziehungswissenschaft, 10 (4), S. 567–579.
Helsper, Werner/ Busse, Susann/ Hummrich, Merle/ Kramer, Rolf-Torsten (Hrsg.) (2008): Pädagogische Professionalität in Organisationen. Wiesbaden: VS Verlag für Sozialwissenschaften.
Herrmann, Theo/ Grabowski, Joachim (2003): Sprachproduktion. Göttingen u.a.: Hogrefe.
Herrmann, Theo/ Grabowski, Joachim (1994): Sprechen. Psychologie der Sprachproduktion. Heidelberg: Spektrum Akademischer Verlag.
Hesse, Hermann (1977): Die Welt der Bücher. Betrachtungen und Aufsätze zur Literatur. In: Michels, Volker (Hrsg.). 1. Aufl. Frankfurt a.M.: Suhrkamp.
Himmelweit, Hilde T./ Oppenheim, Abraham Naftali/ Vince, Pamela (1958): Television and the Child. An Empirical Study of the Effect of Television on the Young. London: Oxford University Press.
Hölscher, Petra (2009): Lernen in Szenarien. Interkulturelle Perspektiven als Lernchance. In: Deutschmagazin. Berlin: Oldenbourg.
Holling, Heinz/ Gediga, Günther (2011): Statistik – Deskriptive Verfahren. Göttingen: Hogrefe.
Hummelsberger, Siegfried (2002a): Literaturunterricht und literarisches Verstehen bei Berufsschülern. „Ich lese was, was du nicht liest...!" Frankfurt a.M.: Peter Lang.
Hummelsberger, Siegfried (2002b): „Ich lese was, was du nicht liest..." – Literaturunterricht und literarisches Verstehen bei Berufsschülern. In: Josting, Petra/ Peyer, Ann (Hrsg.): Deutschdidaktik und Berufliche Bildung. Baltmannsweiler: Schneider Verlag Hohengehren, S. 113–131.
Hurrelmann, Bettina (2004): Sozialisation der Lesekompetenz. In: Schiefele, Ulrich/ Artelt, Cordula/ Schneider, Wolfgang/ Stanat, Petra (Hrsg.): Struktur, Entwicklung und Förderung von Lesekompetenz. Vertiefende Analysen im Rahmen von PISA 2000. 1. Aufl. Wiesbaden: VS Verlag für Sozialwissenschaften, S. 37–60.
Hurrelmann, Bettina (2002): Leseleistung – Lesekompetenz. Folgerungen aus PISA, mit einem Plädoyer für ein didaktisches Konzept des Lesens als kultureller Praxis. In: Praxis Deutsch, 29, S. 6–18.
Hurrelmann, Bettina (1999): Medien – Generationen – Familie. In: Gogolin, Ingrid/ Lenzen, Dieter (Hrsg.): Medien-Generation. Beiträge zum 16. Kongreß der Deutschen Gesellschaft für Erziehungswissenschaft. Opladen: Leske + Budrich, S. 99–124.

Hurrelmann, Bettina (1992): Lesen als Schlüssel zur Medienkultur. In: Osthus-Schröder, Ulrike (Hrsg.): Medienkompetenz als Herausforderung an Schule und Bildung. Ein deutschamerikanischer Dialog. Kompendium zu einer Konferenz der Bertelsmann Stiftung vom 18. bis 20. März 1992 in Gütersloh. Gütersloh: Bertelsmann Stiftung, S. 249–265.

Hurrelmann, Bettina (1990): Kinder- und Jugendliteratur im Deutschunterricht – eine Antwort auf den Wandel der Medienkultur? In: Der Deutschunterricht, 24 (3), S. 5–24.

Hurrelmann, Bettina/ Elias, Sabine (Hrsg.) (1998): Leseförderung in einer Medienkultur. In: Praxis Deutsch, Sonderheft.

Hurrelmann, Bettina/ Becker, Susanne/ Nickel-Bacon, Irmgard (2006): Lesekindheiten. Familie und Lesesozialisation im historischen Wandel. Weinheim: Juventa 2006.

Hurrelmann, Bettina/ Hammer, Michael/ Nieß, Ferdinand (1993): Leseklima in der Familie. In: Studie der Bertelsmann Stiftung: Lesesozialisation. Hd.1. Gütersloh: Bertelsmann.

Hurrelmann, Klaus (2002): Einführung in die Sozialisationstheorie. 8. Aufl. Weinheim/ Basel: Beltz.

Jackson, Philip W. (1975): Zur Funktion der sozialen Verkehrsformen im Klassenzimmer. In: Zinnecker, Jürgen (Hrsg.): Der Heimliche Lehrplan. Weinheim: Beltz, S. 19–34.

Jimerson, Shane R./ Egeland, Byron/ Teo, Adrian (1999). Achievement across time: A longitudinal study of deflections, considering early school and family factors. In: Journal of Educational Psychology, 91, S. 116–126.

Joas, Hans (2007): Lehrbuch der Soziologie. 3. Aufl. Frankfurt a.M.: Campus.

Jost, Roland (2005): Sachtexte versus literarische Texte? In: Fix, Martin/ Jost, Roland (Hrsg.): Sachtexte im Deutschunterricht. Baltmannsweiler: Schneider Verlag Hohengehren, S. 19–24.

Josting, Petra/ Peyer, Ann (Hrsg.) (2002): Deutschdidaktik und berufliche Bildung. Baltmannsweiler: Schneider.

Kämper-van den Boogaart, Michael (2010): Lehrerkonzepte und Lehrerkompetenzen für den Lese- und Literaturunterricht. In: Kämper-van den Boogaart, Michael/ Spinner, Kaspar (Hrsg.): Lese- und Literaturunterricht. Teil 2. DTP Bd. 11/2. Baltmannsweiler: Schneider Verlag Hohengehren, S. 104–136.

Kemna, Pierre W. (2012): Messung pädagogischer Basiskompetenzen von Lehrerinnen und Lehrern. Entwicklung von Testinstrumenten. Münster: Waxmann.

Literaturverzeichnis

Kiel, Ewald (2013): Kulturelle Kompetenz. In: Grabowski, Joachim (Hrsg.): Sinn und Unsinn von Kompetenzen. Fähigkeitskonzepte im Bereich von Sprache, Medien und Kultur. Opladen u.a.: Budrich, S. 133–151.

Kimmelmann, Nicole (2013): Zielgruppenorientierung Diversity an Übergängen der beruflichen Bildung. In Fischer, Andreas/ Frommberger, Dietmar (Hrsg.): Vielfalt an Übergängen in der beruflichen Bildung - zwölf Ansichten. Leuphana-Schriften zur Berufs- und Wirtschaftspädagogik. Bd. 5. Baltmannsweiler: Schneider Verlag Hohengehren.

Klann-Delius, Gisela (1999): Spracherwerb. Stuttgart/Weimar: Metzler.

Klauda, Susan L. (2008): The Relations of Children's Perceived Support for Recreational Reading from Parents and Friends to Their Motivation for Reading. Unpublished Dissertation. University of Maryland. Baltimore.

Klieme, Eckhard/ Leutner, Detlev (2006): Kompetenzmodelle zur Erfassung individueller Lernergebnisse und zur Bilanzierung von Bildungsprozessen. Beschreibung eines neu eingerichteten Schwerpunktprogramms der DFG. In: Zeitschrift für Pädagogik 52 (6), S. 876–903.

Köcher, Renate (1993): Lesekarrieren – Kontinuität und Brüche. In: Bonfadelli, Heinz/ Fritz, Angela/ Köcher, Renate (Hrsg.): Lesesozialisation. Band 2. Leseerfahrungen und Lesekarrieren. Mit einer Synopse von Ulrich Saxer. Gütersloh: Verlag Bertelsmann Stiftung, S. 215–310.

Köcher, Renate (1988): Familie und Lesen. Eine Untersuchung über den Einfluß des Elternhauses auf das Leseverhalten. Archiv für Soziologie und Wirtschaftsfragen des Buchhandels LXIII. Frankfurt a.M.: Buchhändlervereinigung.

König, Johannes (2010): Lehrerprofessionalität - Konzepte und Ergebnisse der internationalen und deutschen Forschung am Beispiel fachübergreifender, pädagogischer Kompetenzen. In: König, Johannes/ Hofmann, Bernhard (Hrsg.): Professionalität von Lehrkräften – Was sollen Lehrkräfte im Lese- und Schreibunterricht wissen und können? Berlin: DGLS, S. 40–105.

König, Johannes/ Hofmann, Bernhard (Hrsg.) (2010): Professionalität von Lehrkräften – Was sollen Lehrkräfte im Lese- und Schreibunterricht wissen und können? Berlin: DGLS.

König, Johannes/ Seifert, Andreas (Hrsg.) (2012): Lehramtsstudierende erwerben pädagogisches Professionswissen. Ergebnisse der Längsschnittstudie LEK zur Wirksamkeit der erziehungswissenschaftlichen Lehrerausbildung. Münster: Waxmann.

Köster, Juliane (2006): Inferenzbildung – Was Vorwissen für die Lesekompetenz bedeutet. In: Gaiser, Gottlieb/ Münchenbach, Siegfried

(2006): Leselust dank Lesekompetenz. Leseerziehung als fächerübergreifende Aufgabe. 1. Aufl. Donauwörth: Auer, S.128–137.

Kohonen, Viljo (2007): Towards transformative foreign language teacher education: the subject teacher as a professional social actor. In: Jakku-Sihvonen, Ritva/ Niemi, Hannele (Hrsg.): Education as a societal contributor. Berlin: Peter Lang, S. 181–206.

Koolstra, Cees M./ van der Voort, Tom H.A./ van der Kamp, Leo J.T. (1997): Television's impact on children's reading comprehension and decoding skills: A 3-year panel study. In: Reading Research Quarterly, 32, S. 128–152.

Kraler, Christian/ Schratz, Michael (Hrsg.) (2008): Wissen erwerben, Kompetenzen entwickeln: Modelle zur kompetenzorientierten Lehrerbildung. Münster: Waxmann.

Kraul, Margret/ Marotzki, Winfried/ Schweppe, Cornelia (Hrsg.) (2002): Biographie und Profession. Bad Heilbrunn: Klinkhardt.

Kuhn, Melanie R./ Stahl, Steven A. (2003): Fluency: A review of developmental and remedial practices. In: Journal of Educational Psychology 95, S. 3–21.

Kunter, Mareike/ Baumert, Jürgen/ Blum, Werner/ Klusmann, Uta/ Krauss, Stefan; Neubrand, Michael (Hrsg.) (2011): Professionelle Kompetenz von Lehrkräften. Ergebnisse des Forschungsprogramms COACTIV. Münster: Waxmann.

Kurtz, Thomas (2009): Professionalität aus soziologischer Perspektive. In: Zlatkin-Troitschanskaia, Olga/ Beck, Klaus/ Sembill, Detlef/ Nickolaus, Reinhold/ Mulder, Regina (Hrsg.): Lehrprofessionalität. Bedingungen, Genese, Wirkungen und ihre Messung. 1. Aufl. Weinheim: Beltz, S. 45–54.

Landry, Susan H./ Smith, Karen H. (2006): The influence of parenting on emerging literacy skills. In: Handbook of Early Literacy Research, 2, S. 135–147.

Lehmann-Grube, Sabine/ Nickolaus, Reinhold (2009): Professionalität als kognitive Disposition. In: Zlatkin-Troitschanskaia, Olga/ Beck, Klaus/ Sembill, Detlef/ Nickolaus, Reinhold/ Mulder, Regina (Hrsg.): Lehrprofessionalität. Bedingungen, Genese und ihre Messung. Weinheim: Beltz, S. 59–70.

Leisen, Josef (2011): Zehn Lesestrategien für das intensive Lesen von Sachtexten (Überblick). In: Landesinstitut für Schule und Medien Berlin-Brandenburg (Hrsg.): Lesen in den Naturwissenschaften. Das Pro-Lesen-Länderprojekt Berlin/Brandenburg, S. 29–34.

Leisen, Josef (2010): Handbuch Sprachförderung im Fach. Sprachsensibler Fachunterricht in der Praxis. Bonn: Varus.

Literaturverzeichnis

Leisen, Josef (2006): Ein Sachtext – zehn Strategien zur Bearbeitung von Sachtexten. In: Naturwissenschaften im Unterricht – Physik, 5, S. 12–23.

Lenhard, Wolfgang (2013): Leseverständnis und Lesekompetenz: Grundlagen - Diagnostik – Förderung. Stuttgart: Kohlhammer.

Leubner, Martin (2005): Literatur als Vermittlerin von Weltwissen. "Robinson Crusoe" als Herbartianische Schul- und Privatlektüre in der zweiten Hälfte des 19. Jahrhunderts. In: Korte, Hermann (Hrsg.): Literaturvermittlung im 19. und frühen 20. Jahrhundert. Vorträge des 1. Siegener Symposions zur literaturdidaktischen Forschung. Frankfurt u.a.: Lang, S. 137–150.

Lipowsky, Frank (2006): Auf den Lehrer kommt es an. Empirische Evidenzen für Zusammenhänge zwischen Lehrerkompetenzen, Lehrerhandeln und dem Lernen der Schüler. In: Beiheft der Zeitschrift für Pädagogik, 51, S. 47–70.

Little, Roderick J.A./ Rubin, Donald B. (1987): Statistical Analysis with Missing Data. New York: Wiley.

Ludwigsen, Horst (1981): Zur Geschichte des Deutschunterrichts im beruflichen Schulwesen. Die Krise eines Faches zwischen beruflicher und allgemeiner Bildung. Königstein/Ts.: Scriptor.

Mackie, John L. (1980): The Cement of the Universe: A Study of Causation. Oxford: Clarendon Press.

Mayr, Johannes (2012): Persönlichkeit und psychosoziale Kompetenz: Verhältnisbestimmung und Folgerungen für die Lehrerbildung. In: Bosse, Dorit/ Dauber, Heinrich/ Döring-Seipel, Elke/ Nolle, Timo (Hrsg.): Professionelle Lehrerbildung im Spannungsfeld von Eignung, Ausbildung und beruflicher Kompetenz. Kempten: Julius Klinkhardt, S. 43–57.

McElvany, Nele/ Becker, Michael/ Lüdtke, Oliver (2009): Die Bedeutung familiärer Merkmale für Lesekompetenz, Wortschatz, Lesemotivation und Leseverhalten. In: Zeitschrift für Entwicklungspsychologie und Pädagogische Psychologie, 42, S. 121–131.

McElvany, Nele/ Kortenbruck, Marthe/ Becker, Michael (2008): Lesekompetenz und Lesemotivation. Entwicklung und Mediation des Zusammenhangs durch Leseverhalten. In: Zeitschrift für Pädagogische Psychologie, 22, S. 207–219.

Merkens, Hans (2009): Organisationskultur und Professionalisierung, In: Zlatkin-Troitschanskaia, Olga/ Beck, Klaus/ Sembill, Detlef/ Nickolaus, Reinhold/ Mulder, Regina (Hrsg.): Lehrprofessionalität. Bedingungen, Genese, Wirkungen und ihre Messung. 1. Aufl. Weinheim: Beltz, S. 543–554.

Merten, Roland/ Olk, Thomas (1997): Sozialpädagogik als Profession. Historische Entwicklung und künftige Perspektive. In: Combe, Arno/ Helsper, Werner (Hrsg.): Pädagogische Professionalität. Frankfurt a.M.: Suhrkamp, S. 570–613.

Meuser, Michael (2005): Professionell handeln ohne Profession? Eine Begriffsrekonstruktion. In: Pfadenhauer, Michaela (Hrsg.): Professionelles Handeln. 1. Aufl. Wiesbaden: VS Verlag für Sozialwissenschaften, S. 253–264.

Mietzel, Gerd (2002): Wege in die Entwicklungspsychologie. Kindheit und Jugend. Weinheim: Beltz.

Möller, Jens/ Schiefele, Ulrich (2004): Motivationale Grundlagen der Lesekompetenz. In: Schiefele, Ulrich/ Artelt, Cordula/ Schneider, Wolfgang/ Stanat, Petra (Hrsg.): Struktur, Entwicklung und Förderung von Lesekompetenz. Vertiefende Analysen im Rahmen von PISA 2000. Wiesbaden: VS Verlag für Sozialwissenschaften, S. 101–124.

Monk, David H. (1994): Subject area preparation of secondary mathematics and science teachers and student achievement. In: Economics of Education Review, 13 (2), S. 125–145.

Müller, Bettina/ Richter, Tobias (2014): Lesekompetenz. In: Grabowski, Joachim (Hrsg.): Sinn und Unsinn von Kompetenzen. Fähigkeitskonzepte im Bereich von Sprache, Medien und Kultur. Oplden/Berin/Toronto: Barbara Budrich, S. 29–49.

Müller, Rudolf (1982): Untersuchungen zum Leseinteresse von Grundschülern und zur Lesbarkeit von Texten für Leseanfänger. Berlin: von Kloeden.

Münz, N. (2008): Peers in der Lesesozialisation – Eine Erwartungs-Werttheoretische Überprüfung. Unveröffentlichte Diplomarbeit der Christian-Albrechts-Universität. Kiel.

Mulder, Regina/ Messmann, Gerhard/ Gruber, Hans (2009): Professionelle Entwicklung von Lehrenden als Verbindung von Professionalität und professionellem Handeln. In: Zlatkin-Troitschanskaia, Olga/ Beck, Klaus/ Sembill, Detlef/ Nickolaus, Reinhold/ Mulder, Regina (Hrsg.): Lehrprofessionalität. Bedingungen, Genese, Wirkungen und ihre Messung. 1. Aufl. Weinheim: Beltz, S. 401–409.

Mullan, Killian (2010): Families that read: A time-diary analysis of young people's and parents' reading. In: Journal of Research in Reading, 33 (4), S. 414–430.

Munby, Hugh/ Russell, Tom/ Martin, Andrea K. (2001): Teachers' knowledge and how it develops. In: Richardson, Virginia (Ed.): Handbook of Research on Teaching. 4th ed. Washington, DC: American Educational Research Association, S. 877–904.

Literaturverzeichnis

National Reading Panel (2000): Report oft he National Reading Panel: Teaching children to read: An evidence-based assessment of the scientific research literature on reading and its implications for reading instruction: Reports of the subgroups. Rockville, MD: NICHD Clearinghouse.

Neuweg, Georg H. (2014): Das Wissen der Wissensvermittler. Problemstellungen, Befunde und Perspektiven der Forschung zum Lehrerwissen. In: Terhart, Ewald / Bennewitz, Hedda/ Rothland, Martin (Hrsg.): Handbuch der Forschung zum Lehrerberuf. 2., überarbeitete und erweiterte Aufl. Münster: Waxmann, S. 583–614.

Neuweg, Georg H. (2010): Fortbildung im Kontext eines phasenübergreifenden Gesamtkonzepts. In: Müller, Florian H./ Eichenberger, Astrid/ Lüders, Manfred/ Mayr, Johannes (Hrsg.): Lehrerinnen und Lehrer lernen. Konzepte und Befunde zur Lehrerfortbildung. Münster: Waxmann, S. 35–49.

Neuweg, Georg H. (2001): Könnerschaft und implizites Wissen. Zur lehrlerntheoretischen Bedeutung der Erkenntnis- und Wissenstheorie Michael Polanyis. 2. überarbeitete und aktualisierte Aufl. Internationale Hochschulschriften 311. Münster u.a.: Waxmann.

Nittel, Dieter (2001): Das Berufsfeld 'Erwachsenenbildung' im Wandel. Grundlagen der Weiterbildung: Praxishilfen 290 (5). Neuwied: Luchterhand, S. 1–20.

Nittel, Dieter/ Schütz, Julia (2005): Veränderte Aufgaben und neue Profile. Professionalisierung und Professionalität in der Erwachsenenbildung. In: Erwachsenenbildung 2005, S. 54–59.

Nold, Günter/ Willenberg, Heiner (2007): Lesefähigkeit. In: Beck, Bärbel/ Klieme, Eckhard (Hrsg.): Sprachliche Kompetenzen. Konzepte und Messung. DESI-Studie (Deutsch Englisch Schülerleistungen International). Weinheim/Basel: Beltz, S. 23–41.

Ofenbach, Birgit (2006): Geschichte des pädagogischen Berufsethos. Realbedingungen für Lehrerhandeln von der Antike bis zum 21. Jahrhundert. Würzburg: Königshausen & Neumann.

OECD (2010): PISA 2009 Ergebnisse: Zusammenfassung.

Oevermann, Ulrich (2002): Professionalisierungsbedürftigkeit und Professionalisiertheit pädagogischen Handelns. In: Kraul, Margret/ Marotzki, Winfried/ Schweppe, Cornelia (Hrsg.): Biographie und Profession. Bad Heilbrunn: Klinkhardt, S. 19–64.

Ostermann, Rüdiger (1999): Statistik für Studierende der Sozialarbeit und Sozialpädagogik. Einführung. 2. Aufl. München: Oldenbourg.

Paefgen, Elisabeth (2010): Kompetenzen und Unterrichtsziele im Lese- und Literaturunterricht der Sekundarstufe II. In: Kämper-van den Boogaart,

Michael/ Spinner, Kaspar H. (Hrsg.): Lese- und Literaturunterricht. Teil 2. DTP Bd. 11 (2). Baltmannsweiler: Schneider Verlag Hohengehren, S. 79–104.
Pahl, Jörg-Peter (2004): Berufsschule. Annäherungen an eine Theorie des Lernortes. Seelze: Kallmeyersche Verlagsbuchhandlung.
Palincsar, Annemarie Sullivan/ Brown, Ann L. (1984): Reciprocal teaching of comprehension-fostering and comprehension-monitoring activities. In: Cognition Instruct, 1, S. 117–175.
Pant, Hans Anand/ Vock, Miriam/ Pöhlmann, Claudia/ Köller, Olaf (2008): Offenheit für Innovationen. Befunde aus einer Studie zur Rezeption der Bildungsstandards bei Lehrkräften und Zusammenhänge mit Schülerleistungen. In: Zeitschrift für Pädagogik, 54 (6), S. 827–845.
Parsons, Talcott (1977): Die Schulklasse als soziales System. Einige ihrer Funktionen in der amerikanischen Gesellschaft. In: Parsons, Talcott: Sozialstruktur und Persönlichkeit. Reprints Psychologie. Bd. 7. 2. Aufl. Frankfurt a.M.: Fachbuchhandlung für Psychologie, S. 161–193.
Peer, Willie van (1991): Literary socialization in the family: A state of the art. Poetics, 20, S. 539–558.
Perrin, Daniel/ Jakobs, Eva-Maria (2007): Training beruflicher Textkompetenz. In: Schmölzer-Eibinger, Sabine/ Weidacher, Georg (Hrsg.): Textkompetenz. Eine Schlüsselkompetenz und ihre Vermittlung. Europäische Studien zur Textlinguistik. Bd. 4. Tübingen: Gunter Narr Verlag.
Pfadenhauer, Michaela (2003): Professionalität: Eine wissenssoziologische Rekonstruktion institutionalisierter Kompetenzdarstellungskompetenz. Opladen: Leske + Budrich.
Philipp, Maik (2011): Lesesozialisation in Kindheit und Jugend. Lesemotivation, Leseverhalten und Lesekompetenz in Familie, Schule und Peer-Beziehungen. 1. Aufl. Stuttgart: Kohlhammer.
Philipp, Maik (2010): Lesen empeerisch: Eine Längsschnittstudie zur Bedeutung von peer groups für Lesemotivation und -verhalten. Wiesbaden: VS Verlag für Sozialwissenschaften.
Plath, Monika (2011): Lesen Jungen anders als Mädchen? In: Philipp, Maik: Lesesozialisation in Kindheit und Jugend. Lesemotivation, Leseverhalten und Lesekompetenz in Familie, Schule und Peer-Beziehungen. 1. Aufl. Stuttgart: Kohlhammer, S. 37–47.
Portmann-Tselikas, Paul R. (2013): In allen Fächern Sprache lernen. In: Gogolin, Ingrid/ Lange, Irmke/ Michel, Ute/ Reich, Hans H. (Hrsg.): Herausforderung Bildungssprache – und wie man sie meistert. Münster: Waxmann, S. 272–284.
Praxis Deutsch (2011): Präsentieren lernen. Nr. 133.

Praxis Deutsch (2008): Meinungen bilden. Nr. 211.
Praxis Deutsch (2005): Präsentieren. Nr. 190.
Rebmann, Karin/ Tenfelde, Walter/ Schlömer, Tobias (2011): Berufs- und Wirtschaftspädagogik. Eine Einführung in Strukturbegriffe. Wiesbaden: Gabler.
Reinisch, Holger (2009): „Lehrprofessionalität" als theoretischer Term. Eine begriffssystematische Analyse. In: Zlatkin-Troitschanskaia, Olga/ Beck, Klaus/ Sembill, Detlef/ Nickolaus, Reinhold/ Mulder, Regina (Hrsg.): Lehrprofessionalität. Bedingungen, Genese, Wirkungen und ihre Messung. Weinheim/Basel: Beltz, S. 33–43.
Reinsch, Christiane (2002): Effekte des Fernsehkonsums auf die Sprach- und Lesekompetenzen von Grundschulkindern. Hamburg: Verlag Dr. Kovac.
Retelsdorf, Jan/ Möller, Jens (2009): Family and Peer Influences on Reading Motivation in Early Adolescence: A Longitudinal Study. Vortrag auf der 13. Biennal EARLI Conference „Fostering Communities of Learners", August 2009. Amsterdam, European Association for Research on Learning and Instruction.
Retelsdorf, Jan/ Möller, Jens (2008): Lesen oder Fernsehen? Zur Vorhersage von Tätigkeitspräferenzen. In: Zeitschrift für Entwicklungspsychologie und Pädagogik, 40 (1), S. 13–21.
Retelsdorf, Jan/ Möller, Jens (2007): Die Entwicklung der Lesekompetenz und -motivation von der 5. zur 6. Klasse: Welchen Einfluss hat die Peergroup? Lüneburg: Universität Lüneburg, AEPF.
Rheinberg, Falko (2002): Motivation. 4. Aufl. Stuttgart: Kohlhammer.
Richter, Karin/ Plath, Monika (2005): Lesemotivation in der Grundschule. Empirische Befunde und Modelle für den Unterricht. Weinheim/ München: Juventa.
Rolff, Hans-Günther/ von der Gathen, Jan (2008): Rückmeldungen an Lehrkräfte und Rezeption. In: DESI-Konsortium (Hrsg.): Unterricht und Kompetenzerwerb in Deutsch und Englisch. Ergebnisse der DESI-Studie. Weinheim: Beltz, S. 55–59.
Robinson, Francis Pleasant (1978): Effective Study. 6. Aufl. New York: Harper & Row.
Rosebrock, Cornelia (2004): Informelle Lesesozialisationsinstanz Peer-Group. In: Groeben, Norbert/ Hurrelmann, Bettina (Hrsg.): Lesesozialisation in der Mediengesellschaft. Ein Forschungsüberblick. München/Weinheim: Juventa, S. 250–280.
Rosebrock, Cornelia (2003): Lesesozialisation und Leseförderung: literarisches Leben in der Schule. In: Kämper-van den Boogaart, Michael

(Hrsg.): Deutschdidaktik. Leitfaden für die Sekundarstufe I und II. Berlin: Cornelsen Scriptor, S. 153–174.

Rosebrock, Cornelia (1999): Zum Verhältnis von Lesesozialisation und literarischem Lernen. In: Didaktik Deutsch, 6, S. 57–68.

Rosebrock, Cornelia/ Nix, Daniel (2011): Grundlagen der Lesedidaktik und der systematischen schulischenLeseförderung.5. Aufl. Baltmannsweiler:Schneider.

Rosebrock, Cornelia/ Nix, Daniel (2008): Grundlagen der Lesedidaktik und der systematischen schulischen Leseförderung. Baltmannsweiler: Schneider Verlag Hohengehren.

Rosebrock, Cornelia/ Nix, Daniel (2006): Forschungsüberblick: Leseflüssigkeit (Fluency) in der amerikanischen Leseforschung und –didaktik. In: Didaktik Deutsch, 20, S. 90–112.

Rost, Detlef H. (Hrsg.) (2001): Handwörterbuch Pädagogische Psychologie. Weinheim: Psychologie VerlagsUnion, Verlagsgruppe Beltz.

Rubin, Donald B. (1976): Inference and missing data. Biometrika, 63, S. 581–592.

Runge, Gabriele (1997): Lesesozialisation in der Schule. Untersuchungen zum Einsatz von Kinder- und Jugendliteratur im Unterricht. Würzburg: Königshausen & Neumann.

Runte, Matthias (1999): Missing Values – Konzepte und statistische Literatur. Working Paper. Kiel.

Schach, Bernhard (1987): Professionalisierung und Berufsethos. Eine Untersuchung zur Entwicklung des beruflichen Selbstverständnisses, dargestellt am Beispiel des Volksschullehrers. Soziologische Schriften. Bd. 47. Berlin: Duncker & Humblot.

Schaffner, Ellen/ Schiefele, Ulrich (2007): Auswirkungen habitueller Lesemotivation auf die situative Textrepräsentation. In: Psychologie in Erziehung und Unterricht, 54 (4), S. 268–286.

Schaffner, Ellen/ Schiefele, Ulrich/ Schneider, Wolfgang (2004): Ein erweitertes Verständnis der Lesekompetenz: Die Ergebnisse des nationalen Ergänzungstests. In: Schiefele, Ulrich/ Artelt, Cordula/ Schneider, Wolfgang/ Stanat, Petra (Hrsg.): Struktur, Entwicklung und Förderung von Lesekompetenz. Vertiefende Analysen im Rahmen von PISA 2000. Wiesbaden: Verlag für Sozialwissenschaften, S. 197–242.

Scheerer-Neumann, Gerheid (2003): Entwicklung der basalen Lesefähigkeit. In: Bredel, Ursula/ Günther, Hartmut/ Klotz, Peter/ Ossner, Jakob/ Siebert-Ott, Gesa (Hrsg.): Didaktik der deutschen Sprache. Bd. 1. Paderborn: Schöningh, S. 513–524.

Scheuerl, Hans (1965): Vom Niveau höherer Bildung. Gedanken über Schule, Studium, Lehrerbildung. Heidelberg: Quelle & Meyer.

Schilcher, Anita/ Pissarek, Markus (Hrsg.) (2013): Auf dem Weg zur literarischen Kompetenz. Ein Modell literarischen Lernens auf semiotischer Grundlage. 1. Aufl. Baltmannsweiler: Schneider Verlag Hohengehren.

Schneider, Frank/ Pfennig, Lothar (2006): Förderung von Kritikfähigkeit im Deutschunterricht. Ein dialogischer und strategieorientierter Ansatz. In: Pädagogik, 58 (5), S. 10–13.

Schnell, Rainer/ Hill, Paul B./ Esser, Elke (2008): Methoden der empirischen Sozialforschung. 8. Aufl. München: Oldenbourg.

Schön, Erich (1996): Zur aktuellen Situation des Lesens und zur biographischen Entwicklung des Lesens bei Kindern und Jugendlichen. Bibliotheksgesellschaft Oldenburg. Nr. 19. Brandes, Helga und Kramer, Werner (Hrsg.). Oldenburg.

Schön, Erich (1993): Selbstaussagen zur Funktion literarischen Lesens im Lebenszusammenhang von Kindern und Jugendlichen. In: Janota, Johannes (Hrsg.): Kultureller Wandel und die Germanistik in der Bundesrepublik. Vorträge des Augsburger Germanistentags 1991. Band 1. Tübingen: Niemeyer, S. 260–271.

Schön, Erich (1990): Die Leser erzählen lassen. Eine Methode in der aktuellen Rezeptionsforschung. In: Siegener Periodicum zur internationalen empirischen Literaturwissenschaft, 9 (2), S. 229–276.

Schoenbach, Ruth/ Greenleaf, Cynthia/ Cziko, Christine/ Hurwitz, Lori (2006): Lesen macht schlau. Neue Lesepraxis für weiterführende Schulen. Gaile, Dorothee (Hrsg.): Berlin: Cornelsen.

Schratz, Michael (2011): Professionalität und Professionalisierung von Lehrerinnen und Lehrern in internationaler Perspektive. In: Schratz, Michael/ Paseka, Angelika/ Schrittesser, Ilse (Hrsg.): Pädagogische Professionalität: quer denken – umdenken – neu denken. Impulse für *next practice* im Lehrerberuf. 1. Aufl. Wien: Facultas Verlags- und Buchhandels AG, S. 46–94.

Schreier, Margrit (2004): Entwicklung von Lesekompetenz – Fördernde Einflüsse des medialen Umfeldes. In: Groeben, Norbert/ Hurrelmann, Bettina (Hrsg.): Lesesozialisation in der Mediengesellschaft. Ein Forschungsüberblick. Weinheim/München: Juventa, S. 402–439.

Schreier, Margit/ Odağ, Özen (2004): Genuss und Distanz: Geschlechterspezifische Kompetenzen beim Umgang mit Realität(en) und Fiktion(en). In: Spiel, 23, S. 94–115.

Schreier, Margrit/ Rupp, Gerhard (2002): Ziele/Funktionen der Lesekompetenz im medialen Umbruch. In: Norbert Groeben/ Bettina Hurrelmann (Hrsg.): Lesekompetenz. Bedingungen, Dimensionen, Funktionen. Weinheim/München: Juventa, S. 251–274.

Literaturverzeichnis

Schrittesser, Ilse (2011): Professionelle Kompetenzen: Systematische und empirische Annäherungen. In: Schratz, Michael/ Paseka, Angelika/ Schrittesser, Ilse (Hrsg.): Pädagogische Professionalität: quer denken – umdenken – neu denken. Impulse für *next practice* im Lehrerberuf. 1. Aufl. Wien: Facultas Verlags- und Buchhandels AG, S. 95-122.

Schrittesser, Ilse/ Hofer, Monika (2012): Lehrerbildung als kulturelle Praxis? In: Kraler, Christian/ Schnabel-Schüle, Helga/ Schratz, Michael/ Weyand, Birgit (Hrsg.): Kulturen der Lehrerbildung. Professionalisierung eines Berufsstands im Wandel. Münster: Waxmann, S. 141–154.

Schubarth, Wilfried/ Pohlenz, Philipp (Hrsg.) (2006): Qualitätsentwicklung und Evaluation in der Lehrerbildung. Die zweite Phase: Das Referendariat. In: Potsdamer Beiträge zur Lehrevaluation. Bd. 2. Potsdam: Universitätsverlag.

Schubarth, Wilfried/ Speck, Karsten/ Seidel, Andreas (2011): Nach Bologna: Praktika im Studium – Pflicht oder Kür? Empirische Analysen und Empfehlungen für die Hochschulpraxis. In: Potsdamer Beiträge zur Hochschulforschung. Bd. 1. Potsdam: Universitätsverlag.

Schütz, Julia (2009): Pädagogische Berufsarbeit und Zufriedenheit. Eine bildungsbereichsübergreifende Studie. Brödel, Rainer; Nittel, Dieter (Hrsg.): Erwachsenenbildung und lebensbegleitendes Lernen. Bd. 12. Bielefeld: Bertelsmann.

Schütze, Fritz (1992): Sozialarbeit als bescheidene Profession. In: Dewe, Bernd/ Ferchhoff, Wilfried/ Radtke, Frank-Olaf (Hrsg.): Erziehen als Profession. Zur Logik des professionellen Handelns in pädagogischen Feldern. Opladen: Leske + Budrich, S. 132-170.

Schwab, Georg (1991): Fehlende Werte in der angewandten Statistik. Wiesbaden: DUV.Seitz, Stefan (2008): Der Lehrer als Innovator von Schule: ein neues Professionsverständnis? Historische und empirische Analysen zum beruflichen Selbstverständnis von Lehrkräften unter dem Aspekt der Schulentwicklung. Hamburg: Kovac.

Sekretariat der Ständigen Konferenz der Kultusminister der Länder in der Bundesrepublik Deutschland (2007) (Hrsg.): Handreichung für die Erarbeitung von Rahmenlehrplänen der Kultusministerkonferenz für den berufsbezogenen Unterricht in der Berufsschule und ihre Abstammung mit Ausbildungsordnungen des Bundes für anerkannte Ausbildungsberufe. Bonn.

Sekretariat der Ständigen Konferenz der Kultusminister der Länder in der Bundesrepublik Deutschland (2005) (Hrsg.): Bildungsstandards der Kultusministerkonferenz. Erläuterungen zur Konzeption und Entwicklung. München/Neuwied: Wolters Kluwer (Luchterhand).

Shulman, Lee S. (2004): The wisdom of practice: Essays on teaching, learning, and learning to teach. S. Wilson (Hrsg.). San Francisco: Jossey-Bass.

Shulman, Lee S. (1986): Those who understand: Knowledge growth in teaching. In: Educational Researcher, 15, S. 4–14.

Singer, Jerome L./ Singer, Dorothy G. (1988): Wider die Verkümmerung der Phantasie. Fernsehen, Lesen und die Entwicklung der Vorstellungskraft. In: Fröhlich, Werner D./ Zitzlsperger, Rolf/ Franzmann, Bodo (Hrsg.): Die verstellte Welt. Beiträge zur Medienökologie. Frankfurt a.M.: Fischer, S. 98–114.

Sonnenschein, Susan/ Munsterman, Kimberly (2002): The Influence of home-based reading interactions on 5-year-olds' reading motivations and early literacy development. In: Early Childhood Research Quarterly, 17 (3), S. 318–337.

Spinner, Kaspar H. (2010): Lesekompetenz ausbilden, Lesestandards erfüllen. In: Schulz, Gudrun (Hrsg.): Lesen lernen in der Grundschule – Lesekompetenz und Leseverstehen – Förderung und Bücherwelten. Berlin: Cornelsen Scriptor, S. 48–61.

Spinner, Kaspar H. (2006): Vermittlung von Lesekompetenz als Aufgabe aller Fächer. In: Gaiser, Gottlieb/ Münchenbach, Siegfried (Hrsg.): Leselust dank Lesekompetenz. Leseerziehung als fächerübergreifende Aufgabe. 1. Aufl. Donauwörth: Auer, S. 120–127.

Spranger, Eduard (1929): Berufsbildung und Allgemeinbildung. In: Kühne, Alfred (Hrsg.): Handbuch für das Berufs- und Fach-Schulwesen. Leipzig, S. 27–42.

Stanat, Petra/ Schneider, Wolfgang (2004): Schwache Leser unter 15-jährigen Schülerinnen und Schülern in Deutschland: Beschreibung einer Risikogruppe. In: Schiefele, Ulrich/ Artelt, Cordula/ Schneider, Wolfgang/ Stanat, Petra (Hrsg.): Struktur, Entwicklung und Förderung von Lesekompetenz. Vertiefende Analysen im Rahmen von PISA 2000. 1. Aufl. Wiesbaden: VS Verlag für Sozialwissenschaften, S. 243–273.

Stancel-Piatak, Agnes/ Abelha Faria, Joana/ Dämmer, Jutta/ Jansing, Barbara/ Keßler, Jörg-U./ Schwippert, Kurt (2013): Lerngelegenheiten und Veranstaltungsqualität im Studienverlauf: Lehramt Deutsch, Englisch und Mathematik. In: Blömeke, Sigrid/ Bremerich-Vos, Albert/ Kaiser, Gabriele/ Nold, Günter/ Haudeck, Helga/ Keßler, Jörg-U./ Schwippert, Kurt (Hrsg.): Professionelle Kompetenzen im Studienverlauf. Weitere Ergebnisse zur Deutsch-, Englisch- und Mathematiklehrerausbildung aus TEDS-LT. Münster: Waxmann, S. 189–229.

Statistisches Bundesamt (2014): Statistisches Jahrbuch. Deutschland und Internationales. Wiesbaden.

Statisches Bundesamt (2012): Bildung und Kultur. Berufliche Schulen. Fachserie 11/2, Wiesbaden.

Stiftung Lesen (2010): Lesefreude trotz Risikofaktoren. Eine Studie zur Lesesozialisation von Kindern in der Familie. Kreibich, Heinrich/ Ehmig, Simone C. (Hrsg.): Schriftenreihe der Stiftung Lesen.

Suchodoletz, Waldemar von (2010): Konzepte in der LRS-Therapie. In: Zeitschrift für Kinder- und Jugendpsychiatrie und Psychotherapie, 38, S. 329–339.

Tacke, Gero (2005): Evaluation eines Lesetrainings zur Förderung lese-rechtschreibschwacher Grundschüler der zweiten Klasse. In: Psychologie in Erziehung und Unterricht, 52, S. 198–209.

Terhart, Ewald (2011): Lehrerberuf und Professionalität. Gewandeltes Begriffsverständnis – neue Herausforderungen. In: Helsper, Werner/ Tippelt, Rudolf (Hrsg.): Pädagogische Professionalität. Beiheft der Zeitschrift für Pädagogik, 57. Weinheim u.a.: Beltz, S. 202–224.

Terhart, Ewald (2007): Standards für die Lehrerbildung – eine Einführung. In: Unterrichtswissenschaft. In: Zeitschrift für Lernforschung, 35 (1), S. 2–14.

Terhart, Ewald (2002): Standards für die Lehrerbildung. Eine Expertise für die KMK. Münster: Zentrale Koordination Lehrerausbildung (ZKL-Texte Nr. 23).

Terhart, Ewald (2002): Nach PISA. Bildungsqualität entwickeln. Hamburg: Europäische Verlagsanstalt 2002.

Trautmann, Matthias/ Wischer, Beate (2011): Heterogenität in der Schule. Eine kritische Einführung. Wiesbaden: Springer.

Treumann, Klaus P./ Burkatzki, Eckhard/ Strotmann, Mareike (2004): Das Bielefelder Medienkompetenz-Modell: clusteranalytische Untersuchungen zum Medienhandeln Jugendlicher. In: Bonfadelli, Heinz/ Bucher, Priska/ Paus-Hasebrink, Ingrid/ Süss, Daniel (Hrsg.): Medienkompetenz und Medienleistungen in der Informationsgesellschaft: Beiträge einer internationalen Tagung. Zürich: Pestalozzianum, S. 35–52.

Vollbrecht, Ralf/Wegener, Claudia (2010): Handbuch Mediensozialisation. Wiesbaden: VS Verlag für Sozialwissenschaften.

Vollmer, Thomas (2006): Berufsbildendes Schulwesen. In: Arnold, Karl-Heinz/ Sandfuchs, Uwe/ Wiechmann, Jürgen (Hrsg.): Handbuch Unterricht. Bad Heilbrunn: Julius Klinkhardt, S. 105–114.

Vollmer, Helmut Johannes/ Thürmann, Eike (2013): Sprachbildung und Bildungssprache als Aufgabe aller Fächer der Regelschule. In: Becker-Mrotzek, Michael/ Schramm, Karen/ Thürmann, Eike/ Vollmer, Helmut Johannes (Hrsg.): Sprache im Fach. Sprachlichkeit und fachliches Lernen. Münster u.a.: Waxmann, S. 41–57.

Wahler, Peter/ Witzel, Andreas (1985): Arbeit und Persönlichkeit - jenseits von Determination und Wechselwirkung. Anmerkung zur Rekonstruktion der Handlungslogik einer werdenden Arbeitskraft. In: Hoff, Ernst-Hartmut/ Lappe, Lothar/ Lempert, Wolfgang (Hrsg.): Arbeitsbiographie und Persönlichkeitsentwicklung. Bern: Huber, S. 224–236.

Warwas, Julia (2012): Berufliches Selbstverständnis, Beanspruchung und Bewältigung in der Schulleitung. Wiesbaden: VS Verlag für Sozialwissenschaften.

Weinert, Franz E. (Hrsg.) (2001): Leistungsmessungen in Schulen. Weinheim: Beltz.

Weinert, Franz E. (1999): Konzepte der Kompetenz. Paris: OECD.

Wenzel, Hartmut (2008): Vom Antagonismus zur Harmonie? Lehrerprofessionalität im Spiegel schulbezogener Organisationstheorien und neuerer Lehrerforschung. In: Helsper, Werner/ Busse, Susann/ Hummrich, Merle/ Kramer, Rolf-Torsten (Hrsg.): Pädagogische Professionalität in Organisationen. Neue Verhältnisbestimmungen am Beispiel der Schule. 1. Aufl. Wiesbaden: VS Verlag für Sozialwissenschaften, S. 25–38.

Werle, Petra (2001): Zum beruflichen Selbstkonzept des Schulleiters. Eine Untersuchung zum beruflichen Selbstbild und Selbstverständnis von Schulleiterinnen und Schulleitern sowie deren Bedürfnisse und Erwartungen an die Schulleiterfortbildung. Saarbrücken: Conte.

Weyand, Birgit/ Justus, Monika/ Schratz, Michael (2012): Auf unsere Lehrerinnen und Lehrer kommt es an. Geeignete Lehrer/-innen gewinnen, (aus-)bilden und fördern. Stifterverband für die Deutsche Wissenschaft. Essen: Edition Stifterverband.

Wieler, Petra (1997): Vorlesen in der Familie. Fallstudien zur literarisch-kulturellen Sozialisation von Vierjährigen. Weinheim u.a.: Juventa.

Wigfield, Allan/ Guthrie, John T. (1997): Relations of children's motivation for reading to the amount and breadth of their reading. In: Journal of Educational Psychology, 89, S. 420–432.

Willenberg (1999): Lesen und Lernen. Eine Einführung in die Neuropsychologie des Textverstehens. Heidelberg/Berlin: Spektrum.

Winterhager-Schmid, Luise (1998): Zum Selbstverständnis künftiger Schulleiterinnen. In: Ackermann, Heike (Hrsg.): Schulqualität managen. Von der Verwaltung der Schule zur Entwicklung von Schulqualität. Neuwied: Luchterhand, S. 160–177.

Wissinger, Jochen (1996): Perspektiven schulischen Führungshandelns. Eine Untersuchung über das Selbstverständnis von SchulleiterInnen. Weinheim: Juventa.

Witt, Alan L./ Ferris, Gerald R. (2003): Social skill as moderator of the conscientiousness–performance relationship: Convergent results across four studies. In: Journal of Applied Psychology, 88, S. 809–821.
Wollscheid, Sabine (2008): Lesesozialisation in der Familie. Eine Zeitbudgetanalyse zu Lesegewohnheiten. 1. Aufl. Wiesbaden: VS Verlag für Sozialwissenschaften.
Wyss-Kolb, Monika (2002): Zu den Schreibkompetenzen von Berufsschülerinnen und Berufsschülern. In: Josting, Petra/ Peyer, Ann (Hrsg.): Deutschdidaktik und berufliche Bildung. Diskussionsforum Deutsch. Bd. 8. Baltmannsweiler: Schneider Verlag Hohengehren, S. 79–91.
Youniss, James (1982): Die Entwicklung und Funktion von Freundschaftsbeziehungen. In: Edelstein, Wolfgang/ Keller, Monika (Hrsg.): Perspektivität und Interpretation. Frankfurt a.M.: Suhrkamp, S. 78–109.
Zeiher, Helga (2005): Der Machtgewinn der Arbeitswelt über die Zeit der Kinder. In: Hengst, Heinz/ Zeiher, Helga (Hrsg.): Kindheit soziologisch. Wiesbaden: VS Verlag für Sozialwissenschaften, S. 201–226.
Ziener, Gerhard (2008): Bildungsstandards in der Praxis. Kompetenzorientiert unterrichten. Seelze-Velber: Kallmeyer Verlag.
Zimbardo, Philip G./ Gerrig, Richard J. (2004): Psychologie. 16., aktualisierte Aufl. München: Pearson.
Zimmermann, Peter (2006): Grundwissen Sozialisation. Einführung zur Sozialisation im Kindes- und Jugendalter. 3. überarbeitete und erweiterte Aufl. Wiesbaden: VS Verlag für Sozialwissenschaften.
Zimmermann, Peter (2000): Grundwissen Sozialisation. Einführung zur Sozialisation im Kindes- und Jugendalter. Opladen: Leske + Budrich.
Zlatkin-Troitschanskaia, Olga/ Beck, Klaus/ Sembill, Detlef/ Nickolaus, Reinhold/ Mulder, Regina (Hrsg.) (2009): Lehrprofessionalität. Bedingungen, Genese, Wirkungen und ihre Messung. 1. Aufl. Weinheim: Beltz.

Literaturverzeichnis

Lehrpläne

Bayerisches Staatsministerium für Unterricht und Kultus (2009): Lehrplan für die Berufsschule und Berufsfachschule. Unterrichtsfach: Deutsch. Jahrgangsstufen 10 bis 12. Institut für Schulqualität und Bildungsforschung (Hrsg.). München: Hintermaier. Aufzurufen unter https://www. isb.bayern.de/download/8640/bs_bfs_deutsch_mit_glossar-12-2009. pdf (22.04.2015).

Bayerisches Staatsministerium für Unterricht und Kultus (2007): Lehrplan für die Wirtschaftsschule. Unterrichtsfach: Deutsch. Jahrgangsstufe 7 bis 10. Institut für Schulqualität und Bildungsforschung (Hrsg.). München: Hintermaier. Aufzurufen unter http://www.isb.bayern.de/ download/8644/lp-ws-deutsch.pdf (19.06.2013).

Bayerisches Staatsministerium für Unterricht und Kultus (1998a): Lehrplan für die Berufsoberschule. Alle Ausbildungsrichtungen. Unterrichtsfach: Deutsch. Jahrgangsstufen 12 und 13. Aufzurufen unter http://www.isb.bayern.de/download/8638/lp_bos_deutsch_12-13.pdf (19.06.2013).

Bayerisches Staatsministerium für Unterricht und Kultus (1998b): Lehrplan für die Fachoberschule. Alle Ausbildungsrichtungen. Unterrichtsfach: Deutsch. Jahrgangsstufen 11 und 12. Aufzurufen unter http://www.isb.bayern.de/download/8646/lp_fos_deutsch_11-12.pdf (20.04.2015).

Staatsinstitut für Schulpädagogik und Bildungsforschung (2002): Lehrplan für die Fachschule und Fachakademie. Unterrichtsfach: Deutsch. 1. Schuljahr. Aufzurufen unter http://www.isb.bayern.de/download/8642/lp_fak-fs-deutsch.pdf (15.04.2015).

Literaturverzeichnis

Internetquellen

Bayerische Verfassung. Aufzurufen auf der Internetpräsenz der Bayerischen Staatsregierung unter http://www.gesetze-bayern.de/jportal/portal/ page/bsbayprod.psml;jsessionid=C3505D154CED63B87E5195AB871FE972.jp74?showdoccase=1&doc.id=jlr-VerfBY1998rahmen&doc.part=X&doc.origin=bs (22.04.2015).

Bayerisches Landesamt für Statistik. Aufzurufen unter https://www.statistik.bayern.de/medien/statistik/bildungsoziales/schu_eckdaten-bayern_2013.pdf (30.08.2015).

Bayerisches Staatsministerium für Unterricht und Kultus (2012): Broschüre „Die beruflichen Schulen in Bayern". Aufzurufen unter http://www.demografie-leitfaden-bayern.de/fileadmin/user_upload/demografie-leitfaden/dokumente/Broschuere_Berufliche_Schulen_in_Bayern.pdf (22.04.2015).

Bohland, Jan Hendrik (2005): Spezifische Schwierigkeiten des Deutschunterrichts an der Berufsschule bei der Vermittlung von Schreibkompetenz. Linguistik-Server der Universität Duisburg-Essen. Aufzurufen unter http://www.linse.uni-due.de/linse/esel/pdf/boland_schreibkompenz.pdf (06.04.2015).

Hensge, Kathrin/ Lorig, Barbara/ Schreiber, Daniel (2009): Kompetenzstandards in der Berufsausbildung. Abschlussbericht. Aufzurufen unter http://www2.bibb.de/tools/ fodb/pdf/eb_43201.pdf (16.04.2015).

Institut zur Qualitätsentwicklung im Bildungswesen (2014): Integriertes Kompetenzstufenmodell zu den Bildungsstandards für den Hauptschulabschluss und den Mittleren Schulabschluss im Fach Deutsch für den Kompetenzbereich Lesen – mit Texten und Medien umgehen. Stand: 18. Dezember 2014. Aufzurufen unter https://www.iqb.hu-berlin.de/bista/ksm (06.04.2015).

JIM-Studie (2014): Jugend, Information, (Multi-) Media. Basisstudie zum Medienumgang 12- bis 19jähriger in Deutschland. Medienpädagogischer Forschungsverbund Südwest (Hrsg.). Stuttgart. Aufzurufen unter http://www.mpfs.de/fileadmin/JIM-pdf14/JIM-Studie_2014.pdf (06.03.2015).

Meyer, Stefanie (2009): Entwicklung und Evaluation eines Trainings zur Förderung der Lesekompetenz und Lesemotivation (LekoLemo) für die Sekundarstufe I. Dissertation. Bielefeld. Aufzurufen unter http://pub.uni-bielefeld.de/luur/download?func=downloadFile&recordOId=2305609& fileOId=2305612 (03.04.2015).

Sekretariat der Ständigen Konferenz der Kultusminister der Länder in der Bundesrepublik Deutschland (1994): Erklärung der Kultusministerkonferenz „Zu Fragen der Gleichwertigkeit von allgemeiner und beruflicher Bildung". Beschluss der KMK vom 02.12.1994. Aufzurufen unter http://www.kmk.org/fileadmin/veroeffentlichungen_beschluesse/ 1994/1994_02_12-ErGlWk.pdf (22.04.2015).

Staatsinstitut für Schulqualität und Bildungsforschung München (Hrsg.) (2012): Bildungsbericht Bayern 2012. Aufzurufen unter http://www.isb.bayern.de/download/11654/bildungsbericht_2012.pdf (22.04.2015).

Staatsinstitut für Schulqualität und Bildungsforschung München (2013): Kreisinformationssystem der bayerischen Bildungsberichterstattung. Aufzurufen unter http://www.kis-schule-bayern.de/userfiles/KIS_ Datentabelle_2013.pdf (16.04.2015).

Ständige Konferenz der Kultusminister der Länder in der Bundesrepublik Deutschland (2015): Ländergemeinsame inhaltliche Anforderungen für die Fachwissenschaften und Fachdidaktiken in der Lehrerbildung. Beschluss der Kultusministerkonferenz vom 16.10.2008 i.d.F. vom 12.02.2015. Aufzurufen unter http://www.kmk.org/fileadmin/ veroeffentlichungen_beschluesse/2008/2008_10_16-Fachprofile-Lehrerbildung.pdf (19.04.2015).

Statistische Ämter des Landes und des Bundes: Schuljahr 2013/14. Stand vom 11.11.2014. Aufzurufen unter http://www.statistikportal.de/ statistik-portal/de_ jb04_jahrtab26sch.asp (19.04.2015).

17. Abbildungs- und Tabellenverzeichnis

Abbildungen

Abbildung 1:	Inhalt und Gliederung der vorliegenden Arbeit................	9
Abbildung 2:	Ebenen der Lesesozialisation als Ko-Konstruktion und ihr Zusammenspiel ab der Primarstufe (Philipp 2011: 140).......	37
Abbildung 3:	Rekursives Erwartungs-x-Wert-Modell zum Lesen............	44
Abbildung 4:	Übersicht über das berufliche Schulsystem in Bayern.........	66
Abbildung 5:	Zusammenhang zwischen Handlungsfeldern, Lernfeldern und Lernsituationen...	69
Abbildung 6:	Kompetenzbereiche des Faches Deutsch nach den Bildungsstandards der KMK (Sek I)...........................	80
Abbildung 7:	Beteiligung der Schulen und Schulleiter/innen sowie der Lehrkräfte im Rahmen der Online-Befragung................	118
Abbildung 8:	Zusammensetzung des Samples unter Berücksichtigung der Schularten...	123
Abbildung 9:	Histogramm der Variable „Alter".............................	126
Abbildung 10:	Histogramm Bildung der Eltern................................	129
Abbildung 11:	Histogramm "Häufigkeit der Leserituale".....................	136
Abbildung 12:	Histogramme des jeweiligen Lesehabitus (Kindheit, Pubertät, aktueller Zeitpunkt)................................	141
Abbildung 13:	Median der Empfindung des Lesens während der Kindheit, in der Schule und zum aktuellen Zeitpunkt im Vergleich..	147
Abbildung 14:	Histogramm "Heutzutage lese ich gern"......................	149
Abbildung 15:	Histogramm "Ich verbringe meine Freizeit lieber mit einem Buch [...] als vor dem Fernseher"......................	149
Abbildung 16:	Vergleich der Histogramme zu paraliterarischen Gesprächen in der Pubertät und aktuell......................	151
Abbildung 17:	Histogramm „Auch in den beruflichen Schulen muss das Lesen geübt und gefördert werden"..........................	157
Abbildung 18:	Histogramm „In meinem Unterricht lasse ich die Schüler bewusst viel lesen"...	157
Abbildung 19:	Histogramm „Für den Aufbau von Lesekompetenz ist es in der Sek. II noch nicht zu spät"...........................	157
Abbildung 20:	Histogramm „Lesekompe-tenzförderung ist eine fächerübergreifende Aufgabe"................................	157
Abbildung 21:	Histogramm zum Summenscore der Methoden zur Lesekompetenzförderung im Unterricht......................	160
Abbildung 22:	Histogramm "Identifikation mit der Rolle des Leselehrers"..	163

Abbildung 24: Zusammensetzung der Deutschlehrkräfte nach Schulart..... 166
Abbildung 24: Histogramm „Heutzutage lese ich gern" (Deutschlehrkräfte).. 174
Abbildung 25: Histogramm „Ich verbringe meine Freizeit lieber mit Lesen als mit dem Fernseher".................................... 175
Abbildung 26: "Auch in den beruflichen Schulen muss das Lesen geübt und gefördert werden" (Deutschlehrkräfte).................... 179
Abbildung 27: "Der Aufbau von Lesekompetenz [...] ist eine fächerübergreifende Aufgabe" (Deutschlehrkräfte).......... 179
Abbildung 28: "Für den Aufbau von Lesekompetenz ist es in der Sek. II noch nicht zu spät" (Deutschlehrkräfte)....................... 179
Abbildung 29: Rangfolge der sechs am häufigsten ausgewählten Aufträge des Faches Deutsch................................... 184
Abbildung 30: Prozentuale Verteilung der Kenntnis der Bildungsstandards unter Berücksichtigung der Facultas für das Fach Deutsch..189
Abbildung 31: Histogramm "Identifikation mit der Rolle des Leselehrers"... 191
Abbildung 32: Modell der Einflussfaktoren auf die Entwicklung zum Leselehrer.. 204

Tabellen

Tabelle 1: Schuldaten der Landkreise und kreisfreien Städte in Bayern (Kreisinformationssystem des ISB, Datentabelle 2014)........... 60
Tabelle 2: Übersicht über die Landschaft der bayerischen Fachschulen ... 64
Tabelle 3: Schüler der beruflichen Schulen in Bayern nach Schularten, Geschlecht und Migrationshintergrund...................... 70
Tabelle 4: Voll- und teilzeitbeschäftigte bayerische Lehrkräfte nach Schulart und Geschlecht................................ 71
Tabelle 5: Einführung abschlussbezogener Bildungsstandards 78
Tabelle 6: Prozentuales Geschlechterverhältnis im Sample unter Berücksichtigung der Schularten 125
Tabelle 7: Zusammensetzung des Samples nach Alter 126
Tabelle 8: Deutschlehrer und Nicht-Deutschlehrer................................. 127
Tabelle 9: Höchster Abschluss der Eltern 128
Tabelle 10: Lesehabitus der Eltern.. 131
Tabelle 11: Statistik zum Lesehabitus der Eltern..................................... 131
Tabelle 12: Aktueller Lesehabitus der befragten Lehrkräfte 132
Tabelle 13: Deskriptive Statistik zum aktuellen Lesehabitus 133

Abbildungs- und Tabellenverzeichnis

Tabelle 14: Kreuztabelle Lesehabitus der Eltern und der Lehrkraft 133
Tabelle 15: Rangkorrelationsanalyse Lesehabitus Eltern und Lehrkraft ... 134
Tabelle 16: Bücherei- und Bibliotheksbesuche 135
Tabelle 17: Statistik zum Lesen in der Peergroup 139
Tabelle 18: Lesehabitus in Kindheit, Pubertät und aktuell 142
Tabelle 19: Empfindung des Lesens in der Kindheit 143
Tabelle 20: Empfindung des Lesens in der Schule 144
Tabelle 21: Empfindung des Lesens zum aktuellen Zeitpunkt 145
Tabelle 22: Vergleich der Mediane und Modalwerte der Empfindung des Lesens 146
Tabelle 23: Gespräche über Gelesenes in der Pubertät und zum aktuellen Zeitpunkt 150
Tabelle 24: Statistische Werte der Einstellungen zur Förderung von Lesekompetenz 156
Tabelle 25: Einsatz von Methoden zur Lesekompetenzförderung im Unterricht 158
Tabelle 26: Statistische Kennwerte zum Summenscore der Methoden zur Lesekomptenzförderung 160
Tabelle 27: Häufigkeitstabelle zum Summenscore der Methoden zur Lesekompetenzförderung 161
Tabelle 28: Identifikation mit der Rolle des Leselehrers 162
Tabelle 29: Statistische Kennwerte zur Identifikation mit der Rolle des Leselehrers 162
Tabelle 30: Kreuztabelle zu Rollenidentifikation und Geschlecht 164
Tabelle 31: Höchster Bildungsabschluss der Eltern (Deutschlehrkräfte) .. 167
Tabelle 32: Lesehabitus in der Kindheit (Deutschlehrkräfte) 169
Tabelle 33: Lesehabitus in der Pubertät (Deutschlehrkräfte) 170
Tabelle 34: Lesehabitus aktuell (Deutschlehrkräfte) 170
Tabelle 35: Kreuztabelle Lesehabitus der Deutschlehrer und Nicht-Deutschlehrer 171
Tabelle 36: "Meine Freunde empfanden Lesen als etwas Positives" (Deutschlehrkräfte) 172
Tabelle 37: "Meine Freunde haben mich zum Lesen motiviert" (Deutschlehrkräfte) 172
Tabelle 38: Statistische Kennwerte zum Lesen in der Peergroup 173
Tabelle 39: Gespräche über Gelesenes in der Pubertät und zum aktuellen Zeitpunkt (Deutschlehrkräfte) 176
Tabelle 40: Statistische Kennwerte zu paraliterarischen Gesprächen (Deutschlehrkräfte) 176
Tabelle 41: Einstellung zur Lesekompetenzförderung (Deutschlehrkräfte) 178
Tabelle 42: Auswahl der im Deutschunterricht verwendeten Textsorten .. 180

Tabelle 43:	Kreuztabelle zum Textsorteneinsatz unter Berücksichtigung der Schulart	182
Tabelle 44:	Auswahl der sechs wichtigsten Aufträge des Faches Deutsch	183
Tabelle 45:	Statistische Kennwerte zur Rangfolge der sechs wichtigsten Aufträge des Faches Deutsch	185
Tabelle 48:	Lektüre im pädagogischen Freiraum	186
Tabelle 47:	Vermittlung von Freude am Lesen	188
Tabelle 48:	Kenntnis der Bildungsstandards (Deutschlehrkräfte)	189
Tabelle 49:	Identifikation mit der Rolle des Leselehrers (Deutschlehrkräfte)	190
Tabelle 50:	Statistische Kennwerte der Identifikation mit der Rolle des Leselehrers (Deutschlehrkräfte)	191
Tabelle 51:	Kreuztabelle Rollenidentifikation und Facultas Deutsch	192
Tabelle 52:	Übersicht der zu prüfenden Hypothesen	203
Tabelle 53:	Ergebnisdatenblatt der OLS-Regressionsanalyse	213
Tabelle 54:	Tabellarische Zusammenfassung der Modell-Ergebnisse	221

Aufgrund des Datenschutzes muss auf weitere statistische Auswertungen und Tabellen im Anhang verzichtet werden. Bei Interesse können Sie mich gerne unter folgender E-Mail-Adresse kontaktieren:

anna.kretzschmar@gmail.com

18. Abkürzungsverzeichnis

AV	=	Abhängige Variable
AHR	=	Allgemeine Hochschulreife
BayEUG	=	Bayerisches Erziehungs- und Unterrichtsgesetz
BayStMGP	=	Bayerisches Staatsministerium für Gesundheit und Pflege
BayStMUKWK	=	Bayerisches Staatsministerium für Unterricht und Kultus, Wissenschaft und Kunst
BFS	=	Berufsfachschule
BOS	=	Berufsoberschule(n)
BS	=	Berufsschule(n)
BUKK	=	Bundesministerium für Unterricht, Kunst und Kultur in Wien
DD	=	Deutschdidaktik
DU	=	Deutschunterricht
FAK	=	Fachakademie(n)
FOS	=	Fachoberschule(n)
FS	=	Fachschule
HSA	=	Hauptschulabschluss
iKSM	=	integriertes Kompetenzstufenmodell
ISB	=	Institut für Schulqualität und Bildungsforschung
IQB	=	Institut zur Qualitätsentwicklung im Bildungswesen
KMK	=	Ständige Konferenz der Kultusminister der Länder in der Bundesrepublik Deutschland
LKF	=	Lesekompetenzförderung
LP	=	Lehrplan
MSA	=	Mittlerer Schulabschluss
QIBB	=	QualitätsInitiative BerufsBildung (Österreich)
SDD	=	Symposion Deutschdidaktik
TZU	=	Zeilzeitunterricht
UV	=	Unabhängige Variable
VZU	=	Vollzeitunterricht
WPFG	=	Wahlpflichtfächergruppe

19. Anhang

19.1 Anschreiben der Schulleitungen und Lehrkräfte

Sehr geehrte Damen und Herren der Schulleitung,
sehr geehrte Lehrerinnen und Lehrer der beruflichen Schulen in Bayern,

unser berufliches Schulwesen wurde mit seinen unterschiedlichen Formen in den letzten Jahrzehnten viel zu selten in den wissenschaftlichen Fokus gerückt. Als ehemalige Studierende des Lehramts für berufliche Schulen und derzeitige Promovendin in der Deutschdidaktik ist es mir ein besonderes Anliegen, dem einmal nachzukommen.

Nun trete ich mit einem konkreten Ziel an Sie heran: Ich möchte den generellen **Stellenwert des Lesens** in der Sekundarstufe II erheben. Hierbei interessieren auch die Zusammenhänge der Lesesozialisation und die Förderung der Lesekompetenz im Unterricht: Wie sieht Ihre persönliche Lesesozialisation als Lehrer/in aus und welche Bedeutung kommt dem Lesen Ihrer Ansicht nach in der Sekundarstufe II zu? Fühlen Sie sich als Leselehrer/in? Und welche Kompetenzen wollen Sie persönlich den Schüler/innen vermitteln?

In diesem Sinne bitte ich Sie herzlich um Ihre Mithilfe und Bereitschaft, den Fragebogen zur Thematik für meine Dissertation auszufüllen. Dieser wird lediglich **15-20 Minuten** Ihrer Zeit in Anspruch nehmen. Da alle Daten **online** erhoben werden, können Sie problemlos einfach dem unten angegebenen Link folgen und gelangen direkt zur Umfrage - in der Schule, von zu Hause aus oder über Ihr Smartphone. Die hierzu verwendete Software (EFS Survey) ist garantiert **virenfrei**. Bitte entnehmen Sie der **zweiten Seite** dieses Schreibens wichtige Hinweise zur **Datensicherheit**, Ihrer Einwilligungserklärung etc. Die Teilnahme ist sowohl von Seiten der Schule als auch von Seiten der Lehrer/innen **freiwillig**. Eine Nichtteilnahme bringt keinerlei Nachteile mit sich.

Ich bedanke mich herzlich bei Ihnen und freue mich auf eine hohe Rücklaufquote. Unter den nebenstehenden Kontaktdaten stehe ich Ihnen jederzeit gerne zur Verfügung.

Mit freundlichen Grüßen

Anna Kretzschmar

Anna Kretzschmar
Otto-Friedrich-Universität Bamberg
Lehrstuhl für Didaktik der deutschen Sprache u. Literatur
An der Universität 5 / Raum 307
96047 Bamberg
Tel.: 0151 / 107 34 666
Email: anna.kretzschmar@uni-bamberg.de

Hier der Link zur Umfrage:

http://ww3.unipark.de/uc/Leselehrer_Berufliche_Schulen/

Wichtige Anlage zum Schreiben:

Worum geht es in der Umfrage?

Die Studie erhebt Daten zu Ihrer Lesesozialisation, indem die familiäre und die schulische Lesesozialisation, die Phase der Pubertät sowie der aktuelle Lesehabitus erfasst werden. Anschließend werden die Bildungsstandards der Kultusministerkonferenz (KMK) thematisiert und Sie haben als Lehrkraft die Möglichkeit, eine individuelle Beurteilung der KMK-Kompetenzbereiche für Lehrkräfte vorzunehmen. Es interessiert des Weiteren, welche Kompetenzen Sie ihren Schüler/innen im Unterricht allgemein zu vermitteln versuchen, aber auch, ob Sie Leseförderung betreiben (und wenn ja, mit welchen Methoden), Ihr Medieneinsatz im Unterricht sowie die Verwendung von Textsorten. Der dritte Bereich ist nur von Lehrkräften auszufüllen, die das Fach Deutsch unterrichten. Hier geht es fachspezifisch ebenfalls um den Medieneinsatz, die Verwendung von Textsorten, Möglichkeiten der Leseförderung etc. Ferner steht im Fokus, ob Sie der Sekundarstufe II den Bildungsauftrag „Leseförderung" überhaupt zuordnen und wie Sie Ihre eigene Rolle im Deutschunterricht betrachten: Sehen Sie sich auch als Leselehrer? Abschließend werden Angaben zu Ihrem Geschlecht und Alter sowie zu Ihrer Funktion innerhalb der Schule (Referendar, Lehrer, Seminarlehrer, Schulleiter etc.) erhoben. Daneben interessieren auch Ihre Fächerkombination, die Schulart/en, an der/denen Sie unterrichten sowie der Bildungsabschluss Ihrer Eltern.

Wie erkläre ich meine Einwilligung und kann ich diese gegebenenfalls widerrufen?

Ihre Einwilligungserklärung erteilen Sie mir konkludent durch Ihre Teilnahme an der Online-Umfrage. Alle darin erhobenen Daten werden selbstverständlich höchst vertraulich behandelt. Angaben zu Ihrer Schule oder Ihrem Namen bedarf es nicht. Ferner kann eine bereits erteilte Einwilligung auch ohne die Angabe von Gründen widerrufen werden. Dies können Sie entweder schriftlich an die angegebene Adresse auf der ersten Seite schicken oder sich vertrauensvoll an folgende Email-Adresse wenden: studie.leselehrer@gmail.com. Bitte beachten Sie hierbei, dass Ihr Widerruf bis zum 30. Oktober 2014 zu erfolgen hat, da die Daten im November 2014 vernichtet werden.

Was passiert mit den Daten und wann werden sie gelöscht?

Mit der Sammlung der online erhobenen Daten wurde die Fa. Questback GmbH beauftragt, die die Software EFS Survey, mit welcher diese Umfrage generiert wurde, entworfen hat. Sobald die Daten erhoben sind (einschl. 20. Dezember 2013), werden diese vollständig an mich geschickt, sodass keine Daten bei der Fa. Questback GmbH verbleiben. Mit dem Abschluss des Dissertationsprojektes im November 2014 werden Ihre Daten vernichtet und sind ab diesem Zeitpunkt auch nicht wieder herstellbar. Mit der Entsorgung bzw. Vernichtung der Daten und Datenträger wird die Cintas Document Management Germany GmbH aus München beauftragt, die darüber auch ein schriftliches Vernichtungszertifikat ausstellen wird. Mit beiden Unternehmen wurden zum Zwecke der Datensicherheit Auftragsdatenvereinbarungen unterzeichnet.

Was passiert, wenn ich nicht teilnehme/ nicht teilnehmen möchte?

Die Teilnahme an der Online-Umfrage ist rein freiwillig. Eine Nichtteilnahme bringt für Sie selbstverständlich keinerlei Nachteile mit sich.

Anhang

19.2 Codeplan zum Online-Fragebogen

Der nachfolgende Codeplan enthält eine Übersicht über alle Variablen, die im Zuge der Online-Umfrage eingesetzt und erhoben wurden. Insgesamt beinhaltete der Fragebogen 48 Fragen. Für Lehrkräfte, die das Fach Deutsch nicht unterrichten, entfielen aufgrund der Filtersetzung neun Fragen. In diesem Falle wurden Nicht-Deutschlehrkräfte direkt weitergeleitet.

Variable	Variablenname	Code	Seite
v_1	**Lesehabitus der Eltern**		4
	Vielleser	[1]	
	Gelegenheitsleser	[2]	
	Wenigleser	[3]	
	Nichtleser	[4]	
	keine Angabe	[-77]	
v_2	**Anzahl an Kinder- und Jugendbüchern**		5
	mehr als 100	[1]	
	76 bis 100	[2]	
	51 bis 75	[3]	
	26 bis 50	[4]	
	10 bis 25	[5]	
	weniger als 10	[6]	
	keine Angabe	[-77]	
v_3	**Bücherei-/Bibliotheksbesuche**		5
	täglich	[1]	
	nahezu täglich	[2]	
	mehrmals wöchentlich	[3]	
	wöchentlich	[4]	
	monatlich	[5]	
	mehrmals im Jahr	[6]	
	jährlich	[7]	
	nie	[8]	
	keine Angabe	[-77]	
v_4	**Leserituale**		6
	ja	[1]	
	nein	[2]	
	keine Angabe	[-77]	
v_5	**Häufigkeit der Leserituale**		7
	täglich	[1]	
	nahezu täglich	[2]	
	mehrmals wöchentlich	[3]	
	wöchentlich	[4]	
	monatlich	[5]	
	nur zu bestimmten Anlässen	[6]	
	keine Angabe	[-77]	

Anhang

	Empfindung des Lesens als Kind		8
v_6	spaßbringend		
	sehr stark	[1]	
	stark	[2]	
	mittelmäßig	[3]	
	wenig	[4]	
	sehr wenig	[5]	
	keine Angabe	[-77]	
v_7	interessant		
	sehr stark	[1]	
	stark	[2]	
	mittelmäßig	[3]	
	wenig	[4]	
	sehr wenig	[5]	
	keine Angabe	[-77]	
v_8	spannend		
	sehr stark	[1]	
	stark	[2]	
	mittelmäßig	[3]	
	wenig	[4]	
	sehr wenig	[5]	
	keine Angabe	[-77]	
v_9	unterhaltend		
	sehr stark	[1]	
	stark	[2]	
	mittelmäßig	[3]	
	wenig	[4]	
	sehr wenig	[5]	
	keine Angabe	[-77]	
v_10	informativ		
	sehr stark	[1]	
	stark	[2]	
	mittelmäßig	[3]	
	wenig	[4]	
	sehr wenig	[5]	
	keine Angabe	[-77]	
v_11	zeitvertreibend		
	sehr stark	[1]	
	stark	[2]	
	mittelmäßig	[3]	
	wenig	[4]	
	sehr wenig	[5]	
	keine Angabe	[-77]	
v_12	lästig		
	sehr stark	[1]	
	stark	[2]	
	mittelmäßig	[3]	
	wenig	[4]	
	sehr wenig	[5]	
	keine Angabe	[-77]	

Anhang

v_13	lehrreich	
	sehr stark	[1]
	stark	[2]
	mittelmäßig	[3]
	wenig	[4]
	sehr wenig	[5]
	keine Angabe	[-77]
	Anreize zum Lesen in der Schule	9
v_14	Lesewettbewerbe	
	not quoted	[0]
	quoted	[1]
v_15	Büchereibesuche	
	not quoted	[0]
	quoted	[1]
v_16	Lesenächte	
	not quoted	[0]
	quoted	[1]
v_17	Autorenlesungen	
	not quoted	[0]
	quoted	[1]
v_18	Leseecken	
	not quoted	[0]
	quoted	[1]
v_19	Schulbibliothek	
	not quoted	[0]
	quoted	[1]
v_20	Sonstiges	
	not quoted	[0]
	quoted	[1]
v_21	Sonstiges	
	Freitextfeld	varchar
	Empfindung des Lesens in der Schule	10
v_22	spaßbringend	
	sehr stark	[1]
	stark	[2]
	mittelmäßig	[3]
	wenig	[4]
	sehr wenig	[5]
	keine Angabe	[-77]
v_23	interessant	
	sehr stark	[1]
	stark	[2]
	mittelmäßig	[3]
	wenig	[4]
	sehr wenig	[5]
	keine Angabe	[-77]

Anhang

v_24	spannend	
	sehr stark	[1]
	stark	[2]
	mittelmäßig	[3]
	wenig	[4]
	sehr wenig	[5]
	keine Angabe	[-77]
v_25	unterhaltend	
	sehr stark	[1]
	stark	[2]
	mittelmäßig	[3]
	wenig	[4]
	sehr wenig	[5]
	keine Angabe	[-77]
v_26	informativ	
	sehr stark	[1]
	stark	[2]
	mittelmäßig	[3]
	wenig	[4]
	sehr wenig	[5]
	keine Angabe	[-77]
v_27	zeitvertreibend	
	sehr stark	[1]
	stark	[2]
	mittelmäßig	[3]
	wenig	[4]
	sehr wenig	[5]
	keine Angabe	[-77]
v_28	lästig	
	sehr stark	[1]
	stark	[2]
	mittelmäßig	[3]
	wenig	[4]
	sehr wenig	[5]
	keine Angabe	[-77]
v_29	lehrreich	
	sehr stark	[1]
	stark	[2]
	mittelmäßig	[3]
	wenig	[4]
	sehr wenig	[5]
	keine Angabe	[-77]

	Empfindung des Lesens aktuell	11
v_30	spaßbringend	
	sehr stark	[1]
	stark	[2]
	mittelmäßig	[3]
	wenig	[4]
	sehr wenig	[5]
	keine Angabe	[-77]

Anhang

v_31	interessant		
	sehr stark	[1]	
	stark	[2]	
	mittelmäßig	[3]	
	wenig	[4]	
	sehr wenig	[5]	
	keine Angabe	[-77]	
v_32	spannend		
	sehr stark	[1]	
	stark	[2]	
	mittelmäßig	[3]	
	wenig	[4]	
	sehr wenig	[5]	
	keine Angabe	[-77]	
v_33	unterhaltend		
	sehr stark	[1]	
	stark	[2]	
	mittelmäßig	[3]	
	wenig	[4]	
	sehr wenig	[5]	
	keine Angabe	[-77]	
v_34	informativ		
	sehr stark	[1]	
	stark	[2]	
	mittelmäßig	[3]	
	wenig	[4]	
	sehr wenig	[5]	
	keine Angabe	[-77]	
v_35	zeitvertreibend		
	sehr stark	[1]	
	stark	[2]	
	mittelmäßig	[3]	
	wenig	[4]	
	sehr wenig	[5]	
	keine Angabe	[-77]	
v_36	lästig		
	sehr stark	[1]	
	stark	[2]	
	mittelmäßig	[3]	
	wenig	[4]	
	sehr wenig	[5]	
	keine Angabe	[-77]	
v_37	lehrreich		
	sehr stark	[1]	
	stark	[2]	
	mittelmäßig	[3]	
	wenig	[4]	
	sehr wenig	[5]	
	keine Angabe	[-77]	

Anhang

	Leseverhalten		12
v_38	in der Kindheit		
	sehr viel	[1]	
	viel	[2]	
	mittelmäßig	[3]	
	wenig	[4]	
	sehr wenig	[5]	
	keine Angabe	[-77]	
v_39	in der Pubertät		
	sehr viel	[1]	
	viel	[2]	
	mittelmäßig	[3]	
	wenig	[4]	
	sehr wenig	[5]	
	keine Angabe	[-77]	
v_40	aktuell		
	sehr viel	[1]	
	viel	[2]	
	mittelmäßig	[3]	
	wenig	[4]	
	sehr wenig	[5]	
	keine Angabe	[-77]	
v_41	**Lesehabitus angepasst an Elternlesehabitus**		
	Vielleser	[1]	
	Gelegenheitsleser	[2]	
	Wenigleser	[3]	
	Nichtleser	[4]	
	keine Angabe	[-77]	
	Lesen im Freundeskreis		13
v_42	Meine Freunde empfanden Lesen als etwas Positives.		
	trifft voll und ganz zu	[1]	
	trifft eher zu	[2]	
	weder/noch	[3]	
	trifft eher nicht zu	[4]	
	trifft überhaupt nicht zu	[5]	
	keine Angabe	[-77]	
v_43	Meine Freunde haben mich zum Lesen motiviert.		
	trifft voll und ganz zu	[1]	
	trifft eher zu	[2]	
	weder/noch	[3]	
	trifft eher nicht zu	[4]	
	trifft überhaupt nicht zu	[5]	
	keine Angabe	[-77]	
	Aktuell geltende Aussagen zum Lesen		14
v_46	Heutzutage lese ich gern.		
	trifft voll und ganz zu	[1]	
	trifft eher zu	[2]	
	weder/noch	[3]	
	trifft eher nicht zu	[4]	
	trifft überhaupt nicht zu	[5]	
	keine Angabe	[-77]	

Anhang

v_47	Ich verbringe meine Freizeit lieber mit einem Buch/ einer Zeitung als mit dem Fernseher.		
	trifft voll und ganz zu	[1]	
	trifft eher zu	[2]	
	weder/noch	[3]	
	trifft eher nicht zu	[4]	
	trifft überhaupt nicht zu	[5]	
	keine Angabe	[-77]	
	Gespräche über Literatur		15
v_48	In der Pubertät		
	sehr häufig	[1]	
	häufig	[2]	
	mittelmäßig	[3]	
	selten	[4]	
	sehr selten	[5]	
	keine Angabe	[-77]	
v_49	Aktuell		
	sehr häufig	[1]	
	häufig	[2]	
	mittelmäßig	[3]	
	selten	[4]	
	sehr selten	[5]	
	keine Angabe	[-77]	
v_50	**Inhaltliche Bekanntheit der Bildungsstandards der KMK**		16
	sehr gut	[1]	
	gut	[2]	
	mittelmäßig	[3]	
	weniger gut	[4]	
	schlecht	[5]	
	keine Angabe	[-77]	
v_51	**Inhaltliche Bekanntheit der Kompetenzbereiche der KMK**		17
	sehr gut	[1]	
	gut	[2]	
	mittelmäßig	[3]	
	weniger gut	[4]	
	schlecht	[5]	
	keine Angabe	[-77]	
v_52	**Persönliche Wichtigkeit der Kompetenzbereiche** Lehrerinnen und Lehrer planen Unterricht fach- und sachgerecht und führen ihn sachlich und fachlich korrekt durch.		18
	sehr wichtig	[1]	
	wichtig	[2]	
	mittelmäßig	[3]	
	eher unwichtig	[4]	
	unwichtig	[5]	
	keine Angabe	[-77]	

Anhang

v_53	Lehrerinnen und Lehrer fördern die Fähigkeiten von Schülerinnen und Schülern zum selbstbestimmten Lernen und Arbeiten.	
	sehr wichtig	[1]
	wichtig	[2]
	mittelmäßig	[3]
	eher unwichtig	[4]
	unwichtig	[5]
	keine Angabe	[-77]
v_54	Lehrerinnen und Lehrer vermitteln Werte und Normen und unterstützen selbstbestimmtes Urteilen und Handeln von Schülerinnen und Schülern.	
	sehr wichtig	
	wichtig	[1]
	mittelmäßig	[2]
	eher unwichtig	[3]
	unwichtig	[4]
	keine Angabe	[5]
v_55	Lehrerinnen und Lehrer kennen die sozialen und kulturellen Lebensbedingungen von Schülerinnen und Schülern und nehmen im Rahmen der Schule Einfluss auf deren individuelle Entwicklung.	[-77]
	sehr wichtig	[1]
	wichtig	[2]
	mittelmäßig	[3]
	eher unwichtig	[4]
	unwichtig	[5]
	keine Angabe	[-77]
v_56	Lehrerinnen und Lehrer unterstützen durch die Gestaltung von Lernsituationen das Lernen von Schülerinnen und Schülern. Sie motivieren Schülerinnen und Schüler und befähigen sie, Zusammenhänge herzustellen und Gelerntes zu nutzen.	
	sehr wichtig	[1]
	wichtig	[2]
	mittelmäßig	[3]
	eher unwichtig	[4]
	unwichtig	[5]
	keine Angabe	[-77]
v_57	Lehrerinnen und Lehrer diagnostizieren Lernvoraussetzungen und Lernprozesse von Schülerinnen und Schülern; sie fördern Schülerinnen und Schüler gezielt und beraten Lernende und deren Eltern.	
	sehr wichtig	[1]
	wichtig	[2]
	mittelmäßig	[3]
	eher unwichtig	[4]
	unwichtig	[5]
	keine Angabe	[-77]

Anhang

v_58	Lehrerinnen und Lehrer beteiligen sich an der Planung und Umsetzung schulischer Projekte und Vorhaben.	
	sehr wichtig	[1]
	wichtig	[2]
	mittelmäßig	[3]
	eher unwichtig	[4]
	unwichtig	[5]
	keine Angabe	[-77]
v_59	Lehrerinnen und Lehrer finden Lösungsansätze für Schwierigkeiten und Konflikte in Schule und Unterricht.	
	sehr wichtig	[1]
	wichtig	[2]
	mittelmäßig	[3]
	eher unwichtig	[4]
	unwichtig	[5]
	keine Angabe	[-77]
v_60	Lehrerinnen und Lehrer verstehen ihren Beruf als ständige Lernaufgabe.	
	sehr wichtig	[1]
	wichtig	[2]
	mittelmäßig	[3]
	eher unwichtig	[4]
	unwichtig	[5]
	keine Angabe	[-77]
v_61	Lehrerinnen und Lehrer sind sich der besonderen Anforderungen des Lehrerberufs bewusst. Sie verstehen ihren Beruf als ein öffentliches Amt mit besonderer Verantwortung und Verpflichtung.	
	sehr wichtig	[1]
	wichtig	[2]
	mittelmäßig	[3]
	eher unwichtig	[4]
	unwichtig	[5]
	keine Angabe	[-77]
v_62	Lehrerinnen und Lehrer erfassen Leistungen von Schülerinnen und Schülern auf der Grundlage transparenter Beurteilungsmaßstäbe.	
	sehr wichtig	[1]
	wichtig	[2]
	mittelmäßig	[3]
	eher unwichtig	[4]
	unwichtig	[5]
	keine Angabe	[-77]
v_63	**Umsetzung der Kompetenzbereiche**	19
	ja	[1]
	teilweise, weil	[6]
	nein, weil	[7]
	keine Angabe	[-77]
v_64	Freitextfeld	
	teilweise, weil	varchar

Anhang

v_65	Freitextfeld		
	nein, weil	varchar	
	Rangordnung der sechs zu vermittelnden wichtigsten Kompetenzen im Unterricht		20
v_66	Am wichtigsten		
	Freitextfeld	varchar	
	keine Angabe	[-77]	
	Am zweitwichtigsten		
v_67	Freitextfeld	varchar	
	keine Angabe	[-77]	
	Am drittwichtigsten		
v_68	Freitextfeld	varchar	
	keine Angabe	[-77]	
	Am viertwichtigsten		
v_69	Freitextfeld	varchar	
	keine Angabe	[-77]	
	Am fünftwichtigsten		
v_70	Freitextfeld	varchar	
	keine Angabe	[-77]	
	Am sechstwichtigsten		
v_71	Freitextfeld	varchar	
	keine Angabe	[-77]	
	Methoden zur Förderung von Lesekompetenz im fächerübergreifenden Unterricht		21
v_72	Vermittlung von Lesestrategien im Unterricht		
	not quoted	[0]	
	quoted	[1]	
v_73	Auswahl adäquater Texte		
	not quoted	[0]	
	quoted	[1]	
v_74	Mitsprache der Schüler/innen bei Textwahl		
	not quoted	[0]	
	quoted	[1]	
v_75	Aktives Arbeiten am Aufbau von Wortschatz		
	not quoted	[0]	
	quoted	[1]	
v_76	Intensive Textarbeit		
	not quoted	[0]	
	quoted	[1]	
v_77	Große Lesemengen im Unterricht		
	not quoted	[0]	
	quoted	[1]	
v_78	Mündliches Zusammenfassen von Texten		
	not quoted	[0]	
	quoted	[1]	
v_79	Schriftliches Zusammenfassen von Texten		
	not quoted	[0]	
	quoted	[1]	

Anhang

v_80	Sonstiges		
		not quoted	[0]
		quoted	[1]
v_81	Sonstiges		
		Freitextfeld	varchar
	Textsorteneinsatz im Nicht-Deutschunterricht		22
v_82	Sachtexte		
		not quoted	[0]
		quoted	[1]
v_83	Zeitungsartikel		
		not quoted	[0]
		quoted	[1]
v_84	Gebrauchstexte		
		not quoted	[0]
		quoted	[1]
v_85	Epische Texte		
		not quoted	[0]
		quoted	[1]
v_86	Lyrische Texte		
		not quoted	[0]
		quoted	[1]
v_87	Dramatische Texte		
		not quoted	[0]
		quoted	[1]
v_88	Sachaufgaben		
		not quoted	[0]
		quoted	[1]
v_89	Sonstiges		
		not quoted	[0]
		quoted	[1]
v_90	Sonstiges		
		Freitextfeld	varchar
	Häufigkeit des Textsorteneinsatzes		23
v_91	Sachtexte		
		sehr häufig	[1]
		häufig	[2]
		mittelmäßig	[3]
		selten	[4]
		sehr selten	[5]
		keine Angabe	[-77]
v_92	Zeitungsartikel		
		sehr häufig	[1]
		häufig	[2]
		mittelmäßig	[3]
		selten	[4]
		sehr selten	[5]
		keine Angabe	[-77]

Anhang

v_93	Gebrauchstexte	
	sehr häufig	[1]
	häufig	[2]
	mittelmäßig	[3]
	selten	[4]
	sehr selten	[5]
	keine Angabe	[-77]
v_94	Epische Texte	
	sehr häufig	[1]
	häufig	[2]
	mittelmäßig	[3]
	selten	[4]
	sehr selten	[5]
	keine Angabe	[-77]
v_95	Lyrische Texte	
	sehr häufig	[1]
	häufig	[2]
	mittelmäßig	[3]
	selten	[4]
	sehr selten	[5]
	keine Angabe	[-77]
v_96	Dramatische Texte	
	sehr häufig	[1]
	häufig	[2]
	mittelmäßig	[3]
	selten	[4]
	sehr selten	[5]
	keine Angabe	[-77]
v_97	Sachaufgaben	
	sehr häufig	[1]
	häufig	[2]
	mittelmäßig	[3]
	selten	[4]
	sehr selten	[5]
	keine Angabe	[-77]
v_98	Sonstiges	
	sehr häufig	[1]
	häufig	[2]
	mittelmäßig	[3]
	selten	[4]
	sehr selten	[5]
	keine Angabe	[-77]
	Einstellungen zur Förderung von Lesekompetenz	24
v_99	In meinem Unterricht lasse ich die Schüler/innen bewusst viel lesen.	
	trifft voll und ganz zu	[1]
	trifft eher zu	[2]
	weder/noch	[3]
	trifft eher nicht zu	[4]
	trifft überhaupt nicht zu	[5]
	keine Angabe	[-77]

Anhang

v_100	Auch in den beruflichen Schulen muss das Lesen geübt und gefördert werden.	
	trifft voll und ganz zu	[1]
	trifft eher zu	[2]
	weder/noch	[3]
	trifft eher nicht zu	[4]
	trifft überhaupt nicht zu	[5]
	keine Angabe	[-77]
v_101	Der Aufbau von Lesekompetenz im Allgemeinen ist eine fächerübergreifende Aufgabe.	
	trifft voll und ganz zu	[1]
	trifft eher zu	[2]
	weder/noch	[3]
	trifft eher nicht zu	[4]
	trifft überhaupt nicht zu	[5]
	keine Angabe	[-77]
v_102	Für den Aufbau von Lesekompetenz ist es in der Sekundarstufe II noch nicht zu spät.	
	trifft voll und ganz zu	[1]
	trifft eher zu	[2]
	weder/noch	[3]
	trifft eher nicht zu	[4]
	trifft überhaupt nicht zu	[5]
	keine Angabe	[-77]
	Mediale Möglichkeiten der Schule	25
v_103	Tafel	
	not quoted	[0]
	quoted	[1]
v_104	Buch	
	not quoted	[0]
	quoted	[1]
v_105	Overheadprojektor	
	not quoted	[0]
	quoted	[1]
v_106	Whiteboard	
	not quoted	[0]
	quoted	[1]
v_107	Computer	
	not quoted	[0]
	quoted	[1]
v_108	Film	
	not quoted	[0]
	quoted	[1]
v_109	Hörbuch/Hörspiel	
	not quoted	[0]
	quoted	[1]
v_110	Arbeitsblatt	
	not quoted	[0]
	quoted	[1]

Anhang

v_111	DVD-Player		
	not quoted	[0]	
	quoted	[1]	
v_112	BlueRay-Player		
	not quoted	[0]	
	quoted	[1]	
v_113	Beamer		
	not quoted	[0]	
	quoted	[1]	
v_114	Sonstiges		
	not quoted	[0]	
	quoted	[1]	
	Verwendete Medien im fächerübergreifenden Unterricht		26
v_115	Tafel		
	not quoted	[0]	
	quoted	[1]	
v_116	Buch		
	not quoted	[0]	
	quoted	[1]	
v_117	Overheadprojektor		
	not quoted	[0]	
	quoted	[1]	
v_118	Whiteboard		
	not quoted	[0]	
	quoted	[1]	
v_119	Computer		
	not quoted	[0]	
	quoted	[1]	
v_120	Film		
	not quoted	[0]	
	quoted	[1]	
v_121	Hörbuch/Hörspiel		
	not quoted	[0]	
	quoted	[1]	
v_122	Arbeitsblatt		
	not quoted	[0]	
	quoted	[1]	
v_123	DVD-Player		
	not quoted	[0]	
	quoted	[1]	
v_124	BlueRay-Player		
	not quoted	[0]	
	quoted	[1]	
v_125	Beamer		
	not quoted	[0]	
	quoted	[1]	
v_126	Sonstiges		
	not quoted	[0]	
	quoted	[1]	

Anhang

		Häufigkeit des Medieneinsatzes		27
v_127	Tafel			
		sehr häufig	[1]	
		häufig	[2]	
		mittelmäßig	[3]	
		selten	[4]	
		sehr selten	[5]	
		keine Angabe	[-77]	
v_128	Buch			
		sehr häufig	[1]	
		häufig	[2]	
		mittelmäßig	[3]	
		selten	[4]	
		sehr selten	[5]	
		keine Angabe	[-77]	
v_129	Overheadprojektor			
		sehr häufig	[1]	
		häufig	[2]	
		mittelmäßig	[3]	
		selten	[4]	
		sehr selten	[5]	
		keine Angabe	[-77]	
v_130	Whiteboard			
		sehr häufig	[1]	
		häufig	[2]	
		mittelmäßig	[3]	
		selten	[4]	
		sehr selten	[5]	
		keine Angabe	[-77]	
v_131	Computer			
		sehr häufig	[1]	
		häufig	[2]	
		mittelmäßig	[3]	
		selten	[4]	
		sehr selten	[5]	
		keine Angabe	[-77]	
v_132	Film			
		sehr häufig	[1]	
		häufig	[2]	
		mittelmäßig	[3]	
		selten	[4]	
		sehr selten	[5]	
		keine Angabe	[-77]	
v_133	Hörbuch/Hörspiel			
		sehr häufig	[1]	
		häufig	[2]	
		mittelmäßig	[3]	
		selten	[4]	
		sehr selten	[5]	
		keine Angabe	[-77]	

Anhang

v_134	Arbeitsblatt		
	sehr häufig	[1]	
	häufig	[2]	
	mittelmäßig	[3]	
	selten	[4]	
	sehr selten	[5]	
	keine Angabe	[-77]	
v_135	DVD-Player		
	sehr häufig	[1]	
	häufig	[2]	
	mittelmäßig	[3]	
	selten	[4]	
	sehr selten	[5]	
	keine Angabe	[-77]	
	BlueRay-Player		
v_136	sehr häufig	[1]	
	häufig	[2]	
	mittelmäßig	[3]	
	selten	[4]	
	sehr selten	[5]	
	keine Angabe	[-77]	
	Beamer		
v_137	sehr häufig	[1]	
	häufig	[2]	
	mittelmäßig	[3]	
	selten	[4]	
	sehr selten	[5]	
	keine Angabe	[-77]	
	Sonstiges		
v_138	sehr häufig	[1]	
	häufig	[2]	
	mittelmäßig	[3]	
	selten	[4]	
	sehr selten	[5]	
	keine Angabe	[-77]	
v_139	**Deutschunterricht**		28
	ja	[1]	
	nein	[2]	
	keine Angabe	[-77]	

FILTERSETZUNG FÜR DEUTSCHLEHRKRÄFTE
- Beginn –

v_140	**Deutschstudium**		29.1
	ja	[1]	
	nein	[2]	
	keine Angabe	[-77]	
	Textsorteneinsatz im Deutschunterricht		29.2
v_141	Sachtexte		
	not quoted	[0]	
	quoted	[1]	

Anhang

v_142	Zeitungsartikel		
	not quoted	[0]	
	quoted	[1]	
v_143	Gebrauchstexte		
	not quoted	[0]	
	quoted	[1]	
v_144	Epische Texte		
	not quoted	[0]	
	quoted	[1]	
v_145	Lyrische Texte		
	not quoted	[0]	
	quoted	[1]	
v_146	Dramatische Texte		
	not quoted	[0]	
	quoted	[1]	
v_147	Sachaufgaben		
	not quoted	[0]	
	quoted	[1]	
v_148	Sonstiges		
	not quoted	[0]	
	quoted	[1]	
v_149	Sonstiges		
	Freitextfeld	varchar	
	Häufigkeit des Textsorteneinsatzes im DU		29.3
v_150	Sachtexte		
	sehr häufig	[1]	
	häufig	[2]	
	mittelmäßig	[3]	
	selten	[4]	
	sehr selten	[5]	
	keine Angabe	[-77]	
v_151	Epische Texte		
	sehr häufig	[1]	
	häufig	[2]	
	mittelmäßig	[3]	
	selten	[4]	
	sehr selten	[5]	
	keine Angabe	[-77]	
v_152	Lyrische Texte		
	sehr häufig	[1]	
	häufig	[2]	
	mittelmäßig	[3]	
	selten	[4]	
	sehr selten	[5]	
	keine Angabe	[-77]	

Anhang

v_153	Dramatische Texte		
	sehr häufig	[1]	
	häufig	[2]	
	mittelmäßig	[3]	
	selten	[4]	
	sehr selten	[5]	
	keine Angabe	[-77]	
v_154	Sachaufgaben		
	sehr häufig	[1]	
	häufig	[2]	
	mittelmäßig	[3]	
	selten	[4]	
	sehr selten	[5]	
	keine Angabe	[-77]	
v_155	Sonstiges		
	sehr häufig	[1]	
	häufig	[2]	
	mittelmäßig	[3]	
	selten	[4]	
	sehr selten	[5]	
	keine Angabe	[-77]	
	Sechs wichtigste Aufträge des Faches Deutsch		29.4
v_156	Allgemeinbildung		
	not quoted	[0]	
	quoted	[1]	
v_157	Lesekompetenz		
	not quoted	[0]	
	quoted	[1]	
v_158	Sprachkompetenz		
	not quoted	[0]	
	quoted	[1]	
v_159	Rechtschreibkompetenz		
	not quoted	[0]	
	quoted	[1]	
v_160	Kritikkompetenz		
	not quoted	[0]	
	quoted	[1]	
v_161	Sozialkompetenz		
	not quoted	[0]	
	quoted	[1]	
v_162	Medienkompetenz		
	not quoted	[0]	
	quoted	[1]	
v_163	Kommunikative Kompetenz		
	not quoted	[0]	
	quoted	[1]	
v_164	Handlungskompetenz		
	not quoted	[0]	
	quoted	[1]	

Anhang

v_165	Spielkompetenz	
	not quoted	[0]
	quoted	[1]
v_166	Präsentationskompetenz	
	not quoted	[0]
	quoted	[1]
v_167	Vorbereitung auf den Beruf	
	not quoted	[0]
	quoted	[1]
v_168	Methodenkompetenz	
	not quoted	[0]
	quoted	[1]
v_169	Schulung von Empathiefähigkeit	
	not quoted	[0]
	quoted	[1]
v_170	Sonstiges	
	not quoted	[0]
	quoted	[1]
	Ranking der sechs wichtigsten Aufträge	29.5
v_171	Allgemeinbildung	
	Rang 1	[1]
	Rang 2	[2]
	Rang 3	[3]
	Rang 4	[4]
	Rang 5	[5]
	Rang 6	[6]
	keine Angabe	[-77]
v_172	Lesekompetenz	
	Rang 1	[1]
	Rang 2	[2]
	Rang 3	[3]
	Rang 4	[4]
	Rang 5	[5]
	Rang 6	[6]
	keine Angabe	[-77]
v_173	Sprachkompetenz	
	Rang 1	[1]
	Rang 2	[2]
	Rang 3	[3]
	Rang 4	[4]
	Rang 5	[5]
	Rang 6	[6]
	keine Angabe	[-77]
v_174	Rechtschreibkompetenz	
	Rang 1	[1]
	Rang 2	[2]
	Rang 3	[3]
	Rang 4	[4]
	Rang 5	[5]
	Rang 6	[6]
	keine Angabe	[-77]

Anhang

v_175	Kritikkompetenz	
	Rang 1	[1]
	Rang 2	[2]
	Rang 3	[3]
	Rang 4	[4]
	Rang 5	[5]
	Rang 6	[6]
	keine Angabe	[-77]
v_176	Sozialkompetenz	
	Rang 1	[1]
	Rang 2	[2]
	Rang 3	[3]
	Rang 4	[4]
	Rang 5	[5]
	Rang 6	[6]
	keine Angabe	[-77]
v_177	Medienkompetenz	
	Rang 1	[1]
	Rang 2	[2]
	Rang 3	[3]
	Rang 4	[4]
	Rang 5	[5]
	Rang 6	[6]
	keine Angabe	[-77]
v_178	Kommunikative Kompetenz	
	Rang 1	[1]
	Rang 2	[2]
	Rang 3	[3]
	Rang 4	[4]
	Rang 5	[5]
	Rang 6	[6]
	keine Angabe	[-77]
v_179	Handlungskompetenz	
	Rang 1	[1]
	Rang 2	[2]
	Rang 3	[3]
	Rang 4	[4]
	Rang 5	[5]
	Rang 6	[6]
	keine Angabe	[-77]
v_180	Spielkompetenz	
	Rang 1	[1]
	Rang 2	[2]
	Rang 3	[3]
	Rang 4	[4]
	Rang 5	[5]
	Rang 6	[6]
	keine Angabe	[-77]

Anhang

v_181	Präsentationskompetenz	
	Rang 1	[1]
	Rang 2	[2]
	Rang 3	[3]
	Rang 4	[4]
	Rang 5	[5]
	Rang 6	[6]
	keine Angabe	[-77]
v_182	Vorbereitung auf den Beruf	
	Rang 1	[1]
	Rang 2	[2]
	Rang 3	[3]
	Rang 4	[4]
	Rang 5	[5]
	Rang 6	[6]
	keine Angabe	[-77]
v_183	Methodenkompetenz	
	Rang 1	[1]
	Rang 2	[2]
	Rang 3	[3]
	Rang 4	[4]
	Rang 5	[5]
	Rang 6	[6]
	keine Angabe	[-77]
v_184	Schulung von Empathiefähigkeit	
	Rang 1	[1]
	Rang 2	[2]
	Rang 3	[3]
	Rang 4	[4]
	Rang 5	[5]
	Rang 6	[6]
	keine Angabe	[-77]
v_185	Sonstiges	
	Rang 1	[1]
	Rang 2	[2]
	Rang 3	[3]
	Rang 4	[4]
	Rang 5	[5]
	Rang 6	[6]
	keine Angabe	[-77]
v_186	**Häufigkeit Lektüre im pädagogischen Freiraum**	29.6
	sehr häufig	[1]
	häufig	[2]
	mittelmäßig	[3]
	selten	[4]
	sehr selten	[5]
	keine Angabe	[-77]
v_187	**Filtersetzung: Zeitfaktor?**	29.7.1
	ja	[1]
	nein	[2]
	keine Angabe	[-77]

v_188	**Filtersetzung: Grund für Lektüre im päd. Freiraum** Freitextfeld	blob	29.8.1
v_189	**Lesefreude** sehr gut gut mittelmäßig weniger gut schlecht keine Angabe	[1] [2] [3] [4] [5] [-77]	29.9

FILTERSETZUNG FÜR DEUTSCHLEHRKRÄFTE
- Ende -

v_190	**Rolle des Leselehrers** sehr stark stark mittelmäßig weniger sehr wenig gar nicht keine Angabe	[1] [2] [3] [4] [5] [6] [-77]	30
v_191	**Zufriedenheit mit dem Beruf** sehr zufrieden eher zufrieden mittelmäßig eher unzufrieden sehr unzufrieden keine Angabe	[1] [2] [3] [4] [5] [-77]	31
	Persönlichkeit der Lehrkräfte		32
v_192	Ich habe einen großen Bekanntenkreis. trifft voll und ganz zu trifft eher zu weder/noch trifft eher nicht zu trifft überhaupt nicht zu keine Angabe	[1] [2] [3] [4] [5] [-77]	
v_193	Ich komme schnell mit anderen Menschen ins Gespräch. trifft voll und ganz zu trifft eher zu weder/noch trifft eher nicht zu trifft überhaupt nicht zu keine Angabe	[1] [2] [3] [4] [5] [-77]	
v_194	Es fällt mir leicht, Sprachen zu lernen. trifft voll und ganz zu trifft eher zu weder/noch trifft eher nicht zu trifft überhaupt nicht zu keine Angabe	[1] [2] [3] [4] [5] [-77]	

Anhang

v_195	Neben dem Beruf verfolge ich mindestens ein Interessensgebiet aktiv.		
	trifft voll und ganz zu	[1]	
	trifft eher zu	[2]	
	weder/noch	[3]	
	trifft eher nicht zu	[4]	
	trifft überhaupt nicht zu	[5]	
	keine Angabe	[-77]	
v_196	Ich bin in Sachen Politik und Wirtschaft immer auf dem aktuellen Stand.		
	trifft voll und ganz zu	[1]	
	trifft eher zu	[2]	
	weder/noch	[3]	
	trifft eher nicht zu	[4]	
	trifft überhaupt nicht zu	[5]	
	keine Angabe	[-77]	
	Freizeitgestaltung		33
v_197	Theater		
	not quoted	[0]	
	quoted	[1]	
v_198	Oper		
	not quoted	[0]	
	quoted	[1]	
v_199	Konzert		
	not quoted	[0]	
	quoted	[1]	
v_200	Reisen		
	not quoted	[0]	
	quoted	[1]	
v_201	Familie		
	not quoted	[0]	
	quoted	[1]	
v_202	Freunde		
	not quoted	[0]	
	quoted	[1]	
v_203	Sport		
	not quoted	[0]	
	quoted	[1]	
v_204	Museen		
	not quoted	[0]	
	quoted	[1]	
v_205	Ausstellungen		
	not quoted	[0]	
	quoted	[1]	
v_206	Ehrenamtliche Tätigkeit(en)		
	not quoted	[0]	
	quoted	[1]	
v_207	Sprachenlernen		
	not quoted	[0]	
	quoted	[1]	

Anhang

v_208	Sonstiges		
	not quoted	[0]	
	quoted	[1]	
v_209	Sonstiges		
	Freitextfeld	varchar	
	Berufliche Schulart		34
v_210	Berufsschule		
	not quoted	[0]	
	quoted	[1]	
v_211	Fachschule		
	not quoted	[0]	
	quoted	[1]	
v_212	Berufsfachschule		
	not quoted	[0]	
	quoted	[1]	
v_213	Fachoberschule		
	not quoted	[0]	
	quoted	[1]	
v_214	Berufsoberschule		
	not quoted	[0]	
	quoted	[1]	
v_215	Fachakademie		
	not quoted	[0]	
	quoted	[1]	
v_216	Wirtschaftsschule		
	not quoted	[0]	
	quoted	[1]	
v_217	**Schulstatus**		35
	öffentlich	[1]	
	privat	[2]	
	keine Angabe	[-77]	
v_218	**Unterricht im Lernfeldkonzept**		36
	ja	[1]	
	nein	[2]	
	keine Angabe	[-77]	
	Schulfunktion		37
v_219	Referendar/in		
	not quoted	[0]	
	quoted	[1]	
v_220	Fachlehrer/in		
	not quoted	[0]	
	quoted	[1]	
v_221	Lehrer/in		
	not quoted	[0]	
	quoted	[1]	
v_222	Beratungslehrer/in		
	not quoted	[0]	
	quoted	[1]	
v_223	Vertrauenslehrer/in		
	not quoted	[0]	
	quoted	[1]	

v_224	Seminarlehrer/in		
	not quoted	[0]	
	quoted	[1]	
v_225	Stellvertretende Schulleitung		
	not quoted	[0]	
	quoted	[1]	
v_226	Schulleitung		
	not quoted	[0]	
	quoted	[1]	
v_227	**Fächerkombination**		38
	Freitextfeld	blob	
v_228	**Geschlecht**		39
	männlich	[1]	
	weiblich	[2]	
	keine Angabe	[-77]	
v_229	**Höchster Abschluss der Eltern**		40
	Kein Abschluss	[1]	
	Hauptschulabschluss	[2]	
	Qualifizierender Hauptschulabschluss	[3]	
	Mittlere Reife	[4]	
	Fachabitur	[5]	
	Abitur	[6]	
	Fachhochschulreife	[7]	
	Hochschulreife	[8]	
	Sonstiges	[9]	
	keine Angabe	[-77]	
v_230	Sonstiges		
	Freitextfeld	varchar	
v_231	**Alter**		41
	24-35 Jahre	[1]	
	36-45 Jahre	[2]	
	46-60 Jahre	[3]	
	über 60 Jahre	[4]	
	keine Angabe	[-77]	

Anhang

19.3 Fragebogen

Frage / Kategorie	Seite
Lesehabitus der Eltern	
Bitte erinnern Sie sich zunächst an das Leseverhalten Ihrer Eltern, als Sie ein Kind waren. Welches Leseverhalten traf auf Ihre Eltern am ehesten zu? ☐ Vielleser ☐ Gelegenheitsleser ☐ Wenigleser ☐ Nichtleser	4
Anzahl an Kinder- und Jugendbüchern	
Wie viele Kinder- und Jugendbücher besaßen Sie in Ihrer Kindheit? ☐ mehr als 100 ☐ 76 bis 100 ☐ 51 bis 75 ☐ 26 bis 50 ☐ 10 bis 25 ☐ weniger als 10	5
Bücherei-/Bibliotheksbesuche	
Wie häufig gingen Sie in die Bücherei und/oder Bibliothek und liehen sich Bücher zum Lesen aus? ☐ täglich ☐ nahezu täglich ☐ mehrmals wöchentlich ☐ wöchentlich ☐ monatlich ☐ mehrmals im Jahr ☐ jährlich ☐ nie	5
Leserituale	
Gab es in Ihrer Kindheit eine Phase, in der Leserituale vorhanden waren (z.B. Gute-Nacht-Geschichten, Adventsgeschichten etc.)? ☐ ja ☐ nein	6
Häufigkeit der Leserituale	
Wie häufig wurde Ihnen in dieser Phase vorgelesen? ☐ täglich ☐ nahezu täglich ☐ mehrmals wöchentlich ☐ wöchentlich ☐ monatlich	7

Anhang

- ☐ nur zu bestimmten Anlässen
- ☐ keine Angabe

Empfindung des Lesens als Kind

Bitte geben Sie an, wie stark folgende Eigenschaften für Sie als <u>Kind</u> auf die Empfindung des Lesens zutrafen: 8

spaßbringend
- ☐ sehr stark
- ☐ stark
- ☐ mittelmäßig
- ☐ wenig
- ☐ sehr wenig

interessant
- ☐ sehr stark
- ☐ stark
- ☐ mittelmäßig
- ☐ wenig
- ☐ sehr wenig

spannend
- ☐ sehr stark
- ☐ stark
- ☐ mittelmäßig
- ☐ wenig
- ☐ sehr wenig

unterhaltend
- ☐ sehr stark
- ☐ stark
- ☐ mittelmäßig
- ☐ wenig
- ☐ sehr wenig

informativ
- ☐ sehr stark
- ☐ stark
- ☐ mittelmäßig
- ☐ wenig
- ☐ sehr wenig

zeitvertreibend
- ☐ sehr stark
- ☐ stark
- ☐ mittelmäßig
- ☐ wenig
- ☐ sehr wenig

lästig
- ☐ sehr stark
- ☐ stark
- ☐ mittelmäßig
- ☐ wenig
- ☐ sehr wenig

lehrreich
- ☐ sehr stark
- ☐ stark
- ☐ mittelmäßig
- ☐ wenig
- ☐ sehr wenig

Anreize zum Lesen in der Schule

Bitte erinnern Sie sich an Ihre Schulzeit zurück. Welche Anreize zum Lesen gab es?   9
- ☐ Lesewettbewerbe
- ☐ Büchereibesuche
- ☐ Lesenächte
- ☐ Autorenlesungen
- ☐ Leseecken
- ☐ Schulbibliothek
- ☐ Sonstiges
- ☐ Sonstiges: _____

Empfindung des Lesens in der Schule

Bitte geben Sie an, wie stark folgende Eigenschaften für Sie als <u>Schüler</u> auf die Empfindung des Lesens <u>innerhalb der Schule</u> zutrafen: 10

spaßbringend
- ☐ sehr stark
- ☐ stark
- ☐ mittelmäßig
- ☐ wenig
- ☐ sehr wenig

interessant
- ☐ sehr stark
- ☐ stark
- ☐ mittelmäßig
- ☐ wenig
- ☐ sehr wenig

spannend
- ☐ sehr stark
- ☐ stark
- ☐ mittelmäßig
- ☐ wenig
- ☐ sehr wenig

unterhaltend
- ☐ sehr stark
- ☐ stark
- ☐ mittelmäßig
- ☐ wenig
- ☐ sehr wenig

Anhang

informativ
- ☐ sehr stark
- ☐ stark
- ☐ mittelmäßig
- ☐ wenig
- ☐ sehr wenig

zeitvertreibend
- ☐ sehr stark
- ☐ stark
- ☐ mittelmäßig
- ☐ wenig
- ☐ sehr wenig

lästig
- ☐ sehr stark
- ☐ stark
- ☐ mittelmäßig
- ☐ wenig
- ☐ sehr wenig

lehrreich
- ☐ sehr stark
- ☐ stark
- ☐ mittelmäßig
- ☐ wenig
- ☐ sehr wenig

Empfindung des Lesens aktuell

Bitte geben Sie an, wie stark folgende Eigenschaften für Sie <u>derzeit</u> auf die Empfindung des Lesens zutrifft: 11

spaßbringend
- ☐ sehr stark
- ☐ stark
- ☐ mittelmäßig
- ☐ wenig
- ☐ sehr wenig

interessant
- ☐ sehr stark
- ☐ stark
- ☐ mittelmäßig
- ☐ wenig
- ☐ sehr wenig

spannend
- ☐ sehr stark
- ☐ stark
- ☐ mittelmäßig
- ☐ wenig
- ☐ sehr wenig

unterhaltend
- ☐ sehr stark

Anhang

- ☐ stark
- ☐ mittelmäßig
- ☐ wenig
- ☐ sehr wenig

informativ
- ☐ sehr stark
- ☐ stark
- ☐ mittelmäßig
- ☐ wenig
- ☐ sehr wenig

zeitvertreibend
- ☐ sehr stark
- ☐ stark
- ☐ mittelmäßig
- ☐ wenig
- ☐ sehr wenig

lästig
- ☐ sehr stark
- ☐ stark
- ☐ mittelmäßig
- ☐ wenig
- ☐ sehr wenig

lehrreich
- ☐ sehr stark
- ☐ stark
- ☐ mittelmäßig
- ☐ wenig
- ☐ sehr wenig

Leseverhalten insgesamt

Wie viel haben Sie in den angegebenen Lesephasen durchschnittlich in Ihrer Freizeit gelesen? 12

in der Kindheit
- ☐ sehr viel
- ☐ viel
- ☐ mittelmäßig
- ☐ wenig
- ☐ sehr wenig

in der Pubertät
- ☐ sehr viel
- ☐ viel
- ☐ mittelmäßig
- ☐ wenig
- ☐ sehr wenig

aktuell
- ☐ sehr viel
- ☐ viel
- ☐ mittelmäßig

Anhang

☐ wenig
☐ sehr wenig

Lesen im Freundeskreis

Bitte erinnern Sie sich an Ihre/n Freundeskreis/e während der Pubertät. Wie stark trafen folgende Aussagen auf Ihren Freundeskreis zu? | 13

Meine Freunde empfanden Lesen als etwas Positives.
☐ trifft voll und ganz zu
☐ trifft eher zu
☐ weder/noch
☐ trifft eher nicht zu
☐ trifft überhaupt nicht zu

Meine Freunde haben mich zum Lesen motiviert.
☐ trifft voll und ganz zu
☐ trifft eher zu
☐ weder/noch
☐ trifft eher nicht zu
☐ trifft überhaupt nicht zu

Aktuell geltende Aussagen zum Lesen

Wie stark treffen die folgenden Aussagen aktuell auf Sie zu? | 14
Heutzutage lese ich gern.
☐ trifft voll und ganz zu
☐ trifft eher zu
☐ weder/noch
☐ trifft eher nicht zu
☐ trifft überhaupt nicht zu

Ich verbringe meine Freizeit lieber mit einem Buch/einer Zeitung als mit dem Fernseher.
☐ trifft voll und ganz zu
☐ trifft eher zu
☐ weder/noch
☐ trifft eher nicht zu
☐ trifft überhaupt nicht zu

Gespräche über Literatur

Wie häufig sprachen/sprechen Sie in den folgenden Lebensphasen mit Ihrem Freundeskreis, Ihrer Familie und/oder Kollegen über das, was Sie gelesen haben? | 15

in der Pubertät
☐ sehr häufig
☐ häufig
☐ mittelmäßig
☐ selten
☐ sehr selten

aktuell
☐ sehr häufig

Anhang

☐ häufig
☐ mittelmäßig
☐ selten
☐ sehr selten

Bekanntheit der Bildungsstandards der KMK

Wie gut sind Ihnen die Bildungsstandards der Kultusministerkonferenz (KMK) inhaltlich bekannt? 16
☐ sehr gut
☐ gut
☐ mittelmäßig
☐ weniger gut
☐ schlecht

Bekanntheit der Kompetenzbereiche der KMK

Wie gut sind Ihnen die Kompetenzbereiche für Lehrer/innen nach der Kultusministerkonferenz (KMK) inhaltlich bekannt? 17
☐ sehr gut
☐ gut
☐ mittelmäßig
☐ weniger gut
☐ schlecht

Persönliche Beurteilung der Kompetenzbereiche

Im Folgenden werden die Kompetenzbereiche für Lehrer/innen der KMK aufgelistet. Beurteilen Sie diese bitte nach ihrer für Sie persönlichen Wichtigkeit. 18

Lehrerinnen und Lehrer planen Unterricht fach- und sachgerecht und führen ihn sachlich und fachlich korrekt durch.
☐ sehr wichtig
☐ wichtig
☐ mittelmäßig
☐ eher unwichtig
☐ unwichtig

Lehrerinnen und Lehrer fördern die Fähigkeiten von Schülerinnen und Schülern zum selbstbestimmten Lernen und Arbeiten.
☐ sehr wichtig
☐ wichtig
☐ mittelmäßig
☐ eher unwichtig
☐ unwichtig

Lehrerinnen und Lehrer vermitteln Werte und Normen und unterstützen selbstbestimmtes Urteilen und Handeln von Schülerinnen und Schülern.
☐ sehr wichtig
☐ wichtig
☐ mittelmäßig
☐ eher unwichtig

Anhang

☐ unwichtig

Lehrerinnen und Lehrer kennen die sozialen und kulturellen Lebensbedingungen von Schülerinnen und Schülern und nehmen im Rahmen der Schule Einfluss auf deren individuelle Entwicklung.

☐ sehr wichtig
☐ wichtig
☐ mittelmäßig
☐ eher unwichtig
☐ unwichtig

Lehrerinnen und Lehrer unterstützen durch die Gestaltung von Lernsituationen das Lernen von Schülerinnen und Schülern. Sie motivieren Schülerinnen und Schüler und befähigen sie, Zusammenhänge herzustellen und Gelerntes zu nutzen.

☐ sehr wichtig
☐ wichtig
☐ mittelmäßig
☐ eher unwichtig
☐ unwichtig

Lehrerinnen und Lehrer diagnostizieren Lernvoraussetzungen und Lernprozesse von Schülerinnen und Schülern; sie fördern Schülerinnen und Schüler gezielt und beraten Lernende und deren Eltern.

☐ sehr wichtig
☐ wichtig
☐ mittelmäßig
☐ eher unwichtig
☐ unwichtig

Lehrerinnen und Lehrer beteiligen sich an der Planung und Umsetzung schulischer Projekte und Vorhaben.

☐ sehr wichtig
☐ wichtig
☐ mittelmäßig
☐ eher unwichtig
☐ unwichtig

Lehrerinnen und Lehrer finden Lösungsansätze für Schwierigkeiten und Konflikte in Schule und Unterricht.

☐ sehr wichtig
☐ wichtig
☐ mittelmäßig
☐ eher unwichtig
☐ unwichtig

Lehrerinnen und Lehrer verstehen ihren Beruf als ständige Lernaufgabe.

☐ sehr wichtig
☐ wichtig
☐ mittelmäßig
☐ eher unwichtig
☐ unwichtig

Lehrerinnen und Lehrer sind sich der besonderen Anforderungen des Lehrerberufs bewusst. Sie verstehen ihren Beruf als ein öffentliches Amt mit besonderer Verantwortung und Verpflichtung.

☐ sehr wichtig

Anhang

- ☐ wichtig
- ☐ mittelmäßig
- ☐ eher unwichtig
- ☐ unwichtig

Lehrerinnen und Lehrer erfassen Leistungen von Schülerinnen und Schülern auf der Grundlage transparenter Beurteilungsmaßstäbe.
- ☐ sehr wichtig
- ☐ wichtig
- ☐ mittelmäßig
- ☐ eher unwichtig
- ☐ unwichtig

Umsetzung der Kompetenzbereiche

Gelingt es Ihnen, die Kompetenzbereiche zu erfüllen? 19
- ☐ ja
- ☐ teilweise, weil: _____
- ☐ nein, weil: _____

Kompetenzvermittlung

Welche Kompetenzen vermitteln Sie Ihren Schüler/innen vorrangig im Unterricht (alle Fächer)? 20
- ☐ Am wichtigsten: _____
- ☐ Am zweitwichtigsten: _____
- ☐ Am drittwichtigsten: _____
- ☐ Am viertwichtigsten: _____
- ☐ Am fünftwichtigsten: _____
- ☐ Am sechstwichtigsten: _____

Methoden zur Förderung von Lesekompetenz im fächerübergreifenden Unterricht

Wie fördern Sie Lesekompetenz in Ihrem Unterricht (alle Fächer)? 21
- ☐ Vermittlung von Lesestrategien im Unterricht
- ☐ Auswahl adäquater Texte
- ☐ Mitsprache der Schüler/innen bei Textwahl
- ☐ Aktives Arbeiten am Aufbau von Wortschatz
- ☐ Intensive Textarbeit
- ☐ Große Lesemengen im Unterricht
- ☐ Mündliches Zusammenfassen von Texten
- ☐ Schriftliches Zusammenfassen von Texten
- ☐ Sonstiges: _____

Textsorteneinsatz im Unterricht

Welche Textsorten lesen Sie mit Ihren Schüler/innen im Unterricht (alle Fächer <u>außer</u> Deutsch)? 22
- ☐ Sachtexte
- ☐ Zeitungsartikel
- ☐ Epische Texte

Anhang

- ☐ Lyrische Texte
- ☐ Dramatische Texte
- ☐ Sachaufgaben
- ☐ Sonstiges:_____

Häufigkeit des Textsorteneinsatzes im Unterricht

Wie häufig lesen Sie diese Textsorten im Unterricht (alle Fächer <u>außer</u> Deutsch)? 23

Sachtexte
- ☐ sehr häufig
- ☐ häufig
- ☐ mittelmäßig
- ☐ selten
- ☐ sehr selten

Zeitungsartikel
- ☐ sehr häufig
- ☐ häufig
- ☐ mittelmäßig
- ☐ selten
- ☐ sehr selten

Gebrauchstexte
- ☐ sehr häufig
- ☐ häufig
- ☐ mittelmäßig
- ☐ selten
- ☐ sehr selten

Epische Texte
- ☐ sehr häufig
- ☐ häufig
- ☐ mittelmäßig
- ☐ selten
- ☐ sehr selten

Lyrische Texte
- ☐ sehr häufig
- ☐ häufig
- ☐ mittelmäßig
- ☐ selten
- ☐ sehr selten

Dramatische Texte
- ☐ sehr häufig
- ☐ häufig
- ☐ mittelmäßig
- ☐ selten
- ☐ sehr selten

Sachaufgaben
- ☐ sehr häufig
- ☐ häufig
- ☐ mittelmäßig

Anhang

- ☐ selten
- ☐ sehr selten

Sonstiges
- ☐ sehr häufig
- ☐ häufig
- ☐ mittelmäßig
- ☐ selten
- ☐ sehr selten

Einstellungen zur Förderung von Lesekompetenz	
Wie stark stimmen Sie folgenden Aussagen zu?	24

In meinem Unterricht lasse ich die Schüler/innen bewusst viel lesen.
- ☐ trifft voll und ganz zu
- ☐ trifft eher zu
- ☐ weder/noch
- ☐ trifft eher nicht zu
- ☐ trifft überhaupt nicht zu

Auch in den beruflichen Schulen muss das Lesen geübt und gefördert werden.
- ☐ trifft voll und ganz zu
- ☐ trifft eher zu
- ☐ weder/noch
- ☐ trifft eher nicht zu
- ☐ trifft überhaupt nicht zu

Der Aufbau von Lesekompetenz im Allgemeinen ist eine fächerübergreifende Aufgabe.
- ☐ trifft voll und ganz zu
- ☐ trifft eher zu
- ☐ weder/noch
- ☐ trifft eher nicht zu
- ☐ trifft überhaupt nicht zu

Für den Aufbau von Lesekompetenz ist es in der Sek. II noch nicht zu spät.
- ☐ trifft voll und ganz zu
- ☐ trifft eher zu
- ☐ weder/noch
- ☐ trifft eher nicht zu
- ☐ trifft überhaupt nicht zu

Mediale Möglichkeiten der Schule	
Welche medialen Möglichkeiten stehen Ihnen in Ihrer/n Schule/n zur Verfügung?	25

- ☐ Tafel
- ☐ Buch
- ☐ Overheadprojektor
- ☐ Whiteboard
- ☐ Computer
- ☐ Film

Anhang

☐ Hörbuch/Hörspiel ☐ Arbeitsblatt ☐ DVD-Player ☐ BlueRay-Player ☐ Beamer ☐ Sonstiges

Medieneinsatz im fächerübergreifenden Unterricht	
Welche Medien verwenden Sie in Ihrem Unterricht (alle Fächer)? ☐ Tafel ☐ Buch ☐ Overheadprojektor ☐ Whiteboard ☐ Computer ☐ Film ☐ Hörbuch/Hörspiel ☐ Arbeitsblatt ☐ DVD-Player ☐ BlueRay-Player ☐ Beamer ☐ Sonstiges	26

Häufigkeit des Medieneinsatzes	
Wie häufig verwenden Sie diese Medien in Ihrem Unterricht (alle Fächer)?	27

Tafel
- ☐ sehr häufig
- ☐ häufig
- ☐ mittelmäßig
- ☐ selten
- ☐ sehr selten

Buch
- ☐ sehr häufig
- ☐ häufig
- ☐ mittelmäßig
- ☐ selten
- ☐ sehr selten

Overheadprojektor
- ☐ sehr häufig
- ☐ häufig
- ☐ mittelmäßig
- ☐ selten
- ☐ sehr selten

Whiteboard
- ☐ sehr häufig
- ☐ häufig
- ☐ mittelmäßig
- ☐ selten

☐ sehr selten

Computer
☐ sehr häufig
☐ häufig
☐ mittelmäßig
☐ selten
☐ sehr selten

Film
☐ sehr häufig
☐ häufig
☐ mittelmäßig
☐ selten
☐ sehr selten

Hörbuch/Hörspiel
☐ sehr häufig
☐ häufig
☐ mittelmäßig
☐ selten
☐ sehr selten

Arbeitsblatt
☐ sehr häufig
☐ häufig
☐ mittelmäßig
☐ selten
☐ sehr selten

DVD-Player
☐ sehr häufig
☐ häufig
☐ mittelmäßig
☐ selten
☐ sehr selten

BlueRay-Player
☐ sehr häufig
☐ häufig
☐ mittelmäßig
☐ selten
☐ sehr selten

Beamer
☐ sehr häufig
☐ häufig
☐ mittelmäßig
☐ selten
☐ sehr selten

Sonstiges
☐ sehr häufig
☐ häufig
☐ mittelmäßig
☐ selten
☐ sehr selten

Anhang

FILTERSETZUNG DEUTSCHLEHRKRÄFTE - BEGINN -	
Unterrichten Sie gerade das Fach Deutsch oder haben dieses mindestens zwei Jahre lang unterrichtet? ☐ ja ☐ nein	28
Deutschstudium	
Haben Sie Deutsch (als Unterrichtsfach) studiert? ☐ ja ☐ nein	29.1
Textsorteneinsatz im Deutschunterricht	
Welche Textsorten lesen Sie mit Ihren Schüler/innen im Deutschunterricht? ☐ Sachtexte ☐ Epische Texte ☐ Lyrische Texte ☐ Dramatische Texte ☐ Sachaufgaben ☐ Sonstiges: _____	29.2
Häufigkeit des Textsorteneinsatzes im DU	
Wie häufig lesen Sie diese Textsorten im Deutschunterricht? Sachtexte ☐ sehr häufig ☐ häufig ☐ mittelmäßig ☐ selten ☐ sehr selten Epische Texte ☐ sehr häufig ☐ häufig ☐ mittelmäßig ☐ selten ☐ sehr selten Lyrische Texte ☐ sehr häufig ☐ häufig ☐ mittelmäßig ☐ selten ☐ sehr selten Dramatische Texte ☐ sehr häufig ☐ häufig ☐ mittelmäßig ☐ selten	29.3

Anhang

☐ sehr selten
Sachaufgaben
    ☐ sehr häufig
    ☐ häufig
    ☐ mittelmäßig
    ☐ selten
    ☐ sehr selten
Sonstiges
    ☐ sehr häufig
    ☐ häufig
    ☐ mittelmäßig
    ☐ selten
    ☐ sehr selten

Aufträge des Faches Deutsch

Aufträge des Faches Deutsch: Welche sechs Aufträge sind Ihrer Meinung nach die wichtigsten?   29.4
    ☐ Allgemeinbildung
    ☐ Lesekompetenz
    ☐ Sprachkompetenz
    ☐ Rechtschreibkompetenz
    ☐ Kritikkompetenz
    ☐ Sozialkompetenz
    ☐ Medienkompetenz
    ☐ Kommunikative Kompetenz
    ☐ Handlungskompetenz
    ☐ Spielkompetenz
    ☐ Präsentationskompetenz
    ☐ Vorbereitung auf den Beruf
    ☐ Methodenkompetenz
    ☐ Schulung von Empathiefähigkeit
    ☐ Sonstiges

Persönliches Ranking der Aufträge des Faches Deutsch

Bringen Sie die von Ihnen gewählten sechs Aufträge des Faches Deutsch bitte in eine Rangordnung!   29.5

Allgemeinbildung
    ☐ Rang 1
    ☐ Rang 2
    ☐ Rang 3
    ☐ Rang 4
    ☐ Rang 5
    ☐ Rang 6
Lesekompetenz
    ☐ Rang 1
    ☐ Rang 2
    ☐ Rang 3

- ☐ Rang 4
- ☐ Rang 5
- ☐ Rang 6

Sprachkompetenz
- ☐ Rang 1
- ☐ Rang 2
- ☐ Rang 3
- ☐ Rang 4
- ☐ Rang 5
- ☐ Rang 6

Rechtschreibkompetenz
- ☐ Rang 1
- ☐ Rang 2
- ☐ Rang 3
- ☐ Rang 4
- ☐ Rang 5
- ☐ Rang 6

Kritikkompetenz
- ☐ Rang 1
- ☐ Rang 2
- ☐ Rang 3
- ☐ Rang 4
- ☐ Rang 5
- ☐ Rang 6

Sozialkompetenz
- ☐ Rang 1
- ☐ Rang 2
- ☐ Rang 3
- ☐ Rang 4
- ☐ Rang 5
- ☐ Rang 6

Medienkompetenz
- ☐ Rang 1
- ☐ Rang 2
- ☐ Rang 3
- ☐ Rang 4
- ☐ Rang 5
- ☐ Rang 6

Kommunikative Kompetenz
- ☐ Rang 1
- ☐ Rang 2
- ☐ Rang 3
- ☐ Rang 4
- ☐ Rang 5
- ☐ Rang 6

Handlungskompetenz
- ☐ Rang 1
- ☐ Rang 2
- ☐ Rang 3

Anhang

- ☐ Rang 4
- ☐ Rang 5
- ☐ Rang 6

Spielkompetenz
- ☐ Rang 1
- ☐ Rang 2
- ☐ Rang 3
- ☐ Rang 4
- ☐ Rang 5
- ☐ Rang 6

Präsentationskompetenz
- ☐ Rang 1
- ☐ Rang 2
- ☐ Rang 3
- ☐ Rang 4
- ☐ Rang 5
- ☐ Rang 6

Vorbereitung auf den Beruf
- ☐ Rang 1
- ☐ Rang 2
- ☐ Rang 3
- ☐ Rang 4
- ☐ Rang 5
- ☐ Rang 6

Methodenkompetenz
- ☐ Rang 1
- ☐ Rang 2
- ☐ Rang 3
- ☐ Rang 4
- ☐ Rang 5
- ☐ Rang 6

Schulung von Empathiefähigkeit
- ☐ Rang 1
- ☐ Rang 2
- ☐ Rang 3
- ☐ Rang 4
- ☐ Rang 5
- ☐ Rang 6

Sonstiges
- ☐ Rang 1
- ☐ Rang 2
- ☐ Rang 3
- ☐ Rang 4
- ☐ Rang 5
- ☐ Rang 6

Anhang

Lektüre im pädagogischen Freiraum	
Wie häufig lesen Sie mit Ihren Schüler/innen auch einmal Lektüre, die den pädagogischen Freiraum nutzt? ☐ sehr häufig ☐ häufig ☐ mittelmäßig ☐ selten ☐ sehr selten	29.6
Zeitfaktor (bei mittelmäßig bis sehr selten)	
Liegt dies ausschließlich am Zeitfaktor? ☐ ja ☐ nein	29.7
Grund zur Lektüre im päd. Freiraum (bei sehr häufig und häufig)	
Warum lesen Sie mit Ihren Schüler/innen Lektüre, die den pädagogischen Freiraum nutzt? _____	29.8
Lesefreude	
Wie gut gelingt es Ihnen, über den verpflichtenden Lehrstoff hinaus Freude am Lesen zu wecken? ☐ sehr gut ☐ gut ☐ mittelmäßig ☐ weniger gut ☐ schlecht	29.9

– FILTERSETZUNG DEUTSCHLEHRKRÄFTE ENDE –

Rolle des Leselehrers	
Wie stark sehen Sie sich, auch wenn Sie das Fach Deutsch nicht unterrichten, auch ein Stück weit als Leselehrer/in? ☐ sehr stark ☐ stark ☐ mittelmäßig ☐ weniger ☐ sehr wenig ☐ gar nicht	30
Zufriedenheit mit dem Beruf	
Wie zufrieden sind Sie derzeit mit Ihrem Beruf im Allgemeinen? ☐ sehr zufrieden ☐ eher zufrieden ☐ mittelmäßig	31

- ☐ eher unzufrieden
- ☐ sehr unzufrieden

Persönlichkeit der Lehrkräfte

Wie stark treffen die folgenden Aussagen auf Sie zu?   32

Ich habe einen großen Bekanntenkreis.
- ☐ trifft voll und ganz zu
- ☐ trifft eher zu
- ☐ weder/noch
- ☐ trifft eher nicht zu
- ☐ trifft überhaupt nicht zu

Ich komme schnell mit anderen Menschen ins Gespräch.
- ☐ trifft voll und ganz zu
- ☐ trifft eher zu
- ☐ weder/noch
- ☐ trifft eher nicht zu
- ☐ trifft überhaupt nicht zu

Es fällt mir leicht, Sprachen zu lernen.
- ☐ trifft voll und ganz zu
- ☐ trifft eher zu
- ☐ weder/noch
- ☐ trifft eher nicht zu
- ☐ trifft überhaupt nicht zu

Neben dem Beruf verfolge ich mindestens ein Interessensgebiet akiv.
- ☐ trifft voll und ganz zu
- ☐ trifft eher zu
- ☐ weder/noch
- ☐ trifft eher nicht zu
- ☐ trifft überhaupt nicht zu

Ich bin in Sachen Politik und Wirtschaft immer auf dem aktuellen Stand.
- ☐ trifft voll und ganz zu
- ☐ trifft eher zu
- ☐ weder/noch
- ☐ trifft eher nicht zu
- ☐ trifft überhaupt nicht zu

Freizeitgestaltung

Wie gestalten Sie Ihre Freizeit?   33
- ☐ Theater
- ☐ Oper
- ☐ Konzert
- ☐ Reisen
- ☐ Familie
- ☐ Freunde
- ☐ Sport
- ☐ Museen
- ☐ Ausstellungen

Anhang

☐ Ehrenamtliche Tätigkeit(en) ☐ Sprachenlernen ☐ Sonstiges: _____

Berufliche Schulart	
An welcher/n beruflichen Schule/n unterrichten Sie derzeit? ☐ Berufsschule ☐ Fachschule ☐ Berufsfachschule ☐ Fachoberschule ☐ Berufsoberschule ☐ Fachakademie ☐ Wirtschaftsschule	34

Schulstatus	
Ist/sind diese Schule/n öffentlich oder privat? ☐ öffentlich ☐ privat	35

Unterricht im Lernfeldkonzept	
Unterrichten Sie an Ihrer/n Schule/n im Lernfeldkonzept? ☐ ja ☐ nein	36

Schulfunktion	
In welcher/n Funktion/en sind Sie derzeit an Ihrer/n Schule/n tätig? ☐ Referendar/in ☐ Fachlehrer/in ☐ Lehrer/in ☐ Beratungslehrer/in ☐ Vertrauenslehrer/in ☐ Seminarlehrer/in ☐ Stellvertretende Schulleitung ☐ Schulleitung	37

Fächerkombination	
Welche Fächer unterrichten Sie? _____ 	38

Geschlecht	
Sind Sie männlich oder weiblich? ☐ männlich ☐ weiblich	39

Anhang

Höchster Abschluss der Eltern	
Welcher ist der höchste Abschluss Ihrer Eltern? ☐ Kein Abschluss ☐ Hauptschulabschluss ☐ Qualifizierender Hauptschulabschluss ☐ Mittlere Reife ☐ Fachabitur ☐ Abitur ☐ Fachhochschulreife ☐ Hochschulreife ☐ Sonstiges: _____	40
Alter	
Zum Abschluss: Wie alt sind Sie? ☐ 24-35 Jahre ☐ 36-45 Jahre ☐ 46-60 Jahre ☐ über 60 Jahre	41